51216

MANUEL CLASSIQUE
DE
PHILOSOPHIE.

PARIS, IMPRIMERIE DE A. BELIN,
rue des Mathurins S.-J., n. 14.

MANUEL

CLASSIQUE

DE PHILOSOPHIE,

PAR

M. SERVANT BEAUVAIS,

PROFESSEUR DE L'UNIVERSITÉ.

> Quod verum est, meum est.
> SENEC. *Epist.* 12.

PARIS,

LIBRAIRIE PAPINOT,
rue de Sorbonne, n° 14, en face l'Académie.

MAIRE-NYON,   CROCHARD,
place de la Monnaie, n°. 12,   place de l'Ecole-de-Médecine.

1832.

AVIS AUX LECTEURS.

Ce Manuel, que je me hasarde à livrer au public, est le fruit de nombreuses recherches, nécessitées par plusieurs années d'enseignement. J'ai fait tous mes efforts pour le mettre au niveau de la science; je n'ose me flatter d'y avoir réussi : mais je me croirais amplement récompensé de mes veilles si j'avais contribué à faire sortir l'enseignement de nos écoles de l'ornière creusée par la scolastique, et qui n'a pu encore être comblée par tous les travaux de nos grands philosophes. Il est facile d'en voir la raison : le seul manuel classique adopté dans la plupart de nos colléges est celui qui est connu sous le nom de *Philosophie de Lyon*. Je ne veux pas ici lui faire son procès, mais tous les bons esprits ont reconnu qu'il était impossible à un professeur consciencieux de faire marcher, dans les véritables routes de la science, des élèves qui n'auraient pas d'autre guide; de plus, cet ouvrage est écrit en latin, et désormais les cours de philosophie doivent se faire en français : or, nous n'avons, dans notre langue, aucun bon ouvrage élémentaire. Tous les essais en ce genre, quelque imparfaits qu'ils soient, et lors même que les auteurs n'auraient pas atteint leur but, ne peuvent qu'être favorables aux progrès de la science. Les naufrages ont toujours servi à signaler les écueils. Cette pensée m'a encouragé; elle pourra me servir d'excuse et me faire trouver grace auprès de ceux qui me liront.

Maintenant, je vais en deux mots rendre compte de la manière dont j'ai composé mon ouvrage. Fidèle à la pensée de Sénèque, que j'ai prise pour épigraphe, je me suis servi de tout ce qui m'a paru bon, quel que fût l'ouvrage où je l'eusse trouvé. J'ai adopté le plan de M. de Laromiguière; c'est lui qui éclaira mes premiers pas lorsque je débutai dans l'enseignement de la philosophie, et depuis il m'a toujours servi constamment de guide. Si j'ai quelque chose de bon dans ce Manuel, c'est à lui surtout que je le dois; qu'il reçoive donc ici l'expression de ma reconnaissance.

Souvent j'ai emprunté à une école rivale, à celle de M. Cousin; j'ai mis tour à tour à contribution Locke et Descartes, Condillac, M. de Portalis, et bien d'autres qu'il serait trop long de rappeler. Quelquefois je les ai cités textuellement, d'autres fois je me suis contenté de modifier leur pensée; en sorte qu'on peut voir, dans mon Manuel, une production tout éclectique, sans qu'on puisse m'accuser de m'être rangé définitivement sous les bannières de l'éclectisme. Je l'avouerai même, et pourquoi ne le dirais-je pas? j'ai un grand penchant pour l'école qu'on appelle *empirique;* mais je désavoue et je repousse, non pas les principes, mais les conséquences erronées qu'on lui attribue. Voilà ma profession de foi; elle est franche et sincère.

OBSERVATIONS
SUR
LA MARCHE DE LA RAISON PHILOSOPHIQUE.

Lorsque l'esprit humain commence à se développer, que la réflexion entre en exercice, et s'applique à la recherche de la vérité en ne s'appuyant que sur elle-même, alors naît la philosophie. Nos connaissances prennent un caractère scientifique, et elles se constituent en un système entier, indépendant et solidement établi, en nous montrant les raisons, les lois et les fins dernières des choses. (Voir Tennemann, Introd. générale, § 54.)

Telle est la tâche de la raison philosophique; mais où la philosophie cherche-t-elle la vérité, c'est-à-dire, à quoi s'applique la réflexion? Nous ne tarderons pas à le voir : toutes les vérités dérivent de la sensibilité que féconde l'activité de l'esprit; la philosophie n'en invente aucune. S'en rendre compte, les constater, les éclaircir, voilà ses fonctions. Or, la conscience ne me paraît être rien autre chose que cette coopération de la sensibilité et de l'activité de l'esprit, d'où résulte toute connaissance et la perception de la vérité.

C'est donc dans la conscience, dans ce monde tout intérieur, que la philosophie doit chercher la source de la vérité; mais tout y est plein de confusion, et cette confusion résulte de la simultanéité des parties qui composent le tableau que nous offre la conscience. « Pour y porter la dis-
« tinction et la lumière, il faut substituer la di-
« vision à la simultanéité. L'instrument néces-
« saire de la réflexion est donc l'analyse, et l'ana-
« lyse a pour but la synthèse. Elle se propose,
« après avoir épuisé la division, de recomposer
« ce qu'elle a d'abord décomposé. La synthèse
« est le dernier mot de l'analyse, comme l'analyse
« est la condition de toute bonne synthèse. »
(Cousin, Hist. de la Philos., 1828-1829, 4ᵉ livr., p. 139.)

Méthode. La raison philosophique ne peut donc faire un premier pas sans s'appuyer sur la méthode; il n'y a qu'une seule méthode: cependant on distingue en général deux ordres méthodiques. Si dans la recherche de la vérité vous procédez des principes aux conséquences, vous suivez l'*ordre synthétique*; vous vous conformez, au contraire, à l'*ordre analytique*, si vous procédez des conséquences aux principes, et spécialement pour ce qui regarde le point de départ réel de cette recherche, si vous procédez, d'un examen complet et approfondi, de la faculté de connaître à la connaissance des objets, votre manière de procéder prend le nom de *méthode critique*. Si de la connaissance présupposée des objets vous vous élevez à la théorie de la connaissance, votre méthode s'appelle, depuis Kant, la *méthode dogmatique*. (Voir Tennemann, *ibid.*, § 55.)

Certains dogmatiques préoccupés de cette vérité, qu'un grand nombre de nos connaissances dérivent de la sensation, la considèrent comme la source unique de l'intelligence : de là le système qui a reçu le nom de *sensualisme*, c'est-à-dire philosophie qui s'appuie exclusivement sur les sens. Le sensualisme.

D'autres, s'apercevant que beaucoup de nos idées n'ont point leur origine dans la sensation, et que la sensibilité, abandonnée à elle seule, est impuissante pour rendre raison, je ne dirai pas seulement d'un grand nombre de nos connaissances, mais d'une seule idée, ont négligé les phénomènes sensibles, et ont cru que la pensée, en d'autres termes, l'activité de l'ame, était seule capable de produire l'intelligence. De là un nouveau système qui s'appelle *idéalisme*, en opposition au sensualisme, qui n'admet d'autres idées que celles qui viennent de la sensation. L'idéalisme.

Ici nous voyons la raison philosophique engagée dans deux routes opposées, touchant l'une et l'autre à un point de départ également vrai, mais aboutissant également à l'erreur. Sans doute la sensibilité renferme le germe de toutes nos connaissances, mais la sensation n'est qu'un des modes de la sensibilité, et toute philosophie qui ne s'appuie que sur la sensation est nécessairement incomplète. D'ailleurs ce genre des connaissances doit être développé, fécondé par la pensée, sans quoi, il restera toujours inerte, stérile.

D'un autre côté, la pensée est le principe productif de l'intelligence; mais si la sensibilité n'intervient pour fournir un aliment à l'activité de l'esprit, sur quoi donc pourra s'exercer cette activité? Le meilleur des ouvriers, faute des matières premières, est réduit à l'impuissance.

L'idéalisme et le sensualisme sont donc deux systèmes incomplets, et remarquons avec M. Cousin, que ces deux systèmes, pleins d'une confiance aveugle dans la raison, ne doutant pas d'eux-mêmes, sont profondément dogmatiques.

<small>Le scepticisme.</small> « Ces deux dogmatismes étant opposés ne peu-
« vent paraître sur la scène de la philosophie, sans
« se choquer, sans se faire la guerre; le premier
« a raison contre le second, et le second n'a pas
« tort contre le premier. » (Cousin, *ibid.*, p. 152.)
Le résultat de cette lutte est que la philosophie, par peur des erreurs du dogmatisme, se jette à l'autre extrémité, et tombe dans le *scepticisme*.

Ce nouveau système, en vertu d'une défiance aveugle envers la raison, s'efforce de détruire toute opinion dogmatique, et sans rien substituer à ce qu'il détruit, de consacrer l'incertitude et le doute comme ce qu'il y a de plus rationnel. (Voir Tennemann, *ibid.*, § 56.) Il va plus loin, et nous dit qu'il n'y a aucune vérité saisissable pour l'homme. Mais quelles sont ses prétentions? il n'y a aucune certitude; c'est-à-dire, il est certain qu'il n'y a rien de certain, n'est-ce pas là un dogmatisme bien évident? n'est-ce pas de plus une contradiction?

La raison philosophique, en s'appuyant exclusivement sur une des parties de la conscience, sur la partie sensible, s'il est permis de s'exprimer ainsi, est arrivée au sensualisme; en s'appuyant sur la partie active, elle est arrivée à l'idéalisme; plus tard, en revenant sur ses propres forces, qu'elle a convaincues d'impuissance par l'opposition des deux systèmes qu'elle avait déjà produits, elle est arrivée au scepticisme. (Voir Cousin, *ibid.*, p. 159.) Que fera-t-elle désormais? Les deux premiers systèmes sont erronés, et ne peuvent la satisfaire; le dernier le peut bien moins encore, c'est une contradiction; elle désespérera d'atteindre à la connaissance des choses par elle-même, sans le secours d'un enseignement et d'une protection supérieure. De là elle s'enfoncera dans la contemplation, et attendra que, par l'inspiration, Dieu, principe actif de tout ce qui est, et par conséquent principe de toute vérité, lui communique les connaissances auxquelles elle croit ne pouvoir arriver par les procédés de la science. (Voir Ten-

Le mysticisme.

nemann, § 57 et 60.) Ce nouveau système s'appelle *mysticisme* ; il enfantera bientôt ou les folies tranquilles et innocentes du *quiétisme*, ou les délires souvent criminels de la *théurgie*, et il restera prouvé que la raison philosophique ne s'égare pas moins sous l'influence de l'enthousiasme mystique, que sous celle des abstractions chimériques de l'idéalisme, de l'observation matérielle du sensualisme, et de l'indifférence meurtrière du scepticisme.

Le philosophe mystique a cela de commun avec le sceptique, qu'il insiste beaucoup sur les fausses prétentions et la faiblesse de la raison; mais en ayant recours à un moyen surnaturel, il retombe tout aussitôt dans un dogmatisme d'un autre ordre. Cependant nous devons reconnaître que ces deux classes de philosophes ont rendu des services immenses à la science. Le sceptique surtout, appliquant son contrôle sévère aux théories du dogmatique, et lui demandant un compte rigoureux des bases, des procédés et des résultats de son travail, l'a forcé à appuyer son édifice sur la réalité et sur une méthode mieux éprouvée. Aussi peut-on dire que le scepticisme a été le précurseur de la méthode critique, par laquelle on peut arriver à une véritable théorie de la connaissance. (Voir Cousin, *ibid.*, p. 167, et Tennemann, § 60 et 61, Remarque.)

L'empirisme. Le dogmatisme, relativement au moyen de la

connaissance, devient ou l'*empirisme* ou le *noologisme*. Le premier, opposé à la méthode spéculative, se tourne de préférence vers l'observation, et l'appliquant aux faits de notre nature interne, analyse avec soin les élémens dont ils se composent. Il fonde la philosophie sur la nature et l'expérience, et la ramène à être une science essentiellement observatrice. Son nom ἐμπειρικὴ, lui vient de πεῖρα, expérience.

Le noologisme (de νόος, esprit, et λόγος, raison) repoussant, au contraire, les données de l'expérience, s'enfonce dans le champ illimité des spéculations; il crée des hypothèses arbitraires, et enfante des systèmes hasardeux; l'imagination est son instrument favori.

On a souvent confondu l'empirisme avec le sensualisme; il me semble qu'on a eu tort. Ce qu'il y a de commun entre ces deux directions de la raison philosophique n'empêche pas qu'il y ait entre elles une différence bien marquée.

Enfin, du mélange de l'empirisme et du noologisme est sortie une méthode composée qui participe de l'un et de l'autre, et en s'y conformant, la raison philosophique enfante beaucoup de systèmes, qui, selon la connaissance plus ou moins avancée des principes et des véritables fins de la philosophie, sont augmentés, combinés, séparés de mille manières, et le seront toujours, jusqu'à ce qu'enfin un examen plus com-

<small>Le noologisme.</small>

plet du monde intérieur, une critique plus étendue de la faculté de connaitre, ait assis la science philosophique sur des bases inébranlables. (Voir Tennemann, t. 1, p. 52 et 54.)

INTRODUCTION
A LA PHILOSOPHIE.

« Le jour où un homme a réfléchi, ce jour-là la philo-
« sophie a été créée (1), » et l'on peut dire que dès l'origine
du monde il y a eu une sorte de philosophie, dans un sens
très-étendu ; car les premiers hommes ont pensé et réfléchi : ils ont été frappés des merveilles de la nature, ils en
ont admiré les productions, et ce spectacle enchanteur
leur a inspiré le désir de l'étudier et de la connaître : avertis
par les impressions continuelles que leur faisaient éprouver
les objets dont ils étaient environnés, ils ont dû séparer,
de bonne heure, leur existence du monde extérieur. Ainsi
ils sont devenus philosophes, la philosophie n'étant que
la connaissance de soi-même et celle de l'univers. Considérée sous ce point de vue, la philosophie commencerait
avec la civilisation ; mais ces premiers efforts de l'esprit
humain, pour atteindre à la connaissance de la nature, ne
sauraient constituer ce qu'on nomme la science philosophique, c'est-à-dire un corps de doctrine appuyé sur des
principes, et dont toutes les parties, liées entre elles, offrent, sous la forme de la démonstration, un système
complet. « La philosophie de l'enfance du genre hu-
« main, si on veut lui donner ce titre, s'est presque tou-
« jours confondue avec les dogmes religieux : elle ren-
« ferme essentiellement le code d'une sagesse pratique.
« Ce sont des traditions plutôt que des doctrines, des
« croyances plutôt que des principes, des disciplines plutôt

(1) Cousin, Introduction à l'Histoire de la Philosophie, p. 24; 1828.

« que des méthodes, transmises et conservées avec une
« aveugle docilité....; elles ont été, le plus souvent,
« enveloppées de mystères, dont il est difficile aujour-
« d'hui de soulever le voile (1). »

Cependant les antiques traditions des sages de l'Asie, de la Phénicie et de l'Egypte, les initiations sacrées qui leur furent souvent associées, semblent renfermer les premiers élémens de la science philosophique. Elle n'a pas, il est vrai, encore une existence indépendante ; elle reste confondue avec les autres sciences, et surtout avec la religion. Ce sont des dogmes plutôt prescrits que raisonnés ; mais ces dogmes appellent l'homme à l'étude de la nature, à la réflexion sur lui-même, à la connaissance du suprême auteur de toutes choses.

C'est donc dans l'Asie que nous devons chercher le berceau de la philosophie ; c'est aux antiques croyances de l'Orient que nous devons remonter pour trouver son origine. A son enfance, elle s'offre à nous comme enveloppée dans le système entier des connaissances humaines ; peu à peu elle se dégage de tous les élémens qui lui sont étrangers, elle prend une forme qui lui est particulière, et se constitue comme science. D'abord c'était la réflexion, il est vrai, mais la réflexion faible, incertaine, qui s'exerçait au hasard, d'une manière vague, et pour ainsi dire à son insu. Plus tard, pour me servir des expressions de M. Cousin, « c'est la réflexion en grand, la
« réflexion avec le cortége des procédés qui lui sont pro-
« pres, la réflexion élevée au rang et à l'autorité d'une
« méthode. » Dans sa marche progressive pour parvenir au développement complet de la pensée, nous la voyons parcourir cinq périodes bien distinctes. La première nous fournit l'origine de la philosophie, et ses développemens

---

(1) Histoire comparée des systèmes de philosophie, par M. Degérando, t. 1, p. 61.

jusqu'à Socrate; la seconde s'étend depuis Socrate jusqu'à la translation de la philosophie grecque en Égypte et à Rome; la troisième, de l'école d'Alexandre jusqu'à la chûte de l'empire d'Occident; la quatrième, de la chûte de l'empire d'Occident au renouvellement des lettres; la cinquième, du renouvellement des lettres jusqu'à nous.

Première période de la philosophie.

Dans l'histoire de la philosophie, en d'autres termes dans l'histoire des opinions conçues par les philosophes sur les fondemens et la légitimité des connaissances humaines, sur les méthodes qu'ils se sont formées pour les ordonner et en établir la démonstration, peut-être n'a-t-on pas assez tenu compte des traditions admises chez les Hébreux. En comparant les croyances reçues chez les anciens peuples sur la formation de l'univers, on est frappé de la supériorité qu'ont celles du peuple juif sur celles des autres nations. D'un côté, ce sont des idées justes et sublimes sur la cause première, sur la divinité; de l'autre, ce sont des théogonies bizarres, des causes ridicules et impuissantes: là l'œuvre de la création est racontée d'une manière simple, claire, satisfaisante pour l'esprit. Ici ce sont des cosmogonies embarrassées, dont toutes les parties incohérentes nous donnent l'idée du chaos et de la confusion, plutôt que l'idée de la production des êtres, et de l'ordre qui règne dans l'univers. Les limites que nous nous sommes imposées dans cette Introduction ne nous permettant pas une exposition détaillée de ces diverses croyances, nous nous bornerons à faire une réflexion.

C'est que les traditions des Hébreux nous montrent, avec ses vrais attributs, la cause première de l'univers. Cette idée de la divinité brille chez eux d'un éclat auquel n'ont rien ajouté les progrès de la science et de la civilisation. Or, ce n'est pas ainsi que l'esprit humain débute

Forcées de se traîner pesamment sur les traces de l'expérience, les facultés ne se développent, dans les premiers temps, qu'avec lenteur; et ce n'est qu'après une longue succession de circonstances favorables que l'activité de l'esprit se déploie enfin tout entière. Ces idées de l'existence d'un Être suprême, de la création, de l'ame humaine, de l'origine et de la destinée et l'homme, que Moïse, le premier des historiens (1), nous a conservées comme les traditions du monde, sont donc, à nos yeux, une preuve éclatante d'une révélation; et rien ne saurait mieux l'attester que ces tentatives infructueuses qu'on retrouve chez tous les autres peuples, pour nous montrer le lien qui rattache les phénomènes variés de l'univers à une cause qui puisse les expliquer.

Ces notions primitives, qui n'étaient point une acquisition philosophique, mais une révélation par laquelle l'auteur de la nature s'était manifesté aux hommes, s'altérèrent peu à peu par le concours de diverses circonstances qu'il serait trop long de détailler; le genre humain perdit ses titres de noblesse; il ne sut plus ce qu'il était, ni d'où il venait : avec l'oubli d'une cause première, l'univers ne pouvait plus être expliqué. Les effets de la nature, privés du lien qui devait les unir, ne se présentèrent plus que sous une forme individuelle. Ainsi isolés, il fallut donner à chacun un principe particulier. Ce principe fut doué de vie et d'intelligence, et la nature fut peuplée d'autant d'êtres organisés et animés qu'elle présentait de phénomènes divers : de là le polythéisme. Mais à mesure que les connaissances augmentèrent, quand l'expérience eut amené l'esprit humain, par un développement progressif, à mieux embrasser l'ensemble de tous ces phénomènes, à les concevoir comme un tout, on attribua à ce grand corps une ame et une sorte de vie, dont

---

(1) Il vivait 1571 ans avant J.-C.

toutes les ames particulières, qu'on avait prêtées à tous les êtres, ne furent plus qu'une émanation : ce fut l'origine du panthéisme. Telles étaient en effet la religion et la philosophie de la plupart des peuples de l'antiquité ; et comme le feu est de tous les élémens celui dont l'action se manifeste de la manière la plus énergique et la plus sensible, on composa cette ame universelle et invisible de ce fluide subtil qui anime toute la nature, souvent sans manifester sa présence.

Bélus (1), roi de Babylonie (la Chaldée), fut le premier des monarques, connus dans l'histoire, qui imprima un mouvement salutaire à l'étude de la nature. Il composa un collége de prêtres savans, qui, au rapport de Cicéron, doivent être regardés comme les premiers philosophes du monde. Ce fut du moins sous eux que les sciences, jusqu'alors confondues, commencèrent à être traitées séparément. Ils les divisèrent en quatre classes. La première avait pour objet l'art de prédire l'avenir. Ceux qui s'y adonnèrent prirent le nom de *chartumin*. La seconde était l'étude de la nature, elle comprenait la physique et l'histoire naturelle : ceux qui s'en occupèrent furent appelés *asaphim*. La troisième était l'art de guérir, elle comprenait la médecine et la botanique, qui s'étaient associé la magie : *mécasphim* fut le nom qu'on donna à ceux qui s'y livrèrent. La quatrième, enfin, était la connaissance des astres, l'astronomie ou plutôt l'astrologie; les astronomes, qui prétendaient voir dans le ciel les événemens futurs, se nommaient *chasedhim*. (Hist. crit. de la Phil., tom. 1.)

Voilà ce que l'histoire nous a transmis de la philosophie des Chaldéens. Ils gâtèrent leurs connaissances en y mêlant la divination, qui n'aurait été qu'une branche de la science de la nature, si, en cherchant à connaître l'ave-

---

(1) Il vivait 1500 ans avant J.-C.

air, on n'eût eu recours qu'à des moyens rationnels, en déduisant des événemens passés les événemens futurs, en s'appuyant sur l'analogie; mais on était loin encore de soupçonner l'emploi des observations comparées et méthodiques, la marche prudente d'une logique réfléchie. Ces procédés, d'ailleurs, offraient trop de difficultés et de lenteurs. Préoccupés de cette idée que toutes les ames sont des émanations de l'ame universelle, les savans d'alors en tirèrent la conclusion que l'ame humaine correspondait toujours avec l'ame de la nature; et comme cette dernière était le principe de tout, il s'ensuivait qu'elle connaissait l'avenir, et que nous pouvions en avoir la révélation dans certaines occasions, comme dans un profond sommeil, dans un transport sacré, dans des extases; et ce fut là le germe du *mysticisme*. Cependant, embarrassés qu'ils étaient pour comprendre comment une substance immense, infinie comme l'ame universelle, pouvait se communiquer immédiatement à un être borné, et jugeant que la proportion entre l'ame humaine et l'ame de la nature était trop grande pour admettre entre elles une connexion intime, ils imaginèrent une multitude d'êtres intermédiaires pour combler cet espace qui séparait le fini de l'infini. Ces êtres formaient une espèce d'échelle progressive en perfection : ceux qui étaient placés au sommet participaient à la puissance du principe universel, tandis que ceux qui occupaient les autres degrés, par une proportion décroissante, se rapprochaient de plus en plus de la nature bornée de l'homme. Ainsi furent personnifiées les forces principales de la nature : chacune fut conçue sous l'image d'un génie puissant; une hiérarchie de divinités présida aux divers genres de phénomènes que nous offre la scène variée du monde, et d'une cosmogonie erronée naquit une théogonie toute fantastique, qui donna naissance à la démonologie.

Toutefois ces systèmes, que nous trouvons aujourd'hui

si ridicules, ne furent point sans utilité; ils accoutumèrent les hommes à la réflexion; et les langues, ces leviers si puissans de l'esprit humain, se perfectionnant de plus en plus, la pensée put se replier sur elle-même : on observa quelques uns des phénomènes intérieurs. A des effets qui n'avaient rien de commun avec les modifications de la matière, on supposa une cause immatérielle; et un nouvel ordre d'idées vint partager, avec les idées sensibles, le domaine de la science.

De là deux classes de connaissances bien distinctes : l'une eut pour objet la nature physique; l'autre, la nature morale. Tout ce qui arriva parut dériver de deux sources non-seulement différentes, mais opposées entre elles : le contraste du bien et du mal, qui frappait vivement les esprits, favorisait cette supposition. Ainsi s'établit le système des deux principes qu'on retrouve chez tous les peuples anciens, mais particulièrement chez les Perses. Ce système est connu sous le nom de manichéisme.

Enfin parut un sage, qu'on désigna sous le nom de Zoroastre (1), qui, après avoir consacré les trente premières années de sa vie à la solitude et à la méditation, donna à sa patrie une loi nouvelle, dont les préceptes sont contenus dans le *Zend-Avesta*. Il ramena l'idée de la cause première à l'unité, et la dégagea entièrement de la matière; la lumière et le feu ne furent plus que des symboles qui désignaient l'immense activité du premier principe, et qui exprimaient comment découle de ce vaste foyer toute science et toute activité. A cette idée de la cause intelligente et suprême, il associa celle du temps sans limites, ou de l'éternité. (Degérando, t. 1, p. 250.)

C'est donc à tort qu'on a écrit que Zoroastre fut l'auteur du culte que les Orientaux rendaient au soleil comme

---

(1) Volney place la naissance de Zoroastre 1250 ans avant J.-C., sa mort à 1181, toujours avant l'ère vulgaire.

le principe du feu et de la lumière ; c'est encore à tort qu'on lui attribue le système des deux principes. Il est vrai qu'il laissa aux Perses la tradition d'*Ormusd* et d'*Ahriman*; mais il n'admit ces deux principes que comme subordonnés à la cause première. Ormusd, l'agent du bien, conserva seul sa faveur et sa bienveillance (1).

Comme la Chaldée, l'Egypte eut aussi des prêtres qui, au culte divin, joignirent l'étude de la philosophie. Ils étaient les dépositaires des livres sacrés, qui renfermaient les lois du gouvernement, les mystères religieux, et les principes des sciences. Tout cela était enveloppé de symboles et d'énigmes qui voilaient la vérité, à la connaissance de laquelle un petit nombre d'initiés était seul appelé. Un ciel pur et sans nuages invitait les Egyptiens à l'étude de l'astronomie : aussi ils s'y adonnèrent avec fruit, et ils furent les premiers qui réglèrent la durée de l'année sur le cours du soleil. La nécessité de reconnaître leurs terres, après le débordement du Nil, leur fit découvrir la géométrie ; ils cultivèrent aussi la botanique, pour la faire servir à la médecine. Leur philosophie, de même que celle des Hébreux et des Chaldéens, embrassait la théologie, la morale, la politique, la physique et l'histoire.

1100 av. J.-C.

Philosophes orphiques.

Ce fut à leur école que les Grecs puisèrent le germe de leurs connaissances. Le chantre de la Thrace, Orphée, qui vécut, dit-on, un siècle avant la prise de Troie, avait étudié la législation des Egyptiens, et leur avait emprunté les principes de morale qu'il enseigna aux hommes, en les entourant de tous les charmes de la poésie et de la musique. Amphion, Linus, Homère, Hésiode (2) imitèrent

---

(1) Les ames des hommes (*Fervers*) créées par Ormusd habitent dans le ciel avant leur réunion avec le corps; et ensuite, selon qu'elles ont servi dans ce monde Ormusd ou Ahriman, elles passent après la mort dans la demeure des bienheureux, ou sont précipitées dans les ténèbres. (*Voir* Tennemann, t. 1, p. 67.)

(2) On a rangé Musée au nombre de ces philosophes poètes ; mais il

son exemple, et firent servir la poésie d'interprète à la philosophie : pour piquer la curiosité des hommes encore grossiers, ils leur présentèrent la vérité sous des symboles, et leur enseignèrent les dogmes de la religion sous le voile de la fable. Toutes les puissances de la nature furent chez les Grecs, comme chez les autres peuples, personnifiées par de brillantes allégories. La puissance suprême fut représentée par Jupiter armé de sa foudre : la force, la constance et l'impassibilité de la vertu eurent pour emblème l'égide de Pallas ; les remords du méchant trouvèrent dans les serpens des Furies une image bien capable de porter la terreur dans les ames coupables. Le peuple prenait ces fictions pour des réalités ; les philosophes seuls avaient le secret de l'énigme. Leur véritable Jupiter était un être invisible, le principe de tout, l'ame du monde enfin. On est autorisé à le croire, lorsqu'on pense qu'Homère et Hésiode avaient sans doute eu connaissance des mystères et des initiations orphiques, dans lesquels, au rapport de Jamblique, « Pythagore reconnaissait avoir puisé ce qu'il « avait appris de l'unité de Dieu. » D'après Isocrate, Cicéron et Celse, on enseignait dans ces initiations le dogme des récompenses et des peines à venir, et par conséquent on y reconnaissait, dans la cause première, les attributs d'un juge suprême. Saint Clément d'Alexandrie rapporte plusieurs exemples pour établir qu'Orphée *avait sagement institué un genre d'interprétations symboliques, favorable tout ensemble, et à la saine théologie, et à la piété, et à la sagacité du jugement, et à la recherche de la vérité, et en un mot à la manifestation de la sagesse.* (*V.* Degérando, t. 1, p. 273 et 274.)

Cependant avec des Orphée, des Linus, des Amphion, des Homère, etc., la philosophie n'avait point de forme

800 av. J.-C.

Philosophes gnomiques.

---

paraît certain que l'auteur de *Héro et Léandre* a vécu au deuxième ou quatrième siècle de notre ère.

déterminée. Les doctrines, enveloppées de mystères, ou voilées par des emblèmes et des allusions ingénieuses, étrangères à toute démonstration, n'offraient pas encore le caractère de la science. Ce n'est qu'avec la politique qu'elle va se développer, et affecter une marche régulière. Lycurgue (1) donne des lois à Lacédémone; Zaleucus (2) aux Locriens; Charondas (3) à la Sicile. Après eux viennent les sept sages de la Grèce, Chilon et Myson (4), tous deux de Lacédémone; Thalès (5), né en Phénicie; Pittacus (6) de Mytilène, Bias (7) de Priène, Cléobule (8) de Rhodes, et Solon (9), qui donna des lois aux Athéniens.

---

(1) Lycurgue, né 884 avant J.-C.

(2) Né vers l'an 700 avant J.-C.

(3) Né à Catane en Sicile, dans le 5ᵉ siècle avant J.-C.

(4) Chilon, philosophe spartiate, mort de joie en voyant son fils couronné aux jeux olympiques, l'an 597 avant J.-C.

Myson, spartiate, florissait vers l'an 592 avant J.-C. Anacharsis ayant demandé à l'oracle d'Apollon quel était le plus sage des Grecs, la Pythie lui répondit que c'était celui qui, en ce moment, labourait son champ. On trouva que cet homme était Myson.

(5) Thalès, né en Phénicie l'an 639, s'établit à Milet l'an 587, y fonda la secte ionique, et mourut à 90 ans, l'an 548 avant J.-C., dans la 58ᵉ olympiade.

(6) Pittacus, né à Mytilène, dans l'île de Lesbos, après avoir donné des lois à sa patrie, abdiqua le souverain pouvoir, qu'il n'avait accepté que pour y rétablir la paix ; il mourut l'an 579 avant J.-C., à l'âge de soixante-dix ans.

(7) Bias florissait vers l'an 565 avant J.-C. Priène, sa patrie, ayant été prise, il se retira sans rien emporter, et dit qu'*il portait tout avec lui*; faisant allusion à son savoir.

(8) Cléobule, fils d'Evagoras roi de Rhodes, mourut à soixante-dix ans, vers l'an 564 avant J.-C. Voici deux des maximes qui le guidèrent pendant sa vie : *Soyez toujours plus empressé d'écouter que de parler.* — *Faites du bien à vos amis pour vous les attacher davantage, et à vos ennemis pour en faire des amis.*

(9) Solon naquit 592 ans avant J.-C., dans le bourg de Salamine; on dit qu'il mourut en Chypre 55 ans av. notre ère. Il abrégea les lois que Dracon avait données aux Athéniens, et les remplaça par d'autres lois.

Leur philosophie, présentée sous une forme sententieuse, leur fit donner le nom de *gnomiques*(1); leurs préceptes se rapportaient, en général, à la vie civile. Horace a résumé leur doctrine dans les vers suivans :

> .... *Fuit hæc sapientia quondam*
> *Publica privatis secernere, sacra profanis,*
> *Concubitu prohibere vago, dare jura maritis,*
> *Oppida moliri, leges incidere ligno* (2).

Ces sages donnèrent un ton réglé à la philosophie, et ouvrirent les véritables routes de la science. Mais c'est à Thalès, surtout, que nous sommes redevables de cette heureuse révolution. Il était géomètre et astronome ; il est le premier qui ait prédit une éclipse de soleil ; et pendant qu'il voyageait en Egypte, il enseigna aux prêtres, qui, dans cette contrée, étaient les dépositaires de la science, à mesurer la hauteur des pyramides par l'ombre qu'elles projettent : Tertullien l'appelle le prince des physiciens. Pour expliquer l'univers, il recherche quelle pouvait être son origine, ou, comme on disait alors, ses *principes*. Pour cela il interrogea la nature elle-même, et voulut faire sortir son état présent des seules conditions de son état antérieur. Ses observations l'ayant amené à reconnaître que les substances, pour s'identifier avec les corps organisés, affectent un état liquide, il généralisa cette loi de la nature, et la formula en disant *que l'eau est le principe de toutes choses*. Il allia la morale à l'étude de la physique et de l'astronomie, et forma ainsi la première école de philosophie, qu'on appelle école ionique.

587 av. J.-C.
—
Ecole d'Ioni

---

qui n'étaient pas les meilleures possibles, comme il le disait lui-même, mais aussi bonnes qu'ils pouvaient les supporter. A l'exemple de tous les anciens philosophes, il fit servir la poésie à populariser les maximes morales.

(1) De γνώμη, volonté réfléchie, sentence.
(2) La sagesse consistait autrefois à distinguer le bien public de l'intérêt particulier, le sacré du profane, à réprimer le désordre des mœurs, à fixer les mariages, à bâtir des villes, et à graver les lois sur le bois.

On donne, en général, aux philosophes de l'école d'Ionie le nom de physiciens.

Anaximandre, l'ami plutôt que le disciple de Thalès, fut, après lui, chef de l'école ionienne. Le premier, avec Phérécide(1) parmi les philosophes grecs, il donna l'exemple d'écrire en prose. On lui attribue l'invention de la sphère et du gnomon, la fixation de l'époque des équinoxes et des solstices. Il enseignait que la terre est ronde, qu'elle tourne sur son axe, que le soleil est un globe de feu dix-huit fois plus grand que la terre, et regardait l'infini comme le principe de tout; c'est à lui que nous devons cet axiome célèbre : *rien ne se fait de rien*. Anaximandre, comme Thalès, dans l'idée qu'il se formait d'un principe infini, paraît avoir associé et confondu la notion de cause et celle d'élément. Cette cause productrice, identifiée avec la matière elle-même, véritable ame du monde, produisait d'elle-même, et tirait tout de son propre sein. Cette hypothèse ne paraît être rien de plus qu'une espèce de panthéisme.

Anaximène admit aussi, pour principe des choses, la substance infinie. L'air, qui se plie à toutes les formes, lui parut avoir la propriété la plus appropriée à l'élément général; il lui attribua la vie, le mouvement, et même la pensée. Une de ses maximes morales était que *la pauvreté est l'institutrice de la sagesse, car elle est la mère du travail*. Le soleil, la lune et les étoiles n'étaient, suivant lui, que des parcelles détachées de la terre.

Hermotime de Clazomène étudia la nature du principe pensant. Il reconnut l'empire que l'ame exerce sur ses organes. Il sépara l'intelligence de la matière, et prépara ainsi les voies à son disciple Anaxagoras. On a écrit qu'il fut le disciple d'Anaximène, mais il est impossible de concilier cette assertion avec les dates.

---

(1) Né dans l'île de Scyros 600 av. J.-C. Il fut le maître de Pythagore.

Anaxagoras fut le premier philosophe qu'Athènes vit enseigner dans ses murs; on le range dans l'école d'Ionie, parce qu'à l'exemple des disciples de Thalès, il se livra entièrement à l'étude des sciences physiques. Comme eux, il bannit du champ des phénomènes l'influence immédiate des agens surnaturels, et n'assigna à ces phénomènes, comme causes immédiates, que des agens pris dans la nature. Jusque là, on avait conçu la divinité *comme l'ame universelle*, *l'ame du monde*, le monde lui-même comme un tout animé, identique en quelque sorte avec son auteur: Anaxagoras le premier détacha, sépara avec précision et netteté ces deux notions toujours confondues. L'univers n'est plus, à ses yeux, qu'un effet entièrement distinct de la cause qui l'a produit. Cette cause n'a rien de commun avec le reste des êtres; elle est une, éternelle, intelligente; elle agit sur le monde comme l'ouvrier sur les matériaux qui lui sont fournis. Ce système, qui nous ramène à la véritable idée de la cause première, sapait par la base toutes les théogonies accréditées jusqu'alors. Aussi son auteur fut-il accusé d'impiété, et condamné à mort par les Athéniens. Lorsqu'on lui annonça cette sentence, il dit en riant qu'elle avait été prononcée depuis long-temps par la nature. Cependant il échappa au supplice; Périclès, son disciple et son ami, plaida sa cause avec tant d'éloquence, que la peine fut commuée en un exil. Il se retira à Lampsaque, où il mourut à l'âge de soixante-douze ans. Socrate faisait peu de cas des écrits de ce philosophe, sans doute à cause des erreurs grossières qu'ils contenaient sur le système du monde. Son mérite est de s'être élevé le premier à l'idée d'un esprit pur, architecte de l'univers. Aristote et Cicéron ont paru ranger ce sage au nombre des sceptiques; mais Sextus nous atteste expressément le contraire. « C'est à la raison, dit-il, qu'Anaxa-
« goras réserve le droit de juger des choses. » Nous avons déjà dit qu'il fut l'ami de Périclès; il vécut aussi dans

l'intimité d'Euripide et de Phidias. On lui reprochait d'être indifférent pour sa patrie : « Oh! non, ma patrie m'est bien chère, dit-il en montrant le ciel. »

Diogène d'Apollonie appartient à la même école ; comme Anaxagoras, il vint enseigner à Athènes, et y fut persécuté. On le compte parmi les disciples d'Anaximène ; d'autres disent qu'il avait recueilli les leçons d'Anaxagoras: mais il est plus probable qu'il fut son contemporain, et qu'il enseigna dans le même temps. Il confondit dans l'idée de principe des choses la notion de cause et celle d'élément, et retomba ainsi dans le panthéisme. L'air était à la fois le premier élément de toutes choses, et la cause première.

Archélaüs de Milet fut le dernier des philosophes ioniens ; et, comme ses deux prédécesseurs, il enseigna à Athènes. Sa philosophie, toute syncrétique, lui fit confondre la doctrine d'Anaxagoras et celle de Diogène. Il s'occupa de la science morale et du droit naturel plus particulièrement que les autres Ioniens. D'après lui, la différence entre le juste et l'injuste n'est point fondée sur la nature, mais sur les lois positives : c'est la même doctrine que Hobbes a développée dans des temps plus modernes. Il fut le maître de Socrate.

ole d'Italie. Il est une autre école à peu près contemporaine et presque parallèle à celle de Thalès, et qui peut mériter aussi le nom d'*école mère*: c'est l'école de Pythagore, nommée *italique*, parce qu'elle se forma dans la partie inférieure de l'Italie, appelée la grande Grèce.

Pythagore, né à Samos, fut le contemporain d'Anacréon ; il avait recueilli les leçons de Phérécide, philosophe qui paraît avoir été, comme Anaximandre, en rapport avec Thalès, mais dont nous ne savons guère autre chose si ce n'est qu'il admettait trois principes, Dieu, le temps la terre ou le chaos.

Le désir de s'instruire fit parcourir à Pythagore l'Égypte, la Chaldée et l'Asie mineure; et s'il faut en croire Jamblique, ainsi que beaucoup d'autres auteurs, il alla jusque dans la Perse et dans l'Inde; quelques uns même ont voulu le mettre en rapport avec les Hébreux et les druides des Gaules. De retour dans sa patrie, il enseigna d'abord la géométrie et l'arithmétique à Samos; de là il passa dans la grande Grèce, et s'établit à Crotone. Il forma des disciples, dont les uns étaient des auditeurs bénévoles, et les autres des prosélytes d'une discipline sévère, dont la loi principale était un silence de cinq ans. Les premiers ne savaient que ce qu'il voulait bien dire en public; mais les derniers, après leurs rigoureuses épreuves, entraient dans tous les secrets de sa doctrine. Il admettait dans le monde une intelligence suprême, une force motrice, une matière sans intelligence, sans force et sans mouvement. Selon lui, l'univers était l'ouvrage de cette intelligence suprême, et l'ame de l'homme en était une parcelle. Ainsi ce philosophe admettait le système des émanations; il regardait les nombres comme les principes des choses, et voyait dans toutes les parties de la nature des combinaisons, des rapports, des proportions semblables à ceux que peuvent offrir les nombres. Il reconnaissait dans l'homme deux substances, l'ame et la matière; l'ame, source des plus nobles penchans; le corps, des passions honteuses. Il admettait la conscience, et soutenait que l'homme ne peut être heureux lorsqu'il est en proie aux remords et à la crainte de l'avenir. Il croyait à la métempsycose, c'est-à-dire à la transmigration des ames d'un corps dans un autre. Il avait emprunté cette croyance aux Egyptiens ou aux Brachmanes. C'est à lui que nous devons la fameuse démonstration du carré de l'hypoténuse : il fut si content de cette découverte, que, par reconnaissance, il immola aux dieux une hécatombe de cent bœufs. Il mourut à Métaponte, l'an 497 av. J.-C.

Il est extrêmement difficile de classer, dans un ordre

chronologique, les philosophes qui appartiennent à cette école; les documens qu'on peut avoir, à cet égard, sont insuffisans.

A sa mort, Pythagore chargea Aristée, crotoniate, du soin de sa famille et de la succession de son école. Les autres chefs d'enseignement furent Télauge, dont on ne sait rien, si ce n'est qu'il était fils de Pythagore, chose même très-incertaine.

Alcméon, né à Crotone 5oo ans avant J.-C. Il écrivit sur la nature de l'air et sur la médecine. Il est le premier qui ait disséqué des animaux : l'ame, suivant lui, est semblable aux dieux immortels, parce qu'elle est dans une constante activité; la matière est composée d'élémens contraires, dont le choc produit ses transformations.

Ocellus Lucanus, né dans la Lucanie au cinquième siècle avant notre ère, suivit l'école de Pythagore. On lui attribue un livre sur la nature (περὶ τῆς τοῦ παντὸς φύσεως), dans lequel il cherche à établir que l'univers n'est pas produit, qu'il n'a pas commencé, qu'il ne peut être détruit. Il distingue deux sources de connaissances, le témoignage des sens et le raisonnement. On croit trouver dans ses ouvrages le germe du système de Spinosa.

Timée de Locres, né dans la grande Grèce, chez les Locriens épizéphyriens, put recueillir les traditions encore récentes de l'école de Pythagore. On croit qu'il nous reste de lui un livre sur la nature (περὶ ψυχᾶς κοσμου καὶ φύσιος). Il distingua deux causes des êtres : l'intelligence, cause de tout ce qui est fait avec dessein, c'est Dieu; l'autre est la nécessité, résultat des qualités des corps, subordonnée à la première, mais agissant avec elle.

Empédocle, fils du philosophe Télauge, natif d'Agrigente en Sicile, vers l'an 460 avant J.-C., croyait à la métempsycose; il composa un poëme sur les opinions de Pythagore, dans lequel il parlait des différens corps que la nature lui avait donnés. Ennemi de la tyrannie, il refusa le pouvoir souverain que ses compatriotes lui offrirent. Les uns disent qu'il visita le cratère du mont Etna, et y fut englouti; d'autres soutiennent qu'il s'y précipita lui-même; d'autres enfin assurent qu'il parvint dans un âge avancé, et qu'il se noya dans la mer.

Epicharme, natif de Sicile, et contemporain d'Hiéron, avait coutume de dire que les dieux vendaient leurs bienfaits au prix du travail et de la peine. Il vivait vers l'an 440 avant J.-C., et mourut à l'âge de quatre-vingt-dix ans. Sa doctrine était « que rien ne peut sortir du néant; rien n'a « donc commencé. La matière consiste dans un mouvement « perpétuel; elle est toujours différente d'elle-même. »

Archytas de Tarente fut le huitième successeur de Pythagore. Il était né vers l'an 408 avant J.-C. Il nous reste de lui un *Traité de la nature de l'univers*, et quelques fragmens d'un autre *Traité sur la sagesse, et sur l'homme bon et heureux*, où l'on trouve un germe précieux du principe de la morale désintéressée : « La vertu doit être recher- « chée pour elle-même; » et une belle maxime sur les rapports de la morale avec les idées religieuses : « Dieu est la « source, le moyen et la fin de tout ce qui est conforme à « la justice et à la raison. » Ce philosophe trouva, dit-on, la vis, la poulie, et la duplication du cube. Il mourut dans un naufrage sur les côtes de l'Apulie. Platon fut son disciple.

Philolaüs suivit également ses leçons : il était né à Crotone, l'an 374 avant J.-C. D'après l'opinion que Jamblique lui prête : « Il n'y a point de principe unique ; Dieu, ou- « vrier suprême, n'a pu engendrer la matière, elle était « éternelle; Dieu s'en est emparé, et en a formé le monde « suivant les formes et les proportions numériques. » Philolaüs découvrit le mouvement diurne de la terre sur son axe, et son mouvement annuel autour du soleil. Boulliau a intitulé *Astronomie Philolaïque* un traité qu'il a composé suivant ce système.

Hippase enseignait « que le feu est principe créateur de

« tous les êtres. » Jamblique assure qu'il avait formé une école distincte de celle d'Italie; cependant, dans le peu qu'on nous a conservé de lui, on ne retrouve que les idées pythagoriciennes plus particulièrement appliquées à la formation du monde. Eudoxe, mort l'an 352 avant J.-C., fut le dernier philosophe de l'école de Pythagore. Il enseignait « que la volupté est le souverain bien; » il régla le premier l'année grecque, et apporta d'Égypte en Grèce la sphère céleste, et toute la science de l'astronomie. Il prétendait, au moyen des astres, connaître l'avenir; il était de Cnide, et ami de Platon.

Ecole éléatique.
Xénophane fut successeur de Télauge, et chef d'une école particulière : il était né 535 ans av. J.-C., à Colophon, et vint s'établir à Velia ou Elea, d'où le nom d'*éléatique* fut donné à son école, qui fut presque contemporaine de celle d'Italie, dont Xénophane avait vu et entendu le fondateur. Partant de ce principe, *rien ne se fait de rien*, ce philosophe en tirait la conséquence « qu'une chose ne peut « naître que d'une autre chose; car ce qui dans la pre- « mière différerait de la seconde, ce qui serait nouveau, « n'aurait aucun principe; de là résulte cette conséquence « générale, que *tout ce qui est est éternel, immuable, et « doit subsister toujours*. » Suivant lui, « Dieu est un, et « il ne peut y avoir qu'un Dieu; il est toujours semblable « à lui-même, on ne peut le concevoir sous la forme hu- « maine, il est parfait. » On considère Xénophane comme ayant admis le panthéisme; car, d'après son système, *l'être est unique*, il n'y a qu'une seule substance, et c'est la pensée qui est la seule substance *réelle, persévérante, immuable*; là se trouve le germe de l'idéalisme, qui n'est autre chose que la négation de l'existence du monde sensible, système, dit M. Degérando, qui, aux yeux des observateurs superficiels, se confond avec le scepticisme, et qui souvent aussi se résout dans ce dernier. Xénophane vécut, dit-on, plus de cent ans.

Parménide, son disciple, florissait vers l'an 435 avant J.-C., et, comme son prédécesseur, il refusa toute autorité au témoignage des sens, à l'expérience, et réserva exclusivement aux spéculations rationnelles le privilège d'atteindre à la vérité. « La pensée, dit-il, et l'objet de la pensée ne « sont qu'un. Car il ne peut y avoir de pensée sans une « réalité qu'elle saisisse; au-delà de ce qui est, il n'y a rien. « Ce sont donc des mots vides de sens que ceux qu'em- « ploie le genre humain, lorsqu'il parle de naissance et « de fin, de changement de lieu, de transformation. La « forme du tout est parfaite.....; il n'y a point de néant « qui interrompe la continuité du réel : il n'y a donc « point de vide; on ne peut enlever au tout aucune par- « tie, car il est partout semblable à lui-même, et tou- « jours le tout. » Cette doctrine n'est-elle pas un mélange de panthéisme et d'idéalisme?

Mélissus de Samos appartient à la même école, et se montre aussi partisan de l'unité absolue, toujours identique à elle-même. L'être, pour lui, est un, indivisible, il n'est point composé de parties; donc l'être n'est pas un corps; il est invariable, immobile. Cependant tout ce qui s'offre à nos sens est varié et mobile : tout ce qui s'offre à nos sens n'est donc pas un être, et n'a aucune réalité véritable; les sens ne saisissent donc que de vaines apparences; la raison seule peut atteindre à ce qui possède une existence réelle. On a écrit que les trois philosophes, dont nous venons de parler, devaient être rangés au nombre des athées; d'autres, au contraire, ont pensé qu'ils associaient la notion de la divinité à celle de l'être *un*, *universel*; ce qui n'est pas de l'athéisme, mais bien du panthéisme, comme nous l'avons déjà observé. Mélissus vivait dans le cinquième siècle avant notre ère.

Zénon, qu'on appelle ordinairement Zénon d'Élée, pour le distinguer du fondateur du stoïcisme, naquit vers la soixante-neuvième olympiade; il consacra la première partie de sa vie à étudier la philosophie de Parménide, dont il avait su se concilier l'affection. Il vint à Athènes avec son maître, et y jeta un grand éclat par les leçons qu'il donna à l'élite de la jeunesse athénienne. Sa doctrine fut, comme celle de Parménide, le pur idéalisme. Il avait trouvé l'école éléatique fondée et achevée, il n'eut qu'à la défendre, et à combattre ses adversaires. Il fut ainsi conduit à instituer la logique, dont on croit qu'il fut le créateur ; et comme il créa cette méthode pour soutenir la cause des spéculations rationnelles, pour attaquer l'autorité et l'expérience, il dut la fonder de préférence sur les déductions *à priori*, plutôt que sur les inductions analytiques.

École héracliséenne.
Héraclite d'Éphèse florissait vers l'an 500 avant J.-C. ; il avait étudié sous Hippase et sous Xénophane, mais il s'était formé entièrement d'après lui-même. « Suivant ce « philosophe, tout dans la nature est régi par des lois con- « stantes ; les phénomènes eux-mêmes, qui paraissent dis- « cordans, concourent à l'harmonie du tout : c'est un « accord qui résulte des dissonances. Pour maintenir cet « accord, il admet des molécules élémentaires qui se « combinent et se séparent en obéissant à l'attraction et « à la répulsion. » Une activité aussi universelle que persévérante met en jeu ces deux grands ressorts : cette activité c'est le feu, non le feu extérieur, tel qu'il s'offre à nos sens, mais une sorte de force ignée, immatérielle, intelligente. Ce système est comme une ébauche grossière et imparfaite de celui de M. Azaïs ; il présente aussi quelques données sur la cause des divers états d'agrégation que nous devons à l'attraction et à la répulsion, qui, d'après les physiciens modernes, dépendraient de l'augmentation ou de la diminution du calorique qui s'interpose entre les molécules des corps.

Une de ses maximes morales était « que les lois hu- « maines reçoivent leur force de la loi divine, qui règle « tout à son gré. » Il disait que la fin de l'homme est sa propre satisfaction, mais il ne faisait point consister cette satisfaction dans la volupté sensuelle. Il se laissa mourir de faim à l'âge de soixante ans.

Hippocrate fut, dit-on, son disciple : il était né à Cos, île de la mer Egée, 460 ans avant J.-C. Il est celui de tous les anciens qui a le mieux connu, le mieux développé, le mieux appliqué les méthodes expérimentales, qui a jeté un regard plus philosophique sur la nature. Toutes les sciences naturelles ressentirent l'influence de son génie. Aristote, dans son livre des Météores, a beaucoup emprunté de lui. On le regarde, à juste titre, comme le père de la médecine.

Leucippe, natif d'Abdère, et disciple de Zénon, vivait vers l'an 428 avant J.-C. Il avait en partie adopté les idées de Xénophane, et en partie cherché à les rectifier; il réduisait toutes les lois de l'univers à des lois mécaniques : suivant lui, il existe deux principes des choses, les atomes et le vide. Le cours de toutes choses est soumis à la nécessité. Son système est empreint d'un matérialisme manifeste; la vie, la pensée, le mouvement sont à ses yeux la même chose. L'ame est un composé de particules ignées qui circulent dans tout le corps. Dans ses idées sur la formation de l'univers, on ne rencontre aucune trace de l'intervention d'une cause intelligente. Ce n'est pas une raison pour porter contre lui l'accusation d'athéisme : peut-être s'était-il renfermé dans les limites des sciences naturelles.

Seconde école d'Élée.

Démocrite, aussi abdéritain comme son prédécesseur, dont il fut le disciple, naquit vers l'an 470, et mourut à l'âge de cent neuf ans. Il développa le système commencé par Leucippe : suivant lui, le Destin présidait aux phénomènes de l'univers sensible; il accordait à cette loi aveugle la dénomination de Providence. Il croyait à l'existence d'atomes innombrables, auxquels le mouvement était inhérent : leur rencontre fortuite avait produit le monde.

On lui attribue quelques découvertes en physique ; il fit des émeraudes artificielles, et les peignit en diverses couleurs ; il parvint aussi à dissoudre la pierre et à amollir l'ivoire. Dans sa morale, il disait que la fin de l'homme, le souverain bien, consistait dans la tranquillité de l'âme. Dans sa théorie sur l'origine de nos connaissances, il admettait l'hypothèse des images émanées des objets.

Parmi les disciples de Démocrite, on compte Métrodore de Chio. Déjà on pouvait avec raison penser que Démocrite était sceptique, mais on ne peut douter du scepticisme de son disciple. « Je nie que nous sachions si nous « savons quelque chose, disait-il, ou si nous ne savons rien ; « que nous sachions même ce que c'est que savoir ou ne « savoir pas s'il y a quelque chose, ou si nous ne savons « rien. » Cependant il avait adopté la doctrine de Démocrite, et particulièrement sa doctrine sur les atomes.

Les sophistes. La quatre-vingtième olympiade vit la philosophie s'altérer et se corrompre au centre de la civilisation, au sein même d'Athènes. « Cette ville, dit M. Degérando, « n'avait point de philosophie indigène (s'il est permis « de s'exprimer de la sorte), de philosophie qui eût germé « sur son propre sol : la science était pour elle une plante « exotique, qui y avait été transplantée après avoir pris « déjà de grands accroissemens. Les doctrines qui y arrivaient « à la fois de l'Ionie et de l'Italie offraient les ré- « sultats les plus contradictoires, et l'on a vu que les deux « écoles d'Élée n'étaient pas moins opposées entre elles. « Ce contraste... prêtait un merveilleux secours aux es- « prits subtils qui prétendaient tout démontrer à leur « gré ; il offrait de malheureux prétextes à ceux qui vou- « laient tout ébranler ; il favorisait tous les abus de la « raison, en même temps qu'il en décréditait l'autorité. » (Degérando, t. 2, p. 54.) Telle fut une des principales causes de la révolution qu'éprouva la philosophie. Cette révolution fut l'ouvrage des sophistes ; ce mot, dans son acception naturelle, signifie *sage*, *habile dans la science* (σοφός), mais il s'en faut de beaucoup que ce soit là l'idée que nous devons nous former des sophistes. C'étaient des charlatans orgueilleux qui se vantaient de soutenir les causes les plus désespérées, et de renverser les mieux établies ; ils vendaient chèrement un si beau talent aux jeunes gens les plus distingués d'Athènes. Il est facile de voir qu'entre de pareilles mains l'auguste science de la sagesse dut descendre du rang éminent qui lui appartenait ; et, en effet, elle ne fut plus dès-lors l'art de découvrir la vérité, mais celui de prêter à l'erreur les couleurs de la vérité, suivant l'intérêt du moment.

Protagoras d'Abdère fut le premier, dit-on, qui prit le titre de sophiste. Disciple de Démocrite, il fut banni d'Athènes pour avoir nié l'existence de Dieu, et mourut en Sicile dans un âge fort avancé. Il était né 488 ans avant J.-C.

Gorgias, autre orateur et sophiste célèbre, fut l'émule du précédent. Il avait écrit un ouvrage, dans lequel il établit successivement les trois propositions suivantes : 1°. rien n'existe ; 2°. lors même qu'il existerait quelque chose, cette chose ne pourrait être connue par l'homme ; 3°. dans tous les cas, il ne pourrait ni l'expliquer, ni la faire connaître aux autres. Il florissait dans le cinquième siècle avant l'ère vulgaire.

Prodicus, de l'île de Cos, vivait vers l'an 396 av. J.-C. On compte au nombre de ses disciples Socrate et Euripide. Les Athéniens le condamnèrent à mort comme corrupteur de la nesse.

Critias, qui fut l'un des trente tyrans d'Athènes, doit être rangé au nombre des athées ; il avançait que la croyance à la divinité est une invention des anciens législateurs : cette opinion impie était digne de celui qui fut à la fois et un sophiste, et l'oppresseur de son pays.

Hippias, qui se vantait, en présence des Grecs assemblés, de posséder toutes les sciences et tous les arts, disait que la loi naturelle ne dérive point de la divinité.

Calliclès et Théramène soutenaient que l'homme qui a quelque grandeur de caractère doit secouer le joug des lois quand il le peut.

En voilà bien assez pour nous faire comprendre jusqu'à quel degré de corruption ces prétendus sages avaient plongé la philosophie. Toutes les erreurs qui dégradent l'homme furent avancées par eux; ils professèrent publiquement l'athéisme, et ouvrirent des premiers la porte au scepticisme. Néanmoins, long-temps avant eux, il avait paru un sceptique déclaré : c'était le scythe Anacharsis, ce sage dont les maximes morales ont d'ailleurs obtenu une si juste célébrité. Il refusait à l'entendement humain le droit de juger les choses, dans tous les ordres de connaissances. Il fut le contemporain de Solon. On lui attribue l'invention de la roue du potier, et de l'ancre.

Seconde période de la philosophie.

École socratique. — Socrate, né à Athènes, d'un sculpteur nommé Sophronisque, l'an 470 avant J.-C., commença en Grèce une nouvelle ère philosophique. Renonçant aux systèmes hasardeux formés par ses prédécesseurs, combattant les subtilités oiseuses des sophistes, il tourna l'attention de l'homme sur lui-même, et s'occupa tout entier de la morale et de l'existence de Dieu. Il forma ainsi une nouvelle école, de laquelle sortirent presque tous les grands philosophes qui ont illustré la Grèce. Sa philosophie était basée sur l'observation intérieure. Comme il avait moins pour but de faire briller son esprit que de réformer les mœurs des Athéniens, il enseignait partout, dans les rues, à l'Académie, au Lycée, sur les bords de l'Ilissus. Il ne donnait point ses leçons d'une manière didactique, mais amenait ses disciples, par des interrogations faites avec art, à découvrir la vérité. Il s'expliquait très-librement sur la religion et sur le gouvernement de son pays; souvent il s'éleva avec force contre l'injustice des Athéniens. La liberté de ses discours lui suscita un grand nombre d'ennemis; ils eurent assez de crédit pour faire condamner à boire la ciguë l'homme qui avait mérité, encore plus par ses vertus que par son enseignement sublime, d'être appelé le plus sage de tous les Grecs.

Socrate ne laissa point d'écrits, mais Xénophon et Platon nous ont transmis ses sages entretiens. Il eut beaucoup de disciples, qui devinrent chefs d'autant d'écoles et de sectes particulières.

On divise en deux classes les philosophes sortis de l'école de Socrate. La première se compose de ceux qui suivirent uniquement l'impulsion de cet esprit d'originalité qu'ils avaient puisé près du restaurateur de la philosophie, et qui abdiquèrent les traditions léguées par les anciens. Parmi eux on compte les cyniques, et les sectateurs des écoles de Cyrène et d'Élis. La seconde se compose de ceux qui conservèrent les doctrines de l'ancienne philosophie, et se contentèrent de leur donner une forme socratique: tels furent les partisans de l'école de Mégare.

Anthistène, athénien, florissait vers l'an 396 av. J.-C. Il enseigna d'abord la rhétorique; mais ayant entendu Socrate, il ferma son école, et dit à ses élèves : « Cherchez « un maître, j'ai trouvé le mien. » Il fut chef de la secte *cynique :* ce nom vient de l'âpreté de sa critique, qui le fit comparer à un chien (κυνός); d'autres le font dériver de *Cynosarge*, petit bourg de l'Attique, près d'Athènes, où il avait ouvert son école. A l'exemple de son maître, il s'adonna particulièrement à la morale. Il n'admettait point de vérité générale, et en concluait que les définitions ne peuvent donner aucune instruction positive sur les choses. Ses idées théologiques étaient « qu'il y a plu-« sieurs dieux de la religion vulgaire, mais que la divi-

École cynique.

« nité est une; elle ne ressemble à aucun objet sensible, elle ne peut être représentée par aucune image. »

Il eut pour disciple Diogène, né à Synope vers la fin du cinquième siècle avant J.-C. Dans la singularité de sa vie, dans l'originalité de ses réponses, nous trouvons une satire amère des vices, des opinions, des usages, même des idées reçues à cette époque.

Après lui appartinrent à la même école Monime de Syracuse; Onésicrate ou Onésicrite, natif d'Égine, qui accompagna Alexandre en Asie; Cratès de Béotie, qui vivait vers l'an 324; Métroclès, qui s'étrangla lorsqu'il se vit vieux et infirme; Ménippe, natif de Phénicie (il composa des satires en prose mêlée de vers la plupart parodiés : cet ouvrage, qu'on a perdu, a donné l'idée de la fameuse satire Ménippée); Ménédème de Lampsaque, qui se disait venu des enfers pour observer la méchanceté et les crimes des hommes; il s'habillait comme les Furies, ses manières étaient celles d'un insensé.

Au sein de cette école on rencontre une femme, Hipparchie, que les leçons de Socrate pénétrèrent de mépris pour tous les agrémens de la vie, et pour les avantages de la beauté.

Les cyniques furent, en quelque sorte, les anachorètes de la morale socratique; ils dédaignèrent la fortune, les honneurs, la gloire, et se condamnèrent au régime le plus rude et à la vie la plus austère.

École cyrénaïque.

Aristippe, né à Cyrène 435 ans av. J.-C., vint à Athènes étudier sous Socrate, et fut le fondateur de l'école *cyrénaïque*. Il dénatura la morale de son maître. Il proposait, pour but unique de la vie, la recherche du plaisir, et mettait cette doctrine en pratique. Il passa dans la mollesse et les délices ses plus belles années, à la cour de Denys-le-Tyran, dont il fut le flatteur.

Nous trouvons aussi une femme dans l'école de Cyrène : c'est Areta, fille d'Aristippe; elle lui succéda dans son école, et fit consister, comme lui, le souverain bien dans les plaisirs des sens. Elle fut elle-même l'institutrice de son fils, le second Aristippe, auquel on a donné le surnom de *Metrodidactos*. Elle eut plusieurs autres disciples.

L'école cyrénaïque se partagea en deux branches, sous Hégésias et Annicéris.

Le premier soutenait que le mal étant plus grand que le bien dans la vie, il était heureux de mourir. Sa doctrine justifiait le suicide : plusieurs de ses auditeurs se donnèrent, dit-on, volontairement la mort. Le roi Ptolémée fit fermer son école : son système tendait à l'apologie de l'égoïsme.

Le second rendait aux sentimens généreux le rang qui leur appartient dans le domaine de la vertu; il appuya sa doctrine de ses exemples : il racheta Platon lorsqu'il fut vendu comme esclave par Denys-le-Tyran.

Trois des derniers cyrénaïques ont été rangés, par les anciens, au rang des athées; mais il ne faut pas oublier que cette dénomination était donnée généralement à tous ceux qui ne respectaient pas les erreurs du peuple, et la multitude innombrable de ses divinités. Ces trois philosophes furent Théodore de Cyrène, qui vivait à la fin du quatrième siècle avant J.-C.; Bion, qui embrassa d'abord la secte cynique, et qui reçut ensuite les leçons de Théodore; Evehemère ou Evemère, que l'on croit originaire de Sicile. Il composa un ouvrage, dans lequel il cherchait à saper les fondemens du paganisme.

L'école cynique vint se fondre dans le Portique, l'école de Cyrène dans celle d'Epicure.

Phœdon d'Elis fut le disciple constant et l'ami de Socrate; long-temps nourri de ses leçons particulières, il les enseigna sans la moindre altération; il fut le fondateur de l'école *éliaque*.

Ecole éliaque ou érétriaque.

Ménédème son successeur, qui, du nom de sa patrie,

donna à cette école le titre d'*érétriaque*, était né vers la fin du quatrième siècle avant J.-C., à Erythrée en Arcadie.

Tout ce que nous savons de la vie et des mœurs de ces philosophes est extrêmement honorable pour leur mémoire. Ils s'écartèrent moins que les autres de l'enseignement de Socrate. La maxime fondamentale de leur école était que « le vrai bien a son siége dans l'ame, et dépend « de la force du caractère. »

<small>École mégarique ou éristique.</small>

Euclide de Mégare (il ne faut pas le confondre avec le prince des géomètres) créa la secte mégarique : né avec un esprit subtil et ardent, il s'exposait tous les jours à la mort pour aller entendre les leçons de Socrate. Les Athéniens, en guerre avec Mégare, avaient défendu, sous peine de la vie, à tout habitant de cette ville d'entrer dans Athènes. Euclide y venait de nuit, et en sortait, le matin, déguisé en femme. Il s'était instruit dans les écrits de Parménide, et avait imité la dialectique de Zénon, qui convenait mieux, à cet esprit inquiet et ardent, que la méthode tranquille de Socrate : aussi ne tarda-t-il pas à l'abandonner. Il revint aux procédés des sophistes, en attaquant les opinions de ses adversaires par les conséquences qu'il en faisait ressortir, au lieu de chercher à détruire les fondemens sur lesquels elles reposaient.

Eubulide, son successeur, naquit à Milet vers l'an 360 avant J.-C.; il combattit avec force la doctrine d'Aristote, d'où l'on conclut qu'il repoussait l'autorité de l'expérience et le témoignage des sens. Il fut l'inventeur des sept sophismes qu'on explique encore aujourd'hui dans nos écoles, invention, dit M. Degérando, qui ne lui apporte pas une grande gloire.

Après lui, Stilpon acquit, dans l'école de Mégare, une telle réputation d'éloquence et de savoir, qu'on désertait les autres écoles pour venir écouter ses leçons. Le premier il appela l'attention sur l'une des questions les plus importantes et les plus difficiles de la philosophie, celle du légitime usage des vérités abstraites : il rejeta tout emploi des vérités générales. On en est d'autant plus surpris que toute la logique de cette école repose sur l'artifice des mots.

Les philosophes de Mégare eurent un goût si violent pour la dispute, qu'on donna à leur école le nom d'*éristique* (*ἐρίζω*, disputer).

Platon, que sa profonde philosophie éleva au-dessus de tous les autres disciples de Socrate, fut le fondateur d'une nouvelle école, qualifiée *académicienne*, parce qu'il fixa le lieu de ses leçons dans un quartier du faubourg de cette ville appelé Académie. Il est difficile de donner, dans cette notice, une idée du système de philosophie qu'il adopta. Héraclite semble lui avoir servi de guide pour la physique, Pythagore pour la métaphysique, et Socrate pour la morale. Il reconnaît l'existence d'une cause première éternelle, créatrice de l'univers. L'ame, suivant lui, est une vie immortelle renfermée dans une prison périssable. Dans le monde matériel, il paraît, à l'exemple des anciens philosophes, avoir personnifié toutes les causes secondes; il admet des génies bons et mauvais. Le grand Être, qui préside à l'ensemble des êtres, est parfait, incorporel, unique, bon, tout puissant, juste; il récompense les gens de bien et punit les méchans dans l'autre vie. Une morale pure et sublime découle nécessairement de ces notions sur la divinité.

Pénétré de l'importance et de la fécondité des vérités générales et abstraites dans la formation de l'intelligence, mais ne pouvant toutes les expliquer par les opérations de l'esprit, il leur attribua une autre origine, et crut devoir en placer la source dans la divinité même, ce foyer de toute lumière, dont il faisait découler toute science, parce que toute existence en est dérivée. Cette erreur fut le germe du système des idées innées; elle n'est pas la seule qu'on puisse reprocher à ce grand philosophe. Il soutenait

Ecole platonicienne.

que le monde est une figure de douze pentagones; que le feu est une pyramide liée à la terre par des nombres; que le sommeil naît de la veille, et la veille du sommeil; il avançait que nos ames existent avant d'être unies à un corps; il croyait se rappeler ce qu'il avait pensé avant de venir au monde, etc. Il naquit à Athènes 429 ans av. J.-C.

Platon eut, comme Pythagore, une doctrine cachée et une doctrine publique : ceux de ses disciples qui avaient profité de ses entretiens secrets conservèrent sa philosophie, les autres l'altérèrent plus ou moins; d'où il résulta trois corps de doctrine, qui ont fait distinguer trois sortes d'académies : l'ancienne, la moyenne et la nouvelle.

Académie ancienne.

Speusippe, né à Myrrhina, dans l'Attique, fut le disciple et le successeur de Platon. Il continua d'enseigner la vraie doctrine de son maître; il admit deux *criterium* de la vérité, qui correspondent, l'un aux choses sensibles, l'autre à celles qui sont du domaine de la science. Celles-ci sont jugées par la raison, celles-là par les sens que l'art a formés.

A Speusippe succéda Xénocrate, vers l'an 339 av. J.-C. Il fut pendant vingt-cinq ans à la tête de l'Académie. Aux deux *criterium* de Speusippe il en ajouta un troisième. Les sens jugent de ce qui est au-dessous du Ciel, la raison ce qui est au-delà du Ciel; le troisième arbitre prononce sur le Ciel lui-même.

Après lui vinrent Polémon, Cratès et Crantor. Le premier, qui, après avoir entendu un discours de Xénocrate, d'un débauché qu'il était devint un philosophe austère, lui succéda dans la direction de l'Académie. Il s'élevait contre les abus de la dialectique; il recommandait d'abandonner cet art frivole, qui ne s'exerce que sur des questions minutieuses, pour s'attacher à la réalité des choses. Il mourut 270 ans avant J.-C.

Cratès fut son ami, son disciple et son successeur. Il fut enterré dans le même tombeau que son maître.

Avant de parler de la seconde et de la troisième Académie, nous croyons nécessaire de nous occuper d'Aristote, d'Épicure, de Pyrrhon et de Zénon.

Du sein de l'Académie sortit une autre école aussi célèbre et plus nombreuse, l'école *péripatéticienne* : elle fut formée par Aristote. Ce grand philosophe, surnommé le *prince de l'école*, né à Stagyre, ville de Thrace, analysa et changea entièrement la doctrine des académiciens; il fut l'auteur de la division des sciences. Dans un traité de psycologie il rechercha la nature de l'ame, nous donna un système de ses facultés, une théorie des sensations, et établit une distinction entre la faculté de sentir et celle de penser. {Ecole péripatéticienne.}

Dans sa Métaphysique, il s'occupa de la recherche des premiers principes, de l'ontologie ou de la formation des êtres, de la théologie naturelle. Il donna la démonstration de l'existence de Dieu et l'exposé de ses attributs.

Dans son Ethique, il établit les fondemens de la morale. Il faisait consister la vertu dans la modération.

Enfin il traça les règles de la logique et de la grammaire générale, donna une classification des idées, établit ses fameuses catégories, et dicta des lois à la raison en inventant les règles du syllogisme.

Aristote fut l'esprit le plus méthodique et le plus positif de l'antiquité. Il tenta de réconcilier la spéculation avec l'expérience; mais il n'y réussit qu'imparfaitement. Il faisait dériver de l'expérience toutes les connaissances humaines; mais il ne fut pas toujours fidèle à cette doctrine. On dit qu'au moment de sa mort il prononça ces paroles : *Fœdè hunc mundum intravi, anxius vixi, perturbatus egredior; causa causarum, miserere meí.*

En 331 avant J.-C., il avait fondé, dans Athènes, son école dans un édifice appelé le *Lycée*, où il enseignait en se promenant. De là vient que ses disciples furent nommés *péripatéticiens* (περιπατεω).

Théophraste, né, l'an 371 avant J.-C., à Éressos, une des principales villes maritimes de l'île de Lesbos, remplaça Aristote dans la direction du Lycée vers la cent quatorzième olympiade, et donna un nouveau lustre à cette école. De deux cent vingt-neuf ouvrages qu'il avait composés, il n'en est parvenu qu'un très-petit nombre jusqu'à nous. Tout le monde a lu son livre des Caractères, qui a servi de modèle à notre La Bruyère.

Straton de Lampsaque succéda à Théophraste; il fut nommé *le physicien*, parce qu'il s'occupa exclusivement des systèmes de cosmologie. « La nature, suivant lui, pos-
« sède en elle-même une certaine force de vie et d'action ;
« elle n'a ni sentiment ni forme ; tout se produit de soi-
« même, sans l'intervention d'un ouvrier ou d'un auteur. »
Un tel système est un mélange d'athéisme et de panthéisme. Straton avait défini le temps la *mesure du mouvement et du repos*. Il vivait vers l'an 289 avant J.-C. Il dirigea l'éducation de Ptolémée Philadelphe.

Les autres principaux chefs de cette école furent Eudème, qui nous donna une théorie des syllogismes hypothétiques;

Dicæarque et Aristoxène, qui faisaient consister l'ame dans une triple harmonie, laquelle dépendait de l'organisation physique (cette opinion les fit ranger parmi les matérialistes);

Enfin Démétrius de Phalère, qui, l'an 317 avant J.-C., fut élu archonte, et gouverna, dix années, Athènes avec sagesse et modération. S'étant ensuite retiré en Égypte, sous Ptolémée Soter, il créa la bibliothèque d'Alexandrie, l'enrichit de deux cent mille volumes, et présida à la traduction des Septante. Il mourut l'an 285 avant notre ère.

École épicurienne.

Épicure, né à Gargette dans l'Attique, l'an 342 avant J.-C., entendant un jour son maître répéter un vers d'Hésiode, dont voici le sens : *Le chaos fut créé au commencement des choses*, lui dit aussitôt : Qui a créé le chaos? —

Je l'ignore, dit le maître; mais les philosophes le savent. Cette réponse détermina sa vocation. Eh bien ! reprit-il, je n'aurai dorénavant d'autres maîtres que les philosophes. Il voyagea long-temps pour s'instruire, et vint, à l'âge d'environ trente-six ans, à Athènes, où il ouvrit une école; et comme toutes les promenades publiques étaient occupées par les autres écoles, l'Académie par les platoniciens, le Lycée par les péripatéticiens, le Cynosarge par les cyniques, le Portique par les stoïciens, il acheta le jardin Péramène, et s'y fixa avec ses disciples.

Épicure enseignait que l'univers est composé d'un nombre infini d'atomes, dont la rencontre fortuite avait formé tous les corps, sans l'intervention d'aucune divinité: il ne proposait d'autre but à l'homme que le bonheur et le plaisir; mais il faisait, dit-on, consister le plaisir dans la culture de l'esprit, la pratique de la vertu, l'exemption des vices, et la mortification des sens. Lui-même menait la vie la plus sobre; cependant ses sectateurs dénaturèrent bientôt sa doctrine, et substituèrent, aux plaisirs purs et intellectuels qu'il recommandait, les voluptés les plus sensuelles; ce qui donna lieu à les appeler *pourceaux d'Épicure*. Diogène Laërce rapporte qu'il avait composé trois cents ouvrages, dont il ne nous est rien parvenu.

Les philosophes les plus marquans de cette école furent Hermachus de Mytilène, qu'Épicure, par son testament, institua son successeur; il vivait vers l'an 267 avant J.-C.;

Métrodore, à la fois peintre et philosophe, qui fut choisi par Persée, roi de Macédoine, pour présider à l'éducation de ses enfans, et pour peindre ses victoires (168 ans av. J.-C.);

Mus, qui, de simple esclave d'Épicure, devint son favori, et un philosophe distingué;

Idoménée, natif de Lampsaque, qui composa la vie de Socrate. Enfin plusieurs femmes célèbres, entre autres Thémiste et Philœnis.

Pyrrhon fut le chef d'une école dont la doctrine a pris {École pyrrhonienne.}

son nom (le pyrrhonisme). Né à Elis, dans le Péloponèse, il vivait vers l'an 336 avant l'ère chrétienne. Il suivit dans sa jeunesse l'école de Mégare et les leçons du philosophe Anaxarque. Le principe de sa philosophie est renfermé dans cette maxime : « A tout raisonnement est opposé un « autre raisonnement d'un poids égal et d'une même « force. » Aussi flottait-il dans un doute perpétuel : trouvant partout des raisons d'affirmer et de nier, après avoir bien examiné le pour et le contre, il suspendait son jugement, et se réduisait à dire : *Cela n'est pas évident.* Avant lui le sage Anacharsis, Xénophane, Zénon, Démocrite, Métrodore, les sophistes Protagoras, Gorgias, les subtilités de l'école de Mégare, les paradoxes des cyrénaïques, avaient, comme nous l'avons vu, semé les germes du scepticisme parmi les Grecs. Pyrrhon réduisit leur doute en corps de doctrine; il ne rejetait pas la vérité, mais il déclarait seulement que les philosophes ne l'avaient point encore trouvée. Il n'affirmait rien, et ne détruisait rien. Ce système était loin encore du doute absolu, fondé sur l'incompréhensibilité de toutes choses, que nous verrons bientôt professé par Arcésilas.

Timon de Phlionte fut le plus illustre de ses disciples. Il avait fréquenté d'abord l'école de Stilpon. Il fut le premier de cette école qui écrivit sur le scepticisme (σκεπτικὸς, qui examine attentivement). Il avait exercé la médecine, et on a remarqué que, parmi les anciens, la plupart des sceptiques avaient exercé cette profession. Timon vivait vers le milieu du troisième siècle avant J.-C.

Diogène Laërce, dit M. Degérando, cite une longue suite de disciples issus de Pyrrhon et de Timon; mais il ne nous reste rien de ces nombreux partisans du doute systématique.

École stoïcienne.

Zénon de Cittium voyant le découragement de la raison causé par le pyrrhonisme, et le relâchement dans les mœurs amené par les doctrines des épicuriens, voulut raffermir l'autorité de la vertu et de la vérité, en établissant entre elles une alliance étroite. Il avait suivi les leçons de Cratès le cynique, de Stilpon de Mégare, de Xénocrate, de Diodore et de Polémon. Il ouvrit son école dans le Pœcile, portique d'Athènes; et c'est de là que ses disciples furent appelés *stoïciens* (du grec στοά, portique). Là il enseignait que la sagesse est le bien parfait de l'homme, et la philosophie la recherche de ce bien. L'une montre le but, l'autre s'efforce d'y atteindre. Or, pour y atteindre, trois conditions sont nécessaires : une raison saine, une connaissance exacte des choses, une vie sans tache. De cette triple perfection, celle du jugement, celle de la science, celle de la conduite, naît la division, adoptée par cette école, de la philosophie en trois branches : la logique, la physiologie et l'éthique.

La logique des stoïciens repose sur le principe de l'expérience, qu'ils avaient emprunté à Aristote. Ce sont eux, et non le philosophe de Stagyre, qui ont introduit dans la philosophie la maxime : « Il n'y a rien dans l'entende- « ment qui n'ait été dans la sensation. » Ils rejetaient les idées innées.

Dans leur physiologie, ils revinrent à la définition des anciens, qui faisaient consister l'ame dans un principe igné; et ils retombèrent dans le matérialisme. Comme ils voyaient dans le feu toutes les forces, ils matérialisèrent aussi la cause première, la force créatrice. L'univers fut pour eux un tout animé, un être raisonnable, organisé, dont toutes les parties réagissent les unes sur les autres; et cette opinion les ramena au panthéisme.

Rien, disaient-ils, dans ce monde n'est inutile, pas même le plus petit vermisseau; la nature surpasse en excellence tous les chefs-d'œuvre des arts : de là l'optimisme. Leur morale fut toute fondée sur le mépris de la volupté, sur le devoir, sur le principe de l'obligation, indépendamment de tout intérêt personnel.

Cléanthe, natif d'Assos, successeur de Zénon, était si pauvre, qu'après avoir consacré tout le jour à l'étude, il était obligé, pour gagner sa vie, d'arroser un jardin pendant la nuit. Il n'ajouta rien à la doctrine de son maître; seulement il eut le tort de matérialiser encore davantage l'ame et la divinité. Parvenu à l'âge de quatre-vingt-dix ans, il se laissa, dit-on, mourir de faim, l'an 240 avant J.-C.

Après lui, Chrysippe défendit avec talent les doctrines du Portique contre les partisans du doute absolu. Les anciens avaient une idée tellement haute de sa logique, que « si les dieux, disaient-ils, avaient besoin de l'emploi « d'une logique, c'eût été de celle de Chrysippe qu'ils « auraient fait usage. » Il était natif de Tarse : il vécut quatre-vingts ans, et mourut l'an 207 avant J.-C.

Antipater, aussi de Tarse, vivait vers l'an 136 avant J.-C. Il laissa un traité contre le scepticisme. « Les scep« tiques, disait-il, sont en contradiction avec eux-mêmes; « car lorsqu'ils avancent qu'on ne peut rien connaître, ils « déclarent du moins connaître la vérité de cette maxime. » Il fut donc le premier auteur de ce raisonnement, souvent employé par la suite.

Panœtius de Rhodes, qui fut l'ami de Polybe et le précepteur de Scipion l'Africain, enseigna d'abord à Athènes, et porta à Rome la philosophie du Portique. Il avait composé un traité des devoirs de l'homme. Il était venu au monde l'an 185 avant J.-C.

Mnésarque, son disciple, distingua les trois notions de la divinité, du destin et de la nature, que les stoïciens paraissaient confondre : « Le destin, d'après lui, est la « législation établie par Dieu; la nature, cette législation « mise en action, et appliquée à l'univers. »

Posidonius, autre disciple de Panœtius, fut l'ami de Cicéron, qui avait recueilli ses leçons.

Nouvelle Académie. Nous avons vu les stoïciens chercher à établir la certitude des connaissances humaines sur l'autorité de l'expérience et le témoignage des sens; avant eux, Platon, suivant une autre marche, réservait aux spéculations rationnelles le privilége de la certitude et de la réalité. Ceci nous explique comment le scepticisme put prendre naissance au sein de l'école qu'il avait fondée. Il avait substitué, à la certitude des connaissances déduites de l'expérience sensible, cette théorie des idées qu'il faisait découler de la divinité, et qu'il considérait comme le fondement des vérités nécessaires, éternelles et universelles. Mais, suivant la remarque judicieuse de M. Degérando, si ce second appui venait à manquer, si ses disciples ne partageaient plus l'espèce d'enthousiasme requis pour se soutenir dans une région tout aérienne, il devait arriver infailliblement qu'ils retomberaient dans l'océan du doute.

Quelques auteurs ont admis cinq Académies; nous avons déjà parlé de la première : comme on ne voit pas trop la nuance qui distingue la seconde de la troisième, nous les réunirons, et nous n'en formerons qu'une, dont Arcésilas et Carnéade seront les principaux soutiens.

Nous en dirons autant de la quatrième et de la cinquième. Philon et Antiochus ne seront pas les chefs de deux Académies différentes; ils appartiendront à la même.

Au rapport de Cicéron, « les académiciens croyaient « que l'ame seule est juge des choses, et que ce droit « n'appartient point aux sens. » De cette maxime ressortait, comme conséquence nécessaire, un doute absolu sur l'existence du monde sensible; et comme nos idées sensibles sont les premières en date dans l'intelligence, et lui servent de base, ce spiritualisme des académiciens devait venir se résoudre au scepticisme absolu. Aussi Arcésilas, qui vivait au quatrième siècle avant J.-C., et qui fut le premier auteur de ce système, niait qu'on pût rien savoir : « pas même, dit Cicéron, ce que Socrate disait être la « seule science, qu'il ne savait rien. Il pensait que tout

Académie moyenne.

« était enveloppé d'épaisses ténèbres, qu'il n'était rien
« qu'on pût voir et comprendre. » Arcésilas mourut 239
ans avant J.-C.

Carnéade de Cyrène modifia la doctrine d'Arcésilas, et
porta son doute plus avant. Après avoir repoussé le système
qui faisait dériver les connaissances de la sensation, il tira
la conséquence que nous venons d'indiquer à l'article
d'Arcésilas, et dit : « Si aucune perception n'a le droit
« légitime de juger, ce droit n'appartient pas non plus à
« la raison ; la raison manquerait de matériaux, puis-
« qu'elle ne peut les recevoir que des sens. » Carnéade
mourut l'an 128 avant J.-C., à l'âge de quatre-vingt-dix
ans.

Clitomaque, philosophe carthaginois, fut disciple de
Carnéade, et lui succéda dans la direction de l'Académie
à Athènes. Il avait écrit quatre livres sur les motifs qui
doivent suspendre l'assentiment ; suivant lui, « il n'est
« aucune vision qui puisse être perçue ; mais il en est
« beaucoup qui peuvent être approuvées, car il serait
« contre la nature qu'il n'y eût rien de probable. »

Dernière Académie. Il était difficile de soutenir d'une manière sérieuse
de semblables conséquences, de conserver une école philosophique en enseignant qu'il n'y avait rien de certain,
et par conséquent rien à apprendre ; et l'Académie ne
tarda pas à sentir le danger qu'elle courait, si sa philosophie, toute négative, continuait à abdiquer les titres
qu'elle pouvait avoir à la confiance des hommes. Elle
reprit graduellement, sous Philon et Antiochus, un langage plus affirmatif.

Le premier admit « que, par leur propre nature, les
« objets réels sont susceptibles d'être connus. » Si nous
en croyons Cicéron, il découvrit le vice radical de la
dialectique des anciens ; il reconnut que cette logique si
vantée ne gouverne en effet que le langage, et non la
réalité.

Le second trouva que les limites que Philon avait imposées au doute étaient insuffisantes. Il s'éleva avec force contre le scepticisme, et s'efforça de rendre toute sa pureté à l'enseignement de Platon. Suivant lui, « la philosophie « a deux objets principaux, le vrai et le bon : celui-là ne « peut prétendre au titre de sage, qui ne tend pas à ce « double but, qui ignore quel est le point de départ et « la route. Le sage doit donc s'appuyer sur des principes « certains. » Il mourut soixante-neuf ans avant J.-C.

Troisième période de la philosophie.

Au second siècle avant l'ère chrétienne, la philosophie fut transportée de la Grèce successivement à Alexandrie, à Rome, et dans tout l'Empire romain. Sur ce nouveau terrain germèrent d'abord toutes les doctrines des anciennes écoles, et elles y portèrent leurs fruits simultanément, mais sans mélange. Cependant nous les verrons bientôt se combiner, soit entre elles, soit avec des élémens étrangers; et de cet amalgame nous verrons sortir des systèmes nouveaux.

Déjà, à la suite d'Alexandre, la philosophie à son tour avait pénétré dans l'Asie, d'où les Grecs autrefois avaient reçu plus d'une tradition ; mais elle n'y avait jeté que de faibles racines. Ce fut sous le règne du premier des Lagides, Ptolémée Soter, qu'elle acquit plus de stabilité au sein du musée fondé par ce prince dans Alexandrie. Cette ville, centre d'un commerce immense, devint la métropole des sciences, et fut la rivale d'Athènes.

La doctrine d'Aristote fut la première mise en honneur à Alexandrie. Elle y fut apportée par Démétrius de Phalère. Straton de Lampsaque, après avoir occupé, après Théophraste, la chaire du Lycée, parut aussi à la cour des Lagides. Plus tard, Xénarque, Boëthus de Sidon, et Aris-

Philosophes alexandrins.

ton, qui fit un traité sur le cours du Nil, furent dans Alexandrie les soutiens du péripatétisme.

Héraclite de Tyr, disciple de Philon et de Clitomaque, y fit fleurir les doctrines de la nouvelle Académie; Dion, qui appartenait à la même école, y jouissait d'une haute réputation.

Les disciples d'Epicure semblaient devoir naturellement être attirés dans une capitale riche et florissante, près d'une cour brillante et voluptueuse. Aussi Colotès, philosophe de cette école, ne tarda pas à y porter les doctrines molles et relâchées de l'épicuréisme.

Sidonius y introduisit l'austère philosophie de Zénon. Après lui, Sphérus, Sotion, Satyrus, Chérémon, tous disciples du Portique, y mirent en honneur le stoïcisme.

Mais le scepticisme fut, de toutes les opinions philosophiques, celle qui fit à Alexandrie de véritables progrès.

Cependant le besoin de penser et de croire, que le scepticisme semblait vouloir étouffer, subsistait toujours dans l'esprit humain : seulement il demandait une nouvelle forme; et par conséquent, pour le satisfaire, il fallait user de nouveaux procédés.

On crut trouver ces procédés dans une combinaison, dans une fusion des doctrines existantes. De cette alliance naquirent l'éclectisme et le syncrétisme (ἐκλεκτὸς, choisi, et συγ-χρῆσις, usage, emprunt), deux phénomènes philosophiques qu'il faut se garder de confondre. « L'éclectisme, « dit M. Degérando, est un choix éclairé, qui permet « d'emprunter à divers systèmes ce qu'ils ont de bon et « d'utile, pour former un tout homogène. Le syncrétisme « est un mélange aveugle qui réunit au hasard les notions « empruntées çà et là, pour en composer un tout sans « harmonie et sans accord. »

On avait posé tous les problèmes fondamentaux qui appartiennent à la philosophie; une foule de penseurs profonds s'était exercée à l'envi sur les solutions. Il semblait qu'il restât seulement à prendre le vrai partout où il se trouvait, et à recomposer ainsi le système de la science avec les élémens empruntés à diverses écoles. Déjà Antiochus en avait donné l'exemple ; « Strabon le géographe « associa la doctrine de Zénon à celle d'Aristote ; Sotion « le jeune essaya d'unir la première aux anciennes idées de « Pythagore ; un Ammonius établit entre Platon et Aris- « tote un concert plus facile et plus utile tout à la fois. Po- « tamon paraît être le premier qui donna à cet éclectisme « une forme régulière et systématique. » C'est ce que nous fait entendre Diogène Laërce, lorsqu'il dit : « Une « nouvelle secte éclectique, ou, si l'on peut dire ainsi, « élective, a été introduite par Potamon d'Alexandrie, « qui a choisi dans chaque secte ce qui lui a paru le plus « sage. »

Les premiers Romains ne furent que des soldats ; ils ne cultivaient d'autres arts que ceux de la politique et des armes. Toute l'éducation de la jeunesse romaine était dirigée vers la vie active : le champ de Mars était son école, la tente était son lycée, les traditions des aïeux sa science. Quelques maximes d'une sagesse pratique, dues aux Clodius, aux Caton, aux Scipion, aux Métellus, composaient toute la philosophie de ce peuple belliqueux.

Philosophes romains.

Ce ne fut que lorsque les Athéniens envoyèrent à Rome cette célèbre ambassade composée de l'académicien Carnéade, du stoïcien Diogène, du péripatéticien Critolaüs, que les philosophes y furent connus, écoutés, admirés et suivis avec enthousiasme. Ils furent invités à donner des leçons, et parmi leurs nombreux auditeurs ils purent compter Scipion l'Africain. Mais Caton l'Ancien fut effrayé du concours des jeunes Romains qui s'empressaient autour d'eux. Craignant que la jeunesse ne cherchât désormais dans l'étude une gloire qu'elle ne devait acquérir que par la valeur et l'habileté dans les affaires, il fit un reproche aux magistrats de ce qu'ils souffraient que ces députés prolongeassent leur séjour dans la ville, enseignant à soutenir également toutes les opinions, et fit porter un décret qui défendait à tout philosophe de rester dans Rome.

« Cependant lorsque la conquête de la Grèce eut établi « des rapports plus étroits entre Rome et les villes où flo- « rissaient encore les illustres écoles ouvertes aux sciences, « les Romains ne purent rester indifférens à ces nobles « études. On vit Scipion l'Africain, Lælius, Rutilius, se « lier d'une étroite amitié avec Panœtius; Tubéron et « Mutius Scévola étudier aussi les doctrines stoïciennes « auprès du même maître; Caton d'Utique s'attacher à « Antipater de Tyr, pareillement stoïcien; M. Brutus, « Varron, Pison cultiver l'ancienne Académie; Lucullus « s'enquérir avec empressement de toutes les doctrines « philosophiques des Grecs, conduire Antiochus avec lui « dans le cours de ses expéditions, rapporter à Rome une « riche bibliothèque composée des écrits des philosophes, « y offrir une généreuse hospitalité à leurs successeurs. « Déjà les ouvrages d'Aristote avaient été apportés à « Rome par Sylla. » (Degérando, t. 3, p. 164.)

Ainsi, dans les temps heureux de la République, la philosophie jetait des racines profondes chez ces fiers conquérans; elle continua de fleurir au milieu des secousses qui changèrent la forme du gouvernement, et qui firent évanouir la liberté. La maîtresse du monde devient la proie des empereurs, la philosophie monte sur le trône avec les Césars; et l'on peut dire que, depuis Auguste jusqu'à Constantin, elle trouva toujours un appui dans le sceptre des empereurs, si on en excepte quelques méchans princes nés pour le malheur des états.

A la tête des philosophes de Rome, l'histoire nous présente Lucrèce, qui, dans un poëme, le plus ancien que nous ayons dans la langue des Latins, reproduit tout le système d'Epicure. Il s'attache à expliquer les phénomènes de la nature, la formation et la conservation du monde, par le seul mouvement des atomes, sans l'intervention d'une première cause. Il mourut l'an 54 av. J.-C.

Cicéron après lui rendit de grands services à la science ; dans plusieurs ouvrages philosophiques, il s'attacha à reproduire toutes les doctrines des Grecs : il n'en prit que ce qui lui parut le meilleur, et l'exposa d'une manière pleine de méthode, de clarté et d'élégance. On peut dire de lui qu'il fut un véritable éclectique : il est trop connu pour entrer dans de plus grands détails. Il mourut l'an 43 avant J.-C.

Virgile, au rapport de Varron, avait reçu les leçons de Séron, philosophe épicurien; il est aisé de voir dans ses ouvrages qu'il avait fait une étude approfondie des systèmes des philosophes. La doctrine de Platon respire dans son Enéide.

Horace, dans ses odes et ses satires, suivit tour-à-tour les bannières du Portique, du Lycée et de l'Académie.

Ovide, dans ses Métamorphoses, en ranimant l'ancienne théogonie des Grecs, associe les systèmes de Pythagore et d'Empédocle.

Perse, Lucain, Sénèque se consolent avec le stoïcisme des débauches de Tibère, des cruautés de Caligula, de l'imbécillité de Claude et des fureurs de Néron.

Les deux Pline et Quintilien, sous les règnes de Titus, de Domitien et de Trajan, rehaussent l'éclat de la philosophie.

Epictète, qui fut exilé par Domitien, lorsque cet empereur chassa de la ville tous les philosophes vers l'an 94 de J.-C., fut un des principaux appuis du stoïcisme; son disciple Arrien publia, sous le titre d'*Enchiridion*, quatre livres de pensées et de discours stoïques recueillis de sa bouche.

L'empereur Marc-Aurèle, surnommé *le philosophe*, fut l'ami d'Epictète ; il attira près de lui le stoïcien Apollonius, et médita profondément ses principes, qui devaient le guider dans le gouvernement des Romains. On a de lui douze livres de réflexions morales en grec; elles sont intitulées *Antonin à lui-même*, et contiennent ses pensées les plus secrètes, sa règle de conduite, et en quelque sorte son examen de conscience. Il mourut le 17 mars 180.

Celse, connu par ses fougueuses attaques contre la religion chrétienne, trouva, dans l'éloquence mâle et divine des pères de l'Eglise, une digue puissante contre ses fureurs philosophiques.

A cette nomenclature, que nous aurions pu étendre davantage, nous ajouterons un nom trop souvent oublié dans les fastes de la philosophie. C'est celui du célèbre Galien. Né à Pergame l'an 131 de l'ère chrétienne, il vint à Rome, où il exerça la médecine. Anatomiste profond autant qu'il était permis de l'être alors, il reconnut une intelligence au-dessus de la matière, montra la différence qu'il y a entre la pensée et les organes, qui ne sont que ses instrumens, et fit tomber l'hypothèse platonicienne qui divisait l'ame en trois parties, et la plaçait en trois endroits différens du corps. Il avait écrit un traité sur l'art de la démonstration, et s'était élevé contre le vice des méthodes anciennes, qui cherchent dans la dialéctique les propositions fécondes pour la science, et qui abusent des notions générales en les substituant à la lumière des faits. Il reconnut l'indispensable nécessité des deux méthodes, l'analyse et la synthèse. Enfin, à l'exemple d'Hippocrate, il voulait, en tout, s'appuyer sur l'expérience.

Il est à remarquer que quoique chacune des écoles grecques ait trouvé des continuateurs dans l'Empire romain, cependant la plupart de ceux qui cultivaient la philosophie se composaient, à l'exemple de Cicéron, un choix plus ou moins éclairé entre les doctrines diverses. Ainsi l'éclectisme fut le caractère dominant de cette époque de la philosophie.

Enfin, ce fut une conséquence de ce goût qui s'était généralement introduit dans la philosophie, de composer des systèmes mitoyens (s'il est permis de se servir d'une pareille expression) avec les débris des systèmes anciens, ce fut, dis-je, une conséquence de l'éclectisme de chercher à former une alliance entre les dogmes mystérieux de l'Orient et les doctrines des philosophes de la Grèce. Mais ce pacte nouveau, qui se forma entre les dogmes religieux et les dogmes philosophiques, fut le fruit d'une erreur capitale. La philosophie, qui ne devait être que l'auxiliaire du culte positif, fut identifiée avec lui. « Par « là tout fut altéré à la fois ; des notions d'ordres divers, « de différente origine, furent aveuglément assimilées ; « il fallut de deux choses l'une, ou que la science philo- « sophique perdît l'indépendance de ses recherches, ou « que le dogme positif fût livré aux spéculations arbi- « traires : c'est en cela que consiste essentiellement le « syncrétisme. » (Degérando, t. 3, p. 306.)

Nouveau platonisme.

Bientôt commencent à paraître de toutes parts des sectes philosophico-religieuses, qui toutes emploient pour procédé, non plus l'abstraction et l'analyse, mais l'inspiration, l'enthousiasme, l'illumination.

De là la cabale des juifs, ou interprétation mystique et allégorique de l'Ancien Testament. On sait qu'Aristobule fut le premier qui tenta non-seulement d'allier, mais même d'identifier en quelque sorte, les traditions des livres sacrés avec la philosophie et la littérature des Grecs. Après lui, Philon continua ce genre d'interprétation.

De là encore le gnosticisme ($\gamma\nu\tilde{\omega}\sigma\iota\varsigma$), connaissance par excellence, c'est-à-dire connaissance de l'Être divin. Les gnostiques avaient moins pour but de revêtir les dogmes religieux des formes philosophiques, que de leur donner le développement le plus étendu dans la sphère des idées mystiques. A cette classe d'érudits appartinrent Simon-le-Magicien, Ménandre-le-Samaritain, le juif

Corinthus, du premier siècle ; Saturnius, Basilides et Valentin, du deuxième siècle; et le persan Manès, du troisième. On rencontre encore au quatrième siècle, en Espagne, Prescilien, disciple des gnostiques.

De la cabale et du gnosticisme naquit la théurgie, et avec elle les pratiques de la divination, de la mantique : tous les genres de superstition prirent un nouvel essor.

« Pendant que les docteurs juifs et les gnostiques em-
« pruntaient à la philosophie des notions propres à com-
« menter les dogmes religieux, des philosophes sortis de
« l'école de Platon empruntaient aux traditions mysté-
« rieuses de l'Asie et de l'Égypte des vues à l'aide des-
« quelles ils espéraient jeter un nouveau jour sur les
« doctrines de l'Académie. » (Degérando, t. 3, p. 334.)

Ces deux systèmes aboutirent aux mêmes résultats, à la magie et à la théurgie.

Ammonius Saccas, qui vivait l'an de J.-C. 232, fut le premier et véritable auteur du nouveau platonisme; il avait lu, médité Platon et Aristote. En bon éclectique, il avait conçu l'espoir de les concilier. « Il n'y a qu'une vérité, « disait-il ; d'aussi grands génies ne peuvent manquer de « s'être rencontrés en la cherchant. » Il eut plusieurs disciples : Hérennius, Plotin, Origène et Longin. Ce dernier combattit le mysticisme dans Plotin et Porphyre, qui furent ses amis.

Plotin, né à Lycopolis en Égypte, suivit les leçons d'Ammonius pendant onze ans, visita la Perse et l'Inde, et vint ensuite établir une école à Rome; il mourut l'an 270 de J.-C., en prononçant ces paroles : « Je fais un der-
« nier effort pour réunir ce qu'il y a de divin en moi à
« ce qu'il y a de divin dans tout l'univers. » A ses yeux la pensée est la seule vie, le seul être, la seule substance, la seule puissance : tout chez lui est intellectualisé ; le ciel est mu par une ame propre, raisonnable et intelligente. Ce philosophe a prêté plus d'un point de vue à Spinosa,

à Leibnitz, et aux philosophes récens de l'Allemagne.

Porphyre, natif de Tyr, eut Plotin pour maître. Comme les anciens philosophes, il admet des divinités inférieures, et cherche à établir le rapport de ces divinités, qui composent la longue hiérarchie des génies, avec le Dieu suprême, incorporel, immobile, invisible, et se fait ainsi l'apologiste de toutes les superstitions du paganisme. Il insiste particulièrement sur le commerce des génies avec l'homme. La magie et la divination sont les conséquences nécessaires de ces hypothèses. Porphyre écrivit contre la religion chrétienne. L'empereur Théodose fit brûler publiquement son ouvrage l'an 388.

Jamblique, son disciple, né à Chalcide en Syrie, vécut sous les règnes de Dioclétien et de Constantin. Dans son *Traité des Mystères*, il enseigna les moyens de communiquer avec la divinité ou les génies. Il prétendit faire des miracles. Il nous représente l'intuition immédiate des nouveaux platoniciens, les pratiques de la théurgie, les opérations secrètes, les paroles mystérieuses, les sacrifices et les expiations. Il avait écrit la vie de Pythagore, et une exhortation à la philosophie. Il fut un des plus dangereux ennemis du christianisme.

Après eux, parmi beaucoup d'autres adeptes de l'école d'Alexandrie, on compta Hiéroclès, qui commenta les vers dorés de Pythagore. Ces vers renferment le germe des principales doctrines des nouveaux platoniciens; Hiéroclès les développa dans l'esprit de cette école.

Julien, surnommé l'Apostat, né à Constantinople en 331, appartient à l'école du néoplatonisme. « Il est, dit
« M. Cousin, le héros du mysticisme; ce n'est pas autre
« chose qu'un écolier d'Alexandrie devenu empereur,
« c'est l'école d'Alexandrie sur le trône. Julien a tous les
« préjugés de ses maîtres. »

L'étude de la philosophie n'avait jamais été interrompue à Athènes, et l'on y trouvait encore, sinon des philoso- {Ecole d'Athènes.}

phes, au moins des érudits et des sophistes de profession.

Chrysanthius, contemporain de Julien, entreprit de rendre dans cette ville à la philosophie grecque son ancienne illustration, en adoptant un système qui réunissait en un seul corps toutes les anciennes doctrines philosophiques et la théologie payenne.

On présume qu'après lui Plutarque, fils de Nestorius, son successeur, se livra aux pratiques de la théurgie, dans lesquelles sa fille Asclépigénie obtint une grande renommée.

Syrianus, né à Alexandrie vers l'an 380, fit ses études à Athènes sous le néoplatonicien Plutarque, dont nous venons de parler. Il le remplaça dans la direction de son école jusqu'en l'an 450. Dans un livre que nous ne possédons plus, il se proposait de montrer l'accord d'Orphée, de Pythagore et de Platon, ces trois anneaux de la grande chaîne dont les nouveaux platoniciens composaient la philosophie unique, primitive et perpétuelle.

Proclus, son disciple et son successeur, nous donna, sous une forme méthodique et avec un caractère remarquable d'élévation, la doctrine de la nouvelle école athénienne, développée dans son ensemble. Il avait une connaissance approfondie de toutes les religions, qu'il honorait toutes à ce point qu'il s'appelait lui-même une sorte de prêtre universel, un hiérophante du monde entier. Il composa des hymnes en l'honneur de toutes les divinités de la Grèce, de Rome, de l'Égypte, de l'Arabie, etc. Le christianisme seul fut exclu de cette adoption, et Proclus se déclara un de ses plus véhémens adversaires. A ce syncrétisme religieux, il unit l'éclectisme philosophique. Il mourut à Athènes vers l'an 487. Il avait étudié la philosophie syncrétique sous Olympiodore. Parmi les nombreux élèves qu'il forma, on distingue Asclépiodote, Zénodote, Hégius, et Marinus, qui a écrit sa vie et qui lui succéda.

A la naissance du christianisme, la philosophie fut admise à participer à l'élévation de sentimens et d'idées qui caractérisent le culte le plus parfait qui ait embelli et consolé la terre. Elle en reçut un code admirable de maximes pratiques; elle lui emprunta de vives lumières pour la connaissance du cœur humain; le sentiment moral s'épura, acquit une énergie toute nouvelle ; les notions de l'ame et de la divinité furent dégagées de toutes les hypothèses ridicules qui, loin de les rendre plus claires et plus sublimes, ne faisaient que les obscurcir et les matérialiser; les desseins de la Providence sur l'univers furent révélés, et l'homme put enfin connaître son auteur, et le but de l'existence.

<small>Philosophie des pères de l'Église.</small>

Saint Justin, martyr, au commencement du deuxième siècle, fut le premier des Pères de l'Église qui ait fait profession de cultiver la philosophie. Il avait suivi les écoles de Zénon, d'Aristote, de Platon et de Pythagore. Un vieillard vénérable fit naître en lui le désir de lire les livres saints, « et ce fut là seulement qu'il trouva, dit-il, « la seule philosophie vraie et certaine. » Toutefois il conserva une grande estime pour les sages dont il avait recueilli les leçons. « La philosophie, nous dit-il, est un « très-grand bien; elle est agréable à Dieu, puisqu'elle « nous conduit à lui. »

Tatien, né en Syrie vers l'an 130 de l'ère vulgaire, fut son disciple; il avait cultivé la philosophie des Grecs. Initié aux traditions orientales, il voulut en transporter la substance dans le sein du christianisme, et fut conduit de la sorte à en altérer la croyance.

Saint Théophile était philosophe d'Alexandrie; il embrassa le christianisme, continua de cultiver la philosophie, et accorda toujours une préférence exclusive à la doctrine de Platon. Il mourut l'an 190.

Athénagore, comme le précédent, philosophe converti au christianisme, fut un véritable éclectique ; il conserva toujours le costume et le titre de philosophe. Comme saint Justin, il adressa à Marc-Aurèle l'apologie du christianisme.

Saint Pantène, philosophe de l'école des stoïciens, ouvrit à Alexandrie la première des écoles instituées par les chrétiens pour l'enseignement des sciences.

Disciple de saint Pantène, saint Clément d'Alexandrie, contemporain d'Ammonius Saccas, fut son émule, et tenta comme lui, mais sous un autre rapport et dans d'autres vues, de rappeler à l'unité toutes les doctrines philosophiques, immense édifice dont le christianisme, dans son ouvrage, occupait le faîte.

Le célèbre Origène lui succéda, et associa les leçons de l'école néoplatonicienne à celles du docteur chrétien.

Saint Grégoire, évêque de Nysse, né vers l'an 331, composa un traité de psycologie dans lequel il distingua dans l'ame, à la manière de Platon, une vie végétative, une vie sensitive, une vie intellectuelle.

Chalcidius, philosophe du troisième siècle, était chrétien, si nous devons en croire Brucker. Il est auteur d'un commentaire sur le *Timée de Platon*, qui porte le cachet de l'école néoplatonicienne.

Saint Irénée, en combattant les hérésies qui désolaient l'Église, les attribua à l'influence de la philosophie des Grecs. Il vivait vers l'an 150.

Tertullien n'était point étranger à cette philosophie; mais il s'était grandement prévenu contre tous les philosophes, et particulièrement contre Platon, parce qu'il regardait sa doctrine comme la source de toutes les hérésies.

Au quatrième siècle, Arnobe, converti à la religion chrétienne, attaqua avec chaleur les opinions philosophiques dont il avait été l'adepte. Il reprochait à la logique d'être impuissante pour démontrer la vérité.

Lactance, son disciple, suivit son exemple; et, comparant toutes les opinions des sages de l'antiquité, il s'efforça de faire ressortir de leurs contradictions la vanité de leurs principes. « La science, dit-il, ne peut venir de « l'intelligence humaine, ni être saisie par les seules « forces de la pensée; car c'est la prérogative de Dieu et « non celle de l'homme de posséder la science en propre. »

Saint Augustin mérite d'occuper le premier rang parmi les philosophes chrétiens. Si dans quelques uns de ses traités il associe les doctrines philosophiques au développement de la théologie, dans ses dialogues académiques, dans ses livres sur *la vie heureuse*, sur *l'ordre*, etc., il n'a envisagé la philosophie qu'en elle-même, et dans la sphère des principes qui lui sont propres; il l'a traitée comme une science indépendante. Il était né en 354, à Tagaste en Afrique; il avait dans sa jeunesse embrassé les erreurs du manichéisme; revenu de ses égaremens, il fut élevé à l'évêché d'Hippone en 395.

Némésius, natif d'Émèse, ville de Phénicie, était évêque, et philosophe platonicien. Il fut l'auteur d'un traité de psycologie, dans lequel il cite tous les grands philosophes, et, véritable éclectique, ne les adopte qu'après une critique bien raisonnée. Il définit l'ame « une « substance intelligente, à laquelle le corps sert d'instru- « ment. » Sa philosophie est généralement fondée sur l'observation et l'expérience.

Synésius, payen d'abord, converti à la foi chrétienne par le patriarche Théophile, élevé ensuite à l'épiscopat, croyait pouvoir concilier le fond du christianisme avec le système des nouveaux platoniciens.

Saint Maxime, moine et martyr, né dans le septième siècle, avec les doctrines contenues dans les ouvrages apocryphes attribués à Synésius, avec celles de saint Grégoire de Nysse, avec le système des nouveaux platoniciens, et la théologie chrétienne, composa un mélange dans lequel ces notions disparates sont moins réunies que contraintes de se rapprocher.

Énée de Gaza, disciple de Hiéroclès, se proposa de combattre celles des opinions philosophiques qui ne pouvaient s'accorder avec la foi chrétienne, qu'il avait embrassée.

Zacharias le scolastique écrivit deux livres sur les principes contre les manichéens, et un dialogue contre les philosophes qui admettent l'éternité de la matière. Il mourut en 560.

Claudien Mamert, évêque de Vienne en Dauphiné, réfuta l'évêque Faustus, qui avait avancé que l'ame était corporelle.

L'illustre Boëce fut, à ce que l'on croit, l'élève de Proclus. Sa philosophie fut un éclectisme raisonné. Il en puisa le suc dans Pythagore, Platon, Aristote, Zénon, Plotin, Porphyre. C'est lui qui paraît avoir jeté les fondemens de l'immense autorité qu'Aristote exerça dans les âges suivans. Boëce, l'an 526, fut mis à mort comme conspirateur.

Cassiodore fut le contemporain et le compatriote de Boëce; il s'unit à lui pour faire connaître aux Latins la logique d'Aristote, qui, à ses yeux, était le cercle dans lequel est nécessairement et à jamais renfermé l'esprit humain; opinion qui fut aveuglément admise dans les siècles suivans.

A cette liste des Pères de l'Eglise qui s'occupèrent de philosophie, on pourrait ajouter saint Athanase, saint Macaire, saint Hilaire, saint Cyrille de Jérusalem, saint Chrysostôme, et beaucoup d'autres qui admirent en partie les doctrines des anciens, ou qui les réfutèrent.

Quatrième période de la philosophie.

A la fin du règne de Théodoric, surnommé Amale, au commencement du sixième siècle, d'épaisses ténèbres viennent couvrir tout l'Occident. « Un déluge de Barbares inonde
« et ravage l'Empire; tout est pillé, brûlé, massacré; les

« mœurs sont dépravées, les esprits abattus, le sentiment
« éteint; la philosophie, les lettres et les arts s'enfoncent
« dans une nuit obscure, et fuient la brutalité de l'igno-
« rance armée..... » (Hochecorne). Si, de temps à autre,
quelques rayons de lumière viennent se montrer dans ces
temps de barbarie, ils ne peuvent dissiper la sombre obscurité de la nuit qui a jeté son voile sur l'univers. Le nouveau
platonisme achève de s'égarer et de se corrompre, en se
renfermant presque exclusivement dans les visions de la démonologie. Quelques commentaires d'Aristote, voilà toute
la philosophie. Bientôt aux commentaires succèdent les
compilations; la sphère des idées se rétrécit de jour en
jour; on se borne à copier, à extraire. « Une dialectique
« subtile, un raffinement de chicanes, un cercle de dis-
« putes puériles, du bruit, des cris, un langage barbare,
« voilà ce qu'on voulut bien nommer la philosophie *sco-*
« *lastique*. Sortie des monastères, elle prêta son secours à
« la théologie, » et lui fut enfin absolument incorporée.
(Hochecorne.)

Au milieu de ce mouvement rétrograde, quelques *Philosophic* hommes luttent en vain pour conserver quelque éclat à la *grecs du Bas-* philosophie. Parmi eux se distinguent Jean Philopon (ami *Empire.* du travail) : il réfuta Proclus et Porphyre, et entreprit de concilier Aristote et les doctrines théologiques;

Saint Jean de Damas, qui fit un exposé sommaire des notions élémentaires de la logique, de la métaphysique, de la théologie naturelle. Cet ouvrage fut en quelque sorte le manuel classique du moyen âge (1).

Après eux, Psellus joignit à l'étude des ouvrages des anciens Grecs un goût et une élégance qui ne le rendaient point indigne d'être compté parmi leurs successeurs.

Léon le philosophe, son disciple, fut le restaurateur de l'enseignement classique dans l'empire de Byzance.

---

(1) *Voir* Tennemann, t. 1, p 329.

Le patriarche Photius le seconda, et ne contribua pas peu à cette restauration. Ses *Actes des Savans* attestent l'immense étendue de son érudition.

A ces philosophes nous ajouterons David, disciple de Léon le philosophe; Eustrate, qui vécut sous Alexis Comnène; Nicéphore, qui rédigea des *Epitomes* logiques et physiques dans l'esprit du Stagyrite; Georges Pachimère, dont nous avons un *Epitome* sur la philosophie d'Aristote, et un *Compendium* sur la logique; Georges de Chypre, qui prit le nom de Grégoire lorsqu'il fut élevé au siége de Constantinople; et Michel Psellus, appelé le Jeune, qui au onzième siècle rendit quelque éclat aux sciences et aux lettres.

Philosophes arabes et juifs du moyen âge.

Parmi les Arabes, plusieurs cultivèrent aussi l'étude de la philosophie. A la tête de ces érudits d'un ordre tout nouveau, et qui sont peu connus, paraît Alkindi; il donna l'exemple d'un culte aveugle pour Aristote.

Après lui, Alfarabi, qui fut la gloire de l'école de Bagdad, commenta les ouvrages du Stagyrite sur l'art de penser, et fit aussi connaître sa rhétorique aux Arabes.

Le célèbre Avicena fut à la fois l'Hippocrate et l'Aristote de l'Arabie. Ses écrits sur la médecine remplacèrent, même dans les universités de l'Europe, ceux d'Hippocrate et de Galien, dont ils n'étaient cependant qu'une compilation. Dans sa philosophie essentiellement aristotélique, on trouve des aperçus neufs qui avaient échappé jusque là aux péripatéticiens.

Algazel, qui enseignait avec éclat au onzième siècle dans Alexandrie et Bagdad, se livra spécialement à la théologie, et porta dans cette étude un esprit d'indépendance et de critique qui attirèrent une condamnation sur ses écrits. Il fit un ouvrage intitulé *Destruction des philosophes*. Cet ouvrage fut réfuté par Averrhoës.

Avicebron, qui n'est guère connu que par quelques passages d'Albert-le-Grand et de saint Thomas d'Aquin, est supposé être l'auteur de cette méthode figurative que Raymond Lulle développa au treizième siècle.

Averrhoës, la gloire de Cordoue, traduisit Aristote, mais sur une première traduction syriaque; il n'avait pu lire le texte grec.

La philosophie chez les Arabes vint se résumer bientôt dans le mysticisme. Tophaïl attribue aux inspirations de l'extase les lumières qui ont éclairé les sages les plus distingués. Il composa une espèce de roman philosophique, que le grand Leibnitz trouvait beaucoup de plaisir à lire. Il suppose, dans cet ouvrage, un homme jeté encore enfant dans une île déserte, et qui, par les seuls efforts de la méditation solitaire, parvient à la connaissance des choses naturelles et surnaturelles.

La philosophie des Arabes, et particulièrement leurs doctrines mystiques, furent subordonnées à l'autorité du Coran, et employées à l'interpréter. De là résulta une confusion de la théologie et de la philosophie, également funeste à l'une et à l'autre.

Parmi les juifs, deux philosophes obtinrent une grande célébrité. Le premier, Aben-Esra, natif de Tolède, embrassa, dans ses écrits, la philosophie, la théologie, l'interprétation des livres sacrés, la science cabalistique, etc.; le second, Moïse Maimonide de Cordoue, avait suivi les leçons de Tophaïl et d'Averrhoës. Il s'attacha surtout à Aristote; mais il cita souvent Platon. Le péripatétisme domine toute sa philosophie, mais le péripatétisme conçu dans l'esprit des alexandrins. On voit qu'il était initié dans les mystères de la cabale.

En Occident, au septième siècle, nous ne rencontrons que saint Isidore de Séville, dont les travaux conservent quelques titres aux souvenirs de la postérité. Il embrassa, dans ses ouvrages, parmi beaucoup d'autres branches de la science, la dialectique, les mathématiques, l'histoire naturelle.

Philosophes de l'Occident, du 7e. au 11e. siècle.

Premier âge de la scolastique.

On peut dire que le commencement du huitième siècle fut l'apogée de l'ignorance. Les efforts que fit Charlemagne pour faire fleurir la science n'amenèrent que des résultats presque stériles. On multiplia, il est vrai, les écoles; mais qu'y apprenait-on? à lire, à chanter, à compter, et presque rien de plus.

Jean, surnommé Scott ou l'Ecossais, du nom de sa patrie, et Erigène du lieu de sa naissance, fut un véritable phénomène extraordinaire dans ces temps de barbarie. Il connaissait la langue grecque; mais, au lieu de choisir parmi tant d'auteurs admirables qu'il eût pu rendre à son siècle, il alla malheureusement s'attacher à des écrits apocryphes, où se reproduisaient tous les écarts des oiseuses spéculations enfantées dans la décadence de la philosophie; il les traduisit, à la demande de Charles-le-Chauve, à la cour duquel il vécut long-temps. Il s'efforça d'identifier la théologie à la philosophie, et nous devons rapporter à l'influence qu'il exerça une des principales causes du mysticisme dogmatique dans les siècles suivans.

Vers la fin du dixième siècle se montrèrent deux hommes extraordinaires : ce furent Gerbert et son ami le moine Constantin. Le premier, de la condition la plus obscure, parvint au pontificat sous le nom de Sylvestre II; on lui attribue l'introduction des chiffres arabes parmi nous. Constantin parcourut l'Orient, l'Egypte, l'Inde même, recueillit partout les richesses scientifiques qui y circulaient encore, fut à son retour considéré comme un magicien, et fonda l'école de Salerne.

On cite encore, vers la même époque, Gunzo de Vérone, qui avait étudié les Latins et les Grecs; saint Hernique, qui, en compilant les docteurs ecclésiastiques, parut ouvrir la voie à une sorte de scepticisme. Vers le commencement du onzième siècle, Pierre Damien, en Italie, reproduisit dans le sein de la théologie quelques idées néoplatoniciennes.

Enfin, dans le onzième siècle, un certain mouvement se manifeste dans les esprits; ce n'est pas encore l'éclat de la lumière, mais l'astre philosophique, pâle, il est vrai, et caché derrière les nuages de l'*aristotélomanie*, commence à se montrer à la terre. Bérenger, qui, à l'exemple de tant d'autres, faisait servir les spéculations rationnelles à l'explication des mystères de la foi, voulut disserter sur la transsubstantiation. Une foule de docteurs s'élevèrent contre la témérité de ses opinions; de là naquirent des controverses qui furent favorables au développement des esprits, en leur imprimant une activité salutaire.

Parmi ses adversaires on distingue Lanfranc, et son disciple saint Anselme. Le premier répandit un grand éclat sur l'école de Bec en Normandie. Il montra, dit-on, une grande habileté dans la dialectique, et en inspira la passion à ses nombreux élèves.

Saint Anselme donna une démonstration de l'existence de Dieu, analogue à celle que Descartes a rendue si célèbre, et qu'il a déduite de l'idée de Dieu même. C'est lui qui acheva de donner sa forme constitutive à la philosophie scolastique.

Bérenger eut un disciple dans Hildebert de Lavardin, qui n'imita pas la témérité de son maître. Nous avons de lui un traité de théologie.

Guillaume de Champeaux, auquel on fait commencer l'université de Paris, qui fut évêque de Châlons, passait pour être très-habile dans la controverse. Il avait fait un traité de l'invention, mais seulement de l'invention syllogistique, qui consiste à découvrir le moyen terme pour en tirer un argument.

Son disciple Abailard, et bientôt son rival, a écrit plusieurs ouvrages où l'on trouve des développemens particuliers sur la grande question des universaux.

Gilbert de La Porée, évêque de Poitiers, contemporain d'Abailard, écrivit aussi sur les mêmes matières.

Second âge de la philosophie scolastique.

Disciple d'Abailard, Pierre Lombard, l'auteur du Maître des sentences, fut le prince des réalistes (1).

Gauthier, abbé de Saint-Victor, dans son livre des Quatre Labyrinthes, attaque les docteurs qui s'efforçaient d'introduire la dialectique dans la théologie. « Cet art, « dit-il, ne peut légitimer que la forme des déductions; « il ne peut fournir les principes fondamentaux sur les- « quels ces déductions doivent reposer. »

Hugues de Saint-Victor est le premier des scolastiques qui se soit expressément livré à l'étude de la psycologie. Ses doctrines sont empreintes de mysticisme.

Bernard de Chartres essaya de réconcilier entre eux les deux princes de la philosophie.

Il fut imité par Guillaume de Conches et par Adélard de Bath, qui avait visité les Maures d'Espagne, l'Égypte, et l'Asie mineure.

Amalric de Chartres vers la fin du douzième siècle ressuscita le panthéisme mystique avec une liberté et une franchise qui occasionèrent un grand scandale dans l'Église. Suivant lui, dit Gerson, *Dieu est tout, et tout est Dieu.*

Alain de l'Isle essaya de prêter à la philosophie le langage et les formes de la poésie. Il tenta aussi de remettre en honneur la philosophie morale.

Jean de Salisbury, disciple d'Abailard, prit part aux controverses des nominaux et des réalistes; il expose avec assez de netteté l'opinion des conceptualistes. Il mourut en 1180. Il fut évêque de Chartres.

Troisième âge de la philosophie scolastique.
Alexandre de Hales, Guillaume d'Auvergne et Vincent de Beauvais ouvrent le troisième âge de la philosophie scolastique.

L'un des premiers, Alexandre de Hales, appela l'atten-

---

(1) Voir dans la logique ce qu'on entend par réalistes, nominaux et conceptualistes.

tion sur les écrits des Arabes; il introduisit les formes syllogistiques dans l'enseignement de la théologie.

Guillaume d'Auvergne avait étudié les philosophes arabes, les juifs, et ceux de l'antiquité; mais il ne reçut point comme des oracles les opinions qu'il rencontra dans ces sources diverses; il combattit tour à tour les erreurs qu'il y aperçut : par son éclectisme éclairé, il ouvrit la voie à une réforme salutaire. Il avait été élevé au siége épiscopal de Paris en 1228.

Vincent de Beauvais, dont saint Louis fit son lecteur, fut un réaliste prononcé. Après avoir comparé les opinions de Platon et d'Aristote, il conclut que les universaux n'existent pas seulement dans l'entendement, mais aussi dans la nature.

Après eux, Albert-le-Grand et saint Thomas-d'Aquin, de l'ordre de saint Dominique, prirent tous deux Aristote pour guide et pour modèle. Le premier fut la lumière de l'Allemagne, et fixa sa résidence à Cologne, où il mourut en 1280. Le second enseigna à Cologne, à Paris, dans différentes villes d'Italie; il mourut en 1274, comme il se rendait au concile de Lyon. On a cru qu'il fut l'auteur de l'Imitation de J.-C., de ce livre que Fontenelle disait être le premier de tous les chefs-d'œuvre après l'Évangile, et auquel M. Degérando attribue une grande part dans la réforme philosophique. Ces deux philosophes furent l'un et l'autre réalistes (1).

Saint Thomas eut pour disciple Ægidius Colonne, dont tout le mérite consista à chercher à éclaircir la doctrine de son maître.

Jean de Fidanza, né en Toscane en 1221, connu sous

---

(1) C'est par erreur qu'on attribue l'Imitation de J.-C. à saint Thomas d'Aquin. Elle fut l'ouvrage du mystique ascétiste Thomas Hamelen (Malleonem), appelé Thomas à Kempis, du village Kempen, où il était né. Il mourut en 1471. (*Voir* Tennemann, t. 1, p. 390.)

le nom de saint Bonaventure, avait puisé dans les écrits de Hugues de Saint-Victor le mysticisme que sa doctrine respire.

Pierre de Lisbonne, qui occupa la chaire de saint Pierre en 1276, sous le nom de Jean XXI, composa un manuel logique, qui paraît emprunté en grande partie à celui de Michel Psellus; il ajouta quelques perfectionnemens à l'artifice mécanique du syllogisme.

Henri de Genève, qui mourut en 1293, fut réaliste; il prêtait aux idées une existence réelle; il eut le mérite, en psychologie, de justifier, par quelques observations, le concours de l'activité de l'ame dans la pensée.

Richard Middleton, de l'ordre des Frères mineurs, eut le mérite, rare à cette époque, d'une certaine netteté dans les pensées; il fut regardé comme très-habile à détruire les sophismes. Il mourut à Oxford, sa patrie, en 1300.

Jean Duns Scott étudia à Paris, et recueillit les leçons de saint Bonaventure et de saint Thomas; il porta au plus haut degré l'art déjà si avancé des distinctions, et se montra chaud partisan du réalisme.

Au commencement du quatorzième siècle florissaient Hervey, Natalis, Breton, qui devint général de l'ordre de saint Dominique, et Durand de Saint-Pourçain (Bourbonnais), qui enseigna la théologie à Rome avec éclat, et fut promu à l'épiscopat. On le nomma *le docteur très-résolu*. Il eût mérité un titre plus honorable, celui d'ami sincère de la vérité. Il ne fut réaliste que de nom. Tout « ce qui existe, disait-il, est individuel; ce qui ne réside « que dans la pensée est général; le général s'individua- « lise en recevant une détermination par l'existence hors « de la pensée. »

A la fin du treizième siècle paraît sur la scène Raymond Lulle, un des hommes les plus extraordinaires, par la singularité de sa vie et celle de ses travaux, que l'histoire de l'esprit humain ait jamais signalés.

Roger Bacon, né en 1214 dans le comté de Sommerset, vient couronner ce tableau du troisième âge de la philosophie scolastique. Il pressentit les brillantes découvertes de la physique moderne, et signala d'avance les méthodes qui devaient les faire éclore. On peut dire de lui qu'il fut le successeur d'Hippocrate et de Galien, le prédécesseur de Galilée et de Bacon. Il sut démêler dans Aristote quelques vérités fécondes négligées par son école. Il eut pour but de procurer dans l'étude des sciences une réforme qui malheureusement ne fut pas même tentée.

Au commencement de la quatrième ère de la philosophie scolastique, nous voyons Guillaume Ockam reproduire la lutte du nominalisme contre le réalisme. Disciple de Duns Scott, il avait embrassé sa méthode, et combattit par ses propres armes l'opinion par laquelle ce dernier attribuait une réalité objective aux notions générales. Il ramena dans la philosophie l'autorité si long-temps méconnue de l'expérience. Il vit qu'il n'était plus possible de faire reposer la science sur le fondement des notions générales. Il parut suivre les indications de Roger Bacon, et alors on vit luire l'aurore de la philosophie moderne. Il était né en Angleterre, et appartint à l'ordre des Cordeliers.

Quatrième âge de la philosophie scolastique.

Duns Scott trouva un défenseur dans un de ses disciples, Walter Burleigh ; il soutint la réalité objective des notions générales. Thomas de Strasbourg, augustin, qui enseigna la théologie à Paris, soutint aussi le réalisme défaillant ; mais les docteurs les plus célèbres de cet âge se rangèrent sous les bannières du nominalisme.

Jean Buridan, après avoir été recteur de l'Université de Paris, dirigea le premier celle de Vienne en Allemagne. On lui attribue la Logique nouvelle qui parut dans l'Université de Paris vers 1320.

Pierre d'Ailly, surnommé *l'aigle de la France*, chercha un milieu entre le doute académique et les affirmations indéfinies du dogmatisme.

Jean Charlier, mieux connu sous le nom de Gerson, fut chancelier de l'Université de Paris. La piété douce et tendre de ce philosophe lui faisait trouver, dans l'amour de Dieu, un aliment pour l'amour des hommes. Il fut l'ornement de l'Université de Paris, la lumière des conciles de Pise et de Constance, et consacra les dernières années de sa vie à instruire les enfans des pauvres. Il essaya de réconcilier les réalistes et les nominaux.

Nicolas d'Autricourt osa tourner en ridicule l'aveuglement des scolastiques, pâlissant jusqu'à l'extrême vieillesse sur les livres d'Aristote et sur leurs commentaires, au lieu de consulter le grand livre de la nature. Mais les esprits n'étaient pas encore préparés pour la restauration des sciences, et il ne fut pas plus heureux que Roger Bacon.

Cependant Pétrarque et son ami Boccace réveillent par leur exemple le culte pour les modèles de la littérature grecque et latine. Ils préparent ainsi la grande révolution qui est sur le point d'éclore. C'en est fait de la scolastique : il suffisait de ranimer le goût des lettres pour prononcer l'arrêt des écoles de cet âge.

Cinquième période de la philosophie.

<small>Philosophie du 15e. et 16e. siècle.</small>

Pétrarque était sorti de l'école du Dante : les successeurs de ce philosophe aimable furent les Ange Politien, les Ficin, les deux Pic de La Mirandole.

<small>École platonicienne.</small>

Ange Politien, né en 1454, en Toscane, obtint par ses talens la faveur des Médicis, qui le comblèrent de biens. Nous avons de lui quelques petits traités de philosophie.

Marsil Ficin de Florence, né en 1433, rendit des services immortels à la philosophie, en faisant passer dans la langue latine les plus grands monumens de l'idéalisme et du mysticisme antique : savoir, Platon, Plotin, Porphyre, Jamblique et Proclus. Ce fut sous lui, en 1460, que fut fondée, à Florence, cette célèbre Académie platonicienne, du sein de laquelle sont sortis plusieurs philosophes distingués.

Les deux comtes Jean Pic et François Pic de La Mirandole furent les amis et les disciples de Ficin. Le premier quitta sa petite couronne de Mirandole pour se livrer exclusivement à l'étude de la philosophie. Il imagina, dit M. Cousin, une espèce de carrousel philosophique à Rome; il devait y présenter neuf cents thèses qu'il soutiendrait à tout venant; mais la réunion n'eut pas lieu.

A la même école appartiennent le cardinal Nicolas de Cuss, platonicien plein de raison; il avait écrit une apologie de la *docte ignorance*.

Ramus Pierre de La Ramée fut l'antagoniste célèbre du péripatétisme dans l'Université de Paris. Il était né en Picardie, l'an 1515. Sa philosophie lui fit de puissans ennemis. Il fut massacré à Paris dans la nuit de la Saint-Barthelemy.

En Allemagne, le platonisme eut pour interprètes Taurellus de Mumpelgard et Goclenius, auteur d'un ouvrage sous le titre de Ψυχολογία. C'est, dit-on, la première apparition de la psycologie sous son nom propre dans la philosophie moderne.

Francisco Patrizzi, dalmate, professeur à Ferrare et à Rome, tenta une réconciliation entre Aristote et Platon.

Jordano Bruno, né à Nola, fut un des chauds partisans de l'idéalisme, qu'il porta au point de perfection qu'il pouvait atteindre au seizième siècle. Il fut brûlé comme hérétique.

Aristote eut aussi ses partisans à la même époque. Le premier que nous rencontrons est Pierre Pomponat, né à Mantoue, professeur dans différentes universités, à Padoue, à Bologne, où il mourut en 1525. C'est lui qui, le premier, admit une distinction entre les vérités de la foi et les vérités de la philosophie.

École péripatéticienne.

Après lui, on doit distinguer Alexandre Achillini, qui suivit Averrhoës dans le développement qu'il donnait au péripatétisme dans l'école de Bologne.

Cesalpini d'Avezzo, son disciple, fut, comme Pomponat, accusé d'hérésie, et n'échappa comme lui à sa condamnation qu'en distinguant les vérités de la foi et les vérités philosophiques.

Jules-César Vanini fut plus courageux et plus malheureux; il était né dans l'Etat de Naples, et fut brûlé à Toulouse en 1619, comme athée.

M. Cousin range dans la même école Bernard Télésio et Thomas Campanella : cependant ils combattirent tous deux les doctrines d'Aristote, mais ils n'admirent d'autre autorité que celle de l'expérience. Le premier était né à Naples en 1508, le second en Calabre en 1568 (1).

École sceptique.

Le conflit des opinions platoniciennes et péripatéticiennes amena le scepticisme au quinzième et seizième siècle, comme au temps de l'Académie nouvelle.

Michel Montaigne, né en Gascogne en 1533, pensait que le doute est l'oreiller convenable à une tête bien faite. Il fut l'ami de La Boëtie, mort en 1563, qui était lui-même un très-libre penseur.

Pierre Charron, sceptique ainsi que Montaigne, dont il fut le disciple, est plus profond et moins ingénieux que son maître.

Sanchez, né à Bracara en Portugal, fut professeur à Toulouse; il avait fait un ouvrage, dont le titre est : *De multum nobili, primâ et universali Scientiâ*. Et quelle était cette noble, cette première et universelle science? *Quod nihil scitur* (2).

---

(1) *Voir* Tennemann, t. 11, p. 30 et 37, pour Telesio; et *ibid.*, p. 64, pour Campanella.

(2) A cette liste des philosophes sceptiques, il faut ajouter François de La Mothe Le Vayer; il développa les motifs du scepticisme, regarda

Bacon (François), né en Angleterre en 1561, réfuta, à seize ans la philosophie d'Aristote, plus propre, suivant lui, à fournir des armes aux disputes philosophiques qu'à développer les facultés de l'esprit. Il ramena la philosophie à une science d'observation ; il ne reconnut d'autre autorité que celle de l'expérience. *Philosophie du 17°. siècle. — Ecole de Bacon. — Philophie expérimentale.*

Hobbes, né à Malmesbury en 1588, disciple avoué de Bacon, ne reconnut en philosophie d'autre témoignage certain que celui des sens. Il fut matérialiste, et ramena toute la philosophie à la science des corps.

Gassendi, né en Provence en 1592, professa à Paris. Il cite souvent Bacon : il renouvela les doctrines d'Epicure ; seulement il en rejeta tout ce qui était contraire au christianisme. Il était ecclésiastique.

Sur les traces de Gassendi marchèrent Guillimert de Beauregard, né à Moulins en 1578, professeur en Italie, mort à Padoue, qui renouvela la physique des Ioniens ; et Jean Chrysostôme Magnen, né à Luxeuil, qui professa à Pavie, et s'efforça de faire revivre Démocrite.

Locke, né en 1632, fut le métaphysicien de cette école. Il rechercha les sources de la connaissance humaine; il en assigna deux, savoir : la sensation et la réflexion ; et il établit que toutes les connaissances avaient leur origine dans la sensation.

Fidèle à la méthode de Bacon, Isaac Newton, né en 1642, fit des découvertes immenses dans la physique et l'histoire naturelle. Ce grand génie n'entendait jamais prononcer le nom de la divinité sans se découvrir aussitôt.

René Descartes, né à La Haye en 1596, est regardé comme le rénovateur des sciences. Sentant combien peu étaient solides la plupart des connaissances transmises par les anciens, il résolut de douter de tout ce qu'il avait ap- *Ecole de Descartes. — L'idéalisme.*

---

la vie humaine comme une mauvaise comédie, et la vertu à peu près comme une chimère (Tennemann, t. 11, p. 88.)

pris, et de recommencer la science sur de nouvelles bases, en l'appuyant sur l'évidence seule. Il réforma les méthodes, et proscrivit les hypothèses gratuites, rejeta la prétendue science des scolastiques ; et, se réduisant à cette seule proposition, *Je pense*, il en déduisit sa propre existence et celle de la divinité ; puis, s'appuyant sur la véracité de Dieu, il établit l'existence du monde extérieur. Peu conséquent à sa méthode, il retomba souvent dans les hypothèses qu'il avait proscrites.

Spinosa, disciple de Descartes, naquit à Amsterdam en 1632 ; il chercha à établir que Dieu est le seul être en soi, que l'être en soi est un nécessairement, qu'il n'y a qu'une seule substance, et que tout le reste n'a qu'une existence phénoménale. Chez lui *Dieu est tout*, l'homme et le monde ne sont pas des êtres. Spinosa retombe dans le panthéisme.

Malebranche, autre disciple de Descartes, naquit à Paris en 1638 ; il développa, dans plusieurs ouvrages, la théorie cartésienne : « que la pensée humaine ne peut pas « se connaître elle-même sans concevoir Dieu. » Pour lui, l'idée de Dieu est le fondement de toutes nos idées. Par exemple, l'idée que nous nous formons du monde extérieur serait vaine si elle n'était donnée dans celle de Dieu. De là Malebranche concluait que nous voyons tout en Dieu ; ce qui a fait dire :

Lui, qui voit tout en Dieu, n'y voit pas qu'il est fou.

Les écrivains de Port-Royal, Arnauld, Pascal, Nicole, appartinrent à l'école de Descartes, dont la pensée, mal comprise, fit renaître la question des idées innées.

École sceptique.

Bayle, né à Carlat, dans le comté de Foix, représente, dans le dix-septième siècle, l'école de Montaigne. Ce fut un vrai sceptique, qui s'attacha à affaiblir les croyances reçues.

Joseph Glanvill, prédicateur et chapelain du roi d'Angleterre, soutint que nous ne pouvons rien connaître véritablement, si nous ne le connaissons dans sa cause. Or, nous ne connaissons que de simples effets : telle est la base de son septicisme. Il mourut en 1680.

Glanville fut, pour ainsi dire, le précurseur de Hume, qui systématisa le scepticisme, et s'en fit une arme pour saper toutes les croyances.

A tous ces noms illustres dans les fastes de la science, nous aurions pu en ajouter beaucoup d'autres qui ne jettent pas un moindre éclat; mais ils sont assez connus, et les bornes que nous nous sommes imposées ne nous permettent pas d'entrer dans de plus longs détails. Quant aux philosophes du dix-huitième siècle, ils ont vécu dans des temps trop rapprochés de nous pour que l'on puisse ignorer leur existence. Voilà ce qui nous a engagés à terminer ici la tâche que nous avions entreprise. Notre travail est fort incomplet, nous ne saurions nous le dissimuler; mais en nous renfermant dans les limites d'une simple introduction à la philosophie classique, il nous était impossible de lui donner une plus grande extension. Nous ne devons pas taire ici que nous nous sommes aidés beaucoup de M. Degérando, de M. Cousin et de Tennemann, auxquels nous avons emprunté quelquefois même jusqu'à leurs expressions.

TABLEAU SYNOPTIQUE
DIVISÉ

PREMIÈRE PÉRIODE,
DEPUIS L'ORIGINE DE LA PHILOSOPHIE JUSQU'A SOCRATE.

SECONDE PÉRIODE,
DEPUIS SOCRATE JUSQU'A LA TRANSLATION DE LA PHILOSOPHIE GRECQUE EN ÉGYPTE ET A ROME.

TR
DEPUIS L'ÉCOLE

		Nés, Morts, Floriss. avant J.-C.					Nés, Morts, Floriss. av. J.-C.				
	Zoroastre.........	—	—	1200	École socratique.	Socrate............	469	—	—		Premiers Alexandrins.
Philosophes orphiques.	Orphée...........	—	—	1100		Antisthène.........	—	—	380		
	Amphion.........	—	—	—	École cynique.	Diogène de Synope...	414	324	—		
	Linus............	—	—	—		Monime...........	—	—	—		
	Homère..........	—	—	980		Onésicrate.........	—	—	330		
	Hésiode..........	—	—	960		Cratès de Béotie.....	—	—	340		
						Ménippe...........	—	—	—		
Philosophes gnomiques.	Chilon...........	—	597	—		Aristippe..........	435	—	380		
	Myson............	—	—	592		Areta (femme).....	—	—	400		
	Pittacus..........	—	579	—		Aristippe (Metrodidactos).	—	—	—		
	Bias.............	—	—	565	École cyrénaïque.	Hégésias...........	—	—	—	Philosophes romains.
	Cléobule..........	—	564	—		Anniceris..........	—	—	—		
	Solon............	—	—	598		Théodore..........	—	—	300		
	Anacharsis........	—	550	—		Bion..............	—	—	276		
						Évémère...........	—	—	—		
École d'Ionie.	Thalès...........	640	—	—							
	Anaximandre......	610	—	—	École éliaque.	Phædon...........	—	—	430		
	Anaximène........	—	504	557		Ménédème.........	—	—	—		
	Hermotime........	—	—	—							
	Anaxagoras.......	500	—	—	École mégarique.	Euclides de Mégare...	—	—	400		
	Diogène d'Appolonie..	—	—	472		Eubulide..........	360	—	—		
	Archélaüs.........	—	—	460		Stilpon............	—	—	300		
École d'Italie.	Pythagore.........	584	—	—		Platon............	430	348	—		
	Aristée...........	—	—	—	École platonicienne, première Académie.	Speusippe..........	—	339	348		
	Telange...........	—	—	—		Xénocrate..........	—	314	339		
	Ocellus Lucanus....	—	—	496		Polémon...........	—	272	314		
	Timée de Locres...	—	—	—		Cratès............	—	—	324	Platoniciens.	École d'Alexandrie.
	Alcméon..........	—	—	—		Crantor...........	—	—	310		
	Empédocle........	—	—	460							
	Épicharme........	—	—	440		Aristote...........	384	322	335		
	Architas..........	408	—	—		Théophraste.......	—	286	322		
	Philolaüs.........	—	—	430		Straton de Lampsaque...	—	—	286		
	Hippase...........	—	—	—	École péripatéticienne.	Dicæarque.........	—	—	320		
	Eudoxe...........	—	352	380							

TROISIÈME PÉRIODE,

DEPUIS L'ÉCOLE D'ALEXANDRE JUSQU'À LA CHUTE DE L'EMPIRE D'OCCIDENT.

		Nés, Morts, Florissants av. J.-C.		ap. J.-C.
PREMIERS ALEXANDRINS.	Xénarque...........	—	—	30
	Boëthus de Sidon...	—	—	—
	Héraclite de Tyr...	—	—	—
	Dion...............	—	—	100
	Calotès............	—	—	—
	Sidonius...........	—	—	—
PHILOSOPHES ROMAINS.	Lucrèce............		54	
		avant J.-C.		
	Cicéron............	107	43	
	Virgile............	70		
	Horace.............	63		
	Ovide..............	43		
	Persе..............	34		
	Lucain.............	86		
		après J.-C.		
	Pline l'ancien.....		79	
	Sénèque............	2		
	Épictète...........	—	—	89
	Pline le jeune.....	—	113	
	Marc-Aurèle........	—	180	
	Celse..............	—	—	150
	Galien.............	131	200	
	Potamon............	—	—	—
	Strabon le géographe	—	—	14
	Ammonius Saccas....	—	—	198
ÉCOLE D'ALEXANDRIE.	Plotin.............	200	270	250
	Origène............	—	—	250
	Longin.............	233	275	252
	Porphyre...........	—	304	—
	Jamblique..........	—	333	321
	Hiéroclès..........	—	—	430
	Julien (l'Apostat).	331	—	—

QUATRIÈME PÉRIODE,

DEPUIS LA CHUTE DE L'EMPIRE D'OCCIDENT JUSQU'AU RENOUVELLEMENT DES LETTRES.

		Nés, Morts, Florissants après J.-C.	
PHILOSOPHES GRECS du Bas-Empire.	Philopon.............	—	533
	St. Jean de Damas...	676	608
	Psellus..............	—	754
	Léon (le philosophe).	—	886
	Photius (patriarche).	858	891
	David................	—	1200
	Nicéphore............	—	1100
	Georges Pachimere....	—	1254
	Georges de Chypre, ou le pape Grégoire.	—	1310
	Michel Psellus.......	1020	1100
PHILOSOPHES ARABES ET JUIFS du moyen âge.	Alkindi..............	—	800
	Alfarabi.............	950	954
	Avicena..............	980	1036
	Algazel..............	1072	1127	1100
	Averrhoës............	—	1217
	Thophaïl.............	—	1190
	Aben-Esra............	1119	—
	Moïse Maïmonide......	1139	1205
PHILOSOPHES D'OCCIDENT, du 9ᵉ au 11ᵉ siècle, PREMIER AGE de la scolastique.	Jean Scot-Érigène....	—	886	875
	St. Isidore..........	—	636
	Gerbert, ou le pape Sylvestre II.	1003	998
	Constantin (moine)...	—	—
	Gunzo................	—	—
DEUXIÈME AGE.	Bérenger.............	—	1088	1050
	Lanfranc.............	1005	1089
	St. Anselme..........	—	1109	1098
	Hildebert de Lavardin	1034	—
	Guillaume de Champeaux	—	1130
	Abeilard.............	1079	1142
	Gilbert de La Porée..	—	1154	1141

CINQ[UIÈME PÉRIODE,]

DEPUIS LE RENOUVEL[LEMENT...]

ÉCOLE PLATONICIENNE.	Ang... Ma... Jea... Fra... Nic... Rat... Ma... Ta... Gio... Fra... Jo...
ÉCOLE PÉRIPATÉTICIENNE.	P... A... C... Ju... De... T...
ÉCOLE SCEPTIQUE.	M... P... S...
ÉCOLE DE BACON.	B... H... G... L... N...
ÉCOLE DE DESCARTES.	I... P... A... N... S...

EMPIRE	Morts, Florissants av. J.-C.		QUATRIÈME PÉRIODE, DEPUIS LA CHUTE DE L'EMPIRE D'OCCIDENT JUSQU'AU RENOUVELLEMENT DES LETTRES.		Nés, Morts, Florissants après J.-C.		CINQUIÈME PÉRIODE, DEPUIS LE RENOUVELLEMENT DES LETTRES JUSQU'AU DIX-HUITIÈME SIÈCLE.		Nés, Morts, Florissants après J.-C.	
	30			Philopon.........	—	608	533		Ange Policien.........	1454	1494
	—	—		St. Jean de Damas.....	676	754	—		Marcil Ficin.........	1433	1499
	100 ap. J.-C.	—	Philosophes Grecs du Bas-Empire.	Psellus..........	—	—	886	École Platonicienne.	Jean Pic de La Mirandole.	1463	1494
	—	—		Léon (le philosophe)....	858	891	—		François Pic de La Mirandole	—	1533
	—	—		Photius (patriarche)....	—	—	1200		Nicolas de Cusa (cardinal)..	1464	—
	—	—		David............	—	—	1100		Ramus (Pierre de La Ramée).	1515	1572
	—	—		Eustrate..........	—	—	1234		Machiavel.........	—	1527
	—	—		Nicéphore........	—	—	—		Taurellus..........	—	1606
	—	—		Georges Pachimere.....	—	—	—		Goclenius.........	—	—
	—	—		Georges de Chypre, ou le pape Grégoire........	—	—	—		Francesco Patrizzi.....	1529	1597
	54 J.-C.	—		Michel Psellus.......	1020	—	1100		Jordano Bruno......	—	1600
	43	—		Alkindi...........	—	—	800		Pierre Pomponat.....	1472	1525
	—	—		Alfarabi...........	—	954	—		Achillini..........	—	1512
	—	—	Philosophes Arabes et Juifs du moyen âge.	Avicenne.........	980	1036	—	École Péripatéticienne.	Cesalpini..........	1509	1603
	—	—		Algazel...........	1072	1127	1100		Jules-César Vanini.....	—	1619
	79 ap. J.-C.	—		Averrhoës.........	—	1217	—		Bernard Telesis.......	1508	—
	—	—		Thophail.........	—	1190	—		Thomas Campanella....	1568	1639
	—	—		Aben-Esra.........	1119	—	1205		Michel Montaigne......	1533	1592
	113	—		Moïse Maïmonide.....	1139	—	—	École sceptique.	Pierre Charron.......	1541	1603
	186	—							Sanches...........	1502	1632
	200	—	Philosophes d'Occident, du 7e au 11e siècle, premier age de la scolastique.	Jean Scot-Erigène......	—	—	875		Bacon............	1561	1626
				St. Isidore.........	—	636	—		Hobbes...........	1588	—
	14	—		Gerbert, ou le pape Sylvestre II.	—	1003	998	École de Bacon.	Guillemet de Bérigard..	1578	1667
	198	—		Constantin (moine).....	—	—	—		Gassendi..........	1592	1655
	—	—		Genzo............	—	—	—		Locke.............	1632	1704
									Newton...........	1642	1727
	250	—		Berenger..........	—	1088	1050		Descartes..........	1596	—
	256	—		Lanfranc...........	—	1089	—		Pascal............	1623	1662
	252	—		St. Anselme........	1034	1109	1098		Arnauld...........	—	1694
	—	—		Hildebert de Lavardin...	—	1120	—	École de Descartes.	Nicole............	—	—
	321	—	Deuxième age de la scolastique.	Guillaume de Champeaux.	1079	1122	—		Berckley..........	1684	1695
	333	—		Abélard...........	—	1142	1141		Spinosa...........	1632	—
	430	—		Gilbert de La Porée....	—	1154	—		Malebranche.......	1638	1715
				Pierre Lombard......	—	1163	1150				
	—	—		Gautier (abbé)......	—	—	—	Éclectisme.	Leibnitz..........	—	1716
	450	—		Hugues de Saint-Victor.	1096	1140	—		Bayle............	—	—
	495	—		Bernard de Chartres....	—	—	—				
	—	—		Adelard de Bath......	—	—	1200				
	—	—		Amalric..........	—	1200	—				

PHILOSOPHES GNOMIQUES.	Pittacus...	—	579			
	Bias...	—	565			
	Cléobule...	—	564			
	Solon...	—	598			
	Anacharsis...	—	550			
ÉCOLE D'IONIE.	Thalès...	640	—			
	Anaximandre...	610	504			
	Anaximène...	—	557			
	Hermotime...	500	—			
	Anaxagoras...	—	472			
	Diogène d'Appolonie...	—	460			
	Archélaüs...	—	—			
ÉCOLE D'ITALIE.	Pythagore...	584	—			
	Aristée...	—	—			
	Telaugé...	—	—			
	Ocellus Lucanus...	—	496			
	Timée de Locres...	—	—			
	Alcméon...	—	—			
	Empédocle...	—	460			
	Epicharme...	408	440			
	Architas...	—	—			
	Philolaüs...	—	430			
	Hippase...	—	—			
	Eudoxe...	—	352	380		
1re ÉCOLE D'ÉLÉE.	Xénophane...	535	469			
	Parménide...	—	—			
	Mélissus...	—	—	444		
	Zénon...	480	—			
ÉCOLE HÉRACLITÉENNE.	Héraclite...	460	500			
	Hyppocrate...	—	—			
2e ÉCOLE D'ÉLÉE.	Leucippe...	—	500			
	Démocrite...	—	470			
	Métrodore...	—	444			
LES SOPHISTES.	Protagoras...	488	442			
	Gorgias...	—	444			
	Prodicus...	400	442			
	Critias...	—	—			
	Hippias...	400	—			
	Callicles...	—	—			
	Thexamène...	—	—			

ÉCOLE CYRÉNAÏQUE.	Aristippe...	436	—	380		
	Aréta (femme)...	—	—	400		
	Aristippe (Métrodidactos)...	—	—	—		
	Hégésias...	—	—	—		
	Annicéris...	—	—	300		
	Théodore...	—	—	276		
	Bion...	—	—	—		
	Evémère...	—	—	430		
ÉCOLE ÉLIAQUE.	Phædon...	360	—	400		
	Ménédème...	—	—	300		
ÉCOLE MÉGARIQUE.	Euclides de Mégare...	—	—	—		
	Eubulide...	—	—	—		
	Stilpon...	—	—	—		
ÉCOLE PLATONICIENNE, première ACADÉMIE.	Platon...	430	348	—		
	Speusippe...	—	339	348		
	Xénocrate...	—	314	339		
	Polémon...	—	273	314		
	Cratès...	—	—	272		
	Crantor...	—	—	310		
ÉCOLE PÉRIPATÉTICIENNE.	Aristote...	384	322	335		
	Théophraste...	—	286	322		
	Straton de Lampsaque...	—	—	266		
	Dicéarque...	—	—	320		
	Aristoxène...	360	—	—		
	Démétrius de Phalère...	—	—	320		
	Eudème...	—	—	—		
ÉCOLE ÉPICURIENNE.	Epicure...	337	270	305		
	Hermachus...	—	—	267		
	Métrodore...	—	—	200		
	Mus...	—	—	—		
	Idoménée...	—	—	—		
ÉCOLE PYRRHONIENNE.	Pyrrhon...	384	286	340		
	Timon...	—	—	272		
ÉCOLE STOÏCIENNE.	Zénon de Citium...	340	240	300		
	Cléanthe...	—	207	264		
	Chrysippe...	280	—	—		
	Antipater...	—	—	—		
	Panætius...	185	—	—		
2e ACADÉMIE.	Arcésilas...	316	—	—		
	Carnéade...	—	129	239		
	Clitomaque...	—	128	155		
PHILOSOPHES ROMAINS.					Cicéron...	
					Virgile...	
					Horace...	
					Ovide...	
					Perse...	
					Lucain...	
					Pline l'an[cien]	
					Sénèque...	
					Epictète...	
					Pline le j[eune]	
					Marc-Aurèle	
					Celse...	
					Galien...	
NOUVEAUX PLATONICIENS.	ÉCOLE D'ALEXANDRIE.				Potamon...	
					Strabon...	
					Ammonius	
					Plotin...	
					Origène...	
					Longin...	
					Porphyre	
					Jamblique	
					Hiéroclès	
					Julien (l')	
	ÉCOLE D'ATHÈNES.				Chrysant[he]	
					Plutarque	
					Syrianus	
					Proclus...	
PHILOSOPHES CHRÉTIENS.					St. Justi[n]	
					Tatien...	
					St. Théo[phile]	
					Athénag[ore]	
					St. Clém[ent]	
					St. Panté[ne]	
					Origène	
					St. Irén[ée]	
					Tertullie[n]	
					St. Grég[oire]	
					Calcidius	
					Arnobe...	
					Lactance	
					St. Aug[ustin]	
					Némésiu[s]	
					Synésius	

Category	Name	Date	Date
Premiers Alexandrins	...		
	Boëthus de Sidon		
	Héraclite de Tyr		
	Dion		
	Colotès		
	Sidonius		
Philosophes Romains	Lucrèce		54 av. J.-C.
	Cicéron	107	43
	Virgile	70	
	Horace	63	
	Ovide	43	
	Perse	34	
	Lucain	86	
	Pline l'ancien		79 apr. J.-C.
	Sénèque	3	
	Épictète		113
	Pline le jeune		180
	Marc-Aurèle		
	Celse		200
	Galien	131	
École d'Alexandrie	Potamon le géographe		
	Strabon		
	Ammonius Saccas		
Nouveaux Platoniciens	Plotin	200	270
	Origène		
	Longin	233	275
	Porphyre		304
	Jamblique		333
	Hiéroclès		
École d'Athènes	Julien (l'Apostat)	331	
	Chrysanthius		
	Plutarque, fils de Nestorius		
	Syrianus		450
	Proclus	412	485
Philosophes chrétiens	St. Justin	89	
	Tatien		218
	St. Théophile		190
	Athénagore		
	St. Clément d'Alexandrie		253
	St. Panténe		
	Origène	183	216
	Tertullien	140	
	St. Irénée		
	St. Grégoire de ...	331	
	Calcidius		340

Category	Name	Date	Date
Philosophes grecs du Bas-Empire	Philopon	608	676
	St. Jean de Damas	754	
	Psellus		
	Léon (le philosophe)		
	Photius (patriarche)	891	858
	David		
	Nicéphore		
	Eustrate		1310
	Georges Pachimère		
	Georges de Chypre, ou le pape Grégoire		
	Michel Psellus	1100	1020
Philosophes arabes et juifs du moyen âge	Alkindi		
	Alfarabi	954	986
	Avicena	1036	1073
	Algazel		1113
	Avicebron	1217	
	Averrhoës	1119	
	Théophait	1200	1139
	Aben-Ezra		
	Moïse Maïmonide		
Philosophes d'Occident du 7e au 11e siècle, premier âge de la scolastique	Jean Scot-Érigène	880	
	St. Isidore	636	
	Gerbert, ou le pape Sylvestre II	1003	
	Constantin (moine)		
	Gunzo		
Deuxième âge de la scolastique	Berenger	1088	1005
	Lanfranc	1089	
	St. Anselme	1034	
	Hildebert de Lavardin	1109	
	Guillaume de Champeaux	1132	
	Abélard	1079	
	Gilbert de La Porée	1154	
	Pierre Lombard	1164	
	Gautier (abbé)		
	Hugues de Saint-Victor	1096	
	Bernard de Chartres	1114	
	Adelard de Bath	1200	
	Amalric	1110	
	Alain		
	Jean de Salisbury		
Troisième âge de la scolastique	Alexandre de Halès	1245	
	Guillaume d'Auvergne	1228	
	Vincent de Beauvais	1226	
	Albert-le-Grand	1193	
	St. Thomas d'Aquin	1227	1231
	St. Bonaventure	1221	
	Jean XXI		
	Henri de Gênes	1217	
	Jean-Duns-Scot	1335	1272

ÉCOLE D'IONIE.	Thalès		640	
	Anaximandre		610	547
	Anaximène		504	
	Hermotime			
	Anaxagoras		500	473
	Diogène d'Apollonie			460
	Archélaü			450
ÉCOLE D'ITALIE.	Pythagore		584	
	Aristée			
	Télauge			
	Ocellus Lucanus			496
	Timée de Locres			
	Alcméon			460
	Empédocle			440
	Epicharme		408	430
	Architas			
	Philolaüs			380
	Hippase		352	
	Eudoxe			
1re ÉCOLE D'ÉLÉE.	Xénophane		535	459
	Parménide			444
	Mélissus			
	Zénon		480	500
ÉCOLE HÉRACLITÉENNE.	Héraclite		460	
	Hyppocrate			
2e ÉCOLE D'ÉLÉE.	Leucippe			500
	Démocrite			470
	Métrodore			444
LES SOPHISTES.	Protagoras		488	400 442
	Gorgias			400 442
	Prodicus			
	Critias		400	
	Hippias			
	Callicles			
	Théramène			

ÉCOLE ÉLIAQUE.	Phédon			300 276
	Ménédème			430
ÉCOLE MÉGARIQUE.	Euclides de Mégare		300	400 300
	Eubulide			
	Stilpon			
ÉCOLE PLATONICIENNE, première ACADÉMIE.	Platon		430	348
	Speusippe			339
	Xénocrate			314
	Polémon		272	324
	Cratès			310
	Crantor			
ÉCOLE PÉRIPATÉTICIENNE.	Aristote		384	335
	Théophraste			322
	Straton de Lampsaque			286
	Dicéarque		360	320
	Aristoxène			
	Démétrius de Phalère			320
	Eudème			
ÉCOLE ÉPICURIENNE.	Épicure		337	270 305
	Hermachus			267
	Métrodore			200
	Mus.			
	Idoménée			
ÉCOLE PYRRHONIENNE.	Pyrrhon		384	286 340
	Timon			272
ÉCOLE STOÏCIENNE.	Zénon de Citium		340	240 300
	Cléanthe		286	207 264
	Chrysippe		185	
	Antipater			146
	Panétius			130
2e ACADÉMIE.	Arcésilas		316	239 155
	Carnéade			128
3e ACADÉMIE.	Philon			100
	Antiochus		69	

NOUVEAUX PLATONICIENS.

	Philosophes
PHILOSOPHES ROMAINS.	Lucain, Pline l'ancien, Sénèque, Epictète, Pline le jeune, Marc-Aurèle, Celse, Galien
	Théodore, Bion, Evémère
ÉCOLE D'ALEXANDRIE.	Potamon, Strabon le, Ammonius
	Plotin, Origène, Longin, Porphyre, Jamblique, Hiéroclès, Julien (l'A...)
ÉCOLE D'ATHÈNES.	Chrysanthi, Plutarque, Syrianus, Proclus
PHILOSOPHES CHRÉTIENS.	St. Justin, Tatien, St. Théophile, Athénagore, St. Clément, St. Panien, Origène, St. Irénée, Tertullien, Calcidius, St. Grégoire, Arnobe, Lactance, St. Augustin, Némésius, Synésius, St. Maxime, Énée de, Zacharie, Claudien, Boèce, Cassiodore

PHILOSOPHES ROMAINS.	Lucain	56 ap. J.-C.	—
	Pline l'ancien	—	—
	Sénèque	—	—
	Épictète	113	89
	Pline le jeune	180	—
	Marc-Aurèle	200	156
	Celse	—	—
	Galien	131	—
		après Jésus-Christ	
NOUVEAUX PLATONICIENS. ÉCOLE D'ALEXANDRIE.	Potamon	—	—
	Strabon le géographe	—	14
	Ammonius Saccas	—	198
	Plotin	200	270
	Longin	—	275
	Porphyre	233	304
	Jamblique	—	333
	Hiéroclès	—	321
	Julien (l'Apôtat)	331	430
ÉCOLE D'ATHÈNES.	Chrysanthius	—	—
	Plutarque, fils de Nestorius	—	—
	Syrianus	—	450
	Proclus	412	485
PHILOSOPHES CHRÉTIENS.	St. Justin	89	150
	Tatien	—	—
	St. Théophile	—	179
	Athénagore	—	193
	St. Clément d'Alexandrie	—	216
	St. Pantène	—	—
	Origène	183	253
	St. Irénée	140	216
	Tertullien	—	—
	St. Grégoire de Nysse	331	—
	Calcidius	—	—
	Arnobe	—	326
	Lactance	354	—
	St. Augustin	—	330
	Némésius	—	—
	Synésius	—	380
	St. Maxime, martyr	350	400
	Énée de Gaza	—	—
	Zacharias	560	410
	Claudien Mamert	473	—
	Boèce	470	526
	Cassiodore	480	575

PHILOSOPHES ARABES ET JUIFS du moyen âge.	Alfaram	924	980
	Avicena	—	980
	Algazel	—	1036
	Avicébron	1072	—
	Averrhoès	1127	1198
	Thophail	1217	—
	Aben-Esra	1119	1139
	Moïse Maïmonide	1205	—
PHILOSOPHES D'OCCIDENT du 7ᵉ au 11ᵉ siècle. PREMIER AGE de la scolastique.	Jean Scot-Érigène	880	—
	St. Isidore	630	—
	Gerbert, ou le pape Sylvestre II	1003	—
	Constantin (moine)	—	—
	Gunzo	—	—
DEUXIÈME AGE de la scolastique.	Berenger	1005	1088
	Lanfranc	1005	1089
	St. Anselme	1034	1109
	Hildebert de Lavardin	—	1132
	Guillaume de Champeaux	—	—
	Abélard	1079	—
	Gilbert de La Porée	—	1115
	Pierre Lombard	—	1164
	Gauthier (abbé)	—	—
	Hugues de Saint-Victor	1096	1140
	Bernard de Chartres	—	—
	Adelard de Bath	—	—
	Amalric	—	1205
	Alain	1114	1203
	Jean de Salisbury	1110	1180
TROISIÈME AGE de la scolastique.	Alexandre de Halès	—	1245
	Guillaume d'Auvergne	—	1260
	Vincent de Beauvais	—	1280
	Albert-le-Grand	1193	1280
	St. Thomas d'Aquin	1224	1274
	St. Bonaventure	1221	1274
	Jean XXI	—	—
	Henri de Gênes	1272	1345
	Jean-Duns-Scot	1236	1308
	Raymond Lulle	1214	1312
	Roger Bacon	—	—
QUATRIÈME AGE de la scolastique.	Ockam	—	1347
	Walter Burlegh	1275	1337
	Jean Buridan	—	—
	Pierre d'Ailly	1350	1414
	Gerson	363	—
	Nicolas d'Autricourt	—	—
	Pétrarque	1304	1374
	Thomas A-Kempis	—	—

			Naissance	Mort
PHILOSOPHES ARABES ET JUIFS du moyen âge.	{	Alkindi............	980	1030
		Avicenne...........	1072	1137
		Averrhoës..........	—	1217
		Thophail...........	—	—
		Aben-Esra..........	1119	—
		Moïse Maimonide....	1139	1205
PHILOSOPHES D'OCCIDENT du 7e au 11e siècle, PREMIER AGE de la scolastique.	{	Jean Scot-Erigène..	866	875
		St. Isidore........	—	636
		Gerbert, ou le pape Sylvestre II.	1003	998
		Constantin (moine).	—	—
		Gunno..............	—	—
DEUXIÈME AGE de la scolastique.	{	Berenger...........	1088	1056
		Lanfranc...........	1005	1089
		St. Anselme........	1033	1109
		Hildebert de Lavardin	1034	1098
		Guillaume de Champeaux	1070	1120
		Abeilard...........	1079	1142
		Gilbert de La Porée	1154	1141
		Pierre Lombard.....	1163	1150
		Gauthier (abbé)....	—	—
		Hugues de Saint-Victor	1096	1140
		Bernard de Chartres	—	—
		Adelard de Bath....	—	—
		Amalric............	—	1209
		Alain..............	1114	1203
		Jean de Salisbury..	1110	1180
TROISIÈME AGE de la scolastique.	{	Alexandre de Halès.	—	1245
		Guillaume d'Auvergne	—	1248
		Vincent de Beauvais	—	1280
		Albert-le-Grand....	1193	1280
		St. Thomas d'Aquin.	1224	1274
		St. Bonaventure....	1221	1274
		Jean XXI...........	—	1277
		Henri de Gênève....	1272	1358
		Jean-Duns-Scot.....	—	1315
		Raymond Lulle......	1236	1315
		Roger Bacon........	1214	1294
QUATRIÈME AGE de la scolastique.	{	Ockam..............	1343	1322
		Walter Burleigh....	1275	1337
		Jean Buridan.......	—	1350
		Pierre d'Ailly.....	1350	1425
		Gerson.............	1363	1429
		Nicolas d'Autricourt	—	1348
		Pétrarque..........	1304	1374
		Thomas A-Kempis....	—	1471

			Naissance	Mort
PENTATHÉISME.	{	Jules-César Vanini	—	1619
		Bernard Telesio....	1508	1588
		Thomas Campanella..	1568	1639
ÉCOLE SCEPTIQUE.	{	Michel Montaigne...	1533	1592
		Pierre Charron.....	1541	1603
		Sanchez............	1562	1632
ÉCOLE DE BACON.	{	Bacon..............	1561	1606
		Hobbes.............	1588	1667
		Guillemet de Bérigard	1578	1667
		Gassendi...........	1592	1655
		Locke..............	1632	1704
		Newton.............	1642	1727
ÉCOLE DE DESCARTES.	{	Descartes..........	1596	1666
		Arnauld............	1623	1694
		Nicole.............	—	1695
		Berkeley...........	1684	—
		Spinosa............	1632	—
		Malebranche........	1638	1715
ÉCLECTISME.	{	Leibnitz...........	—	1716
SCEPTIQUES MODERNES.	{	Bayle..............	1647	1706
		Joseph Glanvill....	—	1680
		Hume...............	1711	1776
		Condillac..........	—	1715

MANUEL CLASSIQUE

DE

PHILOSOPHIE.

QUESTIONS PRÉLIMINAIRES.

Il semble qu'il n'est rien de plus naturel, en commençant un cours de philosophie, que de faire connaître le but que l'on se propose; et voilà pourquoi sans doute, en tête de tous les traités élémentaires de philosophie, on rencontre toujours une définition. Cependant, bien que cette marche, adoptée par de très-bons esprits, ait pour elle l'ancienneté, et compte la presque unanimité des suffrages, nous nous permettrons de l'abandonner, parce que nous pensons de deux choses l'une : ou qu'une définition nous fait connaître ce que nous voulons étudier (et alors un traité à la suite nous paraît parfaitement inutile), ou que celui qui est dans une ignorance absolue des matières philosophiques ne saurait les voir dans une définition; et dans ce cas pourquoi charger sa mémoire de mots, pour lui, vides de sens?

Est-ce à dire, pour cela, qu'il soit impossible, dès les premiers pas dans la carrière que l'on se propose

Qu'est-ce que la philosophie?

de parcourir, d'entrevoir le but de sa course? Non, sans doute : car alors, marchant au hasard, on pourrait aboutir à l'erreur. Mais les yeux de l'esprit doivent être ménagés comme les yeux du corps : si vous faites passer un homme, d'une obscurité profonde, au grand éclat de la lumière, sa vue se trouble, et il n'aperçoit rien. Il en est de même de la vue de l'intelligence : ce n'est qu'en l'accoutumant peu à peu aux rayons de la lumière que vous pourrez parvenir à lui en faire supporter tout l'éclat.

Or, telle est la marche que nous nous proposons de suivre. Soulever un coin du voile qui nous cache notre route avant de hasarder le premier pas, bien assurer celui-ci avant d'en faire un second, voilà l'unique procédé que nous devons employer.

Qu'est-ce qu'un phénomène? Nous allons dire ce que c'est qu'un phénomène(1), et en quoi consiste la manière de l'expliquer : cela pourra nous servir à indiquer le but de nos recherches. Nous ne saurons pas encore, il est vrai, ce que c'est que la philosophie, mais nous saurons où nous dirigeons notre marche, condition indispensable pour celui qui veut fournir une carrière quelconque ; il faut toujours qu'il sache d'où il part, et où il veut aller.

De la glace placée devant le feu perd son état de solidité, et se résout en eau ; l'eau elle-même, à me-

---

(1) Phénomène, du grec φαίνομαι (j'apparais). Tout fait naturel, dit Renaud, dès qu'il attire l'attention de l'observateur, prend le nom de phénomène. Ainsi le fait le plus indifférent devient un phénomène dès qu'on en recherche les circonstances, et surtout dès qu'on se propose de remonter à son principe. (*Phys. élém.*, p. 165.)

sure que le calorique la pénètre, se dissipe en vapeur. Voilà deux phénomènes produits par la même cause, et que personne n'ignore.

Un objet, placé dans l'obscurité, nous reste inconnu tant qu'il n'est pas éclairé; mais dès que les rayons de la lumière viennent tomber sur lui, son image se dessine sur la rétine de l'œil, et nous formons aussitôt l'idée de son existence. C'est encore là un phénomène connu de tout le monde.

Ces exemples suffiront pour nous faire comprendre que le nom de phénomène se donne à tous les différens effets qui peuvent tomber sous l'observation ; mais le phénomène n'est point borné dans le cercle des effets produits dans l'ordre physique : tout résultat moral et intellectuel prendra ce nom dès l'instant qu'il pourra être observé.

« Or, dit Thomas Reid, le vulgaire se contente de « connaître ces phénomènes, et ne se trouble point à « en rechercher la cause : le philosophe au contraire « brûle de savoir comme ils sont produits; il est im- « patient d'en rendre compte, ou, ce qui revient au « même, de les rapporter à une cause, et de remonter « à leur principe. C'est à cette curiosité des causes et « des principes que nous devons toute philosophie, « la vraie comme la fausse. » (Essai, c. II, p. 133, t. 3.)

But de la philosophie.

Cette science, considérée d'une manière absolue, devrait donc nous fournir l'explication et nous rendre compte de tous les faits que l'homme peut observer. Mais un tel ensemble de connaissances serait trop vaste pour qu'un seul homme pût en embrasser toutes les parties, et les traiter convenablement. Voilà sans doute pourquoi les savans ont divisé la philosophie en deux parties principales : en effet, quel que soit le nombre de nos connaissances, quel qu'en soit l'objet, toutes peuvent se rapporter à deux points de vue : ou nous faisons l'étude de ce qui est hors de nous, ou nous nous étudions nous-mêmes.

« Des savans, pour expliquer l'ordre de l'univers,
« observent l'infinie variété des phénomènes qui pro-
« duisent cet ordre. On les appelle physiciens.

« D'autres observent les phénomènes non moins
« variés de la pensée et de la sensibilité; ils cher-
« chent à en découvrir les lois. Nous les appellerons
« philosophes. » (Laromig., t. 2.)

De la méthode (1).

Tout ce que nous pouvons connaître du monde matériel doit dériver de l'observation sensible. Supposons que je veuille connaître une rose : mes sens seuls pourront m'en donner l'idée ; les yeux en l'observant m'en feront connaître la structure et la couleur, l'odorat me donnera l'idée de son odeur, le tact me fera apprécier la finesse du tissu de ses feuilles. De même tout ce que nous pouvons connaître de la pensée et de la sensibilité doit résulter d'une exacte observation de ce qui se passe au dedans de nous, de l'*observation psycologique* (2).

Cette règle, qui nous est dictée par le simple bon

___
(1) Méthode, du grec μέτοδες, de μετὰ, vers, dans, et ὁδὸς, chemin, voie.
(2) Psycologique, du grec ψυχὴ, ame, esprit, et λόγος, discours, traité.

sens, est l'unique que nous devions observer dans la recherche de la vérité; car il est évident que les causes que nous assignons aux phénomènes, pour en donner l'explication, doivent être réelles, et non de vaines fictions de notre imagination; « et « qu'ainsi la vraie méthode consiste à partir des faits « bien constatés par l'observation et l'expérience, « à en tirer les lois de la nature par une induction « rigoureuse, puis à se servir de ces lois une fois dé- « couvertes, pour rendre compte des phénomènes.

« Le philosophe a donc sa méthode comme le « géomètre a la sienne, et les règles de l'une ne sont « pas moins précises que celles de l'autre. » (Reid, Essai, c. VIII, p. 161.)

Le résultat le plus élevé que l'homme puisse atteindre dans l'explication d'un phénomène, c'est, après l'avoir observé exactement en lui-même, de découvrir la cause et les moyens par lesquels il a été produit. Si ces conditions sont remplies dans l'étude d'un fait, nous en aurons une connaissance aussi parfaite qu'il est donné à l'homme de l'avoir. Suivons donc constamment la méthode véritablement philosophique, et nous ne craindrons pas d'aboutir à l'erreur.

Mais pour lui être fidèles, il faut nous attacher à la bien connaître : l'idée que nous devons nous en faire renferme deux autres idées que nous allons nous donner d'abord.

Ce sont les idées de principes et de système. « Per-
« sonne n'ignore la manière dont se fait le pain: on
« a du grain qu'on broie sous la meule; le grain
« ainsi broyé est imbibé d'eau, il prend ensuite de

« la consistance sous la main qui le pétrit, et bientôt
« l'action du feu le convertit en pain.

Qu'est-ce qu'un principe ?
« Voilà quatre faits qui tiennent les uns aux autres,
« mais de telle manière que le quatrième est une
« modification du troisième, comme le troisième est
« r e modification du second, et comme le second
« est une modification du premier. Or, toutes les
« fois qu'une même chose prend ainsi plusieurs formes
« l'une après l'autre, on donne à la première le nom
« de principe. » (Laromig., t. 1, p. 62.) (1)

Qu'est-ce qu'un système?
Une suite de phénomènes ainsi dépendans les uns des autres, de manière que le premier rende raison du second, et le second du troisième, etc., est ce qu'on appelle un système (2).

Lorsqu'un système est bien fait, l'esprit le plus exigeant n'a plus rien à désirer : c'est le degré le plus élevé de l'intelligence humaine. Gardons-nous donc de tomber dans le préjugé commun, qui fait qu'on ne parle des systèmes qu'avec mépris. Veut-on jeter de la défaveur sur un écrivain ? on n'hésite pas à le traiter de *faiseur de systèmes*, d'*homme systématique*. Il est vrai qu'on y est bien autorisé par une foule de systèmes qui, ne portant que sur des hypothèses (3), fruits d'une imagination souvent déréglée, manquent de base, et s'écroulent de toutes parts,

---

(1) Principe, du latin *principium*, source, origine, matière première.

(2) Système, du grec σύςημα, r. συνίςημι, constituer, construire ; formé de ίςημι, poser, et de σύν, avec.

(3) Hypothèse, du grec ὑπόθεσις, r. ὑποτίθημι, mettre dessous, supposer.

semblables à un édifice bâti sur le sable : ils occupent quelque temps les esprits, et tombent bientôt dans un oubli éternel. Mais ceux qui sont formés d'après les règles que nous avons indiquées restent inébranlables et traversent les siècles, en bravant tous les efforts qu'on fait pour les renverser.

PREMIÈRE PARTIE.

De la psycologie, ou des propriétés de l'ame humaine.

De l'activité et de la sensibilité.
L'homme est un être intelligent et moral. Ce fait, qu'on ne saurait révoquer en doute, la philosophie doit en rendre compte, c'est-à-dire qu'elle doit nous montrer les causes de toute intelligence et de toute moralité.

Or, ce problème qu'elle se propose sera résolu dès que nous aurons étudié ces causes dans leur nature, dans leurs effets, et dans leurs moyens.

Commençons ; et, pour rester fidèles à la méthode que nous avons indiquée, observons, et assurons bien notre premier pas. M. Laromiguière va nous servir de guide.

Toutes les fois que les objets extérieurs viennent faire une impression sur nos organes, cette impression est transmise au cerveau, et le mouvement produit dans le cerveau est aussitôt suivi d'une sensation (1). Apportons un exemple à l'appui de ce fait ; il servira à nous le mieux faire comprendre.

Lorsque les molécules de l'air sont mises en vibration par un corps sonore, elles viennent affecter l'or-

---

(1) Sensation, du latin *sensuum actio*, action des sens.

gane de l'ouïe, et impriment un mouvement au nerf acoustique; ce nerf transmet au cerveau le mouvement reçu, et nous éprouvons aussitôt un sentiment, le sentiment du *son*.

Cette expérience, nous pourrions la répéter, et l'appliquer à tous nos organes, et nous verrions les rayons lumineux venir imprimer un mouvement à la rétine de l'œil; ce mouvement serait communiqué au cerveau au moyen du nerf optique, et nous éprouverions le sentiment de *couleur*. Le goût, l'odorat, le toucher nous présenteraient des phénomènes analogues.

Nous pouvons donc admettre, sans crainte de nous tromper, qu'il y a trois choses à observer dans nos sensations, dans les sentimens produits par l'action des objets extérieurs sur nos sens, ou même par l'action des sens :

1°. L'impression de l'objet sur l'organe;
2°. L'ébranlement du cerveau;
3°. Le sentiment lui-même.

Mais l'expérience nous apprend que, des sentimens qui nous affectent, les uns nous sont agréables, et les autres désagréables; et nous ne pouvons rester indifférens à l'un et à l'autre de ces deux états. Le plaisir ou la peine que nous éprouvons provoquent nécessairement notre action. L'expérience est ici d'accord avec le raisonnement; nous agissons pour conserver le sentiment du plaisir, et pour le rendre durable; nous agissons aussi pour nous soustraire à la douleur.

Il n'est pas moins constant que notre action ne se borne pas en nous à modifier le principe sentant. Cette action est ordinairement suivie d'un mouvement du cerveau, et ce mouvement du cerveau se communique à son tour à l'organe qui se porte vers l'objet extérieur, ou tend à s'en éloigner.

Que les molécules de l'air viennent nous apporter les corpuscules odorans qui se dégagent du calice d'une fleur, les nerfs qui tapissent les parois intérieures de l'organe de l'odorat reçoivent une impression qu'ils transmettent au cerveau; et à la suite de l'impression faite sur la masse cérébrale, nous éprouvons le sentiment *odeur*.

Je suppose ce sentiment agréable au principe sentant : il voudra le conserver, et le plaisir provoquera notre action. Le cerveau sera encore mis en mouvement : ce mouvement il le communiquera à l'organe, qui, à son tour, se portera vers la fleur, afin de la flairer.

Ici nous avons deux séries de faits, mais en sens inverse :

1re. série. { 1°. Action de l'objet sur l'organe ;
2°. Action de l'organe sur l'objet ;
3°. Action du cerveau sur le principe sentant.

2e. série. { 1°. Réaction du principe agissant sur le cerveau ;
2°. Réaction du cerveau sur l'organe ;
3°. Réaction de l'organe qui se porte vers l'objet, ou qui le fuit.

Dans le premier cas, l'impression est du dehors au dedans, et nous sommes passifs ;

Dans le second, elle est du dehors au dedans, et nous sommes actifs.

Voilà deux faits que l'observation nous a fait connaître, et qui seront la base de notre cours ; mais en les exposant nous avons parlé d'un principe sentant et d'un principe agissant : cette distinction que nous avons établie pourrait nous faire tomber dans une erreur grossière ; il est donc nécessaire d'avertir qu'il n'est pas en nous deux êtres distincts, dont l'un serait occupé à recevoir les impressions qui nous viennent du dehors, et dont l'autre serait chargé exclusivement de réagir sur ces impressions.

La passivité, que nous appellerons *sensibilité*, et l'activité sont donc deux propriétés du même être ; car en nous il n'y a pas deux êtres distincts, deux *moi*. Or, cet être actif et sensible tout à la fois, nous l'appelons *ame*. Nous avons donc une ame : nous ne nous prononçons pas encore sur sa nature, nous ne disons pas qu'elle diffère des corps, et n'a rien de commun avec la matière ; nous établirons cette vérité plus tard, lorsque nous en aurons suffisamment préparé la démonstration. Tout notre projet, dans ce moment, c'est de constater son existence : et le moyen de ne pas y croire ? L'expérience nous atteste le fait de la sensibilité et de l'activité ; ce fait implique l'idée d'un être sensible et actif, et cet être, nous l'avons dit, nous l'appelons ame.

Nous allons maintenant étudier successivement les divers modes de l'activité et de la sensibilité. Les premiers nous fourniront les causes de l'intelligence et de la moralité ; les seconds nous donneront l'origine de toutes nos idées.

SECTION PREMIÈRE.

Des différens modes de l'activité, considérés comme causes de l'intelligence et de la moralité.

ARTICLE PREMIER.

Des causes de l'intelligence.

<small>Des facultés intellectuelles.</small> Pour rendre raison de l'intelligence, nous devons, d'après les principes que nous avons établis, en assigner les causes. Il faut, de plus, que ces causes soient réelles, et non de vaines hypothèses ; et nous ajouterons qu'elles doivent être adéquates aux effets qu'on leur rapporte.

Or, ces causes nous ne devons pas les chercher dans la *passivité* de l'ame, qu'on appelle si improprement la faculté de sentir. Et comment, en effet, la sensibilité, la *capacité* de sentir, comme s'exprime Condillac, pourrait-elle rendre raison de ce qu'il y a d'actif en nous ? Il tomberait dans une grande erreur celui qui penserait qu'il suffit d'avoir éprouvé beaucoup de sensations pour avoir une vaste intelligence. Tous les hommes ont, à peu de chose près, reçu les mêmes impressions, et cependant quelle distance entre l'intelligence d'un homme et celle d'un autre homme !

Les sensations, il est vrai, peuvent être la source, l'origine, le principe de nos connaissances ; mais elles ne sauraient être les causes de nos connaissances : et qui n'a pas vu de ces infortunés qui sentent, et ne font que sentir, qui parviennent à un âge avancé, sans jamais avoir laissé paraître une étincelle de raison?

Ce n'est donc pas du plus ou du moins de sensations que provient la différence des esprits, c'est plutôt par l'activité des uns et l'inertie des autres que cette différence est produite. « Car, dans l'esprit hu-
« main, tout peut se ramener à trois choses : aux
« sensations (1), au travail de l'esprit sur les sensa-
« tions, et aux idées ou connaissances résultant de
« ce travail. » (Laromig., t. I, p. 109.)

Nos premières idées sont le produit d'une action qui s'exerce immédiatement sur les sensations.

Pour acquérir de nouvelles connaissances, trois conditions sont nécessaires : idées acquises par un premier travail, nouveau travail sur ces premières idées, nouvelles idées résultant de ce nouveau travail.

« En sorte qu'il s'agit toujours de partir d'un *senti*
« ou d'un *connu;* d'opérer sur ce senti ou sur ce
« connu, afin d'acquérir les premières idées, ou d'ar-
« river à des idées nouvelles. (*Ib.*)

Toutes nos connaissances ayant donc pour cause le travail de l'esprit, il ne s'agit plus que de déterminer de combien de manières notre activité s'exerce pour donner à l'intelligence tout son développement.

Quelque variées que soient nos connaissances, on peut les ramener à trois classes. En effet, quel que

Attention.

---

(1) Nous sommes forcés ici, et jusqu'au moment où nous aurons donné la théorie de la sensibilité, de parler comme tous les philosophes, et de nous servir du mot sensation, quoique inexact.

soit l'objet de nos études, il faut d'abord se faire des idées exactes de toutes ses parties, et c'est l'*attention* qui nous les donne (1).

Comparaison. Mais on connaîtrait trop imparfaitement un objet, ou plutôt on ne le connaîtrait pas du tout, si les idées que nous en avons, isolées, et, pour ainsi dire, éparses, ne tenaient pas les unes aux autres. Il faut donc connaître les rapports qui les lient, et c'est la comparaison qui nous les montre (2).

Raisonnement. Ce n'est point encore assez pour satisfaire notre esprit, toujours avide de connaître le vrai principe des choses : il faut de plus remonter, de rapport en rapport, jusqu'au fait primitif d'où tous ces rapports dépendent, et de ce fait primitif redescendre jusqu'aux conséquences les plus reculées qui en découlent. Or, le *raisonnement* peut seul nous faire parcourir ces divers degrés par lesquels l'esprit doit passer, soit pour remonter aux principes des choses, soit pour descendre à leurs dernières conséquences.

Attention, comparaison, raisonnement, voilà trois manières dont s'exerce l'activité de l'ame pour produire nos connaissances.

Par l'attention, nous saisissons les faits; par la comparaison, nous en découvrons les rapports; par le raisonnement, nous remontons au rapport fondamental d'où tous les autres dérivent, et nous descendons jusqu'aux conséquences les plus éloignées.

Les causes de l'intelligence nous sont donc connues, et ces causes sont réelles. Qui ne sait, en effet,

---

(1) Attention, du latin *ad-tendere*.
(2) Comparaison, de *comparare*, opposer l'un à l'autre.

que nous donnons notre attention, que nous comparons, que nous raisonnons?

J'ajoute qu'elles sont adéquates aux effets qui leur sont attribués, c'est-à-dire qu'elles produisent nécessairement les connaissances qui font toute l'intelligence, ni plus ni moins. Si l'on me montre une seule idée qui ne soit pas le produit de l'attention, ou de la comparaison, ou du raisonnement, je serai bien forcé de lui assigner une autre cause; mais si tout l'ameublement de l'esprit ne renferme que des idées de fait, des idées de rapport ou des idées de conséquence, je n'aurai pas besoin de chercher une autre cause productive, puisque les trois que nous avons reconnues sont suffisantes. Une de plus, nous ne saurions qu'en faire, elle serait inutile; une de moins, et ce ne pourrait être que le raisonnement, et il n'y aurait plus de science; l'homme cesserait d'être raisonnable. Le phénomène de l'intelligence est donc expliqué d'une manière juste et philosophique; ceux qui nous auront compris n'en demanderont ni n'en admettront jamais d'autre explication, et cette explication prendra un nouveau degré d'évidence, lorsqu'après avoir étudié l'intelligence dans sa cause, nous l'étudierons dans son principe.

On donne le nom de facultés intellectuelles, de facultés de l'entendement, aux causes de l'intelligence. L'entendement renferme donc trois facultés : l'*attention*, la *comparaison*, le *raisonnement* (1).

---

(1) Il ne faut pas confondre l'entendement avec l'intelligence. L'entendement, nous venons de le dire, est la réunion de nos facultés intellectuelles; l'intelligence est la réunion de nos connaissances : l'un est la cause, l'autre l'effet.

Objections.

Mais, nous dit-on, si l'entendement se compose de trois facultés, et rien que de trois, que ferez-vous de la *sensibilité*, du *jugement*, de la *mémoire*, de la *réflexion* et de l'*imagination*, qui, de tout temps, ont été en possession d'être comptées au nombre des facultés ?

Nous répondrons : 1° pour la sensibilité, qu'elle ne saurait être regardée comme une faculté. Le mot faculté signifie puissance, pouvoir; or, dans la sensibilité, il n'y a ni puissance, ni pouvoir. Nous sommes purement passifs lorsque nous sentons, nous ne sommes pas actifs. Par la sensibilité, il se fait en nous une action; mais ce n'est pas nous qui agissons.

2° Pour la mémoire, nous dirons que dans la mémoire il y a deux choses : la mémoire proprement dite, qui n'est que la capacité que l'ame a de conserver les impressions éprouvées; et la réminiscence, qui n'est qu'un acte d'attention donnée à ce qui reste en nous de ces impressions. Dans le premier cas, la mémoire n'est pas une faculté, c'est une simple propriété, une capacité; elle reste tout ensevelie dans la sensibilité. Dans le cas de la réminiscence, la mémoire ne diffère pas de l'attention, ce n'est pas une faculté distincte.

3° Pour le jugement, nous ferons observer que ce mot a deux acceptions : quelquefois il signifie l'acte de l'esprit par lequel nous formons les idées de rapport, et sous ce point de vue il ne diffère pas de la comparaison. D'autres fois il signifie l'idée même de rapport qui est le produit de la comparaison;

mais alors il est effet, et ne saurait être regardé comme cause : il appartient au système de l'intelligence (1), et non au système des facultés.

Enfin pour l'imagination et la réflexion, nous ne saurions les admettre comme facultés distinctes des trois que nous avons admises. Car l'imagination n'est que la réflexion qui combine des images ; et la réflexion qui ne se composerait pas d'actes d'attention, de comparaison, de raisonnement, ne serait rien, absolument rien. Que fait-on lorsqu'on réfléchit ? On compare, on raisonne, on donne son attention.

DEUXIÈME ARTICLE.

Des causes de la moralité.

L'homme n'est pas fait seulement pour connaître la vérité, il est aussi appelé à jouir du bonheur. De là vient que chacun éprouve une certaine inquiétude qui naît en nous de l'absence de la félicité ; et cette inquiétude fait qu'il use de toutes ses facultés pour parvenir à un état plus heureux. L'attention se fixe tout entière sur l'objet dans lequel il place l'espoir de sa félicité ; la comparaison lui montre la différence de son état présent, et de celui dans lequel il se trouvera lorsqu'il en aura obtenu la jouissance. Le raisonnement cherche tous les moyens d'assurer cette jouissance.

Facultés morales.

---

(1) Par l'intelligence, j'entends l'ensemble de nos connaissances, l'ameublement de l'esprit. Ce mot intelligence n'est pas pour nous synonyme d'entendement. L'intelligence est l'effet, l'entendement est la cause.

Le désir. — Cette concentration des trois facultés de l'entendement sur un seul objet dont nous sentons le besoin, c'est le *désir*. En effet, que faisons-nous lorsque nous désirons? Nous donnons notre attention; car il est impossible que nous désirions une chose à laquelle nous ne ferions aucune attention. De là nous est venu l'axiome : *ignoti nulla cupido*. Nous comparons l'état où nous nous trouvons, en l'absence de l'objet dont nous éprouvons le besoin, avec l'état où nous nous trouverons par sa possession, sans quoi il n'y aurait pas de raison pour le désirer : enfin nous cherchons par le raisonnement à nous le procurer. S'il en était autrement, nos désirs seraient toujours sans effets.

La préférence. — Lorsque nous désirons, nous jugeons qu'un seul objet peut satisfaire à nos besoins, ou bien que plusieurs objets sont propres à les satisfaire; et à la suite de ce jugement nous prenons une détermination, nous choisissons, nous voulons : cet acte, nous l'appellerons *préférence*. Il est aisé de voir que la *préférence* n'est qu'un désir déterminé, un désir qui se fixe sur un seul objet.

La liberté. — Mais l'homme peut faire souvent un mauvais choix, c'est-à-dire qu'après avoir préféré, en comparant, l'état qu'il a choisi à celui qu'il a rejeté, il se repent de l'avoir rejeté.

« Le repentir étant un sentiment désagréable,
« c'est une conséquence que l'homme ne veuille pas
« s'y exposer. C'est donc une conséquence qu'instruit
« par l'expérience, il examine, avant de préférer, le-
« quel des deux états qui se présentent à lui peut
« être suivi de repentir, lequel peut en être exempt. »
(Larom., t. 1, p. 120.)

Il cherche à prévoir les suites de sa détermination : il y a donc deux manières de préférer, de choisir : l'une précède l'expérience du repentir, l'autre n'a lieu que lorsque nous en avons éprouvé les tourmens.

Dans le premier cas, nous choisissons toujours nécessairement l'état qui nous paraît agréable; car un état qui nous est agréable, qui nous agrée, ou que nous préférons, c'est la même chose. Il répugne qu'un homme, avant les leçons de l'expérience, ne préfère pas un état qui lui est agréable.

Mais lorsqu'il a fait l'épreuve du repentir, lorsque, averti par l'expérience, il sait qu'un état agréable, ou que nous jugeons tel, peut être suivi de la douleur, alors cet état peut cesser de lui paraître préférable; les suites qu'il prévoit que cet état doit entraîner feront qu'il ne le choisira point ; et, suivant l'expression d'Horace :

Commisisse cavet quod mox mutare laboret (1).
(Art. poet.)

L'expérience du repentir fait donc que bien souvent nous ne préférons pas ce que nous aurions préféré sans cette expérience : nous sacrifions un plaisir présent, par crainte de la douleur à venir. Or, se priver d'un bien actuel, par la considération des suites fâcheuses qu'il peut entraîner après lui, n'est rien autre chose que se déterminer, que choisir, préférer après délibération. Cette manière de préférer prend un nom particulier : on l'appelle *liberté*, du latin *libra*, balance, examen.

---

(1) Il évite avec soin de rien faire dont il puisse se repentir.

Comme on le voit, la liberté n'est que la préférence après délibération (1).

---

(1) Comme cette définition, empruntée à M. Laromiguière, a rencontré beaucoup d'opposans, j'ai cru qu'il n'était pas inutile de montrer qu'elle est en harmonie avec ce que pensaient quelques grands écrivains sur la liberté.

« Le libre, dit le savant cardinal de La Luzerne, est ce que « l'on fait, non-seulement avec connaissance et avec attention, « *mais avec délibération et par choix*. » (*Dissert. sur la liberté de l'homme*, in-12, p. 7.)

Bossuet a pensé, comme Laromiguière, que la liberté supposait délibération de la part de l'agent. « Que chacun de nous, « dit-il, s'écoute et se consulte soi-même: il sentira qu'il est « libre, comme il sentira qu'il est raisonnable. En effet, nous « mettons une grande différence entre la volonté d'être heureux « et la volonté d'aller à la promenade..... *Nous délibérons* et « *nous consultons* en nous-mêmes si nous irons à la promenade « ou non, et nous résolvons, comme il nous plaît, ou l'un ou « l'autre; mais nous ne *mettons jamais en délibération* si nous « voulons être heureux, ou non. Ce qui montre que, comme « nous sentons que nous sommes nécessairement déterminés par « notre nature même à désirer d'être heureux, nous sentons « aussi que nous sommes libres de choisir les moyens de l'être. » (*Traité du lib. arb.*, ch. 2.)

Billuard et tous les bons théologiens ont pensé de même: *Voluntarium imperfectum convenit brutis, perfectum soli naturæ rationali : nec tamen omnibus ejus actibus, sed iis solum qui cum plenâ cognitione et advertentiâ procedunt..... Voluntarium liberum est quod procedit ab appetitu* cum judicio *indifferenti et potentiâ ad oppositum, ut in* homine cum plenâ advertentiâ agente circa bona creata. *Necessarium quod procedit ab appetitu cum judicio determinato ad unum sine potentiâ ad oppositum, ut in brutis, et* in motibus humanis prævenientibus deliberationem rationis. (*Petit-Billuard*, t. 2, édit. 1763, art. 1, dico 2°.)

Le philosophie de Lyon dit: Libertas, *seu vis eligendi*, aliquam postulat deliberationem. (Edit. 1807, t. 5, p. 57.)

Désir, *préférence*, *liberté*, voilà trois nouvelles facultés que nous reconnaissons en nous. La liberté n'est que la préférence après délibération ; la préférence est le désir déterminé ; le désir est la concentration des trois facultés de l'entendement sur un seul objet.

L'expérience nous atteste l'existence de ces trois nouvelles facultés, qu'on appelle morales, parce qu'elles sont les causes de la moralité. On les réunit sous un seul nom ; et au lieu de dire le désir, la préférence, la liberté, on dit plus brièvement *la volonté*.

La volonté nous est donc connue, puisque nous avons découvert les élémens qui la constituent ; et ces élémens sont le désir, la préférence et la liberté. L'homme désire, il préfère, c'est un fait avéré ; et souvent avant de se déterminer il délibère : c'est encore un fait dont il nous est impossible de douter. Il est donc libre, et maître de ses actions.

Les trois causes que nous assignons à la moralité sont donc réelles : l'observation intérieure nous les révèle, chacun de nous peut les trouver au fond de son ame en rentrant au dedans de lui-même ; il les trouve aussi dans l'observation extérieure, qui, comme le dit M. Cousin, est la contre-épreuve de l'analyse psycologique : tous les hommes désirent, tous préfèrent, et ils préfèrent après délibération. Il les retrouve dans toutes les langues, où chacun de ces trois modes de l'activité a reçu un nom particulier.

Voyons si elles sont adéquates à l'effet qu'on leur attribue. L'idée de moralité implique l'idée de liberté, l'idée de liberté suppose l'idée de préférence, et l'idée de préférence renferme évidemment l'idée de désir.

Si dans un fait moral on me montre un autre élément actif, alors je serai bien forcé de l'introduire dans notre système ; mais si on ne peut en assigner un autre, nous serons autorisés à conclure que les trois causes que nous avons assignées suffisent pour produire une action morale ; en d'autres termes, qu'elles sont adéquates à l'effet que nous leur avons attribué.

Objections.

La liberté est le pouvoir de faire ce qui nous plaît : c'est ainsi que la définissent plusieurs philosophes distingués. Elle n'est donc pas la préférence après délibération.

Je réponds que le pouvoir de faire ce qui nous plaît n'exclut pas la nécessité ; car avant l'expérience nous faisons toujours et nécessairement ce qui nous est agréable. D'ailleurs l'homme n'est pas libre de vouloir son bonheur, il est nécessairement déterminé par sa nature à désirer d'être heureux, et cependant en voulant son bonheur il fait ce qui lui plaît.

La liberté est le pouvoir d'agir ou de ne pas agir, disent d'autres philosophes, et consiste *dans une indifférence active et positive de contradiction*.

Ce langage barbare porte avec lui sa réfutation. Ecoutons ces philosophes nous expliquer leur pensée. La liberté consiste dans une indifférence, c'est-à-dire que l'ame n'incline ni pour un parti ni pour l'autre. Cette indifférence est active, c'est-à-dire qu'elle ne ressemble pas à l'indifférence que les corps ont pour le mouvement et pour le repos, et qu'on appelle inertie. Elle est positive, c'est-à-dire elle est celle qu'exige le pouvoir de choisir, mais non celle que produit le doute et la suspension. Enfin elle est de contradiction, c'est-à-dire de cette opposition qu'exige le pouvoir d'agir ou de ne pas agir. (*Voyez* Hochecorne, page 197, Paris, 1784; Philos. de Lyon, t. 3, *quæstio prima*, prop. III, page 19, 1807.)

J'avoue que je ne sais pas trop ce que c'est qu'une *indifférence active ni positive de contradiction*.

J'ajoute que jusqu'ici, sur la parole de ces mêmes philosophes, j'avais cru que les définitions nous faisaient connaître la nature des choses, et que par conséquent elles nous montraient en quoi elles consistaient; mais il paraît que non, puisque, après avoir défini la liberté par le *pouvoir d'agir ou de ne pas agir*, on se met de suite en frais pour nous dire en quoi elle consiste.

Revenons à la définition. Le pouvoir d'agir ou de ne pas agir n'est pas la liberté; car celui qui ne délibère pas avant d'agir ne se dirige point par lui-même, il est entraîné. Les bêtes ont le pouvoir d'agir ou de ne pas agir: direz-vous pour cela qu'elles sont libres, et par conséquent capables de mérite et de démérite?

On insiste, et l'on nous dit : L'essence de la liberté consiste dans ce qui est requis et qui suffit pour la constituer. Or, le pouvoir d'agir ou de ne pas agir est requis et suffit pour constituer la liberté.

Et d'abord ce pouvoir est nécessaire à l'essence de la liberté; car un homme ne saurait être libre s'il n'était pas le maître de ses actions ; et comment serait-il le maître de ses actions, s'il n'avait pas le pouvoir d'agir ou de ne pas agir?

En second lieu, ce pouvoir suffit à l'essence de la liberté; car, dit-on, la *liberté est la faculté de choi-*

sir (*facultas eligendi*). Or, le pouvoir d'agir ou de ne pas agir implique la faculté de choisir ; et cette faculté étant la liberté, il est clair que ce pouvoir suffit pour la constituer. (Philos. de Lyon, *ibid.*)

Nous avouerons que le pouvoir d'agir ou de ne pas agir est un des élémens de la liberté ; mais nous ajouterons qu'il n'est pas le seul, et que par conséquent il n'en constitue pas l'essence. Nous l'avons déjà fait observer : celui qui agit sans avoir pesé les motifs qui provoquent son action, sans avoir délibéré, n'est qu'une machine qui obéit à une impulsion étrangère; il ne se dirige pas lui-même, il ne reste plus son maître, il n'est pas libre. La délibération est pour l'agent un flambeau qui éclaire sa route ; l'homme qui marche dans les ténèbres n'est pas libre d'éviter le précipice qui se rencontre sous ses pas. Et comment pourrais-je, avant les leçons de l'expérience, connaître les résultats de mon action? et si ces résultats me sont inconnus, comment serait-il en mon pouvoir de vouloir librement les éviter ou les produire? Cependant, avant d'être éclairé par l'expérience, j'avais le pouvoir d'agir et celui de ne pas agir, de vouloir et de ne pas vouloir ; car il est clair que le pouvoir d'agir et de ne pas agir, de vouloir et de ne pas vouloir, ne diffèrent pas dans leur principe : le négatif rentre ici dans le positif. Qu'est-ce en effet que ne pas vouloir faire une chose, si ce n'est vouloir ne pas la faire? Ces deux modes viennent donc se confondre dans le même élément, dans l'activité qui, inhérente à notre nature, se trouve toujours en nous, même avant les leçons de l'expérience. Le pouvoir d'agir ou de ne pas agir précède donc la liberté.

Maintenant que nous avons démontré que le pouvoir d'agir ou de ne pas agir ne suffit pas à lui seul pour rendre libres nos déterminations, essayons de détruire l'argumentation par laquelle on a voulu nous prouver que ce pouvoir rendait seul raison de la liberté. Notre tâche n'est pas difficile.

On commence par nous dire que la liberté consiste dans le pouvoir d'agir ou de ne pas agir, et, pour le prouver, on nous donne tout de suite une autre définition, et l'on nous dit que la liberté *est la faculté* de choisir.

J'observerai d'abord que toutes les définitions qu'on peut nous donner d'une chose doivent être identiques, puisque toutes doivent nous en faire connaître la nature, nous montrer les élémens qui la constituent.

Cela posé, ou le pouvoir d'agir ou de ne pas agir est identique avec la faculté de choisir ou non. Dans le premier cas, on fait un cercle vicieux, on prouve le même par le même ; dans le second cas, ou la première définition est bonne, et alors la seconde est défectueuse, vous ne pouvez en faire la base d'un raisonnement ; ou la première est défectueuse et inexacte, et alors pourquoi se mettre en frais pour nous prouver qu'elle est bonne ?

Venons à une objection plus savamment présentée. Elle est tirée des Fragmens de M. Cousin. Je ne la rapporterai pas avec tous les développemens que lui a donnés ce philosophe profond, cela entraînerait trop de longueur ; mais je tâcherai de ne pas affaiblir son argumentation.

La volonté, dit-il (et par volonté il entend une opération réfléchie précédée de la délibération, telle que la liberté comme nous l'avons définie), peut-elle être une opération primitive? Pour agir ainsi, il faut savoir qu'on peut se résoudre et agir, il faut antérieurement s'être résolu, avoir agi sans délibération, c'est-à-dire sans réflexion. L'opération, antérieure à la réflexion, est la spontanéité. C'est un fait que, même aujourd'hui, nous agissons sans avoir délibéré; mais ne sommes-nous pas libres dans ce mode d'action? Le *Qu'il mourût* du vieil Horace, le *A moi, Auvergne!* du brave d'Assas, ne sont des résolutions ni aveugles ni réfléchies. Ce n'est point la fatalité qui les impose à l'héroïsme; mais ce n'est pas non plus à la réflexion que l'héroïsme les emprunte. Si vous n'admettez que la liberté réfléchie, vous enlevez toute liberté à l'enthousiasme du poëte et de l'artiste dans le moment de la création, à l'ignorance qui réfléchit peu, et n'agit guère que spontanément, c'est-à-dire aux trois quarts de l'espèce humaine. (Frag., préf., page 38 et suivant.)

L'observation, ajoute M. Théry, nous apprend que l'acte spontané est toujours produit à l'occasion de certains motifs; mais si les actes spontanés sont sous le joug d'une fatalité qui les pousse à une fin déterminée, je ne comprends pas, je l'avoue, pourquoi ils se produisent à l'occasion de certains motifs. (Frag., pag. 397, 398.)

Enfin, page 341, M. Cousin nous dit : « Lorsque, à
« l'occasion d'une affection organique, l'esprit entre
« d'abord en exercice par son énergie native, et pro-
« duit un acte quelconque, je puis dire que l'esprit est
« libre, en tant que l'affection organique est l'occa-
« sion extérieure, et non le principe de son action,
« dont la raison est la puissance naturelle de l'esprit. »

J'admets bien, avec M. Cousin, le fait de la spontanéité antérieur à la volonté réfléchie; je l'admets d'autant plus volontiers que, sous une expression différente, je crois y reconnaître la préférence qu'avait constatée l'analyse savante de M. Laromiguière, analyse que nous nous sommes efforcés de reproduire fidèlement; mais j'ai quelque peine à croire que, sans se mettre en opposition avec le sens commun, on puisse ranger, parmi les faits libres, les phénomènes que nous offre la spontanéité. Interrogez les savans et les ignorans; demandez-leur si un homme pris de vin, si un fou, si le malheureux tyrannisé par une passion violente qui offusque sa raison, reste maître de lui-même, s'il est *sui compos;* en un mot, s'il est libre dans ses actions. J'ose l'assurer, tous vous feront une réponse négative; et cependant l'action du fou, comme celle de l'homme libre et passionné, a *son principe dans l'esprit, qui entre en action par son énergie native, à l'occasion d'une affection quelconque.*

Je le sais, M. Cousin admet deux espèces de libertés; et s'il range les faits spontanés au rang des faits libres, aussi bien que les faits réfléchis, ce n'est pas au même titre; il reconnaît deux ordres de phénomènes bien distincts. Le premier ordre renferme les faits réfléchis qui appartiennent à la liberté proprement dite. Les faits spontanés, qui forment le second ordre, appartiennent à une autre liberté que M. Cousin s'abstient de qualifier, mais qui ne peut être qu'une *liberté improprement dite.* Mais j'oserai lui demander ce que c'est qu'une liberté improprement dite. On est libre, ou on ne l'est pas; et une liberté improprement dite m'a bien l'air de ressembler à la nécessité. D'ailleurs pourquoi imposer le même nom à deux phénomènes si différens? Ce n'était pas la peine de changer le langage de la scolastique, pour en inventer un qui nous paraît moins exact; car enfin, dans l'ancienne philosophie, on distinguait le volontaire imparfait et le volontaire parfait. Le premier était la spontanéité de M. Cousin; le second était la liberté. Alors on disait : Ce qui est libre est toujours volontaire. Mais tout ce qui est volontaire n'est pas libre, et on pouvait l'entendre; et voilà pourquoi on pouvait dire : La volonté est libre; au lieu que, dans le langage de M. Cousin, on ne le peut plus : ce serait faire un pléonasme. Voilà pourquoi encore on pouvait dire les facultés de la volonté, et on ne le peut plus d'après M. Cousin; car la volonté étant la liberté, il n'est personne qui voulût écrire *les facultés de la liberté*.

Quant à M. Théry, qui nous dit que la spontanéité est libre, parce que, suivant lui, dans l'acte spontané, l'agent est toujours mû par quelque motif, je lui répondrai : De deux choses l'une, ou ces motifs sont saisis par l'attention, sont aperçus par l'agent (et alors ils sont réfléchis), ou ils ne sont pas aperçus, et dans ce cas ils sont comme s'ils n'existaient pas. Du reste, il est beaucoup de mouvemens spontanés dans lesquels nous faisons ce que nous ne connaissons pas; et comment alors agirions-nous librement?

Enfin M. Cousin, dans une critique du système de M. Laromiguière, nous dit que le désir est tout passif; et comment dès-lors pourrait-il engendrer la préférence qui à son tour engendre la liberté, facultés tout actives?

Je réponds que c'est gratuitement qu'on range le désir dans les phénomènes de la sensibilité. On a beau me dire que nous ne sommes pas maîtres de désirer, comme nous ne sommes pas maîtres de sentir, et que par conséquent ces deux phénomènes sont marqués du même caractère; je répondrai que nous ne sommes pas toujours les maîtres de produire des actes spontanés: voudra-t-on pour cela faire de tous ces actes des phénomènes passifs? D'ailleurs que faisons-nous lorsque nous désirons? Nous donnons notre attention, nous comparons l'état où nous nous trouvons lorsque le besoin se fait sentir, avec celui où nous serons lorsque le besoin sera satisfait; enfin nous cherchons, par le raisonnement, les moyens de le satisfaire. Qu'on me dise ce que serait le désir séparé de toutes ces conditions, et qu'on me dise encore si l'attention, la comparaison, le raisonnement sont des faits purement passifs (1).

A ces objections nous en ajouterons deux autres, qui tendent à détruire toute liberté.

---

(1) Depuis que j'écrivis ces lignes, j'ai vu la même opinion réfutée par le baron Massias dans une lettre à M. Armand Marrast. Le Globe avait dit: *Il est impossible de tirer le désir, qui est passif*, de facultés actives..... Il est tout aussi impossible de tirer de ce *même désir*, convaincu d'être un *phénomène passif*, etc. M. Massias répond: Le désir n'est qu'un état spécial de la volonté essentiellement libre et active: désirer, c'est vouloir avec un certain degré d'énergie. Qui s'avisera de dire que Napoléon était passif, lorsqu'il désirait de soumettre l'Angleterre et l'Europe à son génie? J'ouvre le dictionnaire de Noël: Désir, *mouvement de la volonté vers* un bien qu'on n'a pas..... (*Examen critique du Cours d- philosophie* de M. Cousin, par A. Marrast, leçon 8, p. 190).

Lorsque nous agissons, nous sommes mus et déterminés par certains motifs ; ce n'est donc pas nous qui nous déterminons, nous ne sommes donc pas libres.

Il y a ici un abus de langage. Nous sommes déterminés par certains motifs, c'est-à-dire nous formons nos déterminations à l'occasion de certains motifs. L'objection présentée ainsi ne peut plus nous embarrasser, et la liberté ne saurait en être atteinte.

Ces motifs, nous les pesons, nous les balançons, nous faisons, pour ainsi dire, une enquête *de commodo et incommodo ;* en un mot, nous délibérons, nous nous déterminons ensuite, et voilà précisément pourquoi nous sommes libres.

Les ennemis de la liberté insistent, et nous disent : Dieu a tout prévu ; il a prévu nos actions les plus secrètes ; il ne peut pas se tromper ; nos actions ne peuvent donc pas ne point arriver ; si elles ne peuvent pas ne point arriver, elles sont nécessaires, elles ne sont pas libres : donc l'homme n'est pas libre.

Tout l'embarras que peut causer cette argumentation vient encore d'un abus de langage. Le mot *prévoir* ne peut convenir à Dieu, pour qui il n'y a ni futur ni passé. L'homme prévoit, et il se trompe ; Dieu voit, et ne se trompe point. Or, l'idée de voir n'emporte avec elle ni l'idée de contrainte, ni l'idée de nécessité. Je vous vois passer sur une place ; il est bien vrai qu'alors il est impossible que vous n'y passiez point ; mais ce n'est pas une raison pour que vous fussiez dans la nécessité d'y passer.

De ce que Dieu aurait prévu que je ferais tel jour telle action, il ne s'ensuit pas, comme l'observe Euler,, que je la fasse, parce que Dieu l'a prévue : il est plus juste de dire que Dieu l'a prévue, parce que je devais la faire.

Enfin voici une dernière objection que s'est faite lui-même M. Laromiguière. La liberté, d'après ce que nous avons dit, est la préférence après délibération ; mais comme l'homme instruit a moins besoin de délibérer que l'ignorant, il s'ensuit qu'il est moins libre.

Notre réponse est que la délibération est une condition nécessaire pour que notre choix ne soit pas aveugle ; et de ce qu'elle se fait plus rapidement dans l'homme instruit que chez l'ignorant, il ne s'ensuit pas que le premier soit moins libre que le second. L'aveugle qui cherche sa route à tâtons n'est pas plus libre que l'homme qui jouit d'une bonne vue, et qui d'un coup d'œil voit celle qu'il doit suivre. Que la lumière me vienne en un seul instant, ou que je ne l'obtienne qu'après de grands efforts, je n'en suis ni plus ni moins éclairé lorsque je l'ai obtenue.

Concluons donc que la liberté n'est que la préférence, ou, si l'on veut, le pouvoir d'agir ou de ne pas agir après délibération. Et comme l'expérience nous atteste que l'homme préfère, qu'il agit ou qu'il n'agit pas après avoir délibéré, nous serons autorisés à penser qu'il est libre.

L'homme est libre.

La liberté suppose la préférence, puisqu'elle n'est que la préférence après délibération ; la préférence à son tour suppose le désir, puisqu'elle n'est qu'un désir déterminé. On réunit ces trois facultés sous le nom de volonté, comme nous avons réuni l'attention, la comparaison et le raisonnement sous le nom d'entendement; et ces deux mots *entendement* et *volonté* ne sont que deux expressions abrégées, inventées pour rendre le discours plus rapide. Au lieu de dire le désir, la préférence, la liberté, on dit plus brièvement la *volonté;* au lieu de rappeler successivement l'attention, la comparaison, le raisonnement, on dit, d'une manière plus expéditive, l'*entendement*. Pour faciliter davantage la marche de l'esprit, nous réunissons sous un seul mot l'entendement et la volonté ; ce mot sera la *pensée ;* il renferme à lui seul tout le système des facultés.

Qu'est-ce que la pensée ?

La pensée n'est donc que la réunion de l'entendement et de la volonté : c'est un signe inventé pour abréger le discours. L'entendement est la réunion de l'attention, de la comparaison, du raisonnement. La volonté est la réunion des trois facultés morales : du désir, de la préférence, de la liberté. L'attention est le premier mode de l'activité de l'esprit ; la comparaison, qui n'est qu'une double attention, en est le second ; le raisonnement, qui n'est qu'une double comparaison, en est le troisième. L'analyse (1) nous a donné la connaissance de ces trois modes de l'activité ; elle nous a fait voir le rapport de génération qui les unit, et la synthèse (2) les a systématisés en les réunissant sous le mot entendement. Nous pour-

---

(1) Analyse, du grec ἀνάλυσις, de ἀνά, prép. qui marque réitération, et de λύω, séparer, action de séparer pour mieux observer. C'est la première condition de toute bonne méthode. (Voir la Logique.)

(2) Synthèse, du grec σύνθεσις, attacher ensemble ; de σύν et τίθημι. Seconde condition indispensable à la Méthode.

rons en dire autant des trois facultés morales. La première, qui est le désir, est engendrée par les trois facultés de l'entendement lorsqu'elles se concentrent sur un objet. C'est le quatrième mode de l'activité ; la préférence en est le cinquième ; elle dérive du désir, et engendre à son tour la liberté, qui est la sixième modification qu'éprouve le principe actif. Le mot *volonté* systématise ces trois dernières facultés. Enfin de ces deux systèmes nous n'en ferons qu'un seul, en réunissant l'entendement et la volonté sous un seul mot, la pensée. Nous allons offrir l'ensemble de ce système dans un tableau synoptique.

Élémens actifs de l'humanité.

PENSÉE.	Raisonnement.	Attention. Comparaison. Entendement.	Causes de l'intelligence, ou facultés intellectuelles.
	Volonté.	Désir. Préférence. Liberté.	Causes de la moralité, ou facultés morales.

Nous ajouterons que la raison n'est que le bon usage de la pensée. Celui-là en effet est raisonnable qui donne bien son attention, qui fait des comparaisons exactes et des raisonnemens justes, qui désire le bien, qui préfère le mieux, et qui n'abuse pas de sa liberté.

Qu'est ce que la raison?

DEUXIÈME SECTION.

Des différens modes de la sensibilité, considérés comme principes de l'intelligence et de la moralité.

<small>Origine de nos idées.</small> Après avoir assigné les causes de l'intelligence et de la moralité, en d'autres termes, après avoir étudié tous les élémens actifs de l'humanité ; et si nous voulons varier encore nos expressions, après avoir observé les facultés intellectuelles et morales dans leur nature, il nous paraît convenable d'assigner le principe de tout phénomène intellectuel et moral, d'étudier ses élémens passifs, d'observer nos facultés dans leurs effets, ce qui revient à remonter à l'origine de toutes nos connaissances. En effet, pour rendre raison d'un phénomène, ce n'est point assez d'en montrer la cause, il faut en montrer l'origine, deux choses qu'il faut nous accoutumer à ne pas confondre. En vain vous me montreriez l'auteur d'un ouvrage précieux : si je ne connaissais pas la matière dont il se compose, je n'en aurais qu'une idée fort inadéquate, je n'en connaîtrais qu'imparfaitement la nature.

Or, si nous ne connaissons pas la nature de nos idées, comment expliquerons-nous l'homme intellectuel, et surtout l'homme moral? Car, en définitif, l'homme n'agit que d'après les idées qu'il s'est faites, il ne veut que ce qu'il connaît; mais il est impossible de connaître la nature de nos idées sans remonter à leur origine; car le mot nature vient de *nasci*, *nascor*. Étudier une chose dans sa nature, c'est donc l'étudier dans sa naissance, c'est l'observer au moment où elle naît, c'est remonter à son origine.

Les philosophes ne sont point d'accord dans la solution de ce problème. Les uns, à la suite de Platon et de Descartes, forment trois classes d'idées : les premières sont innées, celles de la deuxième classe sont adventices (1), et les dernières sont factices (2). Nous apportons les premières toutes formées en venant au monde, les secondes nous arrivent au moyen de nos sens, et les dernières sont notre propre ouvrage, c'est nous qui les formons.

D'autres philosophes, marchant sur les traces d'Aristote et de Locke, rejettent les idées innées, et n'admettent que les idées adventices et factices.

Condillac, disciple de Locke, n'admet que les idées adventices. Le philosophe anglais faisait sortir toutes nos connaissances de la sensation ou de la réflexion. Condillac a soutenu que toutes nos idées, et la réflexion elle-même, avaient leur principe dans la sensation. Trompé par une analyse défectueuse, il crut que, dans l'esprit humain, il n'y avait que des sensations, qui se transformaient successivement en idées, en rapports, en habitudes, et même en facultés, en opérations ; à peu près (si l'ordre physique peut être comparé à l'ordre moral) de la même manière que la glace se convertit en eau, pour se résoudre ensuite en vapeur.

Le vice radical de ce système, c'est qu'il anéantit

---

(1) Du latin *advenire*, arriver.
(2) Du latin *facere*, faire.

une des propriétés que l'analyse nous a fait connaître dans notre ame. Tout chez Condillac vient de la sensation. Mais comment la sensation, phénomène tout passif, pourra-t-elle se transformer en activité ? comment pourra-t-elle rendre raison de ce qu'il y a d'actif en nous? Il est surprenant que Condillac, qui refuse à la sensibilité le nom de faculté, qui l'appelle en plusieurs endroits de ses ouvrages une simple capacité ; il est surprenant, dis-je, qu'il soit tombé ainsi en contradiction avec lui-même.

Laromiguière a démontré que ce système, qui, au premier abord, séduit par sa simplicité, et par la clarté d'expression avec laquelle son auteur l'a présenté, n'offrait qu'une copie fort inexacte de l'entendement humain. Il nous a fait voir qu'il fallait chercher la cause de nos connaissances dans l'activité de l'ame, et leur origine dans la sensibilité. Nous adopterons son opinion sur l'origine de nos connaissances, comme nous l'avons adoptée sur leurs causes; et pour mieux l'exposer nous ferons, sur les mots *sentir*, *sentiment*, *sensation*, quelques observations que nous lui avons empruntées.

Modes divers de la sensibilité.
La sensation.

Il y a plusieurs manières de sentir : nous allons les observer séparément, afin de mieux les constater.

1° Toutes les fois qu'un objet extérieur vient agir sur nos organes, l'impression reçue est transmise au cerveau; et, à la suite du mouvement du cerveau, l'ame sent, elle éprouve un sentiment.

L'ame sent par la vue, par l'ouïe, par l'odorat, par le goût, et par le tact.

Ces cinq manières de sentir diffèrent absolument entre elles : il n'y a aucune ressemblance, aucune analogie entre un son et une odeur, entre une odeur et une couleur, etc. Aussi, pour les distinguer, leur a-t-on imposé des noms particuliers. Mais, quelle que soit leur différence, elles ont cela de commun qu'elles affectent toutes l'ame, et qu'elles l'avertissent de son existence; et, comme le dit fort heureusement le latin, par elles l'ame devient *sui conscia*.

Or, si nous les considérons sous ce dernier point de vue, un nom seul suffira pour les désigner; car on n'invente des signes que pour marquer des différences. Nous les nommerons sentimens-sensations, ou plus brièvement sensations.

Nous comprendrons, sous ce mot, tous les sentimens que l'ame éprouve à l'occasion de l'action que les objets extérieurs exercent sur nos organes ; nous y comprendrons aussi tous les sentimens qui naissent en nous d'un mouvement dans l'intérieur de notre corps, sans l'intervention des objets extérieurs, tels que le sentiment de la faim, de la soif, du mal de tête, etc.

Ainsi la sensation sera le premier mode de la sensibilité : nous allons en voir sortir un ordre d'idées que nous appellerons idées sensibles, à cause de leur origine.

L'ame, nous venons de le voir, éprouve des sensations, « mais elle ne peut sentir et demeurer oisive;
« car le sentiment, par la manière agréable ou pé-
« nible dont il l'affecte, provoque nécessairement
« son action. Elle ne peut pas recevoir indifférem-
« ment des impressions qui font son bien ou son mal;
« elle est intéressée à les étudier pour les connaître,
« pour se soustraire aux unes, et pour se livrer aux
« autres. » (Larom., t. 2.)

J'aperçois par hasard une belle fleur : l'impression que les rayons lumineux qu'elle réfléchit viennent faire sur la rétine de mon œil se transmet au cerveau, et mon ame éprouve une sensation agréable. Je désire la prolonger : mon ame réagit sur le cerveau, le cerveau réagit sur mon œil, qui se dirige sur la fleur. Dans le premier cas, je voyais la fleur ; j'étais passif, il ne dépendait pas de moi de conserver l'impression reçue : dans le second cas, je regarde la fleur ; je suis actif, et c'est par mon activité que je la remarque, que je l'étudie, que j'apprends à la connaître.

Ce n'est pas une simple sensation qui m'affecte, c'est une idée que j'ai acquise. C'est ainsi que l'ame, en agissant sur ses sensations, en donnant son attention aux objets extérieurs qui l'affectent, commence son intelligence, et forme ses premières idées. Ces idées provenant des sensations, nous les nommerons, comme nous l'avons dit, idées sensibles.

Les idées sensibles ont donc leur origine dans le sentiment-sensation, et leur cause dans l'attention qui s'exerce au moyen des organes.

Deuxième mode. Sentiment de l'action de nos facultés.

2° L'ame ne pouvant passer des pures sensations aux idées sensibles qu'autant qu'elle agit sur les sensations, elle doit nécessairement avoir le sentiment de son action ; car l'ame ne peut agir, et ne pas sentir qu'elle agit. Or, cette nouvelle manière de sentir semble n'avoir rien de commun avec les sensations. Qui pourrait confondre ce que l'ame éprouve par l'exercice de ses facultés, avec ce qu'elle éprouve par l'impression des objets sur les organes du corps ?

« le plaisir de la pensée, avec celui que donne la
« satisfaction d'un besoin physique? le ravissement
« d'Archimède qui résout un problème, avec la gros-
« sière avidité d'Apicius, qui dévore une hure de
« sanglier? » (Larom.)

Le sentiment qui affecte l'ame quand elle sent qu'elle agit, quand elle sent que ses facultés sont en exercice, est donc une manière de sentir qui est entièrement différente de la sensation.

Or, de même que l'ame, en agissant sur ses sensations, forme ses idées sensibles; de même, si son activité se porte sur le sentiment qui naît de son action, si elle observe ce sentiment, si elle l'étudie, elle apprendra à connaître ce qu'elle fait, et toutes les manières dont elle opère; elle se fera les idées de ses facultés.

Les idées que nous avons de nos facultés ont donc leur origine dans le sentiment de l'action de ces facultés, et leur cause dans l'attention qui s'exerce indépendamment des organes.

Mais ces deux manières de sentir n'absorbent pas toute sa sensibilité, ni ne suffisent pas pour rendre raison de l'intelligence.

3° Nous connaissons, il est vrai, l'origine de nos idées sensibles, nous savons que leur cause est dans l'activité de notre esprit, qui s'exerce au moyen de nos sens; nous connaissons aussi l'origine et la cause de nos idées des facultés de l'ame; nous avons, pour ainsi dire, assisté à leur naissance : mais ces deux classes d'idées, quelque nombreuses qu'on puisse les concevoir, ne forment qu'une partie de l'ameublement de l'esprit; il nous reste encore à montrer la

Troisième mode. Sentiment de rapport.

formation des autres élémens de l'intelligence. Continuons d'observer.

Qu'est-ce que la science? Si nos idées, fugitives comme l'éclair, ne faisaient qu'apparaître dans notre ame pour nous montrer un instant la lumière, et s'évanouir aussitôt, nous n'en posséderions jamais qu'une seule à la fois : il n'existerait point de science pour l'homme; car la science résulte d'un enchaînement de rapports entre diverses idées que la méthode ramène à l'unité, en nous montrant les points de vue sous lesquels elles sont identiques. Et puisqu'il est prouvé, par les faits, que le vaste champ de la science est du domaine de l'intelligence humaine, il est par là même prouvé que l'homme conserve plusieurs idées, entre lesquelles il aperçoit, il *sent* des rapports de ressemblance ou de différence, de simultanéité, de génération, etc.

L'homme conserve donc un grand nombre d'idées, plus ou moins suivant le plus ou le moins de capacité de sa mémoire; et lorsqu'il possède plusieurs idées à la fois, il *sent entre elles des rapports*.

Cette nouvelle manière de sentir diffère beaucoup du sentiment-sensation, et du sentiment de l'action de nos facultés. A la sensation, en effet, répond toujours un objet extérieur, au sentiment de l'action des facultés de l'ame répond l'action de nos facultés; mais il n'existe rien qui puisse répondre au sentiment de rapport. Si j'éprouve la sensation de la lettre A, à ce sentiment répond au dehors cette même lettre; si j'ai la sensation de la lettre B, je puis rapporter cette sensation à la lettre B comme à sa cause. Mais à quoi pourrais-je rapporter le sentiment de différence que j'éprouve entre ces deux lettres? y aurait-il au dehors quelque chose qui s'appelle la différence de A et de B? Non sans doute. Il est donc constant que cette nouvelle manière de sentir ne ressemble pas aux deux premières, que l'observation nous a fait connaître.

Cette nouvelle manière de sentir, nous l'appellerons *sentiment de rapport ;* et si nous la fécondons par le travail de l'esprit, elle donnera naissance à un nouvel ordre d'idées, aux *idées de rapport,* ou *relatives* : de même qu'en élaborant les sensations nous formons les idées sensibles, de même qu'en appliquant l'activité de l'esprit au sentiment de l'action de nos facultés, nous obtenons les idées des facultés. Mais il y a une différence : car, dans les deux derniers cas, il nous suffit d'un acte d'attention, au lieu que dans le premier nous avons besoin de donner deux fois notre attention, ou de comparer.

Les idées de rapport ont donc leur origine dans le sentiment de rapport, et leur cause dans la comparaison (1).

4° Il est une quatrième manière de sentir, qui semble différer des autres trois bien plus que celles-ci ne diffèrent entre elles. Un malheureux exténué par le besoin rencontre un homme bienfaisant. La vue de ce malheureux fait éprouver à ce dernier une sensation, d'où il résulte une idée sensible; mais bientôt à cette sensation vient se joindre une nou- Quatrième mode. Sentiment moral.

---

(1) On les appelle idées de rapport, parce que, pour les obtenir, il faut pour ainsi dire rapporter, par la comparaison l'un sur l'autre, les objets dont elles expriment la ressemblance ou la différence : de là elles sont dites encore *relatives*, du latin *relatus* (*rapporté*).

velle manière de sentir ; son cœur est ému de pitié, il éprouve le sentiment de pitié. D'un autre côté, l'homme bienfaisant vient au secours de ce malheureux, il lui donne sa bourse : la vue de cette bourse fait éprouver à ce malheureux une sensation dont il ne peut résulter encore qu'une idée sensible ; mais bientôt à cette sensation vient se joindre une autre manière de sentir : le cœur de ce malheureux s'ouvre à la reconnaissance, il en éprouve le sentiment. Cette nouvelle manière de sentir prend un nom particulier, on l'appelle *sentiment moral*, et elle donne naissance à toutes les idées morales.

Ici paraît se soulever le voile qui cache les idées du juste et de l'injuste, de bonté, d'humanité, etc., qui forment toute la dignité de l'espèce humaine.

Les rapports multipliés de la société font qu'il est peu de momens dans la vie où les hommes n'éprouvent quelque sentiment moral ; mais il n'est pas toujours facile de démêler ces sentimens, de s'en faire des idées. Si quelquefois il suffit d'un seul acte d'attention, plus souvent on a besoin de comparaison, et même de raisonnemens.

Les idées morales ont leur origine dans le sentiment moral, et leur cause dans l'action de toutes les facultés de l'entendement.

Nous avons donc quatre manières de sentir qui diffèrent toutes les unes des autres, et par conséquent quatre origines distinctes des idées. Or, il est impossible de réduire ces quatre modes de la sensibilité ; car s'il existe entre eux des rapports de simultanéité ou de succession, l'analyse la plus attentive ne saurait découvrir entre eux aucun rapport de génération ou d'identité (1). Dans le système des facultés, nous avons montré que l'attention, élément primitif de la pensée, se transformait en comparaison ; que la comparaison donnait naissance au raisonnement ; que ces trois premières facultés, en se concentrant sur un seul objet, prenaient le nom de désir, d'où se formait la préférence, qui à son tour engendrait la liberté : mais nous ne saurions établir la même filiation dans le système de la sensibilité. Il est bien vrai que la sensation, dans l'ordre chronologique, précède nos autres manières de sentir, mais elle ne les engendre pas ; le sentiment de l'action de nos facultés peut bien aussi précéder le sentiment de rapport, mais non se transformer en sentiment de rapport. Nous pourrions en dire autant à l'égard du sentiment moral : il peut bien ne venir qu'après nos autres manières de sentir, il peut coëxister avec les sensations, avec le sentiment de rapport ; mais il ne saurait en être une transformation : ce qui fait que notre système de la sensibilité n'est point à la rigueur un vrai système, puisque toutes ses parties ne sont point une modification d'un premier principe, et ne sauraient par conséquent être ramenées à une unité rigoureuse. Mais ce n'est pas à nous à mieux faire que la nature ; nous devons la reproduire fidèlement, et

---

(1) Il y a rapport de *simultanéité* lorsque deux choses coëxistent, existent ensemble (du latin *simul*). Il y a rapport de *succession* lorsqu'elles se succèdent. Il y a rapport de *génération* lorsque l'une engendre l'autre (*generare*.) Enfin il y a rapport d'*identité* lorsque ce n'est que la même chose diversement modifiée, comme l'eau et la glace. (Du latin *idem*.)

ne pas chercher à mettre plus d'unité dans son ouvrage qu'elle n'y en a mis elle-même.

Élémens passifs de l'humanité.

SENSIBILITÉ.
{ 1er Mode de la sensibilité. Sentiment-sensation. { Origine de nos idées sensibles.
2e Mode de la sensibilité. Sentiment de l'action de nos facultés. { Origine de nos idées des facultés de l'ame.
3e Mode de la sensibilité. Sentiment de rapport. { Origine de nos idées relatives.
4e Mode de la sensibilité. Sentiment moral. { Origine de nos idées morales.

Toutes nos idées ont donc leur origine dans une des quatre manières de sentir que l'observation et l'expérience ont constatées en nous, et leur cause dans les trois facultés de l'entendement. Et pour présenter les choses sous une formule plus générale, nous dirons *que nos idées ont leur origine dans le sentiment, et leur cause dans l'action de nos facultés.*

Nature des idées.

Qu'est-ce que l'idée ?

Maintenant il nous sera facile de faire connaître la nature des idées. Un enfant a l'idée des lettres de l'alphabet toutes les fois qu'il sait les distinguer les unes des autres. Celui qui étudie la botanique a l'idée des plantes lorsqu'il ne les confond point, qu'il sait les discerner, les distinguer entre elles. Nous-mêmes nous avons idée des facultés de l'ame, parce que nous ne les confondons pas avec tout ce qui n'est pas elles. De là nous sommes en droit de conclure que partout où il y a confusion il n'y a point d'idée, et au contraire que la masse de nos idées augmente en raison du nombre des rapports, des points de vue, des qualités, des propriétés, que nous pouvons démêler dans les objets de nos connaissances (1).

Distinguer, discerner, démêler, percevoir, avoir des idées, voilà des expressions toutes synonymes. Mais il est évident que nous ne pouvons rien distinguer, rien discerner, rien démêler, que nous ne l'ayons auparavant senti. C'est donc une conséquence que nous devons chercher l'idée, ou plutôt sa nature, dans le sentiment, et dans le *sentiment distinct*. Tels sont les élémens de l'idée; sa définition est toute faite, l'analyse nous l'a montrée, et cette définition n'est pas arbitraire; elle est l'expression de la nature. *L'idée est un sentiment distinct*. En effet, si l'homme était privé du sentiment, il n'aurait jamais la conscience de son existence, il ignorerait l'existence des objets extérieurs; leurs qualités, leurs rapports, tout lui échapperait. Mais si, doué de sensibilité, il restait toujours passif; si son ame, par son énergie, ne se repliait sur elle-même; si, par son activité, elle ne portait pas l'ordre au milieu de la confusion, la lumière au milieu des ténèbres, tout resterait enseveli dans la sensibilité, tout y serait

---

(1) *Les objets de nos connaissances.* L'objet de nos idées ne doit pas être confondu avec le sujet de l'idée. L'objet est la chose même que l'idée représente, le sujet de l'idée est l'ame qui connaît. Beaucoup de jeunes gens, peu familiarisés avec le langage philosophique, s'y trompent souvent.

confondu, sans que jamais il en pût sortir une étincelle de raison. Mais il n'en est pas ainsi : son ame est sensible; elle féconde par son activité les sentimens dont elle est affectée, et passe ainsi des ténèbres à la lumière, de l'ignorance à la connaissance.

Objections.

Première objection. L'idée (1), si nous consultons l'étymologie, n'est qu'une représentation, une image des objets; et c'est la définition qu'en ont donnée tous les philosophes. Elle n'est donc pas, comme nous l'avons dit, un sentiment distinct.

Il est vrai que notre définition de l'idée ne s'accorde ni avec celle qu'en ont donnée les philosophes, ni avec l'étymologie du mot. Mais est-on forcé, pour rester d'accord avec l'étymologie et avec l'opinion des philosophes, de se mettre en opposition avec le bon sens? La philosophie qui confond les idées que nous avons des choses avec leur image, leur représentation, est un reste de la philosophie d'Épicure. En effet, les fantômes, les simulacres, les apparences, les spectres, les espèces *impresses* et *expresses*, au moyen desquels ce philosophe s'efforce de rendre raison de l'intelligence, ne sont que de vraies images, de vraies représentations; mais, dit M. Cousin, *il implique que l'invisible représente quelque chose*. (Cours de 1829, 1.re leçon, pag. 27.) D'ailleurs les idées images, les idées représentations ne pourraient avoir lieu que pour la connaissance des objets colorés. Comment vous représenter un

---

(1) Idée, du grec ἰδία, ας, espèce, forme, image.

son, une odeur; quelle est l'image d'un esprit, de la vertu? *Qu'on m'explique*, dit Reid, *ce que signifient la représentation, l'image du chaud et du froid, l'image du dur et du mou, l'image du son..... Le mot image appliqué à ces qualités n'a aucune espèce de sens.* (T. 3, c. IV, p. 123.) Concluons donc que les philosophes qui ont appelé les idées des images, des représentations, n'ont pu le faire que dans un sens absolument métaphorique, comme Horace, qui appelle l'écho une image folâtre (*imago jocosa*).

Seconde objection. L'idée n'est pas un sentiment distinct, mais bien un pur souvenir. Un homme qui sent une fleur ne dira pas : J'ai idée de son odeur ; il dira : Je la sens. Mais s'il parle d'une odeur qu'il a sentie autrefois, il dira : J'en ai l'idée ; donc l'idée et le souvenir sont identiques.

J'avoue que *souvenir* et *idée* sont deux expressions très-souvent synonymes ; mais qu'on pense que le souvenir n'est qu'une idée rappelée, et la difficulté s'évanouira. Tout souvenir suppose une idée, mais toute idée ne suppose pas un souvenir.

Troisième objection. D'après ce que nous avons dit, l'idée est un sentiment distinct, parce que nous n'avons idée d'une chose qu'autant que nous la distinguons des autres ; mais il s'ensuit une contradiction, car alors nous pouvons avoir idée et ne pas avoir idée de la même chose. C'est ainsi que je distingue, que je démêle facilement une pièce d'argent au milieu d'une foule de pièces d'or. Mais si je la confonds avec plusieurs pièces d'argent, je ne pourrai plus la distinguer, la démêler ; j'en aurai donc l'idée et je n'en aurai pas l'idée, ce qui est contradictoire.

Pour qu'il y eût contradiction, il faudrait que je distinguasse et que je ne distinguasse pas, dans le même temps et dans les mêmes circonstances, la même pièce d'argent; que j'en eusse à la fois et que je n'en eusse pas idée. Mais, dans l'exemple qu'on nous apporte, ce n'est plus dans le même temps que la confusion et la distinction ont lieu; les circonstances sont changées, il n'y a rien de contradictoire.

Quatrième objection. Si l'idée consiste dans un sentiment distinct, on pourra dire que nos idées sont plus ou moins idées, parce que nos sentimens sont plus ou moins distincts; car les objets peuvent se distinguer entre eux par un plus grand ou un plus petit nombre de qualités, de rapports, etc.

Il est vrai que les objets se distinguent par un plus grand ou un plus petit nombre de qualités, mais cela ne m'oblige pas à dire que nos idées sont plus ou moins idées. Les idées sont plus adéquates lorsqu'elles se manifestent à nous sous une plus grande quantité de points de vue; mais pour cela elles ne sont pas plus idées. Une maison qui me présente plusieurs façades n'est pas plus maison que celle qui n'en aurait que trois. Le chêne m'offre des rapports plus étendus que le poirier : dirai-je pour cela qu'il est plus arbre que ce dernier? L'idée que l'enfant a de l'or est aussi certainement une idée que celle que le plus habile chimiste peut en avoir. La seule différence, c'est que celle du chimiste est plus complète, plus adéquate, et peut-être plus vraie; mais elles sont également idées.

Des opinions des philosophes sur l'origine des idées.

Quelques philosophes, nous l'avons déjà dit, pensent que nos idées nous viennent des sens, soit immédiatement, soit médiatement. Ils considèrent notre ame comme une table rase, sur laquelle on ne trouve d'abord aucun caractère, mais qui de jour en jour s'enrichit de diverses images, qui nous représentent les objets de nos connaissances : nous verrons plus tard ce que nous devons penser de cette explication toute symbolique de l'intelligence.

D'autres croient que Dieu, en créant nos ames, les a enrichies d'une foule d'idées que nous apportons en naissant toutes formées, et que par conséquent ils appellent idées innées.

La première de ces opinions est inexacte, elle ne rend pas complétement raison de l'intelligence. La seconde est absolument fausse, et il n'est aucun moyen de la soutenir.

Prouvons d'abord l'inexactitude de la première. Toutes les idées ne viennent pas des sens : la Logique de Port-Royal s'est chargée de le démontrer. « Je « demande, dit l'auteur, par quel sens sont entrées « les idées de l'être et de la pensée : sont-elles lumi- « neuses ou colorées, pour être entrées par la vue? « d'une bonne ou d'une mauvaise odeur, pour être « entrées par l'odorat? de bon ou de mauvais goût, « pour être entrées par le goût? d'un son grave ou « aigu, pour être entrées par l'ouïe? dures ou molles, « pour être entrées par l'attouchement? » (Port-Royal, 1816, in-12, p. 43.) Nous pourrions en dire autant de toutes les idées de nos facultés, des idées de rapport et des idées morales. Il est donc beaucoup d'idées (je dirai, sans crainte d'être démenti, le plus grand nombre) qui ne nous viennent pas des sens. Mais faut-il en conclure, avec Port-Royal, *que l'ame a la faculté de les former de soi-même?* (*Ibid.*)

Cette conclusion ne peut être légitime tant qu'on n'aura pas démontré qu'il n'existe pas d'autre origine de nos idées. Il faudrait, de plus, que l'auteur nous expliquât ce qu'il entend par ces mots : *L'ame a la faculté de les former de soi-même*. Veut-il dire que l'ame les forme en se repliant sur elle-même, en appliquant son activité à ses diverses manières de sentir? Alors rien de plus vrai. Mais ce n'est pas là le sens de l'auteur, puisque son raisonnement est fait contre l'opinion de ceux qui placent l'origine de l'idée dans la sensation, et qu'on ne soupçonnait pas même alors nos autres manières de sentir.

Le raisonnement de Port-Royal, fort pour combattre l'opinion qui fait sortir toutes nos idées de la sensation, est en lui-même fort peu exact. Nous ne dirons donc pas que l'idée de la pensée nous vient des sens, mais nous n'admettrons pas pour cela qu'elle est une idée innée : nous dirons qu'elle a son origine dans le sentiment de nos facultés, et que l'ame la forme en distinguant, par son activité, le sentiment que nous font éprouver nos facultés lorsqu'elles sont en exercice.

Pour l'idée de l'être, comme c'est une idée générale, la plus générale de toutes, nous ne parlerons point dans ce moment de son origine ; nous craindrions de n'être pas compris.

Nous ajouterons que, dans tous les cas, il est inexact de dire que nos idées nous viennent des sens; car pour qu'elles en vinssent, il faudrait qu'auparavant elles y fussent : mais il ne s'est jamais trouvé personne assez extravagant pour soutenir une pareille absurdité.

Pour remédier à l'inexactitude de ce langage, dira-t-on *que les idées nous viennent par les sens?* Mais c'est supposer que les idées se trouvent toutes formées hors de nous, et que, portées jusqu'à nos organes par les molécules de l'air, ou par tout autre fluide, elles glissent le long de nos tissus nerveux, pour venir se loger dans un coin de notre cerveau : hypothèse qu'il suffit d'énoncer pour en montrer le ridicule.

Enfin, pour échapper à ces conséquences, soutiendra-t-on que toutes les idées nous viennent à l'occasion des sens?

Nous répondrons que si, par cette proposition, on ne veut dire autre chose, si ce n'est que les idées sensibles, qui nous viennent de la sensation, précèdent toutes les autres, alors nous pourrons l'admettre. Car, dans le système de l'intelligence, tout a lieu de la manière suivante : les objets extérieurs agissent sur nos organes, et nous éprouvons diverses sensations; ces sensations, l'ame en forme des idées en les démêlant; mais elle ne peut les démêler sans agir, et elle ne peut agir sans sentir son action. Si elle étudie ce sentiment de son action, elle forme les idées de ses facultés; donc les idées des facultés ne se montrent qu'après les idées sensibles. Sous ce point de vue, elles naissent en nous à l'occasion des sens,

On pourrait en dire autant des idées de rapport et des idées morales ; mais si l'on veut dire que les idées morales et les idées intellectuelles (et par ces dernières (1) j'entends les idées des facultés et les idées de rapport) tirent leur origine de la sensation ou des sens, nous refuserons toujours de nous ranger à cette opinion. D'ailleurs, nous ne saurions voir dans cette proposition, *Toutes les idées nous viennent à l'occasion des sens*, l'origine de notre intelligence. Un arbre naît à l'occasion de la chaleur du soleil et de l'humidité de la terre : direz-vous que son origine se trouve soit dans la chaleur, soit dans l'humidité?

Nous ne saurions être plus indulgens pour l'axiome si connu dans l'école, et qu'on attribue à Aristote : Rien n'est dans l'intellect qui n'ait été dans le sens : *nihil est in intellectu quod non fuerit in sensu.*

Que signifie ce mot *rien ?* Locke lui fait signifier toutes nos idées, toutes nos connaissances ; Condillac renferme sous la même expression nos idées et nos facultés.

Dans l'intellect: les philosophes ne sont pas non plus d'accord sur le sens de ces mots. Les uns, par intellect, désignent l'ame elle-même ; les autres, une faculté distincte des autres facultés ; d'autres, comme nous, sous le mot *entendement* y voient la réunion de plusieurs facultés ; enfin, dans la langue phi-

---

(1) *Les idées intellectuelles.* Toutes nos idées sont intellectuelles, puisque toutes appartiennent à l'intelligence. Mais les philosophes semblent avoir de préférence appelé ainsi les idées des facultés et les idées de rapport. Rien n'empêche d'adopter ce langage, et nous dirons qu'il y a trois classes d'idées : les idées sensibles, les idées intellectuelles, et les idées morales.

losophique, ce mot est synonyme d'intelligence.

Dans le sens : veut-on nous parler ici des sens, des organes physiques, ou bien du sentiment, de nos diverses manières de sentir?

Que penser d'un axiome que chacun peut interpréter à sa manière? L'ambiguïté et l'obscurité des expressions sous lesquelles il est présenté ne peuvent que nous laisser dans l'incertitude sur l'origine de nos idées. Nous nous sommes expliqués bien plus clairement lorsque nous avons dit que toutes nos connaissances avaient leur origine dans le sentiment, et leur cause dans l'activité de l'esprit.

Des idées innées.

Faisons voir maintenant que nous n'apportons, en naissant, aucune idée toute formée, et que par conséquent il n'y en a point qui soient *innées*.

Si nos idées, ou quelques unes de nos idées, étaient innées, si nous les apportions en naissant, elles éclaireraient notre esprit dès le commencement de notre vie : malheureusement il n'en est pas ainsi, et chacun de nous sait, par expérience, que toutes les connaissances qu'il possède sont le fruit du travail, de l'éducation et du temps. Dira-t-on que ces idées s'évanouissent après que nous sommes venus au monde, et qu'il nous les faut recouvrer ensuite comme un bien que nous avons perdu? Mais d'où sait-on que ces idées, que nous ne trouvons plus dans notre intelligence, y étaient pourtant au moment de notre naissance? D'où sait-on que ce flambeau, qui nous éclairait aux premiers jours de la vie, s'est éteint tout-à-coup, pour n'être rallumé que par le travail et l'expérience? Et ne s'aperçoit-on pas que c'est faire de l'auteur de la nature un être bien peu sage, de nous donner ainsi un trésor inutile, puisqu'il nous est impossible de le conserver?

Au reste, si nos idées sont innées, elles font partie de notre nature; nous ne pouvons pas les perdre; elles sont toujours présentes à notre esprit : or, qu'on me montre une seule idée qui nous soit toujours présente, et alors j'avouerai que nous l'avons apportée en venant au monde.

Si quelque idée pouvait être innée, à coup sûr ce serait la plus importante de toutes, et elle se trouverait la même dans tous les esprits. Mais est-il bien vrai que l'idée de Dieu se trouve toute formée chez les enfans, et qu'elle soit partout la même?

Les partisans des idées innées ont été conduits à ce système par un abus de langage. Ils ont vu qu'il est certaines idées qui sont communes à tous les hommes : dès-lors ils ont conclu qu'elles se formaient naturellement en nous; et de ce qu'elles se formaient en nous naturellement, ils ont tiré cette conséquence qu'elles appartenaient à notre nature, qu'elles en faisaient partie, et que nous les apportions en naissant. Mais il n'est rien de moins philosophique. Un enfant apprend naturellement à parler : direz-vous que les paroles dont se compose son petit vocabulaire appartiennent à sa nature, qu'il les a apportées en naissant? L'homme forme naturellement des pas : en conclurez-vous qu'il apporte en naissant ses pas tout formés? Sans doute que nous tenons de la nature la faculté de former des idées, comme nous avons celle de former des sons et des pas ; et si, par *idées innées*, on ne veut parler que de la faculté que nous avons d'en acquérir, j'en tomberai d'accord, je dirai que cette faculté est innée : mais je ne pense pas qu'on puisse prendre ainsi indistinctement la cause pour l'effet, nos facultés pour nos idées ; et dans ce cas même il faudrait réformer ce langage défectueux, qui, confondant tout, ne peut que nous faire tomber dans de graves erreurs.

Concluons donc qu'il n'y a point d'idées innées ; nous en sommes bien fâchés, et pour leurs partisans, et pour nous-mêmes : nous ne saurions pas les admettre.

Descartes même, dont ils croient rappeler fidèlement la doctrine, ne pensait pas différemment que nous. Voici comment il s'exprime : « Lorsque j'ai dit « que l'idée de Dieu est innée, je n'ai jamais entendu « dire autre chose, si ce n'est que la nature a mis « en nous *une faculté par laquelle nous pouvons* « *connaître Dieu*. Mais je n'ai jamais écrit ni pensé « que de telles idées fussent actuelles, ou qu'elles « fussent je ne sais quelle espèce distincte de la fa- « culté même que nous avons de penser. » (Méth., t. 2, p. 477.)

Et dans un autre endroit : « Lorsque je dis que « quelque idée est née avec nous, ou qu'elle est na- « turellement empreinte en nos ames, je n'entends « pas qu'elle se présente toujours à notre pensée ; car « ainsi il n'y en aurait aucune : mais j'entends seule- « ment que nous avons en nous-mêmes la faculté « de la produire. » (T. 1er, p. 169, in-12.) Disons-nous autre chose, nous qui soutenons que les idées ne sont pas innées ?

Deux principes généraux pour réfuter l'opinion de ceux qui veulent que nos idées soient innées.

Premier principe. Distinguez soigneusement l'idée de la capacité de sentir, et même du sentiment.

C'est pour n'avoir pas fait cette distinction que l'auteur d'un ouvrage qui a pour titre : *Essai de métaphysique*, défigure ainsi l'opinion des disciples de Locke :

« L'ame est l'ouvrage de Dieu, elle est un chef-
« d'œuvre de sa puissance ; elle a été formée à sa
« ressemblance et à son image. Un être *insensible*,
« *brute*, *stupide* par état, serait-il l'image de la sou-
« veraine intelligence, de la sagesse infinie ? » (C. 6,
n°. 6.) Jamais Locke ni ses disciples n'ont soutenu que l'ame humaine fût *insensible* et *stupide* par état.

C'est encore pour avoir négligé la même distinction que d'Aguesseau a écrit : « M. Locke voudrait-il
« soutenir que le désir d'être heureux soit toujours
« actuellement aperçu ou *senti* par tous les enfans,
« par tous les insensés, par tous ceux qui dorment?
« C'est cependant, selon lui, *une disposition* véri-
« tablement innée : donc, selon lui-même, il est
« très-possible, ou plutôt il est vrai, qu'un *sentiment*
« peut être inné, quoiqu'il ne soit pas toujours pré-
« sent à notre ame. » (*Méd. mét.*, p. 222.)

Il y a ici confusion dans les termes : Locke accorde bien que nous portons en nous une disposition à désirer notre bonheur ; mais la disposition au désir n'est pas le désir : quand même la disposition serait innée, on aurait tort de conclure que le désir fût inné; et quand même le désir du bonheur serait inné, quand même il y aurait des *sentimens* innés, il ne s'ensuivrait pas pour cela que les idées fussent innées.

Le même vice d'argumentation se fait sentir dans le passage suivant de la Logique de Lyon: *Infantes, mente capti, gravi lethargo constricti, nihilominùs sunt homines; eâdem ergò naturâ præditi sunt quà cæteri homines : argumento igitur ab analogiâ ducto, saltem in ipsis agnoscenda sunt prima cogitationis elementa, scilicet obscurus propriæ existentiæ sensus cui accedit invictus felicitatis amor.* (*De Ideanum origine, quæst.* II, *dantur ideæ innatæ.*)

J'avoue que les enfans et les fous peuvent porter avec eux les élémens de l'intelligence, c'est-à-dire l'activité de l'ame et la sensibilité, que nous avons appelés élémens actifs et élémens passifs; mais il ne s'ensuit pas que les idées soient innées.

Sans doute les élémens de toutes nos connaissances se trouvent dans nos différentes manières de sentir; mais nos sentimens ne sont pas nos idées : ils peuvent en être l'origine, le principe, la source, le germe, les élémens, comme un arbre est le principe d'une planche, comme une graine est le principe d'un arbre, comme une source est l'origine d'un ruisseau, comme dans un œuf est le germe d'un oiseau, comme l'hydrogène et l'oxygène sont les élémens de l'eau. Mais direz-vous, parce que vous avez un arbre, que vous avez une planche; parce que vous possédez une source, que vous avez un ruisseau; parce que vous avez un œuf, que vous avez un oiseau; parce que vous avez de l'hydrogène et de l'oxygène, que vous avez de l'eau, etc. ? Ainsi quand il serait prouvé que nos sentimens sont innés, ce ne serait pas une raison pour que certaines de nos idées le fussent aussi. Mais il s'en faut de beaucoup que nos sentimens soient innés : nous portons avec nous en naissant une disposition à sentir, la capacité de sentir; mais nous n'apportons pas nos sentimens tout formés. Il est deux conditions indispensables pour que notre ame devienne intelligente. La première, c'est qu'elle soit sensible; la seconde, qu'elle soit active. Mais tant qu'elle ne sera pas modifiée dans sa sensibilité, tant qu'elle n'éprouvera aucun sentiment, et que par son activité elle ne viendra point porter l'ordre et la distinction au milieu des sentimens qu'elle éprouve, tout restera confus, il n'y aura point d'idées.

Deuxième principe. Ne confondez pas l'idée avec la pensée.

Descartes, qui n'a jamais cru que les idées fussent innées, dans le sens qu'on attache à ces mots, s'exprime ainsi : « Je n'ai jamais écrit ni jugé que l'esprit « ait besoin d'idées innées, qui soient quelque chose « de différent de la faculté de penser. » (Lett., t. 2, p. 463, in-12.) Il était trop bon philosophe pour tomber dans une erreur aussi grossière : et comment en effet ne pas admettre une différence entre l'entendement et l'intelligence, entre la cause et l'effet ? La faculté de penser, de former des idées, est innée; la cause de l'intelligence est innée; mais les effets de cette faculté, les idées, les connaissances, l'intelligence, en un mot, sont le produit de l'action de notre esprit; elles ne sont pas innées, elles n'existent pas dans notre ame *à priori*, comme s'exprime l'école.

Ceux qui soutiennent que les idées sont innées

s'appuient sur le raisonnement suivant. La pensée est essentielle à l'ame; car si on supprime la pensée, l'ame ne peut plus être conçue. Mais si la pensée est essentielle à l'ame, cette dernière pense essentiellement; si elle pense essentiellement, elle pense toujours; si elle pense toujours, elle pense dès le premier instant de la vie; et si elle pense dès le premier instant de la vie, il y a des idées innées, car on ne peut pas penser sans avoir des idées.

Pour répondre à cette objection, il faut attaquer et détruire les deux principes sur lesquels elle repose. On nous dit d'abord que l'ame pense essentiellement, parce que la pensée est essentielle à l'ame, et que par conséquent elle pense toujours; mais on ne fait pas attention qu'une faculté peut être essentielle, sans qu'elle soit toujours en activité. Il faut distinguer soigneusement la faculté elle-même de l'exercice de cette faculté. Un homme bien constitué a essentiellement la faculté de marcher : direz-vous qu'il marche toujours? On aurait évité une erreur aussi grave en mettant plus de précision dans le langage.

En second lieu, on nous dit que si l'ame pense toujours, elle a des idées innées; car on ne peut pas penser *sans avoir des idées*. Il y a encore ici confusion dans les termes : veut-on dire qu'on ne peut pas penser sans produire des idées? Je l'avoue; mais alors on ne peut rien en conclure en faveur des idées innées, elles seraient toutes acquises. Veut-on dire que pour penser on a besoin d'idées antérieures? Je ne disconviendrai point que, dans certaines circonstances, nous ne pensons qu'au moyen d'idées acquises; mais je nierai qu'il en soit toujours ainsi.

Notre ame opère toujours sur un *senti* ou sur un *connu*; mais il est faux de dire que les idées soient toujours une condition nécessaire à la pensée : elles sont toujours condition nécessaire comme résultat, mais non comme élément. Je vois une fleur qui m'était inconnue, je la sens, je donne mon attention à ce sentiment, je pense à la fleur, je m'en fais une idée : il est évident que j'ai pensé ici sans idée antérieure ; l'idée de la fleur est le résultat de ma pensée, non l'élément nécessaire.

On confond ordinairement la pensée pure avec la pensée en exercice ; on confond aussi la pensée avec l'idée, avec le sentiment : comment se reconnaître au milieu de ce chaos? comment distinguer les choses sous cette confusion d'expressions?

Qu'entendent les philosophes quand ils comparent l'ame à une table rase?

Maintenant disons un mot de la table rase au sujet de laquelle on a tant écrit. « Les uns, dit M. Laromiguière, comparent l'ame, au moment de sa création, « à des tablettes sur lesquelles rien n'est tracé ; les « autres conservent la même comparaison, veulent « que l'ame, en sortant des mains de Dieu, soit sil- « lonnée, s'il est permis de le dire, par des linéamens « qui forment des dessins plus ou moins nombreux, « plus ou moins terminés. Représentez-vous une « feuille de papier blanc : voilà, suivant les premiers, « une image de l'ame, antérieurement à son union avec « le corps. Si le papier au contraire se trouve chargé « de caractères, il figurera, suivant les seconds, l'é- « tat originaire de l'ame.

« Les caractères qu'on suppose dans l'ame étant « très-peu sensibles, et comme cachés dans sa sub- « stance, on aurait pu les assimiler, non à ces traits

« qu'on forme avec une plume et de l'encre sur la
« surface du papier, mais à ceux qui sont cachés dans
« l'intérieur et dans la surface de la feuille.

« L'ame, au premier moment de son existence, est-
« elle une table rase, *tabula rasa?*

« Oui et non. Voulez-vous parler des idées, des
« connaissances ? l'ame peut être comparée à une
« table rase. Parlez-vous des facultés, des capacités,
« des dispositions ? la comparaison ne saurait avoir
« lieu, elle est fausse ; l'ame a été créée sensible et
« active ; la faculté de penser, la capacité de sentir
« sont innées. Les idées au contraire sont toutes ac-
« quises: car les premières idées qui éclairent l'es-
« prit supposent les sensations, qui elles-mêmes sont
« acquises. » (Tom. 2, pag. 291.)

Nous concluons de tout ceci que toute idée qui précéderait le sentiment serait une pure chimère. Nous ne savons rien que parce que nous avons senti ; et si nous n'appliquions jamais l'action de nos facultés aux divers sentimens que nous éprouvons, nous n'aurions jamais aucune connaissance.

Revenons maintenant sur nos pas : jetons un regard en arrière, pour voir le chemin que nous avons parcouru. D'abord l'analyse nous a montré les deux propriétés fondamentales de l'ame humaine, je veux dire l'*activité* et la *sensibilité*. Nous avons étudié les divers modes de l'activité, et cette étude nous a donné le système des facultés. Ce système se divise en deux branches principales, qui sont l'entendement et la volonté. L'entendement est la cause de l'intelligence; la volonté, la cause de la moralité.

Nous avons aussi étudié les divers modes de la sen-

Qu'est-ce que la psycologie?

sibilité, et cette étude nous a fourni le système de l'origine de nos idées. Ce système n'est pas un, rigoureusement parlant; son unité est plus verbale que réelle; mais il suffit pour nous donner des idées claires, et pour les classer commodément.

L'ensemble de ces deux systèmes forme ce que nous appelons la psycologie. Nous allons les réunir dans un même tableau.

PSYCOLOGIE, OU SCIENCE DE L'AME.

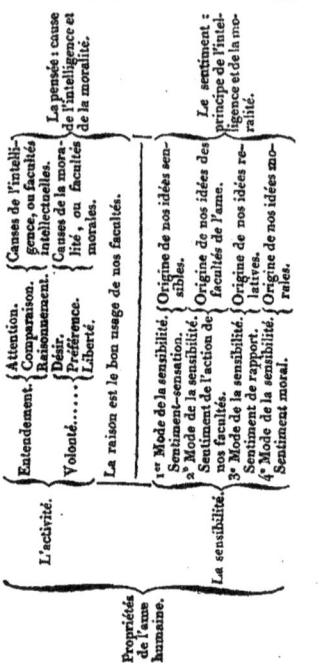

Propriétés de l'âme humaine.
- L'activité.
  - Entendement : Attention. Comparaison. Raisonnement.
  - Volonté : Désir. Préférence. Liberté.
  - La raison est le bon usage de nos facultés.
    - Causes de l'intelligence, ou facultés intellectuelles.
    - Causes de la moralité, ou facultés morales.
  - La pensée : cause de l'intelligence et de la moralité.
- La sensibilité.
  - 1er Mode de la sensibilité. Sentiment-sensation.
  - 2° Mode de la sensibilité. Sentiment de l'action de nos facultés.
  - 3° Mode de la sensibilité. Sentiment de rapport.
  - 4° Mode de la sensibilité. Sentiment moral.
    - Origine de nos idées sensibles.
    - Origine de nos idées des facultés de l'âme.
    - Origine de nos idées relatives.
    - Origine de nos idées morales.
  - Le sentiment : principe de l'intelligence et de la moralité.

9.

DEUXIÈME PARTIE.

De l'ontologie (1), *ou de quelques idées qui sont la base de toute l'intelligence.*

L'OBSERVATION et l'étude philosophique des propriétés de l'esprit humain nous ont fait connaître ce qu'il y a d'élémentaire dans nos idées ; nous allons rechercher maintenant ce qu'il y a de successif dans leur développement. Ces recherches ont pris en grec le nom de science de l'être ; elles ont pour but de nous faire voir comment se forment les idées que nous avons des êtres en général, les circonstances qui sont la condition nécessaire de l'intelligence, et les rapports de successions et de génération qui lient ensemble toutes les parties du système intellectuel.

Pour ne pas tomber dans des détails trop minutieux, nous ne nous occuperons que des idées les plus importantes, persuadés que la vie de l'homme tout entière ne suffirait point pour traiter une matière aussi vaste dans toute son étendue.

Tout ce qui est du domaine de l'intelligence peut être ramené à deux idées principales ; car notre intelligence, nous l'avons dit, n'est que l'ensemble de nos

---

(1) Ontologie, du grec ὀντολογία, science de l'être, τ. ὄντος, génit. de ὤν.

connaissances. Mais toutes nos connaissances, quelque variées qu'on les suppose, n'ont et ne peuvent avoir que deux espèces d'objets : les causes et les effets. Or, les causes ne peuvent nous être connues que par leurs effets : nous devons donc commencer par l'étude des effets, pour nous élever ensuite à la connaissance des causes. Parmi les effets, les uns tombent sous nos sens, et nous sont manifestés par leur action ; les autres échappent absolument à l'investigation de nos organes matériels. De là deux ordres bien distincts dans les recherches que nous allons entreprendre. Le premier se compose de l'étude des phénomènes qui nous sont révélés par les sens, et dont l'ensemble a pris le nom de monde sensible ou physique ; le second renferme tous les phénomènes dont la connaissance paraît indépendante du témoignage de nos sens, et dont l'ensemble a pris le nom de monde intellectuel et moral. En d'autres termes, le premier est le monde des corps ; le second est le monde des esprits.

Ici encore nous ne préjugeons rien sur la question de savoir si les corps et les esprits diffèrent réellement ; nous nous appuyons seulement sur une distinction *toute verbale*, si on veut, mais qui n'en est pas moins admise par tout le monde. En partant de là, nous pourrons dire que toutes nos connaissances dépendent des idées que nous avons sur les corps et sur les esprits.

La science, qui se propose d'expliquer le phénomène de l'intelligence, ne peut donc se dispenser de remonter à l'origine de ces deux idées fondamentales ; et quoique les idées que nous avons des esprits tiennent le premier rang par leur importance, et l'emportent de beaucoup sur les idées que nous avons des corps, comme dans l'ordre chronologique elles semblent ne venir éclairer notre esprit qu'après les idées que nous avons des objets matériels qui nous entourent, nous commencerons par les idées des corps, par la seule raison qu'elles paraissent être les premières en date dans la formation de l'intelligence.

I.

Idée des corps.

Formation des idées des corps.
Nous n'avons pas oublié que les idées sensibles ont leur origine dans la sensation, et leur cause dans l'attention qui s'exerce au moyen des organes. Il semble donc que l'origine de nos idées sur les corps est connue, et qu'il ne reste plus rien à dire à ce sujet ; mais comme nos sensations ne sont point des qualités inhérentes aux corps, mais de simples modifications de notre ame, il s'ensuit que l'ame ne perçoit rien au dehors d'elle-même, et que par conséquent, dans le principe, elle ne doit point voir les corps comme des êtres distincts d'elle-même. Le problème de l'origine de nos idées sensibles se réduit donc à expliquer comment l'ame rapporte ses sensations aux objets extérieurs, comme à leur cause.

Interrogeons nos organes, examinons quel est leur ministère : de cet examen nous verrons peut-être sortir la solution de ce nouveau problème. Condillac va nous servir de guide.

Que peut l'odorat pour la
Supposons pour un instant un homme privé de tous

ses sens, excepté de l'odorat : il est évident que ses connaissances ne peuvent s'étendre qu'à des odeurs; il ne peut pas plus avoir les idées d'étendue, de figure, ni de rien qui soit hors de lui ou hors de ses sensations, que celles de couleur, de son, de saveur. Tout ce qu'il sent est au dedans de lui, il ne sent rien au dehors. *(formation des idées des corps?)*

Si nous lui présentons une rose, il sera par rapport à nous un homme qui sent une rose; mais par rapport à lui il ne sera que l'odeur même de cette fleur, car les odeurs ne sont que ses propres modifications ou manières d'être; et il ne saurait se croire autre chose, puisque l'odeur de rose est la seule sensation qu'il éprouve. Il n'a donc aucun moyen de soupçonner l'existence des corps. (Traité des Sens, ch. I.)

Maintenant, par une nouvelle supposition, accordons-lui le sens de l'ouïe : il ne saurait se former d'autres idées que les idées des sons. Qu'un bruit quelconque vienne frapper ses oreilles, le son dont il éprouve la sensation est pour lui une modification de son être; car il ne peut soupçonner qu'il existe autre chose que lui-même, et il est semblable à l'écho dont Ovide a dit : *Sonus est qui vivit in illâ.* C'est le son qui vit en lui; l'ouïe ne lui donne l'idée d'aucun objet situé à une certaine distance. La proximité ou l'éloignement des corps sonores ne produit, à son égard, qu'un son plus fort ou plus faible; il en sent plus ou moins son existence. (*Ibid.*, pag. 124, ch. VIII.) *(Que peut l'ouïe?)*

Ce que nous avons dit des sens de l'odorat et de l'ouïe, nous pouvons le dire également du goût, dans l'homme qui serait exclusivement doué de cet organe. Il ne soupçonnerait jamais l'existence des ob- *(Que peut le goût?)*

jets hors de lui, car il sentirait tout au dedans de lui-même. Il pourrait bien être modifié d'une manière agréable ou désagréable, mais jamais il ne pourrait rapporter ses modifications aux objets extérieurs, comme à leur cause.

Que peut la vue ?
L'analogie (1) déjà nous autoriserait à croire qu'il en est de l'organe de la vue comme de l'odorat, de l'ouïe et du goût; et de ce que l'impression, occasionée par les rayons lumineux, se fait entièrement dans les yeux, il paraît conséquent de conclure que nos yeux n'aperçoivent rien au dehors avant qu'ils n'aient été instruits à rapporter cette impression à un objet extérieur, comme à sa cause. Donc l'homme qui serait privé des autres sens, et qui n'aurait que celui de la vue, ne verrait que des couleurs, que bientôt, il est vrai, il apprendrait à distinguer, à démêler, à reconnaître, en les regardant; mais rien ne pourrait lui faire concevoir que la cause des sensations qu'il éprouve existe à l'extérieur. Il serait donc nécessité à croire que ces impressions sont des modifications de son *moi*, comme des manières d'être qui lui sont propres; en un mot, il se croirait toutes les couleurs qu'il voit, et particulièrement la couleur qui fixe ses regards.

Dans cet état, de ce qu'il distingue et démêle les couleurs, il s'ensuit qu'il s'en forme des idées; et de ce qu'il se forme des idées des couleurs, on peut conclure qu'il se formera l'idée d'étendue, car il ne peut exister aucune couleur sans étendue. Mais cette

---

(1) Analogie, du grec ἀναλογία, r. ἀνὰ et λόγος, rapport, proportion, similitude.

idée d'étendue est encore impuissante pour lui donner l'idée des corps, pour deux raisons : la première, parce que la sensation d'étendue ne peut être rapportée à un objet extérieur; la seconde, parce que cette sensation d'étendue ne renferme pas l'idée des solides; elle n'implique pas même l'idée d'une surface colorée, car toute surface suppose un solide; et la solidité échappe absolument à l'organe de la vue.

Par les yeux il nous serait donc impossible de rapporter nos sensations aux objets qui sont hors de nous, condition indispensable pour savoir qu'il est des êtres distincts de notre être; et quand même cette condition serait remplie, pour cela nous n'en connaîtrions pas davantage l'existence des corps, puisque nous n'aurions encore aucune idée de la solidité.

L'odorat, l'ouïe, le goût, la vue sont donc des organes impuissans pour nous initier à la connaissance du monde extérieur. Reste le toucher. C'est à lui que nous sommes redevables des idées que nous avons de l'existence des corps; c'est lui qui nous apprend à rapporter nos sensations à des causes distinctes de nous-mêmes; car, en parcourant successivement et d'une manière continue avec ses mains toutes les parties de son corps, un homme réduit au sens du toucher trouve entre ces parties un rapport de contiguité, et par conséquent il apprend qu'elles sont étendues, car ce qui est inétendu n'a rien de contigu. De plus, lorsque sa main parcourt les différentes parties de son corps, il éprouve toujours deux sensations correspondantes ; il se reconnaît dans ce double phénomène de la sensibilité. C'est moi, dira-

Le toucher seul est capable de nous donner les idées du corps.

t-il en éprouvant une sensation au moyen de sa main; c'est encore moi, répétera-t-il en éprouvant une sensation au moyen de la partie de son corps touchée par la main. C'est ainsi que sous sa main naît, pour ainsi dire, l'idée de son corps. Bientôt il le distingue des corps qui lui sont étrangers; car lorsqu'il touchera d'autres corps, il n'éprouvera plus deux sensations correspondantes. Si sa main dit : C'est moi, le corps touché ne saurait le dire. Ainsi, averti par l'expérience, notre homme ne peut s'empêcher de distinguer son corps des corps qui lui sont étrangers. Cette distinction, pour lui inévitable, lui apprend qu'il y a hors de lui d'autres êtres étendus; et comme en touchant ces corps, qui lui sont étrangers, il éprouve toujours des sensations, il s'accoutume, à son insu, à rapporter ces mêmes sensations à ces corps, comme à leur cause occasionelle.

Bientôt les autres sens sont instruits par le toucher. Prenons les yeux pour exemple. Nous l'avons vu, les yeux ne peuvent en aucune manière nous apprendre que la cause des sensations que nous éprouvons est hors de nous : mais aussitôt qu'au sens de la vue on ajoute celui du toucher, les choses prennent une autre face ; car, en portant nos mains sur notre propre corps et sur les objets extérieurs, nous ne tardons pas à découvrir que la cause du plus grand nombre de nos sensations est hors de nous; à la vérité, nous ne voyons pas plus qu'auparavant les corps hors de nous; mais nous jugeons qu'ils y sont placés, et ce jugement est si fréquemment renouvelé qu'il finit par s'identifier avec la sensation. C'est ainsi que nous devons raisonner pour les autres sens, qui à leur tour sont instruits par la vue et par le toucher. (*Vid.* (*Traité des sensations*) *Dictionnaire des sciences médicales*, art. VISION.)

On a demandé si les corps existaient réellement. Plusieurs philosophes, à la tête desquels on doit placer Berkley et Hume, ont soutenu qu'il n'y avait point de corps ; et d'autres, qui appartiennent à l'école de Descartes, ont cru que leur existence ne pouvait se démontrer que par la véracité de Dieu; mais cette démonstration nous paraît plus ingénieuse que solide. Écoutons ce qu'en pense M. Cousin : « Descartes, dit-il, parti de l'observation intérieure, « aboutit, dans plusieurs cas, à l'hypothèse. Celui « qui avait rejeté toute autre autorité que celle de « la pensée, embarrassé qu'il est de trouver dans la « pensée seule, dans la seule conscience, parce « qu'il ne l'avait pas suffisamment interrogée, la rai- « son de l'existence du monde extérieur qui nous « entoure, et cependant ne voulant ni ne pouvant « détruire la persuasion irrésistible de cette exis- « tence, l'admet, et sur la foi de qui? Sur la foi « de Dieu, de ce Dieu qu'il avait d'abord écarté, et « qu'il n'a pas encore démontré, et qui par consé- « quent n'est encore qu'une supposition gratuite. « Descartes en appelle à la véracité divine pour au- « toriser la vérité des impressions qui nous attes- « tent la réalité du monde extérieur : c'est une pure « hypothèse. » (12ᵉ leçon, 1828, p. 10.)

La philosophie, que souvent on cherche à ridiculiser par le nom d'empirisme, a donné de cette vérité une démonstration qui nous paraît ne rien laisser à désirer.

Chacun de nous est à même de remarquer qu'il éprouve des sensations qui sont indépendantes de sa volonté, et qui sont l'effet des objets qui nous entourent, lorsque ces objets agissent sur nos organes. Il est impossible de le nier. Or nous appelons corps ces objets extérieurs qui sont la cause de nos sensations ; donc les corps existent.

On objecte que nous ne connaissons les corps que par leurs qualités, c'est-à-dire par les qualités par lesquelles ils nous apparaissent ; toute notre connaissance des corps se réduit donc à des apparences ; mais les apparences ne sont pas des réalités : donc il n'est pas prouvé que les corps existent réellement.

Je réponds qu'une qualité suppose et implique l'idée d'un sujet, que des apparences ont une cause ; or, ce sujet inconnu dont les qualités nous apparaissent, la cause cachée de ces apparences, nous l'appelons corps : donc les corps existent.

C'en est assez pour nous faire comprendre qu'il n'est pas nécessaire de recourir, avec Malebranche, à la révélation pour démontrer l'existence du monde extérieur.

De tout ce que nous venons de dire, nous conclurons que les idées des corps ont leur origine dans la sensation, et leur cause dans l'attention qui s'exerce primitivement au moyen du toucher, et ensuite au moyen des autres organes, lorsqu'ils ont été instruits par le toucher à rapporter les impressions reçues aux objets extérieurs, comme à leur cause.

II.

Formation de l'idée de notre ame.

De même que les sensations, lorsque l'activité de l'esprit les distingue et les élabore, nous donnent l'idée des qualités des corps, et, par une conséquence inévitable, l'idée même des corps ; de même le sentiment de nos modifications intérieures, si nous l'étudions, nous fait connaître les propriétés de notre ame. *Idée de l'ame.*

Et d'abord nous découvrons qu'il est en nous un principe passif et un principe actif. L'ame, en effet, ne peut sentir sans se reconnaître sensible ; elle ne peut agir sans se reconnaître active. Mais de ce qu'elle est sensible et active, c'est une conséquence qu'elle soit simple, immatérielle, inétendue.

Ce n'est pas immédiatement que la spiritualité de notre ame se révèle à l'intelligence ; nous sentons, il est vrai, en nous l'action du principe pensant, mais nous ne sentons pas sa spiritualité. L'existence de l'ame, en tant que sensible et active, nous est manifestée par le sentiment élaboré par l'attention ; mais il n'en est pas de même de sa spiritualité, elle ne sort pas immédiatement du sentiment, il faut la prouver par une démonstration rigoureuse. Après avoir montré à certains philosophes que les corps existaient réellement, il nous faut montrer à d'autres philosophes que nous ne sommes pas seulement un corps organisé, mais que l'homme est un être double, composé d'un corps et d'une ame, et que l'existence d'un monde immatériel n'est pas moins réelle que celle du monde matériel.

Preuves de la spiritualité de l'ame.

L'ame distincte du corps.

1° L'ame est distincte du corps, s'il n'existe point d'identité entre le principe intelligent et nos organes physiques. C'est un fait que nous ne connaissons les êtres que par leurs qualités, par leurs propriétés : la nature intime des êtres, toujours inaccessible à notre intelligence, échappe à la connaissance humaine, et c'est en vain que nous chercherions à soulever le voile que le Créateur a jeté sur l'essence des choses dont il s'est réservé le secret. Cela posé, comment ne pas admettre une distinction entre ce que nous appelons notre ame et les corps? Nous distinguons les êtres physiques qui nous entourent par les différences que nous remarquons entre leurs qualités. Ainsi je distingue l'eau du vin, parce que les propriétés que l'expérience me fait remarquer dans le vin ne sont pas les mêmes que celles que je découvre dans l'eau. Ce principe, bien simple et non moins sûr, appliqué à la connaissance que nous avons de notre ame et de la matière, nous en fera sentir toute la différence. Les propriétés de l'ame sont la sensibilité et l'activité; celles de la matière sont l'étendue, la divisibilité, la porosité, l'inertie, etc. Or, quelle identité pourrait-on trouver entre la sensibilité et l'inertie? Aucune assurément; donc l'ame est distincte de la matière, puisque des propriétés essentiellement distinctes supposent aussi des sujets distincts.

2° Appuyons cette conséquence d'autres raisonnemens non moins clairs et pressans : la matière est étendue, donc elle est divisible, donc elle est composée de parties. Cette propriété, appliquée au principe intelligent, impliquerait contradiction. Car supposons l'ame composée de parties : où placerons-nous l'idée ? Résidera-t-elle tout entière dans chaque partie de l'ame? vous aurez alors autant d'idées que votre ame aura de parties, et nous ne supposons qu'une seule idée. Cette idée sera-t-elle partiellement dans une partie de l'ame, et partiellement dans une autre? alors nous n'aurons que des fragmens de connaissances : qui les réunira pour en former un tout ? L'idée enfin sera-t-elle tout entière dans une partie déterminée de l'ame? la difficulté se reproduit : en effet, ou cette partie sera simple, et nous aurons gain de cause; ou bien elle sera composée, et nous prouverons encore qu'elle ne peut renfermer l'idée. Il n'y a donc point d'identité entre l'étendue et l'intelligence : ces deux propriétés dans un même sujet impliquent contradiction.

3° L'ame, en vertu de son activité, compare; or, l'exercice de cette faculté est impossible dans un sujet étendu. « Car, dit M. Laromiguière, elle ne
« peut comparer sans avoir deux idées à la fois. Si
« l'ame est étendue et composée de parties, ne fût-ce
« que de deux, où placerez-vous les deux idées ?
« seront-elles toutes deux dans chaque partie? ou
« l'une dans une partie, et l'autre dans l'autre? Choi-
« sissez, il n'y a pas de milieu. Si les deux idées sont
« séparées, la comparaison est impossible; si elles sont
« réunies dans chaque partie, il y a deux comparai-
« sons à la fois, et par conséquent deux substances
« qui comparent, deux ames, deux *moi*, mille, si

« vous supposez l'ame composée de mille parties. Il
« faudra donc, pour concevoir l'ame matérielle, lui
« ôter la faculté de comparer, ou admettre dans
« l'homme pluralité de *moi*, pluralité de personnes.
« Or, l'ame compare, et il n'y a pas dans l'homme
« pluralité de *moi*, pluralité de personnes : donc l'ame
« n'est pas matérielle. »

4° L'ame est sensible, et voilà encore une propriété incompatible avec l'étendue ; car l'ame est indivisible dans ses affections, dans sa passivité, comme dans son activité. Il n'y a pas en nous deux principes distincts, dont l'un sente le bien, le plaisir, l'autre le mal, la douleur : et c'est toujours un *moi* unique qui éprouve dans l'homme les affections les plus opposées. Cependant il n'en serait point ainsi dans une ame matérielle : ou tous nos sentimens seraient répandus dans toutes les parties de notre ame, et alors nous reconnaîtrions en nous plusieurs principes sentans ; ou ces sentimens n'affecteraient que la même partie, et alors cette partie serait une, et la non identité de l'ame avec la matière serait démontrée ; ou cette partie serait elle-même un composé d'autres parties, et nous verrions renaître les mêmes difficultés : il y aurait en nous plusieurs principes sentans, ou bien nous n'aurions que des parcelles, des fractions de sentiment.

5° L'ame est libre, donc elle n'est pas matérielle, car tous les mouvemens de la matière sont nécessités ; elle ne peut se soustraire à ses mouvemens, ni les modifier, puisqu'elle est inerte de sa nature. Cette vérité est mise dans tout son jour par l'auteur des Helviennes, ou Lettres Provinciales philosophiques. « Je

« sais, dit-il, que nos vains sages ont prétendu que
« l'être matériel tirait son action de lui-même : mais
« toute la physique s'est récriée contre eux. C'est la
« première loi de la nature que tout corps une fois
« en repos y sera éternellement, si une cause étran-
« gère ne le force à se mouvoir; c'est la loi la plus
« nécessaire dans tous les phénomènes de l'univers,
« que les mêmes causes en physique produisent sur
« le même corps les mêmes effets. Donnez à la ma-
« tière le pouvoir de violer son repos, l'ordre de
« l'univers est renversé : ce rocher immobile entrera
« tout-à-coup en action, et se promènera librement
« dans nos plaines, puisqu'il en a la force; ce rem-
« part qui défend nos palais se lassera de la place
« qu'il occupe depuis tant d'années. Donnez à la
« matière le pouvoir de varier les effets, tandis que
« les mêmes causes subsistent, ce fleuve n'obéira
« plus à la pente du lit que vous avez creusé, la
« pierre qui tombe retardera sa chute, l'astre qui
« parcourt ses révolutions suivra l'ordre des signes
« à son gré, ou s'en écartera; et l'astronome, incer-
« tain sur sa course vagabonde, fixera vainement sa
« période. » (T. II, p. 142 et suiv.)

6° A toutes ces preuves, nous joindrons un raisonnement tiré des lois physiques. Une de ces lois est que, dans tous les mouvemens mécaniques, l'effet produit est toujours proportionnel à la cause : mais on ne remarquera rien de semblable dans les déterminations de l'ame. « On sait, dit M. de Fontenelle,
« que, dans l'action des forces mécaniques, l'effet se
« proportionne toujours exactement à sa cause; mais,
« dans nos mouvemens volontaires, ce principe n'a

« pas lieu. Une boule, par exemple, que j'aurai jetée,
« ne communique à une autre boule qu'un mouvement
« proportionnel à celui que ma main aura imprimé
« à la première ; mais que je dise à quelqu'un à l'o-
« reille : Il y a des archers qui vous guettent au coin
« de la rue pour vous prendre, aussitôt mon homme
« se met à courir à toutes jambes. On voit bien qu'il
« n'y a aucune proportion entre ce peu de paroles
« dites à l'oreille, ou, si l'on veut, entre l'ébranlement
« qu'elles causent au cerveau de cet homme, et l'im-
« pétuosité de la course qui en est l'effet. Qu'est-ce
« donc qui s'interpose entre ces deux choses? une
« idée de danger et ensuite une volonté de fuir,
« laquelle imprime aux jambes ce mouvement vio-
« lent. Or, cette idée qu'une faible impression de
« l'air vient d'exciter, cet acte de vouloir qui fait,
« à son tour, sur le corps des impressions si puis-
« santes, démontrent dans l'ame un principe interne
« d'action auquel le corps obéit. Le cerveau de cet
« homme a bien transmis le son de ces mots dits à
« l'oreille ; mais c'est leur sens, c'est-à-dire une per-
« ception toute spirituelle, qui met l'ame en jeu; et
« c'est l'ame qui, par son pouvoir interne, produit ce
« mouvement rapide des jambes. Nul enchaînement
« mécanique entre ces différentes choses, nulle dé-
« pendance matérielle, nulle nécessité par conséquent;
« donc notre ame est immatérielle, donc nos actions
« volontaires ne dépendent pas du cerveau. » (Voir
M. de Bouillé, Discours sur la liberté des actes humains.)

Objections.

1° L'ame, nous dit-on, éprouve toutes les modifications du corps; donc elle participe de sa nature, et n'en est pas distincte.

Je le nie; car les modifications des corps sont la couleur, l'étendue, la configuration, le poids, la densité, etc. Or, les modifications de l'ame sont le sentiment et la pensée. Et qui jamais s'est représenté une pensée ou un sentiment comme étendu, coloré, élastique, pesant, etc.?

2° On insiste : l'ame croît, se fortifie, s'affaiblit avec le corps, elle éprouve les mêmes vicissitudes; ce qui montre qu'elle n'est pas étrangère à ses modifications, en un mot que sa substance ne diffère pas de la matière.

Je réponds que deux choses peuvent être étroitement liées ensemble, de manière que l'une influe beaucoup sur l'autre, et cependant différer de nature. Un rapport d'union, de dépendance, de simultanéité, ne constitue pas un rapport d'identité, une identité substantielle.

De plus, est-il bien vrai que l'ame éprouve toutes les vicissitudes du corps? J'avoue bien que l'ame se développe avec lui, car, au commencement de l'existence, dépourvue de connaissance, la raison paraît faible comme les organes matériels; elle se fortifie avec eux, et à mesure que ces mêmes organes lui apportent les impressions que font sur eux les objets extérieurs, elle s'enrichit de plusieurs idées, le domaine de l'intelligence s'étend, la pensée acquiert plus de force et de vigueur; nos facultés intellectuelles et morales se développent avec nos organes physiques. Mais il est un âge où le corps, parvenu au terme de son accroissement, voit l'ame poursuivre son développement, et ses facultés, fortifiées de jour en jour par l'exercice, agrandir le cercle de ses connaissances; l'ame croît encore, lorsque le corps, stationnaire pour ainsi dire, semble ne s'occuper que de se conserver tel quel, en attendant l'époque où, suivant l'expression de Rousseau, *l'homme rétrograde en avançant*. Sous ce point de vue, l'ame ne partage donc pas toutes les vicissitudes de son corps.

J'avouerai encore que, lorsque le corps est dans un état maladif, l'ame souffre avec lui: c'est le résultat nécessaire de l'union qui existe entre eux. Mais souvent il arrive que, s'élevant au-dessus des souffrances corporelles, elle montre, au milieu des douleurs les plus cruelles, une vigueur et une énergie que rien ne saurait abattre.

Pareillement lorsque le corps vieillit, l'ame vieillit avec lui, sans doute parce que les organes, affaiblis par les années, faisant plus difficilement leurs fonctions accoutumées, apportent à l'ame des impressions moins vives, qui par conséquent provoquent moins efficacement son action. Mais souvent, dans un corps qui semble tomber en ruines de toutes parts, l'ame reste comme inaccessible aux coups du temps, et montre toute la vigueur de la jeunesse.

Non, non, elle n'est pas sujette à toutes les vicissitudes du corps: un homme petit porte souvent une grande ame; l'homme faible de physique montre souvent une grande force de génie, et sous un tempérament de fer on ne rencontre souvent qu'une ame de boue, et incapable d'une pensée forte ou généreuse.

« Assujettissez, dit l'auteur des Lettres à un maté-
« rialiste, assujettissez le plus industrieux agent à
« une certaine machine, en sorte qu'il ne puisse se
« remuer sans elle : dès que la machine se détraque,
« l'agent, cessant de pouvoir opérer avec justesse, ne
« donne plus les mêmes preuves d'industrie ; si le jeu
« de la machine s'arrête, l'agent s'arrête aussi : on
« dirait qu'il a perdu toute son activité. Que l'on donne
« au plus excellent musicien un luth qui n'est pas
« d'accord, il n'en tirera que de faux tons ; vous ne
« saurez ce que son talent est devenu.

« De même, il est aisé de concevoir que l'ame et le
« corps étant dans une liaison qui les assujettit mu-
« tuellement l'un à l'autre, ils ne peuvent agir que
« de concert. La machine humaine est-elle en bon
« état, les facultés spirituelles se développent avec
« avantage ; mais cette machine vient-elle à se dé-
« monter, elle suspend, elle trouble l'exercice des
« facultés, qui paraissent alors s'affaiblir, quoique
« leur principe immatériel soit toujours le même. »

3° Il est vrai, dit le matérialiste, que l'ame n'éprouve pas toutes les vicissitudes du corps ; mais il est un fait qu'on ne saurait nier, c'est l'influence mutuelle du corps sur l'ame, et de l'ame sur le corps : or, comment expliquer cette influence sans une action réciproque ? et comme les corps n'agissent que par contact, comment expliquer l'action du corps sur une ame toute spirituelle ?

La difficulté est embarrassante pour ceux qui ont

la prétention de tout expliquer ; mais une sage philosophie, qui sait, comme le disait Montaigne, *que nous ne connaissons le tout de rien*, s'arrête partout où les faits manquent à l'observation, partout où la pensée n'a plus de prise. Nous n'imiterons donc pas les philosophes qui ont inventé plusieurs systèmes pour rendre raison des relations de l'ame avec le corps, systèmes tous inadmissibles, comme nous le prouverons bientôt, parce qu'ils manquent de base, et qu'ils ne font que reculer la difficulté sans la résoudre. Nous nous bornerons à répondre que l'influence du corps sur l'ame et de l'ame sur le corps prouve leur union et non leur identité. L'union n'offre qu'un mystère, l'identité impliquerait contradiction; et si notre sage réserve ne satisfaisait point le matérialiste, nous lui dirions : Comment concevez-vous que la matière puisse penser? est-ce d'après ses propriétés connues? Non sans doute, puisqu'elles sont incompatibles avec la pensée. Est-ce d'après son essence? Non encore, puisque cette essence, vous n'oseriez assurer qu'elle vous soit connue. Direz-vous que c'est précisément parce que l'essence de la matière vous est inconnue que vous croyez qu'elle peut avoir pour modification la pensée et le sentiment, vous appuyant sur ce passage de Locke, où il dit *que la toute-puissance divine pourrait accorder la pensée à la matière?* comme si la toute-puissance pouvait changer la nature des choses !... « Il ne faut
« pas s'imaginer, dit Condillac, que, pour résoudre
« cette question, il faille connaître l'essence et la
« nature de la matière; les raisonnemens qu'on fonde
« sur cette ignorance sont tout-à-fait frivoles. Il suffit

« que le sujet de la pensée doive être *un*. Or, la ma-
« tière, un amas de parties n'est pas *un*, c'est un
« composé, une multitude. » (Condill., *Traité des
connaiss. hum.*)

4° Enfin le matérialiste dira-t-il avec Voltaire : *Je
pense, et je suis corps; je n'en sais pas davantage?*

Je répondrai, avec M. Portalis, que Voltaire en dit
plus qu'il n'en sait. Il aurait été plus sage de dire : *Je
pense, et j'ai un corps ;* car on sent que l'on a un
corps, mais non que l'on est corps. Au sentiment de
notre existence physique se joint en effet un autre
sentiment, celui du principe pensant que nous portons en nous, et auquel nous ne pouvons attribuer
aucune des dimensions, aucune des qualités sensibles que nous apercevons ou que nous connaissons
dans les corps. (*De l'usage et de l'abus de l'esprit
philos.*, t. 1, p. 154.)

5° La dernière ressource des matérialistes est d'objecter qu'il est vrai que la matière brute ne pense
point, mais bien la matière organisée.

Cette nouvelle allégation est peu philosophique, et
mérite à peine une réponse. L'organisation n'est
qu'une modification de la matière, et n'en change pas
la nature; l'organisation n'empêche pas les corps
d'être étendus, divisibles, inertes, et par conséquent
laisse subsister l'incompatibilité de la pensée avec la
matière. Les lumières qu'a produites l'anatomie comparée ne sauraient affaiblir cette conséquence. On
prouve, par exemple, que nous avons plus de fibres
que les animaux ; on prouve que notre organisation est
absolument différente de la leur. Qu'en conclure ?
Ces organes, ces fibres dont nous avons fait la dé-

couverte n'ont-ils pas toutes les propriétés et toutes les dimensions de la matière? Donc, d'après ce que nous avons établi, la capacité de sentir, la faculté de penser, ne peuvent être confondues avec les fibres et les organes, quels qu'ils soient.

6° Une dernière objection, qui tend à prouver que la matière organisée n'est pas inerte, et est susceptible de sensibilité, est que certaines plantes semblent douées de la puissance de locomotion, et redouter l'atteinte de certains corps, comme si elles étaient actives, sensibles et intelligentes.

Mais l'histoire naturelle répond que tous les phénomènes que présente le règne végétal sont des preuves non de sensibilité, mais seulement d'irritabilité et de contractilité. Autant j'aimerais l'objection de Mirabeau, dans le Système de la Nature, qui prétend prouver que la matière se meut et n'est pas inerte, parce qu'une pierre pesante écraserait le doigt que vous placeriez dessous.

Le peu de solidité de toutes ces objections nous autorise à conclure que notre ame est spirituelle, qu'elle est un esprit. Cette vérité ressort des raisonnemens nombreux, et qui nous paraissent inattaquables, par lesquels nous avons essayé de l'établir. Ainsi, comme nous l'avons déjà dit, si l'idée d'un principe sentant et agissant nous est suggérée immédiatement par le sentiment, sa spiritualité a besoin d'être démontrée; mais elle n'en est pas moins certaine. Condillac, dans l'*Art de raisonner*, la met en présence de ce théorème : Les trois angles d'un triangle équivalent à deux angles droits. Il fait marcher parallèlement les deux démonstrations qu'il fait par les mêmes procédés, en sorte qu'il vous force à rejeter l'une, si vous n'admettez pas l'autre.

Dans tout ce que nous avons dit touchant la formation de l'idée de notre ame, nous n'avons pas eu la prétention de faire voir ce que c'est que la spiritualité en elle-même; son essence nous échappe, aussi bien que l'essence de la matière; nous éviterons en conséquence d'en hasarder la définition.

III.

Qu'est-ce que l'homme? (1)

Maintenant que nous avons démontré en nous la réalité d'un principe pensant, distinct de notre existence physique, il nous sera facile de répondre à cette question. L'homme est à la fois esprit et matière; c'est un être moral et intelligent servi par des organes : ce qui revient à la définition qu'on trouve dans tous les catéchismes destinés à l'instruction des enfans. L'homme est une créature raisonnable composée d'un corps et d'une ame.

Idée de l'homme.

Mais ce n'est pas assez, pour certains philosophes, d'avoir constaté ces deux faits primitifs, ces deux élémens de l'humanité; ils ont voulu se rendre raison de la relation qui existe entre l'ame et le corps; ils ont cherché à expliquer ce qui paraît inaccessible à l'intelligence humaine, oubliant sans doute qu'il est

Quelle est la relation qui existe entre l'ame et le corps?

---

(1) *L'homme est une intelligence servie par des organes.* Cette définition, dont on a fait honneur à M. de Bonald, appartient à Némésius, évêque d'Émèse vers l'an 380, auteur d'un ouvrage intitulé Περὶ φύσεως Ἀνθρώπου (Tennemann, t. I, p. 314.)

des vérités qui resteront probablement, pour nous, toujours couvertes d'un voile impénétrable; et, dans leurs efforts impuissans pour nous montrer le lien de communication qui unit la substance matérielle à la substance immatérielle, ils ont élevé plusieurs systèmes plus ou moins ingénieux, mais qui ne peuvent soutenir l'épreuve d'un examen réfléchi.

<small>Quels sont les différens systèmes sur cette relation.</small>

Voici ce qu'on a imaginé pour résoudre ce problème :

<small>Système de l'influx physique.</small>

1° Comme c'est à la suite des impressions que les objets extérieurs font sur le système nerveux que notre ame éprouve des sensations, on a placé notre ame au point du cerveau auquel aboutissent les filets nerveux, et là, excitée par les secousses qu'elle éprouve, et avertie de ce qui se passe dans les différentes parties de son corps, elle réagit sur les nerfs, sans doute de la même manière que les molécules de la matière réagissent les unes sur les autres dans le phénomène de l'élasticité. « Le corps agit donc réel-
« lement sur l'ame, et l'ame réagit réellement sur le
« corps. Cette action, cette influence étant réelle et
« physique, on a dit que le corps influait physique-
« ment sur l'ame, et l'ame physiquement sur le corps;
« et l'on a donné à ce système le nom d'*influence*
« *physique* ou d'*influx physique*. » (Larom., t. 2, p. 251.)

<small>Que faut-il penser de ce système ?</small>

Au premier abord, on peut être séduit par la simplicité de ce système; mais, pour peu qu'on réfléchisse, on ne tarde pas à s'apercevoir que l'*influx physique* implique contradiction. Le contact est impossible entre deux substances dont l'une est simple et l'autre composée, dont l'une a des parties et l'autre n'en a pas:

Tangere enim aut tangi, nisi corpus, nulla potest res,

a dit Lucrèce.

2° Pour rendre raison de ce commerce entre l'esprit et la matière, Cudwort, philosophe anglais, a imaginé « un agent intermédiaire entre l'ame et le « corps. Cet agent, interposé entre deux substances « de nature contraire, participe de l'une et de l'autre. « Il est en partie matériel et en partie spirituel ; il « peut agir sur l'ame....... » Cet agent faisant en quelque sorte l'office de médiateur, le système de Cudwort a pris le nom de *médiateur plastique* (1).

Système du médiateur plastique.

« Un pareil médiateur, continue M. Laromiguière, « n'est bon à rien : c'est une espèce d'amphibie qui, « pour vouloir réunir en une seule nature deux na-« tures opposées, s'anéantit lui-même. Entre une « substance étendue et une substance inétendue, il « n'y a pas de milieu. Si le médiateur n'est ni esprit « ni corps, c'est une chimère ; s'il est tout à la fois « esprit et corps, c'est une contradiction ; ou si, « pour sauver la contradiction, vous voulez qu'il soit « comme nous la réunion de l'esprit et de la matière, « il a lui-même besoin d'un médiateur. » (*Ib.*, p. 252.)

Que faut-il en penser ?

3° D'autres philosophes ont cherché la raison de cette influence du corps sur l'ame, hors de l'homme, et ils sont remontés jusqu'à la Divinité.

Système des causes occasionnelles.

L'existence des êtres, ont-ils dit, ne continue que par l'action toute puissante de la volonté de Dieu, qui les fit sortir du néant; et par conséquent la cause nécessaire de tous les phénomènes se trouve dans la

---

(1) Plastique, du grec πλαστικός, habile dans l'art de former, d'établir.

volonté divine, tous les mouvemens des corps, toutes les modifications des esprits en dépendent, et cela suffit pour nous faire concevoir le commerce intime qui existe entre l'ame et nos organes matériels.

En effet, lorsque les objets extérieurs impriment à nos organes des mouvemens qui se propagent jusqu'au cerveau, le cerveau n'agit pas immédiatement sur l'ame et d'une manière physique, la chose est impossible ; c'est Dieu lui-même qui, à la suite des mouvemens du cerveau, et par une loi qu'il a établie de toute éternité, produit une sensation dans l'ame. De même l'ame a la volonté de mouvoir le bras ; mais cette volonté est inefficace pour produire cet effet; c'est encore Dieu qui, en vertu de la même loi, produit le mouvement de nos membres.

« Le corps n'est pas la cause réelle des modifica-
« tions de l'ame, ni l'ame la cause réelle des mouve-
« mens du corps. Cependant comme l'ame ne serait
« pas modifiée sans les mouvemens du corps, ni le
« corps sans une détermination de l'ame, il faut bien
« que ces mouvemens et ces déterminations soient
« en quelque manière nécessaires; mais cette néces-
« sité n'est pas absolue, elle n'est qu'hypothétique
« et conditionnelle. Les mouvemens du corps et les
« déterminations de l'ame sont des conditions, mais
« non pas des causes nécessaires. Ils sont les occa-
« sions ou *causes occasionelles*. Ce système a pris
« en conséquence le nom de système des causes
« occasionelles; il appartient à Descartes et à Ma-
« lebranche, qui l'a embelli de son imagination. »
L'exposition que nous en avons donnée appartient à M. Laromiguière. (T. 2, p. 254-255.)

On peut le résumer ainsi : L'ame ne peut agir réellement sur le corps, ni le corps réellement sur l'ame ; mais, en vertu d'une loi établie de toute éternité, Dieu fait naître les pensées de l'ame à la suite des mouvemens du corps, et les mouvemens du corps à la suite des pensées de l'ame.

Nous observerons d'abord que ce système n'est point du tout philosophique, parce qu'il n'est qu'une pure hypothèse, et surtout parce qu'il anéantit toute philosophie, car toute philosophie consiste à découvrir les causes secondes qui produisent les divers phénomènes du monde ; et que ce système, en faisant intervenir à chaque instant la volonté et la puissance divine, fait de l'univers un miracle perpétuel. Un reproche plus grave, c'est qu'il est contraire à la liberté. En effet, si c'est Dieu qui pense, qui agit en nous, par une intervention permanente et immédiate, il est évident que nous sommes nécessités à agir, et c'en est fait de la liberté. *Que faut-il en penser ?*

Leibnitz a voulu aussi nous donner une explication de l'union de l'ame avec le corps. Dans son opinion, Dieu, avant de créer les ames et les corps, connaissant toutes les déterminations futures de toutes les ames, et tous les mouvemens futurs de tous les corps, a uni ensemble le corps et l'ame, dont les mouvemens et les volitions se correspondent. Le corps n'agit pas réellement sur l'ame, ni l'ame sur le corps : ce sont pour ainsi dire deux automates, l'un spirituel et l'autre matériel, qui produisent chacun isolément, et par leur propre énergie, l'un ses mouvemens, et l'autre ses volitions, ses déterminations : ce sont deux horloges parfaitement réglées qui marquent la même heure, quoique *Système de l'harmonie préétablie.*

le ressort qui donne le mouvement à l'une ne soit pas le ressort qui fait marcher l'autre. Ainsi l'harmonie qui paraît unir l'ame et le corps est indépendante de leur action réciproque : cette harmonie a été établie avant la création de l'homme, elle a été établie d'avance, et voilà pourquoi le système s'est appelé *l'harmonie préétablie.*

Que faut-il en penser? Lorsque des hommes comme Leibnitz imaginent de pareilles utopies, on ne peut s'empêcher d'éprouver un sentiment pénible, que fait naître en nous la vue des écarts où peuvent être entraînés les hommes du génie le plus vaste, par la manie des systèmes et des hypothèses. « Eh quoi ! dit M. Laromiguière, d'après « l'harmonie préétablie, si l'ame de César, âgé de « vingt ans, eût été anéantie, le corps de César n'en « aurait pas moins assisté aux délibérations du sénat ; « il aurait commandé les armées, harangué les soldats; « il aurait passé dix ans dans les Gaules pour en faire « la conquête; il serait revenu à Rome pour usurper « la dictature? Et si au contraire, à ce même âge, le « corps de César avait cessé d'exister, son ame n'en « aurait pas moins résolu de faire tout ce que César « a fait jusqu'à sa mort? » (T. 2, p. 258.)

En voilà bien assez, sans doute, pour faire sentir tout le vice d'un pareil système, sans parler des atteintes qu'il porte à la liberté, sans parler du démenti qu'il donne à la première loi de la physique, qui reconnaît l'inertie comme une des premières propriétés des corps. Comment en effet concilier la liberté dont nous jouissons avec une suite de manières d'être qui toutes dérivent du premier état où l'ame s'est trouvée au moment de la création? comment reconnaître que les corps sont inertes, lorsque la matière organisée que nous appelons notre corps agit par sa propre énergie, indépendamment de cette force intérieure que nous appelons notre volonté?

Ainsi de ces quatre systèmes aucun ne peut soutenir l'examen; aucun n'atteint son but, parce que c'est impossible. Les philosophes se sont égarés toutes les fois qu'ils ont voulu pénétrer le mystère de cette union merveilleuse du corps et de l'ame, parce qu'il est impénétrable : c'est le secret de Dieu. « L'homme, « dit Pascal, est à lui-même le plus prodigieux objet « de la nature ; car il ne peut concevoir ce que c'est « que corps et encore moins ce que c'est qu'esprit, « et, moins qu'aucune chose, comment un corps peut « être uni à un esprit : et cependant c'est son propre « être. »

IV.

De l'ame des bêtes.

Ici se présente une autre question presque aussi insoluble, et sur laquelle les philosophes n'ont pas manqué de nous donner plusieurs systèmes. L'homme, nous l'avons dit, est composé d'une ame et d'un corps : en est-il de même des animaux? ont-ils une ame? cette ame est-elle de la même nature que celle de l'homme? {Les bêtes ont-elles une ame?}

Les matérialistes, qui ne voient dans l'homme que la matière organisée, pourraient-ils voir autre chose dans les animaux? Non sans doute, et nous n'en saurions être étonnés. Mais que Descartes, qui le premier a tracé d'une manière sûre la ligne de démar-

cation entre la substance matérielle et la substance immatérielle, soutienne que les bêtes ne sont que de pures machines, voilà ce qui a le droit de nous surprendre. Car enfin, dit Condillac, « les bêtes veillent
« elles-mêmes à leur conservation ; elles se meuvent
« à leur gré ; elles saisissent ce qui leur est propre,
« évitent ce qui leur est contraire ; les mêmes sens
« qui règlent nos actions paraissent régler les leurs.
« Sur quel fondement pourrait-on supposer que leurs
« yeux ne voient pas, que leurs oreilles n'entendent
« pas, qu'elles ne sentent pas, en un mot ?

« A la rigueur, ce n'est pas là une démonstration :
« quand il s'agit de sentiment, il n'y a d'évidemment
« démontré pour nous que celui dont chacun a con-
« science. Mais parce que le sentiment des autres
« hommes ne m'est qu'indiqué, sera-ce une raison
« pour le révoquer en doute ? » (Traité des animaux, p. 453.)

Tout semble nous prouver que l'animal éprouve des plaisirs et des douleurs physiques comme l'homme ; les mêmes causes affectent ses organes ; placé dans les mêmes circonstances, il reçoit les mêmes sensations : il est donc, comme nous, sensible ; ce qui n'est pas dire qu'il a le même degré de sensibilité, ni qu'il soit doué, comme nous, du sentiment moral. D'un autre côté, ses actions paraissent spontanées, sinon libres ; elles ne sont point nécessitées à la manière des mouvemens, qu'on ne saurait expliquer dans les plantes que par l'irritabilité ou la contractilité. L'animal a une volonté qui lui est propre ; tout au moins l'annonce : il y a donc en lui un principe interne d'action. Ainsi l'expérience semble nous porter à croire qu'il est sensible et actif, deux propriétés que nous ne saurions concilier avec les attributs de la matière ; il a donc une ame, ou, si on l'aime mieux, un esprit.

Dira-t-on qu'on donne le nom d'ame ou d'esprit au principe qui, dans nous, *sent*, *veut*, *désire*, *compare*, *se souvient*, *raisonne* ; à ce principe dont la conscience révèle à chacun de nous l'existence, et que l'analogie nous force de reconnaître dans les autres hommes ? que la question de l'ame des bêtes se réduit donc à demander si elles produisent tous les actes que nous produisons nous-mêmes (ce qu'apparemment on n'oserait pas soutenir), et que par conséquent les bêtes n'ont pas d'ame? (Manuel des Asp. au bacc., p. 129.)

Je répondrai que l'analogie nous fait reconnaître dans les bêtes le *sentiment*, la *volonté*, le *désir*, la *mémoire*, et peut-être même le raisonnement ; et que par conséquent il est en elle un principe qui *sent*, qui *veut*, etc.

Que répondrait l'auteur de cette objection, si je lui disais que certains hommes n'ont point d'ame, parce qu'ils sont dépourvus de mémoire et de raisonnement, comme les fous, les imbéciles? car la question de l'ame des fous se réduira aussi à demander s'ils produisent tous les actes que nous produisons, ce qu'assurément il n'oserait pas soutenir. Que répondrait-il, si je lui disais que l'homme n'a pas un esprit, parce que la question pourra encore se réduire à demander si l'homme peut faire tout ce que fait Dieu, qui est un esprit ? Que penserait-on d'un musicien qui prétendrait que je n'ai pas cinq doigts à chaque main, parce que je ne saurais faire avec mes doigts tout ce qu'il ferait avec les siens, et tirer, comme lui, d'un instrument des sons harmonieux?

Mais, dit Marmontel, « si nous accordons aux ani-
« maux une ame spirituelle, n'abusera-t-on pas de
« cette concession, en disant que l'ame des animaux
« étant de même nature que celle de l'homme, elles
« doivent l'une comme l'autre être mortelles ou im-
« mortelles?

« Non; cette conséquence tant redoutée est celle
« d'un sophisme facile à réfuter..... Nul être créé,
« soit esprit, soit matière, n'est impérissable de sa
« nature; et la plus fragile preuve de l'immortalité
« de l'ame est celle que l'on tire de sa spiritualité.
« Tout ce que la main de l'Eternel a tiré du néant
« est périssable dans cette main; Dieu seul existe né-
« cessairement par lui-même; tout le reste n'existe
« qu'en vertu de sa volonté. Le monde entier, par
« elle, est comme suspendu sur le néant, d'où elle
« l'a tiré. Cette dépendance absolue et universelle
« n'admet aucune distinction de nature parmi les
« êtres : les grains de sable, les soleils, les corps,
« les purs esprits, les composés d'esprits et de ma-
« tière, dès l'instant que la volonté de les conserver
« cessera, tout sera détruit. C'est donc une bien folle
« erreur que de croire prouver l'immortalité de l'ame
« de l'homme par sa nature d'être immatériel et
« simple; et ce serait de même un vain sophisme
« de conclure que si l'ame des bêtes est mortelle,
« quoiqu'immatérielle et simple, l'ame de l'homme
« aura le même sort. Semblable ou différente, leur
« nature ne conclut rien. En donnant à la brute sa
« portion de vie, de sentiment et d'intelligence, Dieu

« a pu dire à l'ame dont il l'a douée : Tu t'éteindras
« dans la poussière; il a pu dire à celle de l'homme :
« Toi que j'ai créée pour étendre tes facultés et tes
« lumières, pour me connaître par les effets de ma
« puissance et de ma bonté, pour m'adorer dans mes
« ouvrages, tu survivras à la dépouille que tu lais-
« seras au tombeau, et l'immortalité sera la récom-
« pense ou la peine du bon ou du mauvais usage que
« tu auras fait de mes dons. » (Logiq., p. 9 et suiv.)

Il n'y a donc aucun danger à croire que l'ame des bêtes soit immatérielle ; il y en aurait beaucoup au contraire à croire qu'elle ne l'est pas. Et si les marques de sensibilité et d'intelligence que nous apercevons dans les animaux sont uniquement l'effet de l'organisation physique, pourquoi dans l'homme tout ce qu'il y a d'intellectuel et de moral ne serait-il pas de même le résultat d'une organisation plus régulière et plus parfaite? Certes, Descartes et toute son école ont donné beau jeu aux matérialistes en leur procurant ce moyen d'assimilation, quand, pour mieux marquer l'immense supériorité de l'homme sur les autres espèces, ils n'ont vu dans les animaux que des machines plus ou moins admirables.

Quoi donc! n'était-il pas possible de faire sentir toute la distance qu'il y avait de la brute à l'homme, sans recourir à un système tout hypothétique, et sans faire de tous les animaux autant d'automates? De ce qu'on aurait accordé une ame immatérielle, s'ensuivrait-il rigoureusement qu'elle fût de la même nature que celle de l'homme? Ne se laissait-on pas tromper par la généralité de ce mot *nature*? C'est, je crois, ce que personne n'oserait soutenir; car enfin s'il en était

ainsi, il faudrait dire que notre ame est de la même nature que Dieu, et que par conséquent elle est éternelle, immense, infinie. Tous les corps sont matériels : en conclurez-vous qu'ils ont tous la même nature? L'eau et le vin seront donc de même nature? les solides et les liquides pareillement? Il serait très-peu logique de conclure que l'ame des bêtes est de la même nature que celle de l'homme, parce qu'elle est immatérielle; mais il serait absurde d'admettre en eux la sensibilité et l'activité, deux faits contre l'évidence desquels viennent échouer les raisonnemens les plus subtiles, et de ne leur prêter qu'une ame matérielle. Ne craignons donc pas de conclure, avec le judicieux Condillac, que les bêtes ont une ame; mais gardons-nous aussi de l'assimiler à celle de l'homme. « Ce n'est pas sans raisons, et encore
« moins contre toute raison, que Dieu unit deux
« substances : il consulte sans doute la nature de
« l'une et de l'autre. Il ne bornera pas dans le
« corps d'une bête une ame qui, par son essence,
« serait capable de toutes nos facultés; et il ne don-
« nera pas à un homme une ame dont l'essence ne
« renfermerait pas le germe de toutes les facultés au
« développement desquelles notre corps peut donner
« occasion. Ainsi, puisque les corps diffèrent essen-
« tiellement, je suis en droit de conclure que les
« ames diffèrent par leur nature. » (Réponse à l'auteur des Lettres à un Américain.)

V.

Preuves de l'immortalité de l'ame humaine.

La question de l'ame des bêtes nous a conduits à parler de l'immortalité de l'ame humaine, et nous avons dit que la preuve de cet état futur de l'ame, qu'on tirait de son immatérialité, était sans force, et incapable de produire la conviction. En effet, il est bien vrai que tous les êtres matériels sont soumis à la dissolution des différentes parties qui les composent, et que cette dissolution ne peut avoir lieu à l'égard de l'ame, en raison de sa simplicité. Mais que pourrait-on en conclure? que l'ame ne périra point par la dissolution de ses parties, puisqu'elle n'est pas divisible. Or, cette conclusion, toute vraie qu'elle est, ne prouve point son immortalité. Elle n'existe pas à la manière des corps; donc elle ne peut périr de la manière que les corps périssent. Cela est évident; mais il ne s'ensuit point que Dieu ne veuille pas et ne puisse pas la détruire; et on serait autant fondé à dire que les ames n'existent point, parce qu'elles ne sauraient exister à la manière des corps, qu'à dire qu'elles ne périront point, parce qu'elles ne peuvent périr par la dissolution de leurs parties.

Au reste, les matérialistes ne sauraient rien non plus conclure, contre l'immortalité de l'ame, de sa matérialité, puisqu'il n'y a que l'ignorance qui puisse soutenir que la matière périt. Rien ne périt dans la nature: la dissolution des parties n'est pas une destruction absolue; les corps ne sont pas anéantis, ils ne font que changer de forme; et, pour me servir des expressions scientifiques, l'état d'aggrégation n'est pas le même, mais la base continue d'exister.

Systèmes de quelques philosophes. — Les philosophes nous ont encore donné divers systèmes sur l'immortalité de l'ame. Nous ne citerons que celui de Pythagore et celui de Charles Bonnet.

La métempsycose. — Dans l'opinion du premier, les ames, immortelles et éternelles, après la dissolution du corps circulent dans les diverses parties de l'univers, et sont appelées à donner la vie à de nouveaux corps, plus ou moins bien partagées, suivant la conduite qu'elles ont tenue dans leur première position. Un pareil système, purement hypothétique, ne demande pas une réfutation sérieuse. On sait la réponse d'une dame à un jeune homme qui, pour soutenir ces rêveries, disait se rappeler qu'il avait été le veau d'or. *Je m'en aperçois*, lui répliqua-t-elle ; *vous n'avez perdu que la dorure*. Ce système fut appelé la *métempsycose* (1).

Palingénésie de Charles Bonnet. — Dans l'opinion de Bonnet, tous les corps ont un germe, une partie indestructible : à l'époque fixée par l'auteur de la nature, toutes les parties du corps éparses viennent se réunir autour de ce germe, et produisent une nouvelle organisation, à laquelle l'ame donne la vie par sa présence ; et comme les corps reparaissent ainsi et renaissent à la vie, on donne à cette hypothèse le nom de *palingénésie* (2).

Quant à nous, nous pensons que lorsque l'ame se sépare du corps, que le commerce que la volonté de

---

(1) Μετεμψύχωσις, transmigration de l'ame d'un corps dans un autre ; r. ψυχή.

(2) Palingénésie, du grec γίνομαι, naître, et de πάλιν, de nouveau, renaître.

Dieu avait établi entre les deux substances dont nous sommes composés vient à cesser, que notre organisation physique est détruite, et que notre corps reprend toutes les propriétés de la matière brute; nous pensons, dis-je, que l'ame, dégagée de ses entraves matérielles, entre dans une nouvelle vie, où elle exerce toutes ses fonctions, et dans laquelle l'homme de bien est récompensé, et le méchant puni. Voici les preuves sur lesquelles repose notre croyance :

1° « Les histoires anciennes et modernes font foi, « dit Bossuet, que l'idée d'une vie immortelle se « trouve confusément dans toutes les nations qui ne « sont pas tout-à-fait brutes. »

A défaut d'autres preuves de l'immortalité de l'ame, l'universalité de cette croyance en serait déjà une, et elle suffirait; mais cette vérité précieuse ne pouvait pas avoir trop de garanties, et les raisonnemens ici se pressent et s'offrent en foule. En voici quelques uns :

2° Dieu, nous l'avons dit, a tiré notre ame du néant, et peut l'y faire rentrer par un acte de sa volonté: l'ouvrier peut briser sans peine l'ouvrage qu'il a formé, lorsqu'il cesse d'être utile à ses desseins. Ainsi, à ne considérer que la toute-puissance divine, il n'est rien de plus périssable que l'ame humaine; mais si la connaissance de la volonté puissante de Dieu nous laisse voir toute la fragilité de la plus noble portion de notre être, la connaissance que nous avons de ses autres attributs nous rassure contre la crainte d'une mort éternelle au sortir de cette vie. En effet, Dieu est vrai, juste et bon, comme nous ne tarderons pas à le démontrer; or, sa véracité, sa justice et sa bonté s'opposent à l'anéantissement de notre ame.

1° *Sa véracité.* Il y a au fond de notre cœur quelque chose qui nous révèle une vie à venir; et l'amour de la gloire, l'ambition de laisser après soi un nom illustre, n'ont pas d'autre principe. Qui donc serait assez insensé pour chercher la gloire aux dépens de sa vie, si toute la vie de l'homme était ici-bas? Ainsi nous trouvons au dedans de nous-mêmes le sentiment de notre immortalité; c'est ce qui faisait dire à Montaigne : « Un soin extresme tient l'homme d'allonger
« son estre; il y a pourvu par toutes ses pieces: pour
« les corps, sont les sepultures; pour les noms, la
« gloire; il a employé toutes ses opinions à se rebas-
« tir.... L'ame va questant de toutes parts des conso-
« lations, où elle s'attache et se plante. » Or, cet espoir et ce désir de survivance, cette lumière naturelle qui nous laisse entrevoir, comme à travers les ombres de la nuit, une vie future pour laquelle nous sommes créés, ne seraient-ils qu'une illusion perfide et mensongère? Mais alors cette illusion viendrait de Dieu, puisque nous la devons aux facultés dont il nous a doués, et qu'il nous est impossible de nous y soustraire. Nous aurions le droit de l'accuser d'imposture, et c'en serait fait de sa véracité. Concluons donc, puisque cet espoir et cette croyance d'une autre vie ont leurs racines dans les puissances mêmes de notre ame, concluons qu'ils nous viennent de l'auteur de la nature, et que nous pouvons nous y abandonner sans crainte de nous tromper.

2° *Sa justice.* «Quand je n'aurais d'autres preuves
« de l'immortalité de l'ame, dit Rousseau, que le
« triomphe du méchant et l'oppression du juste dans

« ce monde, cela seul m'empêcherait d'en douter :
« une si choquante dissonance dans l'harmonie uni-
« verselle me ferait chercher à la résoudre; je me
« dirais : *Tout ne finit pas pour moi avec la vie,
« tout rentre dans l'ordre à la mort.* » (Emile.)

En effet, Dieu nous a tracé des règles de conduite; il a voulu que l'homme fût toujours fidèle aux lois de la morale. Or, s'il n'existait pas une autre vie, ces lois n'auraient qu'une sanction imparfaite; il n'y aurait aucune réparation possible des désordres de la vie présente. Il faut donc que l'ame survive à la destruction du corps, pour que la Providence soit justifiée.

3° *Sa bonté.* Le premier mobile de nos actions est le désir du bonheur; tout se rattache à ce but, tout y aboutit. Ce désir tient par les liens les plus intimes à notre nature, il ne dépend pas de l'homme de l'étouffer; nous ne sommes pas libres de ne pas vouloir être heureux; et cependant le bonheur n'existe nulle part ici-bas, il fuit toujours devant l'homme, qui le poursuit vainement sur la terre. Il faut donc qu'il existe dans un autre monde, où nous le trouverons enfin; autrement nous ne serions que les misérables jouets d'une fantaisie barbare, et il y aurait de la cruauté à nous entraîner ainsi à la poursuite d'une chimère que nous ne devrions jamais atteindre.

« Plus je rentre en moi-même, dit encore l'auteur
« d'Emile, plus je me consulte, et plus je lis ces mots
« écrits dans mon ame : *Sois juste, et tu seras heu-
« reux !....* Voyez aussi quelle indignation s'allume
« en nous quand cette attente est frustrée ! la con-
« science s'élève et murmure contre son auteur; elle
« lui crie en gémissant : *Tu m'as trompé,*

« Je t'ai trompé, téméraire ! qui te l'a dit? ton ame
« est-elle anéantie? as-tu cessé d'exister? O Brutus,
« ô mon fils! ne souille point ta noble vie en la finis-
« sant; ne laisse point ton espoir et ta gloire avec ton
« corps aux champs de Philippes. Pourquoi dis-tu : La
« vertu n'est rien, quand tu vas jouir du prix de la
« tienne? Tu vas mourir, penses-tu? Non, tu vas
« vivre, et c'est alors que je tiendrai tout ce que je
« t'ai promis. »

Objections.

1° Il n'est pas nécessaire de recourir à une autre vie pour que la vertu soit récompensée et le crime puni : la conscience est une sanction suffisante de la loi morale; l'homme de bien trouve sa récompense dans le témoignage d'une conscience qui n'a rien à se reprocher, l'homme criminel trouve sa punition dans les remords d'une conscience coupable; et, suivant l'expression de Rousseau, il n'est pas nécessaire d'aller chercher l'enfer dans l'autre vie, il est dans le cœur du méchant.

Réponse. Sans nier les tourmens d'un cœur coupable, et cette joie pure, cette paix de l'ame qui sont le fruit d'une conduite irréprochable, et qui placent le cœur de l'homme dans une fête continuelle, suivant l'expression que Châteaubriand a empruntée à l'Ecriture sainte, je réponds qu'il n'est pas vrai de dire que le témoignage de la conscience soit une sanction suffisante de la loi morale.

Et d'abord cet heureux témoignage d'un cœur bien né n'empêche pas que la calomnie ne s'attache aux pas de l'homme vertueux; elle n'empêche pas que l'opinion publique ne soit égarée sur son compte ; elle n'empêche pas que, victime de l'injustice et de la méchanceté des hommes, il puisse être poursuivi par les lois elles-mêmes, et qu'abreuvé d'amertume par ses ennemis, succombant sous le poids de leurs accusations atroces, il puisse être condamné ou à porter sa tête à l'échafaud, ou à périr dans les prisons, en proie non-seulement à toutes les horreurs de la misère, mais aussi à tout ce qu'a de pénible la pensée qu'on le juge criminel.

Au reste, que serait ce témoignage d'une conscience pure, s'il n'avait sa racine dans la ferme croyance d'une autre vie ? Pourquoi, au milieu des afflictions, l'homme de bien conserve-t-il au fond de son cœur une joie inaltérable qui lui fait braver les coups de la fortune ? C'est parce qu'il sent en lui-même quelque chose qui survit à la douleur ; c'est qu'il peut se dire, comme lord Byron : « Je puis périr en luttant contre mes malheurs ; « mais il y a en moi quelque chose qui défie la dou- « leur et le temps, et qui me survivra quand je ne « serai plus (Childe-Harold, chant 4) » ; c'est enfin qu'il envisage le tombeau comme la porte d'une vie nouvelle où tout rentre dans l'ordre, et où commence le triomphe des bons et le supplice des méchans. Caton, pour se soustraire aux malheurs de sa patrie, résolut de mourir ; mais il ne se donna la mort qu'après avoir passé la nuit à lire le Traité de Platon sur l'immortalité de l'ame (1).

---

(1) Caton, sans doute, eut tort de se donner la mort ; mais son exemple peut faire sentir combien est enracinée, dans l'esprit de l'homme, la croyance à une autre vie.

En second lieu, il n'est pas vrai non plus que le méchant trouve une punition suffisante dans les remords d'une conscience criminelle; car il est d'expérience que plus on s'enfonce dans l'abyme du crime, et plus l'aiguillon du remords paraît s'émousser; l'ame de celui qui débute dans la carrière du vice est plus tourmentée que celle du brigand qui a vieilli dans l'habitude de tous les forfaits. On se familiarise avec le mal, on s'accoutume à le voir sans horreur, l'ame s'endurcit et se blase (qu'on me passe l'expression), et bientôt la pointe du remords se trouve impuissante.

De plus, tout réussit presque toujours au méchant dans ce monde, parce que tous les moyens lui sont bons : il vit heureux au sein des honneurs et des richesses qui l'accompagnent jusqu'au tombeau. Et qu'on ne me parle point de la crainte que peuvent lui inspirer les lois qui veillent à la conservation de la société : il les enfreindra toutes les fois qu'il sera sûr de se soustraire à la vindicte publique, et il les enfreindra sans crainte et sans remords. Qu'on ne me parle pas non plus du mépris et de l'horreur qu'il inspire à tous ceux qui le connaissent : il saura tromper l'opinion, et il jouira d'une estime universelle, quoiqu'usurpée. Or, qui ne voit que les secrètes accusations de sa conscience, lors même qu'il ne les étoufferait pas et qu'il daignerait y faire attention, n'auraient point assez puni et le mal qu'il aurait fait et le bien-être dont il aurait joui en le faisant? La suprême sagesse serait convaincue d'impuissance, si elle n'avait pourvu au maintien de l'ordre que par des moyens aussi peu efficaces.

D'ailleurs les remords supposent toujours une autre

vie ; car pourquoi ce trouble des méchans au sein de la prospérité? pourquoi cette agitation qui fait de leurs pensées une tempête continuelle, si, lorsque par leur prudence coupable ils ont su se mettre à l'abri des coups de la justice humaine, ils n'avaient à redouter une autre justice bien plus terrible, et si en trompant les hommes ils ne savaient que toutes leurs actions, même les plus secrètes, ne peuvent échapper à l'œil de celui qui sonde les reins et les cœurs, et qui juge les justices mêmes?

2° L'ame n'agit que parce que son action est provoquée par le plaisir ou la douleur que lui procurent les divers modes de la sensibilité; mais le premier mode de la sensibilité, celui que tous les autres présupposent, est la sensation; donc partout où il n'y aura plus de sensation, il n'y aura plus ni sentiment ni action. Cependant c'est en cela que consiste toute la vie de l'ame. Cette vie suppose la sensation, la sensation suppose l'organisation matérielle ; donc, après la dissolution de notre corps, il n'y a plus de vie pour notre ame.

J'observerai d'abord que si cette argumentation était admissible, elle prouverait plus qu'on ne veut lui faire prouver; car on pourrait en conclure que dans la léthargie, état dans lequel nous sommes privés de tout sentiment, et dans lequel cesse tout exercice de nos facultés, notre ame serait éteinte, et aurait cessé de vivre ; ce qu'on n'oserait pas admettre. Cependant cette conséquence est inévitable. Il faut donc rejeter le principe, puisque d'un principe vrai il ne peut en découler que des conséquences pareillement vraies.

Pour bien voir la faiblesse de l'objection, examinons le principe sur lequel elle porte. Le voici : *L'ame ne peut sentir et agir indépendamment des organes.* Mais n'avons-nous pas établi qu'il y avait pour notre ame plusieurs manières de sentir, indépendantes des organes matériels? N'a-t-il pas été constaté que son activité entrait aussi en exercice, indépendamment de ces mêmes organes? Un tel principe n'a donc rien de commun, rien à démêler, avec notre philosophie. S'il avait quelque force, ce ne pourrait être que contre la philosophie qui voit toutes les modifications de l'ame dans la sensation. Je dis s'il avait quelque force, car il n'en a point, même contre la philosophie de la sensation. En effet, la conclusion qu'on en tire ne saurait être admissible. On ne s'est pas aperçu du paralogisme (1) : de la nécessité présente d'une condition de l'ame, on en infère sa nécessité absolue. Et qui peut nous assurer que si de la condition actuelle de l'ame il s'ensuit qu'elle ait besoin d'un corps pour sentir et pour agir, il en sera de même dans toute condition possible? Autant j'aimerais qu'on me dît : Un prisonnier dans son cachot ne peut rien savoir que par l'entremise de son geôlier; donc lorsqu'il sera sorti de sa prison il ne pourra rien savoir, parce qu'il n'aura plus son geôlier avec lui.

3° L'ame ayant commencé d'exister avec le corps, elle doit périr avec lui.

On sent aisément le vice d'un raisonnement pareil: la destruction d'une substance ne peut nécessiter la

---

(1) Du grec παραλογισμός, radic. παρά, à côté, et λογίζομαι, penser, raisonner, faux raisonnement.

destruction d'une autre substance, surtout lorsqu'elles diffèrent de nature. « Quand l'union du
« corps et de l'ame est rompue, je conçois que l'un
« peut se dissoudre et l'autre se conserver. Pourquoi
« la destruction de l'un entraînerait-elle la destruc-
« tion de l'autre? Au contraire, étant de natures si
« différentes, ils étaient par leur union dans un état
« violent; et quand cette union cesse, ils rentrent
« tous deux dans leur état naturel : la substance
« active et vivante regagne toute la force qu'elle
« employait à mouvoir la substance passive et morte.
« Hélas! je ne le sens que trop par mes vices,
« l'homme ne vit qu'à moitié durant sa vie, et la vie
« de l'ame ne commence qu'à la mort du corps. »
(Émile, liv. IV, p. 67.)

Et si on nous demande où est l'ame quand son corps est détruit, nous ne balancerons pas à répondre que nous n'en savons rien. La question n'est pas ici de savoir où elle est, où elle se trouve, où elle va en sortant de cette vie périssable, mais bien de savoir si elle continue d'exister (1).

Si on nous demandait encore comment elle continue d'exister, nous répondrions de même que nous n'en savons rien. A moins qu'on ne voulût dire qu'elle continue d'exister par la volonté divine, je ne vois pas ce qu'on pourrait répondre.

4° Nous avons prouvé l'existence d'une autre vie

---

(1) On aurait tort de voir dans ce passage rien qui se trouve en opposition avec les dogmes religieux. C'est comme si l'on disait : Où est l'enfer, où est le ciel, où est le purgatoire? Tout ce que nous pouvons répondre, c'est que nous n'en savons rien.

par le désir du bonheur que l'homme trouve ar fond de son ame, mais il n'en résulte pas que cette vie doive durer toujours; car enfin l'homme qui posséderait pendant quelque temps le vrai bien serait parfaitement heureux, et la bonté de Dieu et sa véracité seraient justifiées.

Réponse. Un bonheur temporel et dont la durée serait plus ou moins prolongée, s'il devait un jour cesser, ne suffit point pour justifier la bonté et la véracité de Dieu : ce ne serait point un bonheur parfait, un véritable bonheur, puisque, de deux choses l'une : ou celui qui serait appelé à en jouir connaîtrait que sa félicité doit avoir un terme, ou non. Dans le premier cas, son ame serait toujours troublée par la crainte de voir cette félicité lui échapper; dans le second cas, Dieu aurait fait naître en lui une illusion mensongère, il l'aurait trompé; ce qui répugne à la véracité de l'auteur de la nature.

5° En admettant que Dieu accordera l'immortalité à l'homme, il faut admettre l'éternité des peines réservées au méchant. Or, des peines éternelles, infinies sont une contradiction aux attributs de Dieu, qui est un être essentiellement bon.

Réponse. Si j'étais moins pénétré de l'existence des peines éternelles, je me contenterais de dire qu'une vie immortelle ne suppose pas des peines sans fin; ce serait assez pour l'exactitude logique, et peut-être assez pour la philosophie. Mais comme ce dogme a été de tout temps l'objet des attaques les plus violentes, je ne crois pas devoir laisser sans réponse une objection qui tend à le renverser. Je pense d'ailleurs que ce n'est pas sortir du domaine de la philosophie que de prouver que des peines éternelles ne sont point une contradiction aux attributs de Dieu. Si quelqu'un de ses attributs pouvait être atteint par l'objection, ce serait ou sa justice ou sa bonté; mais il est facile de prouver que ni sa justice ni sa bonté ne sont point compromises par le dogme de l'éternité des peines. Commençons par sa justice.

Elle ne pourrait être blessée par l'éternité des peines que parce qu'il n'y aurait aucune proportion entre le délit et le châtiment. En effet, pouvons-nous croire, nous dit-on, qu'une justice exacte puisse punir par des tourmens sans fin le délit d'un moment, par une peine infinie les faiblesses d'une créature bornée et finie? Je réponds que la gravité du délit dépend du caractère de celui qui est offensé, et non du caractère de celui qui le commet. Pour s'en convaincre, il suffit de considérer la marche de la justice humaine. C'est un crime d'assassiner un homme, mais c'est un plus grand crime d'assassiner son père. Dans ce cas, l'homme s'en prenant à un être infini lorsqu'il offense la Divinité, son crime prend le caractère de l'infini, et une peine sans fin se trouvera en proportion avec l'offense. D'ailleurs qui ne voit que si le méchant ne devait jamais mourir, il continuerait d'être méchant? car ce n'est point lui qui quitte le péché à la mort, c'est le péché qui le quitte. S'il devait vivre éternellement, il désirerait éternellement assouvir ses passions. Or, à cette éternité de désir de faire le mal doit répondre une éternité de souffrances. Quant à ce qu'on nous dit qu'un délit d'un moment ne doit pas être puni par des peines sans fin, c'est vouloir faire dépendre la rigueur du châtiment du temps employé à commettre la faute; et si je mettais moins de temps à assassiner un homme qu'à faire un mensonge officieux, il s'ensuivrait d'un pareil principe que la peine méritée par l'assassinat que j'aurais commis devrait être moindre que celle que j'aurais encourue par mon mensonge. Dans tous les cas, c'est le droit du législateur d'assurer l'exécution de ses lois, par la sanction qu'il juge nécessaire à son but. Dieu a donc pu donner pour sanction à la loi morale des peines éternelles, sans que sa justice en fût blessée.

Occupons-nous maintenant de sa bonté. En quoi serait-elle blessée, si, en regard d'un châtiment sans fin, dont il menace ceux qui transgressent ses lois, il place une récompense sans borne, qu'il accordera à ceux qui les observeront exactement? N'est-ce pas le moyen le plus efficace pour nous détourner du crime, et pour nous faire marcher avec courage dans le chemin de la vertu? Oui, je vois un acte de bonté dans ce qu'on reproche à cette même bonté. Il veut par là mieux assurer mon bonheur en m'engageant plus fortement à le mériter; il met, comme dit le prophète, devant nous la vie et la mort : c'est à nous de choisir; et si notre choix est mauvais, nous ne pouvons nous en prendre qu'à nous-mêmes.

(On peut consulter avec beaucoup de fruit, sur cette matière, M. le cardinal de La Luzerne, dans ses *Considérations morales*, et dans son *Traité sur l'existence de Dieu.*)

VI.

De la substance et du mode; de l'essence. Quelle est l'origine de ces idées.

Jusqu'ici nous nous sommes occupés de prouver l'existence de notre ame et l'existence des corps; nous avons marqué la différence qu'il y avait entre ces deux existences, nous avons démontré qu'il était impossible de les confondre, et ainsi nous avons réfuté le *spiritualisme* et le *matérialisme exclusifs*. Notre tâche est bien simplifiée, mais pour cela elle n'est pas remplie. Quelques esprits, frappés des difficultés insurmontables qu'offrait l'opinion de ceux qui rejetaient l'existence de la matière, et ne pouvant cependant tout expliquer avec les contradictions du matérialisme, ne sachant sur quoi faire reposer la croyance, se sont imaginé que tout était pour nous une illusion : de là, le scepticisme. Le spiritualisme anéantit le monde extérieur; le matérialisme anéantit les esprits; le scepticisme, qu'on pourrait appeler *nihilisme*, anéantit tout à la fois le monde extérieur et le monde intérieur. Voici à peu près le principe sur lequel repose cette philosophie meurtrière, destructive de toute croyance : Nous ne connaissons les objets que par leurs qualités, mais les qualités ne sont que des abstractions. Qui s'est jamais avisé de réaliser la dureté, qui est une des qualités de la matière? Quelqu'un a-t-il jamais vu la dureté? l'a-t-il jamais sentie? Qui ne voit que la qualité, séparée de son sujet, n'est rien, absolument rien, qu'une

Formation de l'idée de substance.

Une des causes du scepticisme.

pure abstraction? Mais puisque le sujet échappe à notre perception, il s'ensuit que nous ne percevons rien de réel, que nous ne percevons que des abstractions : les objets de nos connaissances n'ont donc aucune réalité. Aussi les philosophes, pour déguiser leur ignorance, ont-ils inventé des mots vides de sens, tels que *substance*, *sujet*, *essence*, etc. Mais qu'ils nous disent ce que c'est que la substance, d'où nous vient l'idée que nous en avons. Voyez-les, à la suite de Descartes, s'embarrasser, pour nous répondre, dans un cercle vicieux. Le néant, disent-ils, n'a point d'attributs ; or la substance a des attributs, donc elle est quelque chose, donc il y a des substances. La pétition de principe est évidente dans la mineure (1). *La substance a des attributs* : on y pose en fait ce qu'il s'agit de prouver, savoir, qu'il y a des substances.

Que répondra la philosophie à cet argument des sceptiques? Niera-t-elle l'existence de la substance, ou bien cherchera-t-elle à prouver son existence? Elle ne niera pas cette existence, et ne se mettra pas en frais pour la prouver, ni même pour l'expliquer. Le rapport qui nous montre la substance dans ses qualités est un fait primitif, un fait que rien ne saurait expliquer, parce que rien ne le précède. « Si « nous étions capables, dit M. Royer-Collard, de « remonter plus haut, nous comprendrions l'exis- « tence, nous saurions tout, l'univers ne serait plus « un mystère. Quand on se révolte contre les faits

---

(1) *Pétition de principe*, mauvais raisonnement. Il y a pétition de principe toutes les fois qu'on allègue pour preuve la chose même qui est en question.

« primitifs, on méconnaît également la constitution
« de notre intelligence et le but de la philosophie.
« Expliquer ou comprendre un fait, qu'est-ce donc
« autre chose que le dériver d'un autre fait? Et ce
« genre d'explication ne suppose-t-il pas des faits
« inexplicables? n'y aspire-t-il pas nécessairement? »
Toute la question semble donc être ramenée à prouver que l'idée de substance est un fait, et un fait primitif dans l'intelligence de l'homme, et que par conséquent on ne saurait la démontrer, puisqu'on ne démontre pas les faits; ni l'expliquer par un fait préalable, puisqu'il n'est rien d'antérieur; à moins qu'on ne veuille dire que cette idée a son origine dans le sentiment de rapport qui lie la matière avec ses propriétés, l'esprit avec ses qualités; ce que nous adopterons d'autant plus volontiers que c'est notre opinion. Il est bien vrai que l'esprit n'aperçoit que le sentiment, qu'il n'aperçoit pas le moi; mais il aperçoit le sentiment comme éprouvé par le moi. « Je crois,
« dit encore M. Royer-Collard, je crois être quelque
« chose de distinct de mes sensations et de mes pen-
« sées, quelque chose dont la continuité identique
« subsiste, quoique celles-ci varient continuelle-
« ment. La *faculté* de sentir une odeur n'est pas
« l'odeur même, car elle lui survit : bien plus, cette
« faculté n'est pas moi, car je suis encore moi lors-
« qu'elle sommeille. Cependant c'est la *sensation* qui
« me suggère et la notion du moi et la persuasion
« de sa réalité. » Cette idée dérive donc du sentiment de rapport que mon esprit saisit entre le moi et ses qualités.

Mais les deux termes du rapport ne se montrent — Substance spirituelle.

pas avec une égale clarté à l'esprit. Nous l'avons dit, la conscience n'aperçoit pas le moi, mais elle aperçoit la modification du moi, le *sentiment*. D'où il suit que l'idée abstraite de la modification est une idée très-claire, parce qu'elle est l'objet immédiat de la conscience, tandis que l'idée abstraite du moi (1) ne nous paraît que dans un jour douteux, parce qu'elle n'est éclairée que par le reflet de la lumière qui nous vient de la modification. Ainsi quand je souffre, j'ai une idée très-claire de la douleur que j'éprouve; j'ai une idée un peu moins claire de la sensibilité, de la capacité que j'ai de souffrir, parce que cette idée ne se montre à moi que par la lumière que réfléchit la sensation de douleur; enfin j'ai une idée encore moins claire de ce quelque chose de fixe et permanent qui en moi est doué de sensibilité, et que j'appelle mon ame, parce que les rayons du jour qui l'éclaire lui viennent de plus loin, et parviennent jusqu'à elle d'une manière plus oblique.

Le moi, séparé de ses qualités, de ses modifications, est réduit au fait de l'existence. « L'idée « abstraite du moi généralisée est notre idée de la « substance spirituelle, ou de l'esprit. Tout ce que « nous savons des esprits considérés en eux-mêmes, « c'est qu'ils existent; mais leur existence est aussi cer- « taine que celle de leurs sensations et de leurs pen- « sées, nous l'apprenons en même temps et par la

---

(1) L'idée abstraite est une idée considérée isolément : à la vue d'une boule d'ivoire, si, laissant à l'écart l'idée de rondeur, je ne m'occupe que de l'idée de blancheur, mon idée est abstraite. (Voir la Logique.)

« même voie... Cette opinion universelle d'un moi
« sentant et pensant est aussi ancienne que l'histoire,
« aussi étendue que l'expérience ; elle est la base de
« toutes les langues et de toutes les lois. »

De même que la conscience, en apercevant la modification, l'aperçoit comme éprouvée par le moi, de même lorsque, par les sensations, l'étendue et la figure se manifestent en nous, elles se manifestent comme les propriétés de quelque chose en quoi elles résident. Ce n'est pas la figure, la dureté que nous apercevons, c'est le *figuré*, le *dur*. Dans le *figuré*, dans le *dur*, il y a deux choses : si nous les séparons, nous en formons deux idées abstraites, l'une de la figure, de la dureté, l'autre de la chose figurée, de la chose dure. La première est très-claire, parce que la sensation qui en est le signe est immédiatement perçue par la conscience; l'autre est plus obscure, parce que le sujet de la figure, de la dureté ne se montre qu'au moyen de la figure, de la dureté, et que, séparé de la figure, de la dureté qui nous le révèle, il est réduit au fait de l'existence. L'idée abstraite du sujet généralisée est notre idée de la substance matérielle.

Substance matérielle.

Résumons ce que nous venons de dire, et que nous avons emprunté presque en totalité à M. Royer-Collard. Les substances existent ; nous apprenons leur existence en même temps que nous apprenons l'existence de nos pensées et de l'étendue. Le fait qui nous apparaît dans l'un et l'autre cas est un fait complexe à double face, la pensée et l'étendue, et le rapport de la pensée et de l'étendue à un sujet respectif. C'est ce rapport qui, perçu par la conscience et généralisé, c'est-à-dire étendu à tous les êtres dans lesquels nous apercevons les mêmes qualités, devient pour nous l'idée générale de substance.

Qu'est-ce que la substance? Maintenant si on nous demandait ce que c'est que la substance, la substance en général, nous répondrions que c'est une abstraction de l'esprit. La substance en général n'existe nulle part : dans la nature il n'y a que des individus ; et pour trouver quelque réalité sous cette expression *substance*, il faut l'individualiser. Or, si nous ôtons toute sa généralité à l'idée de substance, c'est encore une abstraction sous laquelle on ne trouve d'autre réalité que le fait d'existence pure.

Ici nous touchons au scepticisme. Qu'est-ce en effet que l'existence, séparée de toute manière d'être? Il n'y a pas de substance sans qualité, pas de qualité sans substance ; l'esprit ne peut admettre l'une sans l'autre. Mais ce n'est pas une raison pour les rejeter : sans doute ce sont deux abstractions, mais les abstractions ne sont pas toujours sans réalité. Les idées abstraites de jaune dans l'or, de blancheur dans la neige, de chaleur dans le feu, ne sont que des abstractions : direz-vous qu'elles sont dépourvues de toute réalité? Il ne faut pas confondre les idées abstraites générales avec les idées individuelles abstraites. Sous une idée abstraite générale il n'y a jamais aucune réalité, parce que rien n'existe en général ; mais une idée abstraite individuelle peut avoir et a presque toujours quelque réalité objective, c'est-à-dire qu'elle répond à un objet réellement existant. J'ai dit presque toujours, car quelquefois elle peut bien n'avoir qu'un objet purement fictif : par exemple, une montagne d'or n'est qu'une pure abstraction sans objet réel.

Et pour revenir à la substance, nous dirons que séparée de ses qualités elle manque de réalité, et que la qualité sans substance manque aussi de réalité. La réalité consiste dans la simultanéité de ces deux élémens. Prenons garde : je parle de la substance et non de son idée, de la qualité et non de la notion abstraite que nous en formons. La nature a voulu que la substance fût toujours unie à la qualité, et réciproquement ; mais nous pouvons séparer par la pensée deux choses qui coexistent, au moins pour nous nécessairement : nous pouvons en faire des abstractions, sans que pour cela l'idée que nous en avons soit sans réalité. Une montagne sans vallée ne saurait exister ; mais je puis séparer par la pensée l'idée de montagne et l'idée de vallée, sans que pour cela ces deux idées manquent de réalité objective.

En vain on voudrait me nier ces conséquences : je dirais à celui qui chercherait des raisons pour les combattre : Pourquoi vouloir me convaincre d'erreur lorsque vous admettez la même croyance ? Vous ne parleriez pas si vous n'aviez l'idée de substance, et si vous ne prêtiez aucune réalité à cette idée. Nul ne parle qu'il n'implique et ne présuppose l'être, sans quoi ses paroles seraient dépourvues de sens. De quoi pourrait-on parler après avoir anéanti tous les êtres ? Or, la substance, c'est l'être, c'est l'être en lui-même, ce sont tous les objets réduits au fait de l'existence ; en un mot, c'est l'ὕλη πρώτη de Platon.

Et qu'on ne nous accuse pas de donner ici une définition : nous n'avons pas la prétention de faire connaître la nature de la substance en général, nous avons vu que c'était impossible. Nous ne croyons pas non plus qu'on puisse jamais nous faire connaître par une définition la nature interne de la substance individuelle ; nous l'ignorons, et nous l'ignorerons toujours. Mais il n'en est pas moins certain que, sous les qualités des objets, se trouve toujours quelque chose de fixe et de permanent, un *substratum*, comme s'expriment les philosophes, duquel nous ne savons rien si ce n'est qu'il existe, et qui sert comme de lien, comme de support aux qualités que nous remarquons dans les différens objets que nous offre la nature.

Que penser maintenant de la définition que nous en a donnée Descartes avec les scolastiques ? *Substantia est res quæ ità existit ut nullâ aliâ re indigeat ad existendum*. On aurait beaucoup à dire sur cette définition. Explique-t-elle bien la nature de la substance ? Que veut-on dire par ce mot *res* ? Une chose ; mais une chose est une substance ou un attribut, et ce mot n'apporte pas plus de clarté à l'esprit que le mot de substance, *quæ ità existit* (*qui existe de telle manière*). Ne dirait-on pas que l'idée d'existence est quelque chose de plus clair que l'idée de substance ? *ut nullâ aliâ re indigeat ad existendum* (*qui n'a besoin d'aucune autre chose pour exister.*) S'il faut entendre par là ce qui existe indépendamment de toute chose, alors il n'y a qu'une seule substance : cette substance, c'est Dieu. Si au contraire cela signifie que la substance n'a pas besoin d'un sujet comme les attributs, c'est-à-dire que la substance n'est pas un attribut, je plains de tout mon cœur ceux qui attachent quelque importance à de pareilles définitions.

« Le rapport qui nous dévoile le moi par la sensa-
« tion (le sentiment), et la matière par ses qualités,

« n'est pas susceptible de définition..... Rien ne le
« précède, il se découvre dans la première opération
« de l'entendement, et avec lui naissent pour nous
« toutes les existences. Nous sommes donc obligés
« de nous y arrêter, comme à une loi primitive de
« la nature humaine. » (Roy.-Col., Frag., t. 4, p. 304.)
Si nous pouvions la définir, les élémens nous en seraient connus, l'univers ne serait plus une énigme; cette définition en serait le mot.

Nous avons dit que la substance ne se révélait à nous que par ses qualités : or, parmi ces qualités les unes tiennent de plus près à la nature des choses, elles paraissent en être inséparables ; et les autres y tiennent d'une manière plus éloignée. Celles qui tiennent à la nature même des choses sont dites qualités premières, attributs, propriétés ; les autres, qui ne se rattachent à la nature des êtres que d'une manière accidentelle, sont dites qualités secondes, attributs seconds, modes, modifications. Ainsi la sensibilité et l'activité sont les propriétés, les attributs de notre ame, parcequ'elles sont inséparables de sa nature. La douleur, la joie, l'attention, le désir, l'amour, la haine, etc., sont des modes, des modifications, parce que ce n'est qu'accidentellement que l'ame éprouve ces diverses manières d'être. Ainsi l'étendue est une propriété, un attribut de la matière, parce qu'on ne peut jamais concevoir la matière sans étendue; tandis que la forme, la fluidité, la solidité, la dureté, etc., n'en sont que des modes, des modifications ; car il n'est pas nécessaire qu'un corps soit solide, fluide, dur, ou qu'il ait telle ou telle forme.

Idées de modes, d'attributs, etc.

Les propriétés, les attributs, étant toujours intime-

Idée de l'essence.

ment liés à l'existence des êtres, et tenant à leur nature d'une manière essentielle, ont pris le nom d'*essence*: ce sont les élémens indispensables des substances, ils en sont les principes constitutifs ; en sorte que sans eux les choses ne peuvent ni exister ni être conçues. Ainsi lorsque nous connaissons la propriété première d'une chose, celle qui est le principe de toutes les autres, cette propriété est l'essence de la chose, l'essence véritable. Mais il est bien rare que nous connaissions ainsi les principes constitutifs des choses, ces propriétés premières qui expliquent toutes les autres, et en rendent raison ; le plus souvent nous ne connaissons que des propriétés secondaires, parmi lesquelles toutefois nous en remarquons quelqu'une que nous pouvons dire le principe de toutes les autres : alors cette propriété peut être regardée comme essence par rapport aux qualités qu'elle explique, mais c'est une essence improprement dite. (Cond., Art. de rais. , p. 38.)

Nous ne connaissons pas la véritable essence des corps; car si on me demande pourquoi ils sont étendus, plus j'y réfléchis, et plus je vois que je n'ai rien à répondre. Je ne sais pas pourquoi ils sont étendus, mais j'en connais l'essence improprement dite; car si on me demande pourquoi ils sont élastiques, compressibles, poreux, impénétrables, divisibles, je puis répondre : Ils sont divisibles et impénétrables, parce qu'ils sont étendus ; ils sont poreux, parce qu'ils sont divisibles et impénétrables; ils sont compressibles, parce qu'ils sont poreux ; ils sont élastiques, parce qu'ils sont compressibles. Donc, en remontant, nous trouvons que l'étendue rend raison des autres qualités : si elle n'est pas l'essence véritable, elle est l'essence improprement dite, l'essence par rapport aux autres qualités qu'elle explique.

Nous ne connaissons pas l'essence véritable de notre ame; car si on me demande pourquoi elle est sensible et active, je n'ai rien à répondre. Mais nous connaissons son essence improprement dite; car si on me demande pourquoi elle éprouve de la joie et de la douleur, pourquoi elle donne son attention, elle compare, je puis répondre que c'est parce qu'elle est sensible, parce qu'elle est active. Ces deux propriétés, la sensibilité et l'activité, expliquent donc tous les phénomènes du monde intérieur; elles sont donc essence par rapport à toutes les manières d'être que notre ame est susceptible d'éprouver.

Mais il y a des cas où, parmi les propriétés secondaires, nous n'en voyons point qui puisse expliquer toutes les autres. Alors nous ne connaissons ni l'essence véritable ni l'essence seconde, et il nous est impossible de faire des définitions ; car définir c'est montrer l'essence des choses ; et lorsque leur essence est inconnue, pour en donner la connaissance aux autres, il ne nous reste plus qu'à faire l'énumération de leurs qualités. (Voir Condill., *ibid.*)

Système de Spinosa. Nous ne saurions parler des substances et de leurs modes sans dire un mot du système de Spinosa. Ce philosophe hollandais vivait au seizième siècle : il composa un livre dans lequel il affecta de suivre la méthode des géomètres, sans doute pour mieux en imposer à l'irréflexion.

Une substance unique, indivisible, nécessaire, de la nature de laquelle toutes choses suivent nécessairement, comme des modifications qui en expriment l'essence chacune à sa manière : voilà l'univers selon Spinosa.

L'objet de ce philosophe est donc de prouver qu'il n'y a qu'une seule substance, dont les deux premiers attributs sont l'étendue et la pensée : de là découle tout ce que nous pouvons remarquer dans l'univers. Tous les corps que nous prenons pour autant de substances distinctes ne sont que des modifications de la substance unique, en tant qu'elle est étendue. Tous les esprits, que nous regardons comme des êtres distincts et séparés, ne sont encore que des modifications de cette substance universelle et indivisible, en tant qu'elle est douée de la pensée.

Tout ce qui arrive est une suite nécessaire de la substance unique; et par conséquent il n'y a point de différence à faire entre le bien et le mal moral. Enfin Dieu est, pour Spinosa, cette substance unique qui ne diffère point de l'univers, et qu'il voit dans l'ensemble des parties qui le composent. Ainsi ce système va se résoudre dans le panthéisme, c'est-à-dire dans l'athéisme. « Qu'est-ce en effet que le panthéisme(1), « dit M. Cousin? La conception du tout (τὸ πᾶν), c'est-à-« dire du monde, comme unique objet de la pensée, « comme l'unique existence, comme se suffisant à lui-« même et s'expliquant par lui-même, c'est-à-dire « comme Dieu. » (Cours d'hist. de la Philos., 1829, 7ᵉ livrais., p. 249.)

---

(1) Panthéisme, du grec πᾶν, neut. de πᾶς, le tout, et de Θεός, Dieu, le tout-Dieu.—Athéisme, de Θεός, Dieu, et de l'α privatif, sans Dieu.

Pour le réfuter, nous nous contenterons de l'attaquer dans sa base. Spinosa, nous l'avons dit, procède à la manière des géomètres, par des définitions et des axiomes : nous allons en citer quelques exemples, dont nous démontrerons en même temps la fausseté et l'absurdité.

Première définition de l'éthique de Spinosa (1).

Par ce qui est cause de soi-même, j'entends ce dont l'essence renferme l'existence.

Une chose peut-elle être cause de soi-même? Elle serait donc à la fois cause et effet, ce qui est absurde. — Est-il une chose dont l'essence ne renferme pas l'existence? à moins qu'on ne veuille parler de l'*essence métaphysique*, qui n'est qu'une pure possibilité. Une montagne d'or, par exemple, n'a qu'une essence métaphysique, parce qu'elle n'est que possible, et qu'elle n'existe pas réellement.

Deuxième définition de l'éthique.

J'entends par substance ce qui est en soi, et qui est conçu par soi-même, c'est-à-dire ce dont l'idée n'a pas besoin, pour être formée, de l'idée d'une autre chose.

Que d'absurdités en peu de mots! D'abord une définition de la substance, et nous avons prouvé qu'elle ne pouvait être définie : définir, c'est exprimer une idée composée au moyen d'idées plus sim-

---

(1) Éthique, philosophie morale, ἠθική, r. ἔθος, mœurs.

ples, et antérieures à l'idée définie. Mais l'idée de *ce qui est conçu par soi-même* est une idée primitive, une idée qui ne saurait être décomposée en ses élémens, une idée indéfinissable, en un mot. D'ailleurs n'est-il pas prouvé que la pensée ne peut jamais saisir les substances en elles-mêmes? elle les conçoit en concevant les modes, les modifications. L'idée de la substance *a donc besoin, pour être formée, de l'idée d'une autre chose*, puisque si nous n'avions jamais l'idée des modes, des modifications, nous n'aurions jamais l'idée de substance. Je veux bien que dans l'ordre en soi, la substance soit antérieure à la modification ; mais l'idée que nous en avons n'est jamais antérieure à l'idée de la modification, on *ne la conçoit donc pas par elle-même*, et l'idée que nous formons n'est pas indépendante de toute autre idée, elle n'a pu être formée qu'on n'eût préalablement conçu plusieurs autres choses.

Spinosa voudrait-il dire que la première idée que nous formons est l'idée de substance? Non, sans doute ; le bon sens réclamerait trop haut. Mais cependant la première idée que nous formons représente un objet qui *est conçu par lui-même, et qui n'a pas besoin de l'idée d'un autre objet*. Ce premier objet connu sera donc une substance, la substance de Spinosa.

Concluons avec Condillac que Spinosa n'a point donné l'idée de la chose qu'il veut faire signifier au mot de *substance* : par conséquent rien n'est plus frivole que les démonstrations qu'il nous donnera. Ajoutez que l'ambiguïté de cette expression scolastique *en soi* est toute propre au dessein où est ce philosophe de prouver que la substance est, de sa nature, indépendante. Voyez le mérite d'une pareille méthode : avec des définitions on prouvera tout ce qu'on voudra, parce qu'on mettra tout ce qu'on voudra dans ses définitions.

Troisième définition de l'éthique:

J'entends par attribut ce que l'entendement se représente comme constituant l'essence de la substance.

Spinosa dit ailleurs qu'il entend par attribut tout ce qui est conçu *par soi* et *en soi ;* en sorte que l'idée qu'on en a ne renferme pas l'idée d'une autre chose. Mais la substance est aussi ce qui est conçu en soi et par soi. Voilà donc que la substance et l'attribut ne sont qu'une même chose, et dès-lors on pourrait traduire ainsi cette définition : J'entends par *attribut* ce que l'entendement se représente comme constituant l'essence de l'*attribut*.

Il serait inutile de suivre plus long-temps Spinosa dans ce dédale de définitions, d'axiomes et de propositions, toutes aussi fausses les unes que les autres, et presque toujours absurdes ; il serait inutile de chercher à découvrir ce qu'il entend par la nature *naturée* et la nature *naturante*, et de vouloir concilier un amas de contradictions. Il serait encore inutile de renverser les conséquences erronées et immorales qui découlent d'un système basé sur des définitions de mots : la base détruite, l'édifice ne peut se soutenir.

Essence physique, essence métaphysique.

Combien distingue-t-on de sortes d'essences?

Les philosophes ont distingué deux sortes d'essences : l'essence *physique* et l'essence *métaphysique*. Celle-ci n'est que la convenance qui existe entre les attributs d'une chose, soit qu'elle existe ou qu'elle n'existe pas ; elle semble ne pas différer de la possibilité. La première est la réunion même des attributs d'une chose, c'est leur convenance réalisée ; elle paraît ne pas différer de l'existence. Ainsi, comme nous l'avons dit, l'essence d'une montagne d'or n'est que métaphysique, parce qu'une montagne d'or est dans l'ordre des possibles, et que je puis sans absurdité supposer son existence. Mais si cette supposition venait à se réaliser, l'essence d'une montagne d'or deviendrait physique, c'est-à-dire que la possibilité se convertirait en réalité.

Ceci nous amène naturellement à parler de l'existence et de la possibilité.

Idées de l'existence et de la possibilité.

Qu'est-ce que l'existence ?

Ou ce mot existence exprime une idée générale, et alors cette idée n'est qu'une abstraction de l'esprit ; elle manque de réalité, puisque rien n'existe en général ;

Ou bien ce mot exprime une idée individuelle, qui nous représente l'intégrité des individus. Sous ce point de vue, l'idée des existences est très-incomplète, et ne nous montre que quelques qualités d'un sujet qui nous est inconnu. Quand nous voulons pénétrer dans la nature intime des êtres, quand nous voulons pénétrer l'existence en elle-même, c'est alors que paraît toute notre ignorance, et principalement quand nous voulons sonder les profondeurs de l'être nécessaire : voilà pourquoi il est appelé dans les Écritures un Dieu vraiment caché, *verè absconditus*.

Pourquoi y a-t-il quelque chose? « Terrible question! s'écrie d'Alembert. » (Mél., t. 5, p. 35.) Il lui semble que les philosophes n'en sont pas assez effrayés.

« J'avoue, dit M. Laromiguière, que je ne saurais
« partager le sentiment qui a dicté ces paroles. Pour-
« quoi se rapporte ou à la cause finale ou à la cause
« efficiente.

« Quelle est la fin ou le but de l'existence, de
« toutes les existences, celle de Dieu comprise? Je
« l'ignore; et cette curiosité me paraît tellement
« hors de proportion avec ma nature, qu'elle ne
« m'effraie ni ne m'inquiète, qu'elle n'entre pas
« même dans mon esprit. Je dirai plus : il me paraît
« absurde de demander le but de l'existence de Dieu.
« Je doute qu'on sache ce qu'on demande.

« Quelle est la cause efficiente de toutes les exis-
« tences? Une telle question et une telle cause sont
« de véritables contradictions : pour produire les
« existences, la cause efficiente doit exister, et dès-
« lors n'étant pas cause de sa propre existence, elle
« n'est pas cause efficiente de toutes les existences.

« On cherche la raison de l'existence : il n'y en a
« pas. Cette raison, s'il y en avait une, devrait être
« antérieure à l'existence, ou du moins devrait être
« conçue antérieure à l'existence. Ainsi supposée,
« ainsi conçue, cette raison serait ou une cause qui
« aurait produit l'existence, ou un principe dont
« l'existence serait une émanation; elle serait donc

« elle-même une existence dont on continuerait à
« demander la raison, et à la demander sans fin.

« On peut demander la raison d'une existence par-
« ticulière, on ne peut pas demander la raison de
« toute existence.....

« Je ne conçois ni la création, ni l'existence né-
« cessaire : je veux dire que je n'en ai pas l'*idée* (1),
« car j'en ai la certitude. Je n'ai l'*idée* ni de l'éter-
« nité, ni du passage du néant à l'existence, et je
« me tiens tranquille. Pourquoi m'effrayer de cette
« ignorance? Est-ce qu'elle serait moins naturelle
« que toute autre? Ne m'est-il pas évident que les
« idées de création et d'éternité, que je n'ai point,
« je ne puis pas les avoir? D'où me viendraient-elles,
« à moins d'une révélation, quand elles n'ont leur
« origine dans aucun de mes sentimens? » (Larom.,
t. 2, p. 398.)

Origine de l'idée d'existence.

Nous ne donnerons donc pas la définition de l'existence; c'est une pure abstraction. Vouloir l'expliquer, demander ce qu'elle est, chercher sa nature, c'est chercher une contradiction, c'est-à-dire une absurdité. Nous éprouvons des sensations, que nous rapportons à des objets extérieurs; chaque sensation nous révèle deux faits : l'existence de l'objet senti, et l'existence de ce qui sent. Notre raison ne saurait

---

(1) Il me semble qu'il faut admettre une différence entre avoir *idée* et avoir l'*idée* d'une chose. Avoir *idée*, dans ma manière de voir, signifie qu'on connaît qu'une chose est ou a été, qu'on en saisit quelques points de vue, qu'on en garde un souvenir; et avoir l'*idée* signifie qu'on la comprend. Dans le passage cité, M. Laromiguière a écrit *idée*, et non pas *l'idée* : je me suis permis de modifier le sens en ajoutant l'article.

nier ces deux faits, elle est portée à les admettre par une loi de sa nature. Ces deux faits primitifs ne sont susceptibles d'aucune analyse, d'aucune définition.

Wolf a dit : « L'existence est le complément de « la possibilité. »

Cette définition, très-peu claire en elle-même, suppose l'idée de possibilité antérieure à l'idée d'existence, ce qui est faux.

Origine de l'idée de la possibilité.

En effet, qu'est-ce que la possibilité? Parviendrions-nous jamais à nous en former l'idée, si nous n'avions auparavant l'idée d'existence ? La possibilité en soi précède l'existence ; mais l'idée d'existence, par rapport à nous et dans l'ordre de génération, est antérieure à celle de possibilité. Le monde était possible avant que la cause créatrice ne l'eût réalisé ; mais il ne nous a été connu possible que parce que nous l'avons vu existant. Nous l'avons dit, et nous ne craindrons pas de le répéter, nous ne connaissons les objets que par leurs qualités. Lorsque nous pensons au lien qui réunit ces qualités, au *substratum* qui les contient, nous avons l'idée de *substance;* si nous pensons à l'attribut primitif, à la qualité première qui rend raison des autres, nous avons l'idée d'*essence;* mais nous ne pouvons penser soit à la substance, soit à ses attributs, sans avoir l'idée d'*existence.* Enfin nous voyons certaines qualités toujours réunies dans certains objets, et d'autres qualités toujours réunies dans d'autres objets ; de là nous jugeons qu'il y a entre ces qualités un rapport de compatibilité, et c'est ainsi que se forme l'idée de *possibilité*. D'autres fois nous remarquons entre elles un rapport de contradiction ; de là naît l'idée d'*impossibilité.*

Ainsi nous disons que les corps existent, parce

que les sensations qui nous révèlent leurs qualités nous révèlent en même temps leur existence; nous disons qu'ils sont possibles, parce que l'expérience nous montre que les qualités que nous attribuons aux corps, telles que l'étendue, la figure, la couleur, l'impénétrabilité, etc., peuvent coexister dans le même objet; en d'autres termes, qu'il y a entre elles rapport de convenance et de compatibilité. Nous disons qu'il est impossible que les corps puissent penser, parce que la pensée et l'étendue sont deux propriétés que le raisonnement nous montre incompatibles.

Nous disons que notre ame existe, parce que nous sentons ses modifications; nous disons qu'elle est possible, parce que, instruits par l'expérience, nous savons que ses propriétés n'ont rien de contradictoire; nous disons qu'il est impossible qu'elle soit étendue, parce qu'entre l'étendue et les attributs de l'ame nous concevons un rapport d'incompatibilité.

Ainsi, l'idée de possibilité a la même origine que celle d'existence; seulement elle suppose un plus grand développement de l'intelligence. En effet, l'expérience suffit pour nous faire connaître ce qui existe; mais nous avons besoin de la réflexion du raisonnement pour connaître ce qui est possible. L'idée d'existence est donc antérieure à l'idée de possibilité. Comment donc définir l'existence par la possibilité? C'est une contradiction, et c'est peut-être sur cette contradiction que repose l'argument de Descartes : *Dieu est possible, donc il existe.*

Les essences sont-elles immuables? On a demandé si les essences des choses étaient éternelles et immuables, et si elles dépendaient de la puissance divine.

Nous répondrons avec S'Gravesande : « Il est évi-
« dent que l'essence d'une chose ne saurait en être
« séparée que par abstraction. Otez l'essence d'un
« cercle, qui consiste en ce que tous les points de la
« circonférence sont également éloignés du centre,
« et le cercle s'évanouira par cela même.

« Le sentiment contraire a été adopté par plusieurs
« auteurs, qui soutiennent que les essences des choses
« dépendent de la volonté de Dieu.....; mais il n'y a
« pas la moindre apparence que ceux qui affirment
« que les essences des choses sont immuables, et
« ceux qui le nient, donnent au mot d'essence la même
« signification.

« Quand je considère un triangle, je vois que sa
« nature est d'avoir trois angles, et de n'en avoir
« que trois; ajoutez ou ôtez un angle, et le triangle
« sera détruit. Lorsque j'affirme ceci, j'ai une notion
« claire et distincte de mon assertion. Si quelqu'un
« le nie, et dit que Dieu peut donner quatre angles
« au triangle sans le détruire, de manière que quatre
« angles soient trois angles, je ne pourrai me former
« aucune idée du sens qu'il a prétendu attacher à
« cette proposition. » (Introd. à la philos., p. 3.)

Ceux qui ont soutenu que les essences n'étaient pas indépendantes de la puissance divine n'ont sans doute pas voulu accréditer une pareille absurdité : qu'ont-ils donc voulu nous dire ? Que Dieu pouvait anéantir les essences physiques des choses ? Et qui a jamais prétendu le contraire ? Elles sont sorties du néant par un seul acte de sa volonté, elles peuvent y rentrer de même ; mais vouloir étendre la puissance de Dieu jusqu'à faire que ce qui existe cesse d'exister sans perdre son existence, cela révolte la raison.

Et qu'on ne nous dise pas que notre entendement est proportionné à la disposition présente des choses, dans laquelle un triangle a trois angles; et que si l'essence des choses était changée, notre entendement subirait un changement analogue. C'est déplacer la question, c'est dire que nos idées peuvent changer, ce que nous sommes loin de vouloir nier; mais ce n'est rien prouver contre l'immutabilité des essences.

Quant à l'essence métaphysique, il est évident qu'elle ne dépend pas de la puissance divine. Ou les attributs des choses ont avec elles un rapport de compatibilité, ou non. Dans l'un et dans l'autre cas, toute la puissance divine ne peut pas faire que ce rapport existe et n'existe pas en même temps; en d'autres termes, Dieu ne peut pas faire ce qui est impossible en soi; il ne peut pas faire qu'une montagne existe sans vallée.

VII.

De la puissance, de la cause et de l'effet.

Idée de puissance.

Lorsque nous avons fait plusieurs fois une même chose, nous jugeons qu'il est en nous une force capable de la reproduire : de là vient l'*idée de puissance*. Ainsi lorsque j'ai plusieurs fois donné mon attention à plusieurs objets, il est impossible que mon ame ne réfléchisse pas sur cette énergie qui lui est propre, dont le premier mode d'exercice est ce que nous appelons l'attention. L'ame ne peut agir sans sentir son action, et elle ne peut sentir son action sans qu'elle se reconnaisse active, ou, ce qui est la même chose, sans qu'elle reconnaisse en elle-même une force, une puissance, en un mot, sans avoir l'idée de puissance.

Les philosophes ont admis deux espèces de puissances : la puissance active et la puissance passive. Nous rejetterons cette distinction, parce qu'il implique de dire d'une puissance qu'elle est passive. La puissance peut être appelée la faculté de faire quelque chose, et réciproquement la faculté d'agir peut s'appeler puissance ; mais ce ne peut être que très-improprement qu'on donne le nom de puissance à ce qu'il y a en nous de passif. C'est donc bien à tort que l'on a dit que dans l'ame humaine il y avait la puissance d'agir et la puissance de sentir. L'ame humaine a la puissance, la faculté d'agir ; mais elle n'a pas la puissance, la faculté de sentir. On s'exprimerait plus exactement si l'on disait que l'ame a la propriété, la capacité de sentir. Le sentiment et l'action de l'ame sont des phénomènes trop distincts pour confondre leurs principes sous une même dénomination.

Idée de cause et d'effet. Son origine.

« Lorsque l'ame agit sur ses sentimens et sur ses
« idées, nous ne pouvons pas douter que souvent
« elle ne change sa manière d'être actuelle. Les sen-
« timens deviennent des idées, les idées simples se
« réunissent pour former des idées composées ; les
« idées composées se distribuent en idées simples.
« De plus, l'ame n'agit pas sans motifs ; elle agit pour
« se donner une connaissance ou pour rectifier une
« erreur, pour se procurer un bien ou pour se déli-
« vrer d'un mal. »

« Or, l'ame ne peut agir, et en conséquence éprou-
« ver un changement, qu'elle n'ait le sentiment de
« son action, et celui du changement opéré par
« cette action. Ces deux sentimens ameneront bien-

« tôt deux idées, dont l'une sera celle de cause, et
« l'autre celle d'effet; car un changement, considéré
« dans son rapport à l'action en vertu de laquelle il
« est produit, reçoit le nom d'effet, comme l'action
« elle-même prend le nom de cause.

« Redisons la même chose : les deux sentimens de
« l'action de l'ame, et du changement qui en est la
« suite, donnent lieu à deux idées. La présence si-
« multanée de ces deux idées donne lieu d'abord au
« simple sentiment du rapport qui se trouve entre
« l'action et le changement, et bientôt à l'idée de ce
« même rapport. Ce rapport est de la cause à l'effet,
« si vous allez de l'action au changement; de l'effet
« à la cause, si vous allez du changement à l'action.

« C'est donc en nous-mêmes que nous trouvons
« l'idée de cause : elle dérive du sentiment du rap-
« port entre une action de l'ame et un changement
« de l'ame. » (Laromig., t. 2, pag. 435.)

Telle est l'origine des idées de cause et d'effet;
elles dérivent du sentiment de notre propre force,
joint au sentiment des modifications qui sont produites par cette force. Lorsqu'ensuite nous examinons
les êtres qui nous entourent, nous remarquons que
les uns sont ou paraissent produits par d'autres ; ce
phénomène étant analogue aux phénomènes intérieurs qui résultent de l'énergie de notre ame, nous
caractérisons encore ces nouveaux agens et leurs produits par les noms de cause et d'effet. Un corps a la
force de remuer un autre corps, il est la cause du
mouvement; les vents ont la force de déraciner les
forêts, ils sont la cause de la chute des arbres. C'est
ainsi que les idées de cause et d'effet, d'abord individuelles, deviennent générales lorsque nous les éten-

dons à tous les cas où une force produit un changement quelconque.

Mais, en étudiant les effets de la puissance intérieure de notre ame, nous avons non-seulement l'idée de cause, mais encore l'idée de cause libre. Je veux donner mon attention (1) à un objet, et je la donne;

Idée du contingent et du nécessaire.

---

(1) Partant de ce fait incontestable, que nous donnons souvent notre attention volontairement et librement, M. Cousin dit : « Les facultés de l'entendement, tel que le conçoit et le décrit « M. Laromiguière, appartiennent plus à la volonté qu'à l'en- « tendement, puisqu'elles reposent sur l'attention, laquelle est « très-certainement une faculté volontaire. » (Leçons de philosophie de M. Laromiguière, jugées par V. Cousin, p. 41.) Et ailleurs : « Au fond, l'attention n'est qu'un acte de volonté; nul « n'est attentif qui ne veut l'être. » (*Ibid.*, p. 38.)

Je ne nierai pas que notre attention ne soit très-souvent volontaire : l'expérience est là pour nous en convaincre ; mais en faut-il conclure qu'elle le soit toujours ? On ne peut vouloir une chose qu'on ne connaît pas. Pour vouloir être attentif, il faut que je me reconnaisse capable d'attention ; mais l'attention ne peut m'être connue que par elle-même. Avant de vouloir donner mon attention, il faut que je sache que je puis la donner ; et je ne saurai que je puis la donner que du moment où l'expérience, résultant de plusieurs actes d'attention, m'aura révélé que l'exercice de cette faculté est en ma puissance. Il est donc constant qu'au moins, dans le principe, l'attention n'est pas une faculté volontaire. L'est-elle toujours dans le plein développement de la vie intellectuelle? Hélas! je ne le sens que trop aux efforts infructueux que je fais assez souvent pour la fixer, elle ne dépend pas nécessairement de la volonté. M. Royer-Collard a dit : « Une « observation plus attentive découvre à l'homme qu'il n'y a de « volonté que dans un être intelligent. » Cette pensée suppose que l'intelligence précède la volonté ; en effet, on ne pourrait pas renverser la phrase, et dire : *L'observation découvre à l'homme qu'il n'y a d'intelligence que dans un être doué de volonté.* Mais l'attention est la condition nécessaire de l'intelligence; donc, *à fortiori*, elle précède la volonté.

je veux m'occuper bientôt après de toute autre chose, et je le fais. Plusieurs des changemens qui se produisent en moi n'y surviennent donc qu'à une condition, celle que j'aurai la volonté de les produire; si cette condition venait à manquer, ils n'existeraient jamais. Je ne puis pas ne pas sentir le rapport de cette condition à leur existence, et de ce rapport découle l'idée d'une existence conditionnelle. Or, cette idée d'une existence possible et conditionnelle est l'idée du *contingent*. Mais il est aussi des déterminations de ma volonté qui ne sont pas libres : par exemple, c'est bien volontairement que je désire mon bonheur; mais je ne suis pas libre de ne pas le désirer. Or, ces déterminations, qui ne dépendent pas de notre libre volonté, on les appelle nécessaires, et l'idée que nous nous en formons étant généralisée, est l'idée du *nécessaire*.

Bientôt, en considérant les êtres qui nous environnent, en les voyant changer, commencer et finir, la possibilité de leur non-existence nous frappe, et nous généralisons l'idée individuelle que nous avions du contingent; mais le raisonnement nous fait bientôt reconnaître que tous les êtres ne sauraient être contingens, que tout ce qui est contingent a une cause, et qu'à moins de s'égarer dans une série sans fin de causes et d'effets, il faut remonter à l'existence d'un être qui, sans cause lui-même, est la cause de tout ce qui existe : nous avons dès-lors l'idée de l'*être nécessaire*. On voit que ces idées sont des modes de celles de cause et d'effet.

Combien distingue-t-on d'espèces de nécessités? Les philosophes ont distingué trois sortes de nécessités, comme trois sortes d'impossibilités, comme trois sortes de certitudes.

Suivant eux, il est *métaphysiquement* nécessaire qu'un cercle soit rond. Cette nécessité repose sur l'essence même des choses.

Il est *physiquement* nécessaire qu'un corps qui n'est pas soutenu tombe à terre. Cette nécessité dépend des lois physiques, auxquelles il ne saurait être dérogé sans l'intervention d'un miracle.

Il est *moralement* nécessaire qu'un honnête homme ne mente point. Cette nécessité a sa base sur les lois morales.

De là trois nécessités : la *métaphysique*, la *physique* et la *morale*.

J'aimerais mieux dire qu'il y a deux sortes de nécessités : l'une *absolue*, et l'autre *hypothétique*. Ainsi il est absolument nécessaire qu'un triangle ait trois angles; il est hypothétiquement nécessaire que *demain il fera jour, qu'un homme ne se jettera pas librement dans un précipice*. Cette dernière nécessité a lieu dans l'ordre moral et dans l'ordre physique, et dépend de la stabilité des lois qui régissent ces deux ordres. Nous disons qu'elle est hypothétique, parce que son contraire n'est impossible que dans certaines hypothèses. Ainsi il fera jour demain, en supposant que Dieu n'arrêtera pas par un miracle le cours des astres.

Les vérités participent de ces deux caractères de nécessité et de contingence que nous venons de déterminer (1).

<small>Des vérités contingentes et nécessaires.</small>

---

(1) La vérité n'est qu'un rapport aperçu entre deux idées ; et il y a deux sortes de vérités. Quand je dis, *cet arbre est plus grand que cet autre*, je porte un jugement qui peut cesser d'être vrai, parce que le plus petit peut devenir le plus grand. Il en est de même de

Qu'est-ce que la vérité ?

« La vérité, considérée dans notre esprit, est, dit
« M. Laromiguière, la perception, ou, si l'on veut,
« l'affirmation du rapport entre deux idées.

« Elle est contingente lorsque les deux termes du
« rapport sont contingens, c'est-à-dire sujets au chan-
« gement ;..... elle est nécessaire lorsque les deux
« termes du rapport sont immuables.... Les vérités
« contingentes sont transitoires ; les vérités néces-
« saires sont éternelles. »

Un arbre est grand, un cheval est fort ; l'homme est raisonnable ; Alexandre fut le vainqueur de Darius ; l'armée de Napoléon fut détruite en Russie : voilà des vérités, mais des vérités contingentes. La partie est plus grande que le tout ; il existe une première cause ; il n'y a pas de mode sans substance ; un cercle est rond : voilà des vérités absolues. Les premières indiquent des rapports accidentels, les secondes des rapports essentiels. Nous pouvons refuser de croire aux premières, mais nous sommes forcés de donner notre assentiment aux secondes.

« Comme les unes et les autres sont des perceptions
« de rapport, elles dérivent les unes et les autres du
« sentiment de rapport, et elles en dérivent exclu-

---

tous nos jugemens, lorsque nous nous bornons à observer des qualités qui ne sont pas essentielles aux choses : ces sortes de vérités se nomment *contingentes*. Mais ce qui est vrai ne peut cesser de l'être, lorsque nous raisonnons sur des qualités essentielles aux objets que nous étudions. L'idée d'un triangle représentera éternellement un triangle ; l'idée de deux angles droits représentera éternellement deux angles droits : il sera donc toujours vrai que les trois angles d'un triangle sont égaux à deux droits. Voilà tout le mystère des idées qu'on appelle *nécessaires* et *éternelles*. (Condillac, Art de penser, p. 19.)

« sivement à toute autre manière de sentir. » (Laromiguière, t. 2, p. 447.)

Revenons aux causes. On en distingue de plusieurs sortes :

Combien distingue-t-on d'espèces de causes ?

1° La *cause efficiente* est celle qui produit son effet par elle-même, c'est-à-dire par une activité qui lui est propre : Dieu est la cause efficiente de tous les êtres créés, notre ame est la cause efficiente de ses idées.

La cause efficiente se divise en cause libre et en cause nécessaire.

La cause libre est celle qui peut indifféremment agir ou ne pas agir : Dieu était libre de créer le monde.

La cause nécessaire est celle qui ne peut retenir son action : le soleil est la cause nécessaire de la lumière.

Il n'est pas toujours facile de découvrir les causes efficientes des choses. Nous considérons souvent comme telles, au premier abord, des mobiles que nous reconnaissons ensuite n'être que de simples occasions, des effets produits. La philosophie leur donne le nom de *causes occasionelles*.

2° La cause *occasionelle* est donc celle qui influe efficacement sur l'existence d'un effet sans le produire par elle-même, par une activité qui lui soit propre : une boule, lancée contre une autre boule, produit occasionellement le mouvement dans cette seconde boule.

3° On donne le nom de cause *physique* à l'agent qui, par une influence matérielle, donne lieu à l'existence de l'effet, soit qu'il soit cause efficiente, soit qu'il ne soit que cause occasionelle : l'essor d'un aérostat a pour cause physique la pesanteur de l'air.

4° Nous appellerons cause *morale* celle qui détermine à l'action un agent intermédiaire : le prince qui ordonne un meurtre est la cause morale de ce meurtre.

5° Enfin il y a des causes *matérielles*, *instrumentales*, *finales*. La cause *matérielle* d'une statue est le marbre ; la cause *instrumentale* est le ciseau ; la cause *finale* est l'imitation d'un type.

Des dernières causes que nous venons d'indiquer, celle qu'on a qualifiée de cause finale, et qui n'est autre chose que le but qu'on se propose d'atteindre dans un ouvrage, a seule quelque importance en philosophie.

Il est inutile d'observer que l'on distingue les causes secondes et la cause première ; toutes les causes des phénomènes naturels sont des causes secondes, et présupposent l'existence d'une cause première.

De combien de manières la cause peut contenir l'effet ?

Voulant déterminer le rapport de la cause à l'effet, les philosophes ont admis dans la cause trois manières de renfermer son effet, et ils ont dit : Il doit y avoir dans la cause autant de réalité *formelle*, ou *virtuelle*, ou *éminente*, que dans l'effet.

Je ne sais pas trop à quoi peut servir un tel principe. Dans tous les cas, nous allons en donner une explication empruntée à M. Royer-Collard :

« Une lettre de change ne contient pas la réalité
« de la somme qu'elle représente ; cette somme n'est
« réellement que dans la caisse du banquier. Toute-
« fois la lettre de change contient la somme d'une
« certaine manière, puisqu'elle en tient lieu. Cette
« somme est encore contenue ailleurs d'une autre
« façon ; elle est dans le crédit du banquier qui a
« souscrit la lettre. Si l'on voulait exprimer ces diffé-

« rences *dans le langage de la scolastique*, on di-
« rait que la somme est contenue *formellement* dans
« la caisse du banquier, *virtuellement* dans la lettre
« de change qu'il a souscrite, et *éminemment* dans
« le crédit qui lui a donné le pouvoir de la souscrire;
« et qu'ainsi la caisse contient la réalité formelle de
« la somme, la lettre de change sa réalité virtuelle, et
« le crédit sa réalité éminente (1). »

VIII.

Idée de Dieu. — Son origine.

Nous ne saurions nier notre faiblesse; à chaque instant l'homme est convaincu d'impuissance. Notre bonheur, notre vie même dépendent d'un concours de circonstances auxquelles il nous est impossible de nous soustraire; et tout ce qui nous entoure, par son action continuelle sur nous, fait que nous ne pouvons douter de notre dépendance. Mais ces causes qui agissent immédiatement sur nous seraient-elles les seules dont nous dépendons? Cette question, que se firent sans doute les hommes quand ils commencèrent à réfléchir sur les impressions qu'ils recevaient de tous les objets que renferme la nature; cette question, dis-je, résolue affirmativement, put donner naissance au polythéisme. « Ils virent, dit Condillac, leur bon-

---

(1) Dans cette citation, je me suis permis de remplacer par les mots soulignés *langage de la scolastique*, ceux-ci : *la langue de Descartes*; et *virtuellement* a pris la place de l'expression *objectivement*.

« heur ou leur malheur au pouvoir de tout ce qui
« agissait sur eux. Cette connaissance les humilia de-
« vant tout ce qui est ; et les objets dont les impres-
« sions étaient les plus sensibles furent leurs premiè-
« res divinités. » (Traité des animaux, p. 569.) Le
vulgaire s'arrêta sur cette notion grossière, et ne sut
pas remonter à un être indépendant, cause première de
tout ce qui existe. Mais quelques esprits plus élevés,
tout en confessant la dépendance de l'homme d'un
concours de causes extérieures, ne tardèrent pas à
remarquer que ces causes qui sont partout n'agis-
saient pas séparément, et isolées les unes des autres ;
qu'elles étaient liées au contraire de manière à former
comme une chaîne immense, dont chaque anneau est
tout à la fois cause et effet.

Quoi! se dirent-ils à eux-mêmes, nous dépendrions
uniquement des objets qui agissent immédiatement
sur nous ? ne voyons-nous pas qu'à leur tour ils obéissent à l'action de tout ce qui les environne ? L'air nous
est salutaire ou nuisible, par les exhalaisons qu'il reçoit
de la terre ; mais comment ces vapeurs sortiraient-elles
du sein de la terre, si elle n'était pas échauffée par le
soleil? Quelle cause a du soleil fait un corps tout en
feu? cette cause en reconnaîtra-t-elle une autre? ou,
pour ne nous arrêter nulle part, admettrons-nous une
progression d'effets à l'infini sans une première cause?
Il y aurait donc proprement une infinité d'effets sans
cause : évidente contradiction! Nous sommes donc
forcés de remonter à une cause qui n'est pas effet,
c'est-à-dire à une cause première. (*V*. Condill., *ibid.*)

C'est ainsi que de l'idée de cause, qui, comme nous
l'avons vu, a son origine immédiate dans un senti-

ment de rapport, une induction rigoureuse nous élève à l'idée d'une *cause première*. Bientôt, dans cette idée de cause première, l'induction nous montrera l'idée d'un être souverainement parfait, et cet être nous l'appelons Dieu.

Résumons ce que nous venons de dire. L'idée de Dieu a une de ses origines dans le sentiment de rapport, dans ce sentiment de rapport qui donne lieu à l'idée de cause, d'où nous nous élevons d'abord à l'idée de cause première, et bientôt à l'idée de cause première infinie dans toutes ses perfections.

Car la même induction qui nous a conduits à cette première cause, en réfléchissant sur les effets qui en dépendent, nous conduira à découvrir ce qu'elle est. Il est impossible de voir l'harmonie qui lie toutes les parties de l'univers, la subordination qui existe entre elles, et la permanence de tant de choses différentes, dont l'ensemble, malgré la diversité de leurs élémens, forme un tout si durable, sans être convaincu que le monde a pour cause un principe intelligent; car dans un ouvrage quelconque, pour en disposer ainsi toutes les parties, de manière que les unes dépendent des autres, il faut les connaître toutes, et il faut connaître aussi les divers rapports qu'elles ont entre elles. Quelle idée aurions-nous d'un horloger qui ne connaîtrait pas les différentes pièces qui doivent entrer dans la fabrication d'une montre? s'il ne savait pas l'usage du grand ressort, de la chaîne, des rouages, etc.? Il est donc évident que le *fabricateur souverain*, pour me servir de l'expression de La Fontaine, est un être intelligent, puisqu'il a su tout arranger dans un ordre aussi parfait.

Idée des attributs de Dieu.

Son intelligence.

Son intelligence est infinie.

De même que l'intelligence de l'horloger doit s'étendre à toutes les parties d'une montre, de même l'intelligence de la cause première embrasse toutes les parties du monde. Si la connaissance d'une seule de ces parties échappait à son intelligence, il lui serait impossible de la mettre à sa place, et l'harmonie de l'univers serait détruite. Or, une intelligence qui embrasse tout est infinie; l'intelligence de la cause première ne connaît donc pas de bornes.

Sa puissance est infinie.

L'intelligence n'est pas le seul attribut de la cause première. Qui dit cause dit force, dit puissance. La cause première est donc puissante, et sa puissance est infinie. Il ne suffit pas, pour composer un ouvrage, d'en connaître toutes les parties : il faut encore avoir le pouvoir de les arranger, de les fixer dans l'ordre qui leur convient; il faut surtout avoir la puissance de les former, de les produire. La puissance de Dieu s'exerce donc sur toutes les parties du monde; elle est donc infinie.

Son immensité.

Puisque cette puissance s'exerce sur tout l'ensemble de l'univers, la cause première agit partout; mais on ne peut agir que partout où l'on se trouve : la cause première est donc partout; elle est immense.

Son indépendance.

La cause première ne reconnaît rien au-dessus d'elle, puisqu'elle était avant tous les autres êtres : elle est donc indépendante.

Sa liberté.

De ce qu'elle est indépendante, toute puissante, de ce que son intelligence s'étend à tout, il s'ensuit qu'elle est libre.

En vain on nous objecterait ici la définition que nous avons donnée de la liberté, en nous disant que l'intelligence infinie voit tout, et n'a pas besoin de délibérer pour se déterminer : nous répondrons que lorsque nous avons défini la liberté une préférence après délibération, nous avons voulu parler de la liberté telle qu'elle se manifeste dans une créature bornée, chez l'homme ; mais non de la liberté telle qu'elle est dans toute sa perfection, comme dans la cause première. L'homme libre délibère nécessairement avant de se déterminer, pour que son choix ne soit pas aveugle. Avant de prendre un parti, il pèse, il balance les avantages et les désavantages qui doivent résulter de la résolution qu'il va prendre ; et c'est en cela que consiste la délibération, qui doit éclairer son choix et le rendre libre. Mais plus il est éclairé, moins ce besoin de délibération se fait sentir. Il doit donc être nul pour celui aux yeux duquel les ténèbres les plus épaisses sont comme la lumière la plus pure. Il en est de la liberté de la cause première comme de son intelligence, comparée à celle de l'homme : la plupart des vérités que nous connaissons, nous les devons au raisonnement ; de là vient que l'homme est une créature raisonnable, parce qu'il raisonne et qu'il est forcé de raisonner. Mais Dieu ne raisonne pas, il n'a pas besoin de raisonner : direz-vous que son intelligence ne soit pas raisonnable ? Il ne faut jamais comparer les attributs de la cause première aux facultés des créatures : tout est infini d'un côté, tout est borné de l'autre. Vouloir comparer le fini à l'infini est une absurdité.

Une intelligence infinie est nécessairement invariable, car tout lui est présent, le futur et le passé n'existent point pour elle ; d'où il résulte qu'elle ne peut rien changer dans ses déterminations. On donne

<small>Son immutabilité.</small>

le nom d'immutabilité à ce nouvel attribut, et nous dirons que la cause première est immuable.

Quelques philosophes, embarrassés pour concilier l'immutabilité avec la liberté de la cause première, en ont conclu, les uns, qu'elle n'était pas libre; et les autres, ne pouvant nier la liberté, ont soutenu qu'elle n'était pas immuable.

Nous pourrions nous contenter de répondre que de ce qu'on ne comprend pas une chose, ce n'est pas une raison pour la rejeter. Nous ne comprenons pas l'union de l'ame avec le corps; mais est-il en notre pouvoir de la nier? L'homme qui ne peut expliquer le grain de poussière qu'il foule aux pieds montre une audace ridicule lorsqu'il veut soumettre à l'examen de sa faible raison l'accord des attributs de celui dont il tient l'existence. *Scrutator majestatis opprimetur à gloriâ.*

Mais est-il vrai que nous n'avons aucun moyen de concilier la liberté de Dieu avec son immutabilité? Les objections que nous font ceux qui nous opposent une incompatibilité d'attributs portent sur une fausse idée de la liberté divine. L'homme qui a formé une résolution peut en changer, parce qu'il peut lui survenir de nouveaux motifs, de nouvelles connaissances, de nouveaux intérêts, de nouvelles passions: mais rien de tout cela ne peut atteindre la cause première; elle ne peut donc pas avoir de raison pour changer. En faut-il conclure qu'elle n'est pas libre? Je prends en cet instant une résolution, il ne me survient aucun motif d'en prendre une différente: comment verrait-on là une preuve que mes déterminations ne sont pas libres?

Mais ne déplaçons pas la question, en faisant la Divinité libre à la manière de l'homme. Éternellement la cause première a voulu tout ce qui est, et tout ce qui sera à jamais. A-t-elle été libre dans ce décret universel de la création de tous les êtres? voilà ce dont il s'agit. On aura beau me dire que ce décret est immuable, cela ne prouve pas qu'il n'ait pas été libre; et en vain on nous dirait qu'il a été libre, on n'en pourrait rien conclure contre son immutabilité.

Objectera-t-on que la cause première n'a été libre qu'au moment où elle a formé la résolution de créer, qu'elle ne l'est plus maintenant, et que toutes ses volitions sont nécessaires?

Nous répondrons : La cause première a tout réglé avec une sagesse infinie, il ne peut donc lui survenir aucun motif de changement; elle a fait tout l'usage qu'elle avait à faire de sa liberté; ses volitions actuelles sont nécessaires : elles le sont d'une nécessité non absolue, mais hypothétique; elles sont les conséquences nécessaires de sa première volition librement formée; et cette nécessité ne détruit pas sa liberté, puisqu'elle n'est que l'effet de cette même liberté.

Il y a une cause première; mais n'y en a-t-il qu'une? *Son unité.* y en aurait-il deux, ou même davantage? Examinons ces hypothèses.

Dire qu'il y a plusieurs causes premières, c'est dire qu'il y a plusieurs êtres indépendans, c'est dire qu'ils ne peuvent agir les uns sur les autres, c'est dire qu'ils n'ont aucune communication entre eux, c'est dire qu'ils ne concourent pas au même ouvrage; c'est dire enfin qu'il n'y a aucune subordination entre les choses qu'ils produisent. Mais comme les parties de l'univers sont toutes subordonnées les unes aux autres, il s'ensuit qu'elles sont toutes l'ouvrage d'un même principe indépendant : car plusieurs causes diverses n'auraient pu produire un ensemble aussi exactement lié, des parties aussi parfaitement correspondantes. L'ordre admirable du monde, le rapport de ses diverses parties, soit entre elles, soit avec leur tout, prouve donc d'une manière irréfragable qu'il fut l'ouvrage d'une seule et unique cause.

Ajoutons que s'il y avait deux ou plusieurs premières causes, elles seraient ou toujours nécessitées à avoir la même volonté, et dès-lors elles ne seraient plus indépendantes; ou elles pourraient vouloir des choses opposées, et dans ce second cas elles ne seraient pas toutes puissantes. Il répugne que la toute-puissance soit contrariée ou divisée.

Le dogme de l'unité de la cause première est combattu par deux systèmes différens : par le polythéisme (1), qui admettait la pluralité des dieux; et par le manichéisme, qui supposait deux premiers principes également nécessaires, également éternels, également puissans, auteurs de tout ce qui existe dans le monde, l'un du bien, l'autre du mal; dont l'un, en conséquence, était souverainement bon, et l'autre souverainement méchant.

Le polythéisme. Nous avons déjà vu que le sentiment de la dépendance, où se trouvaient les hommes, de tous les objets qui les environnent, avait pu les conduire à la

---

(1) Polythéisme, de πολύ, beaucoup, et Θεός, Dieu, pluralité de Dieux.

croyance de plusieurs divinités; et cette croyance fut généralement celle des peuples anciens, si on en excepte les juifs. Néanmoins cette opinion de la pluralité des dieux ne fut jamais celle des hommes instruits et éclairés. Parmi cette foule de divinités qu'enfantèrent les passions humaines, de concert avec l'ignorance et les préjugés, les sages du paganisme admettaient une divinité supérieure aux autres, qui leur commandait, et de qui tout dépendait. Ainsi l'on peut dire que dans tous les temps l'unité d'un Etre suprême fut toujours reconnue au moins par les hommes que leurs lumières élevaient au-dessus du vulgaire.

Deux mots suffisent pour réfuter le polythéisme. S'il y avait plusieurs causes de l'univers, elles seraient dépendantes les unes des autres, ou non. Dans le premier cas, aucune ne serait cause première; dans le second, aucune ne serait toute puissante, puisque la toute-puissance exclut toute idée de dépendance.

S'il y avait plusieurs causes premières, ou elles n'auraient qu'une seule volonté, ou elles auraient des volontés opposées. Dans le premier cas, elles ne seraient qu'une seule et même cause, un seul et même être, et nous retomberions dans l'unité. Dans le second cas, l'une voulant créer, l'autre ne le voulant pas, s'il y a création, la volonté qui s'y oppose est anéantie; si rien n'est produit, la volonté créatrice n'existe plus. Quelque parti que l'on prenne, la pluralité vient se résoudre dans l'unité.

Le manichéisme est l'objection la plus sérieuse que l'on ait faite contre l'unité de la cause première. Il prit naissance dans l'Orient. Quelques philosophes, *Le manichéisme.*

embarrassés pour expliquer le mélange des biens et des maux qui semblent se partager l'empire de l'univers, eurent recours à deux principes, dont l'un était, comme nous l'avons dit, l'auteur de tous les biens; et l'autre, méchant par nature, était la cause de tous les maux qui affligent le monde. Ce système, au premier abord, paraît satisfaisant à l'esprit; mais, pour peu qu'on y réfléchisse, on ne peut s'empêcher de le trouver ridicule et absurde. Les mêmes raisons qui réfutent le polythéisme réfutent aussi le dualisme des manichéens, ou disciples de Manès.

De plus, ces deux principes opposés seront égaux en force, ou non. Dans le premier cas, il n'y aura ni bien ni mal, car deux forces opposées et égales se détruisent. Dans le second, ou le principe du bien l'emporte en force, et alors il maîtrise le principe du mal, et l'empêche de produire; ou le principe du mal est supérieur au principe du bien, et dans son impuissance ce dernier reste stérile, et le génie mauvais fait peser son sceptre de fer sur l'univers entier. Le manichéisme n'a donc pas, comme le prétend Bayle, l'avantage d'expliquer le mélange du bien et du mal.

Nous n'avons pas oublié que, pour rendre raison d'une chose, il faut en assigner la cause, et cette cause doit être réelle, et adéquate à l'effet produit. Les deux principes de Manès ne réunissent aucune de ces deux conditions : donc ils sont inadmissibles. Et pourquoi recourir à un dualisme absurde, lorsqu'un principe unique suffit pour rendre raison de cette infinie variété de biens et de maux qui nous frappe dans l'univers? je dirai plus, lorsque ce mélange de choses bonnes et mauvaises est la conséquence rigoureuse de l'action de ce premier et unique principe ?

Prouvons d'abord que c'est assez d'une seule cause pour expliquer l'existence simultanée du bien et du mal.

L'existence du bien et du mal s'explique par une cause unique.

Tous les maux possibles peuvent être réduits à deux choses : le mal physique et le mal moral.

Mais l'existence du mal physique n'implique aucune contradiction avec un principe unique et parfait, si le mal physique est nécessaire à la conservation et à la perfection de l'homme. Ceci n'est point un paradoxe (1) : la douleur a été donnée aux êtres animés pour les avertir du danger, et les forcer à prendre toutes les précautions sans lesquelles leur existence serait compromise. La faim, par exemple, fait que les animaux prennent la nourriture nécessaire pour réparer leurs forces ; la douleur que leur cause une chaleur trop vive les empêche de se jeter dans les flammes, où ils trouveraient une mort certaine ; les maladies font qu'ils vivent d'une manière plus sobre, et qu'ils prennent soin de leur santé. Comme on le voit, la douleur physique est donc, dans le plan de la création, un moyen utile à la conservation des êtres. J'ai ajouté qu'elle servait au perfectionnement moral de l'homme.

Supprimez toutes les misères de la terre : les vertus que nous admirons davantage, l'humanité, la pitié pour les malheureux, la patience, le courage, la force d'ame, seront des hors-d'œuvre dans la vie, et tout

---

(1) Paradoxe, de παράδοξος, qui est contraire à l'opinion commune ; r. παρά, contre, et δόξα, croyance.

ce qui fait la dignité de l'espèce humaine ne sera plus qu'une chimère. De plus, ne peut-on pas dire que l'Être créateur a jeté l'homme sur la terre comme dans un lieu d'épreuve, qu'il n'est là qu'en passant, qu'il a une autre patrie impérissable, qu'il doit mériter d'y être reçu par ses vertus ; et sous ce point de vue les maux de cette vie sont autant d'avertissemens qui lui sont donnés pour qu'il ne s'attache point à ce monde, et pour lui rappeler cette vie immortelle qui lui est réservée dans un monde meilleur (1).

En vain l'on objecterait que le partage des biens et des maux qui sont l'apanage de l'espèce humaine se faisant sans justice, il faut en conclure que cette distribution n'est pas l'ouvrage d'un Être juste. En effet, nous dit-on, comment concilier la prospérité des méchans, le malheur qui afflige la vertu, avec l'équité d'un Etre parfait?

Je conçois cette difficulté insoluble pour celui qui ne croit pas à l'existence d'une autre vie ; mais pour nous, qui avons prouvé que lorsque le corps se dissout, l'ame prend son essor vers l'immortalité ; pour nous, dis-je, qui croyons qu'une bonne action accompagne l'homme au-delà de la tombe, nous ne saurions en être embarrassés : car nous ne pensons pas qu'il soit un homme assez malheureux pour ne pouvoir se rendre le témoignage que, dans quelques

---

(1) Les philosophes de l'antiquité ont affirmé que la douleur n'était pas un mal ; la religion nous montre en elle un bien, et la philosophie est d'accord avec la religion. Le chancelier Bacon dit que les prospérités sont les bénédictions de l'Ancien Testament, et les adversités celles du Nouveau.

circonstances au moins, il a rendu quelque service à ses semblables. « Le voleur qui dépouille le passant « couvre encore la nudité du pauvre, et le plus féroce « assassin soutient un homme tombant en défaillance. » (Émile, IV, p. 81.) Or, puisque les hommes les plus criminels pratiquent parfois la vertu, il est juste qu'ils en soient récompensés, et ils le sont par les biens de ce monde; d'un autre côté, les justes les plus affermis dans le bien ne laissent pas souvent que d'avoir des faiblesses. Combien de fautes qui échappent à la vertu la mieux éprouvée! et ces fautes trouvent leur punition dans les peines et les souffrances de cette vie. Mais la Providence, qui sait tirer le bien du mal, fait servir nos maux à notre perfectionnement. « L'amélio-« ration de notre propre cœur, dit madame de Staël, « nous révèle l'intention bienfaisante qui nous a « soumis à la peine. Car les prospérités de la terre « seraient même quelque chose de redoutable, si « elles tombaient sur nous après que nous nous se-« rions rendus coupables de grandes fautes : on se « croirait abandonné par la main de celui qui nous « livrerait au bonheur ici-bas comme à notre seul « avenir. » (De l'Allemagne, t. 3, p. 300.)

C'est ainsi qu'une saine philosophie explique facilement l'existence des maux physiques avec un seul principe essentiellement parfait.

Il nous sera aisé pareillement de concilier le mal moral avec les attributs divins. Pour cela, il suffit de justifier le don que le principe créateur a fait à l'homme d'une volonté libre. En effet, cet élément de l'humanité étant donné, l'homme aura le pouvoir de faire le mal comme le bien, et toute la question est ramenée à savoir si Dieu a pu créer l'homme libre.

Dépouillons-le pour un instant de sa liberté, supposons-le soumis à une invincible nécessité : alors il n'y aura pas de vices dans le monde, et nous convenons que ce serait un avantage; mais il n'y aura plus de vertus, et vous avez dégradé le roi de la création, vous l'avez abaissé au niveau des brutes, car c'est par les vertus seulement que l'homme peut valoir quelque chose : sans liberté, il n'y a point de moralité; les actions humaines ne seraient jamais bonnes, si elles ne pouvaient pas être mauvaises. Le bien moral suppose la possibilité du mal moral, et la suppose nécessairement. Ainsi, quand on nous dit que Dieu aurait dû faire l'homme exempt de péché, on prétend qu'il aurait dû le créer incapable de vertu; on arrache à l'humanité son attribut le plus précieux, on anéantit toute dignité chez l'espèce humaine, on déchire ses titres de noblesse.

Et quel est donc l'attribut qui faisait une nécessité à la cause première de créer l'homme exempt de péché? Ce n'est pas sa puissance, puisque si elle n'avait pu faire l'homme libre, elle n'aurait pas été toute puissante; ce n'est pas sa justice, puisqu'elle ne devait rien à l'homme; ce n'est pas sa bonté, puisque, du pouvoir même d'opérer le mal, l'homme peut se faire, en s'y refusant, un principe de mérite, un titre à d'immenses récompenses.

On prétend que le don de la liberté est contraire à la sainteté, à la bonté, à la justice de Dieu; et c'est précisément dans le don de la liberté que brillent ses divines perfections. Si nous n'eussions pas été libres, Dieu n'aurait pu nous défendre le mal, et par conséquent il n'aurait pu nous manifester sa sainteté ; elle éclate dans la défense qu'il nous en a faite. Sa justice s'exerce, en ce qu'elle le punit ; par sa longanimité envers les pécheurs, par sa miséricorde envers les pénitens, il signale sa bonté. Otez à l'homme le pouvoir de faire le mal, aucun de ses attributs ne pourra plus se manifester.

Mais, nous dit-on, Dieu a prévu que, parmi les créatures humaines, le plus grand nombre abuserait de sa liberté, et serait livré à la damnation. Un don n'est un bienfait que quand on espère qu'il sera utile à celui qui le reçoit. Dieu ne pouvait pas avoir cette espérance dans le don de la liberté, puisqu'il était sûr qu'il serait pernicieux à l'homme. On nous représente Dieu comme le bienfaiteur de l'humanité : qu'aurait-il pu faire de plus s'il avait voulu lui nuire?

C'est évidemment la bonté divine que, dans cette objection, on met en opposition avec l'existence du mal moral et l'abus de la liberté. Je répondrai d'abord que la liberté est un bien, puisqu'on argumente de l'abus que l'on peut en faire, et qu'on n'abuse que de ce qui est bon. Mais si la liberté est un bien, de quoi accuse-t-on la bonté divine, de qui nous la tenons?

En second lieu, si l'objection était valable, alors il serait contraire à la bonté de Dieu de donner à sa créature le pouvoir et le moyen de se rendre à volonté heureuse ou malheureuse. C'est ce que nous allons examiner.

Sans doute Dieu pouvait rendre l'homme heureux sans exiger qu'il le méritât ; il avait aussi le pouvoir de nous rendre impeccables ; et nous conviendrons, si l'on veut, que, dans l'un ou l'autre de ces deux états, l'homme serait plus heureux, qu'il aurait par conséquent éprouvé des effets plus considérables de la bonté de Dieu ; mais nous ajouterons que cette bonté ne consiste ni ne peut consister à faire à ses créatures tout le bien possible, parce que ce bien pourrait toujours croître jusqu'à l'infini ; et si l'homme, dans son état actuel, pouvait avoir le droit de se plaindre, parce que Dieu ne lui a pas fait tout le bien qu'il pouvait lui faire, il conserverait toujours ce même droit, quel que fût le degré de bonheur auquel Dieu voudrait l'appeler. Du reste, la bonté de Dieu, tout infinie qu'elle est, ne pouvait se manifester d'une manière infinie ; elle n'exigeait pas qu'il rendît l'homme parfait en sainteté ou parfait en bonheur. Promettre à un homme un grand bonheur s'il le mérite est certainement un bienfait, quoique ce soit un bienfait moindre que de le lui accorder sur-le-champ, ou de ne pas le faire dépendre du mérite. Le don de la liberté n'est donc pas contraire à la bonté du Créateur, puisqu'il est au pouvoir de l'homme de la faire servir à son bonheur ; et s'il en fait l'instrument de sa perte, il ne doit s'en prendre qu'à lui-même. Que penserait-on d'un malheureux qui, par l'abus des secours accordés pour soulager sa misère, s'attirerait un malheur, et accuserait ensuite son bienfaiteur de méchanceté ?

On ne se rend pas. Dieu, nous dit-on, a prévu avec certitude l'abus que les hommes feraient de leur liberté ; c'est avec cette certitude qu'il la leur a donnée. Il a donc voulu positivement l'abus, et la damnation qui en est la conséquence.

« Autre chose, répond M. le cardinal de La Lu-

« zerne, est vouloir positivement un fait, autre chose
« souffrir qu'il ait lieu. Ainsi, de ce qu'il se commet
« des péchés, il ne résulte pas que Dieu en ait
« la volonté positive. Dieu veut positivement que
« l'homme soit libre, il veut positivement que
« l'homme fasse de sa liberté un usage vertueux,
« puisqu'il le lui commande; mais par là même il
« veut positivement que l'homme puisse en faire un
« usage criminel. Le bon emploi de la liberté sup-
« pose nécessairement, comme nous l'avons vu, la
« possibilité du mauvais; le mérite, la possibilité du
« démérite..... Dieu ne veut pas la réalité du péché,
« en conséquence il l'interdit; il en veut la possi-
« bilité, et en conséquence il le souffre. Ainsi l'au-
« teur de la liberté n'est pas l'auteur du mauvais
« usage qui en est fait, quoiqu'il le soit de la possi-
« bilité du mauvais usage. » (Dissert. sur l'exist.
de Dieu, p. 317-318.)

On insiste, et on nous dit : Peut-on croire qu'un médecin veut la guérison de son malade, s'il lui ordonne du vin, avec la prévision certaine que le malade en boira trop, et périra sur-le-champ? Peut-on croire qu'un père veuille assurer la vie de son fils, lorsqu'il lui donne une épée dont il sait positivement que son fils se percera? De même peut-on croire que Dieu veuille assurer le bonheur de ses créatures, en leur faisant un don qu'il sait devoir leur être funeste?

Nous répondrons d'abord que toutes ces comparaisons, et beaucoup d'autres que l'on pourrait faire, pèchent en un point essentiel, c'est qu'elles assimilent la bonté de l'homme à celle de Dieu; et nous appuierons cette réponse de l'opinion de Bayle, qui

ne saurait être suspecte à nos adversaires. « Comme
« il n'y a point de proportion entre le fini et l'infini,
« il ne faut pas se permettre de mesurer à la même
« aune la conduite de Dieu et la conduite des hom-
« mes; et qu'ainsi ce qui serait incompatible avec
« la bonté et la sainteté de l'homme est compatible
« avec la bonté et la sainteté de Dieu, quoique nos
« faibles lumières ne puissent pas apercevoir cette
« compatibilité, et que nous puissions seulement
« l'inférer de la perfection infinie de Dieu. » (Bayle,
Rép. à M. Le Clerc, par. 5, œuv. div., t. 3, p. 997.)

Nous répondrons, en second lieu, qu'entre les exemples allégués et la question qui nous occupe, il y a une différence essentielle qui détruit toute parité.

« Le pouvoir d'abuser de la liberté tient à la na-
« ture même de l'homme. De ce qu'il est homme, il
« est raisonnable; de ce qu'il est raisonnable, il est
« libre; de ce qu'il est libre, il a le pouvoir de faire
« le mal comme le bien. S'il ne l'avait pas, il ne se-
« rait plus homme. Il n'en est pas ainsi de l'usage du
« vin, que permettrait un médecin en prévoyant
« l'abus; le malade peut exister sans vin, le fils n'a
« pas besoin d'une épée pour être ce qu'il est. » Au lieu que l'homme ne peut exister sans la liberté.

« Ainsi, continue M. de La Luzerne, pour présenter
« des comparaisons qui eussent quelque justesse, il
« faudrait choisir des objets qui tinssent à la nécessité;
« il faudrait dire, par exemple : Un médecin voit
« que son malade ne peut guérir que par un certain
« remède, mais il prévoit que le malade pourra le
« prendre avec trop d'abondance, et se tuer : ce risque

« doit-il l'empêcher de le prescrire ? Cette comparai-
« son serait plus exacte, mais elle serait bien éloi-
« gnée de former une difficulté. » (*Ibid.*, p. 324.)

Ah! s'il fallait accuser la Divinité de méchanceté, pour tous les dons qu'elle a faits aux hommes, et dont ils abusent, où en serions-nous? Les uns abusent du vin, les autres de la nourriture, les autres de leur esprit : il faudrait donc qu'un Dieu bon détruisît la vigne, anéantît tout ce qui produit des alimens, éteignît le flambeau de la raison ? A-t-on bien réfléchi à cette objection? Comme on n'abuse que de ce qui est bon, elle suppose que Dieu n'aurait pu donner rien de bon à l'homme en le faisant libre.

« Il l'a fait libre, dit Rousseau, afin qu'il fît, non
« le mal, mais le bien, par choix : il l'a mis en état
« de faire ce choix, en usant bien de ses facultés...
« Murmurer de ce que Dieu ne l'empêche pas de
« faire le mal, c'est murmurer de ce qu'il l'a fait
« d'une nature excellente, de ce qu'il a mis à ses
« actions la moralité qui les ennoblit, de ce qu'il lui
« donna droit à la vertu..... Que pouvait de plus en
« notre faveur la puissance divine elle-même? Pou-
« vait-elle mettre de la contradiction dans notre na-
« ture, et donner le prix d'avoir bien fait à qui n'eût
« pas le pouvoir de mal faire ? Quoi! pour empêcher
« l'homme d'être méchant, fallait-il le borner à l'ins-
« tinct, et le faire bête? Non, Dieu de mon ame, je
« ne te reprocherai jamais de l'avoir faite à ton image,
« afin que je puisse être libre, bon et heureux comme
« toi. » (Émile, liv. IV, 61.)

Maintenant que nous avons prouvé que l'existence du mal, soit physique, soit moral, s'expliquait aisé-

L'existence du bien et du mal est la con-

séquence nécessaire de l'action de la première cause.

ment avec un principe parfait et unique, allons plus loin, et montrons que cette existence était l'effet nécessaire de l'action de la première cause. Elle ne pouvait rien produire qui ne fût borné. Ce qui est borné est nécessairement imparfait; ce qui est imparfait manque de certain bien, car toute imperfection est la négation d'un bien; et que serait la négation d'un bien, si elle n'était un mal? Je conçois très-bien que l'ouvrage du Créateur pouvait être plus ou moins parfait, et que par conséquent il aurait pu produire un monde meilleur que celui que nous habitons; mais qu'on me prouve qu'il y était tenu, et les mêmes argumens dont on se servira pour me montrer qu'il devait faire mieux, je les ferai servir à prouver qu'il devait donner encore un degré de perfection de plus au monde le plus parfait que l'on pourrait concevoir.

De l'optimisme.

L'optimisme.

Leibnitz, pour justifier la Providence contre les attaques des manichéens, a soutenu que le monde, dans lequel ils trouvaient tant d'imperfections, était le meilleur des mondes possibles. Il avoue bien que chacune des parties qui le composent, considérée isolée et à part, offrait un grand nombre d'imperfections, mais que dans leur ensemble elles présentaient l'harmonie la plus parfaite; en sorte que, d'après ce philosophe, il ne faudrait pas dire : *Tout est bien*, mais *Le tout est parfait*. Or, voici les principes sur lesquels il a élevé son système :

1° Rien n'existe sans une raison suffisante, et cette

raison est un motif tiré de l'objet même qui détermine la volonté de l'être qui veut le produire.

2° De deux choses égales Dieu n'en peut préférer aucune, car il n'y aurait, dit Leibnitz, aucune raison suffisante pour déterminer son choix; et de deux choses inégales il ne pourrait non plus préférer la moins parfaite, autrement la sagesse divine serait compromise.

De là, la conclusion qu'il ne saurait y avoir un monde égal en perfection à celui que nous habitons, et que ce même monde est le meilleur des mondes possibles, parce que Dieu n'aurait pas été sage en se déterminant à créer un monde moins parfait.

Malebranche doit être aussi compté parmi les optimistes; mais son système diffère de celui de Leibnitz.

D'abord il admet que la cause première étant indépendante, ne pouvait être nécessitée par rien à créer, et que par conséquent la création était libre; mais que, dans l'hypothèse de la création, Dieu étant l'ouvrier par excellence, ne pouvait faire qu'un monde parfait.

Rousseau a soutenu la même opinion dans une lettre à Voltaire. Voici son raisonnement : « Si Dieu « existe, il est parfait; s'il est parfait, il est sage, « puissant et juste ; s'il est sage et puissant, tout est « bien. » (OEuvr. diverses, t. 5, p. 230.)

J'adopterais volontiers l'optimisme présenté sous ce point de vue, car alors il consiste à concilier les attributs divins avec l'existence du mal. L'argument de Rousseau prouve bien que Dieu n'a rien pu faire de mauvais, et en cela il est d'accord avec la Genèse : *Vidit cuncta quæ fecerat, et erant valdè bona.*

Mais il ne prouve pas que Dieu n'aurait rien pu faire de mieux, et par conséquent que le monde tel qu'il est soit le meilleur des mondes possibles.

Prouvons maintenant, contre Leibnitz et Malebranche, que Dieu n'est pas nécessité par sa sagesse à faire ce qui est le meilleur et le plus parfait. La perfection peut toujours aller en croissant; Dieu serait donc obligé de donner à chaque être qu'il créerait l'infinie perfection; ce qui répugne dans les termes. Sans doute, lorsqu'il a décrété la création, tous les mondes possibles ont été présens à son intelligence. Dira-t-on que dans ce nombre infini de mondes il ne s'en est pas trouvé d'aussi bons en eux-mêmes, d'aussi sages et dans leur fin et dans leurs moyens, que celui dont nous faisons partie? Si on le nie, quelle raison pourra-t-on en apporter? Sans doute que sa sagesse suprême lui faisait une loi de choisir ce qu'il y avait de mieux; mais ne voit-on pas que, pour sauver sa sagesse, on détruit sa liberté? Dira-t-on avec Pope, auquel Rousseau fait tenir ce langage : « De toutes « les économies possibles, il a choisi celle qui réu- « nissait le moins de mal et le plus de bien; ou, pour « dire la même chose encore plus crument s'il faut, « s'il n'a pas mieux fait, c'est qu'il ne pouvait mieux « faire. » (*Ibid.*, p. 210.)

De quel droit Pope vient-il ici donner des bornes à la puissance de l'Etre suprême? Eh quoi ! ne concevons-nous pas bien clairement qu'il eût été aussi sage de faire mouvoir les corps célestes d'occident en orient, que de leur donner la direction contraire? ne comprenons-nous pas que la sagesse divine n'était pas intéressée à ce qu'il y eût sur la terre quelques plantes ou quelques animaux de moins? Où ne peut pas entraîner l'esprit de système! On a beau me répéter que tout est bien, la nature prend soin à chaque instant de donner un démenti aux optimistes : en vain me diront-ils qu'ils ne veulent parler que de l'ensemble de l'univers, et non des diverses parties qui le constituent, et dans lesquelles ils reconnaissent beaucoup d'imperfections, je serai toujours en droit de leur répondre que le tout ne se compose que de ses parties, et que s'il y a du mal dans les parties prises isolément, il y en a par conséquent dans l'ensemble.

« Dans la nature comme dans le cœur humain, dit
« madame de Staël, il y a un côté terrible ; on ne sau-
« rait le nier, et l'on y sent une redoutable puissance
« de colère. Quelle que soit la bonne intention des
« partisans de l'optimisme, plus de profondeur se fait
« remarquer, ce me semble, dans ceux qui ne nient
« pas le mal, mais qui comprennent la connexion de
« ce mal avec la liberté de l'homme, avec l'immor-
« talité qu'elle peut lui mériter. » (Tom. 3, p. 246 de l'Allemagne.)

Revenons à la cause première, que cette discussion à laquelle nous avons été conduits en établissant son unité nous a fait perdre de vue. Nous avons prouvé qu'elle était indépendante, nous en concluons qu'elle est éternelle ; car c'est une suite de son indépendance, dit Condillac, qu'elle n'ait pas commencé, et qu'elle ne puisse pas finir. Si elle avait commencé, elle dépendrait de celui qui lui aurait donné l'être ; et si elle pouvait finir, elle dépendrait de celui qui pourrait cesser de la conserver. Elle est donc éternelle. *Éternité de la cause première.*

Elle est bonne, car elle est toute puissante. La bonté *Sa bonté.*

est la conséquence nécessaire d'une puissance sans bornes, « et de l'amour de soi, essentiel à tout être qui « se sent. Celui qui peut tout étend pour ainsi dire « son existence avec celle des êtres : produire et con- « server sont l'acte perpétuel de la puissance; elle « n'agit point sur ce qui n'est pas. Dieu n'est pas le « dieu des morts; il ne pourrait être destructeur et « méchant sans se nuire. » (Emile, liv. IV, p. 64.)

Sa justice, sa miséricorde.

Comme intelligente, la cause première discerne le bien et le mal, juge le mérite et le démérite; comme libre, elle agit en conséquence, c'est-à-dire qu'elle aime le bien, hait le mal, récompense la vertu, punit le vice, et pardonne à celui qui se repent et se corrige. Elle est donc juste et miséricordieuse (1).

Les qualités de cette cause s'appellent *attributs*. Une première cause tout intelligente, toute puissante, indépendante, libre, immuable, éternelle, immense, juste, bonne, miséricordieuse, voilà l'idée que nous devons avoir de Dieu.

Rapports qui existent entre les attributs divins.

Si vous réfléchissez sur ces divers attributs, vous verrez dans quel ordre nous les concevons. Vous remarquerez premièrement qu'ils découlent tous de la nécessité de son existence, ou, comme s'exprime l'école, de son *asséité*. De cet attribut générateur dérivent tous les autres, qui, liés par ce rapport d'une origine commune, ont entre eux un enchaînement rigoureux, se confirment et s'appuient mutuellement. En second lieu, vous verrez que de ce qu'elle existe nécessairement, en d'autres termes de ce qu'elle est cause

---

(1) Ceci est emprunté presque en entier à Condillac, dans sa Grammaire, précis des leçons préliminaires, p. 120.

première, il s'ensuit qu'elle est intelligente, toute puissante et indépendante. De la toute-puissance et de l'intelligence infinie, et de l'indépendance, naissent l'unité, l'immensité, l'éternité, l'immutabilité, et la liberté. En troisième lieu, de sa puissance, de son intelligence et de sa liberté, viennent sa justice, sa bonté et sa miséricorde. Enfin lorsque vous réunirez tous ces attributs, vous vous ferez l'idée de sa providence.

Car la puissance qui fait tout, l'intelligence qui règle tout, la bonté qui nous comble de bienfaits, la justice qui punit et récompense, la miséricorde qui fait grâce, en un mot les attributs qui produisent l'ordre et le conservent, s'expriment par un seul mot, celui de *providence*. Il vient du mot latin *providere*, qui signifie pourvoir. C'est en effet par ses attributs que la première cause pourvoit à tout.

Sa providence.

Ce n'est point ce que croient quelques philosophes : suivant eux, elle ne s'occupe point des choses petites et viles, telles que les événemens de la terre.

Mais ne peut-on pas leur répondre que si la Providence ne s'occupe point des événemens d'ici-bas, c'est sans doute, ou parce qu'elle ne peut entrer dans ces détails minutieux, ou parce qu'elle ne le veut pas, ou enfin parce que de pareils soins sont indignes d'elle? Mais qui ne voit que dans le premier cas c'est la frapper d'impuissance? Dans le second, nous dirons : Si, comme on n'en peut douter, Dieu chérit ses propres perfections, peut-on penser qu'il n'aime pas les êtres dans lesquels il en a imprimé quelques traits? S'il les aime, les abandonne-t-il? et, pouvant régler leur destinée, les confie-t-il au hasard? Si c'est sa bonté qui lui a fait créer les plus faibles créatures, elle ne peut pas les lui laisser négliger. Dans le troisième cas, il serait indigne de Dieu de conserver, de diriger, de gouverner des êtres qu'il n'a pas été au-dessous de sa grandeur de créer; ce qui est une contradiction. Du reste, aux yeux de Dieu il n'y a rien de petit dans l'univers, puisque toutes les parties de ce monde entrent dans la composition de l'ensemble.

« Il est à croire, dit Rousseau, que les événemens
« particuliers ne sont rien aux yeux du maître de l'u-
« nivers; que sa providence est seulement univer-
« selle; qu'il se contente de conserver les genres et
« les espèces, et de présider au tout, sans s'inquiéter
« de la manière dont chaque individu passe cette
« courte vie. Un roi sage, qui veut que chacun vive
« heureux dans ses Etats, a-t-il besoin de s'informer
« si les cabarets y sont bons? » (Lettre à Voltaire.)

« Un roi sage, s'il veut mériter ce titre, s'informera
« si les cabarets sont bons : un roi sage veille sur
« tout son peuple; les voyageurs excitent sa solli-
« citude, autant que ceux qui vivent tranquillement
« auprès de leur foyer. C'est parce que les rois et les
« législateurs sont hommes, parce que leur intelli-
« gence et leur puissance sont limitées, que, ne
« pouvant établir des rapports immédiats avec cha-
« cun des individus soumis à leur sagesse ou à leur
« empire, ils se voient forcés de les considérer en
« masse.

« Dire que la Providence est universelle et n'est
« qu'universelle, c'est dire que Dieu gouverne le
« monde par des lois générales, et non par des lois
« particulières; c'est dire qu'il gouverne tous les

« êtres par ce qu'ils ont de commun ; c'est dire qu'il
« n'agit que sur des qualités communes ; c'est en faire
« un législateur humain, un roi de la terre. Deux
« feuilles d'un même arbre, vues de près, ne sont pas
« semblables; deux gouttes d'eau, regardées avec le
« microscope, nous présentent bientôt des diffé-
« rences; les similitudes tiennent à la grossièreté de
« nos sens et aux bornes de notre esprit. Il ne faut
« pas transporter à Dieu ce qui n'est que de l'homme.
« Dieu connaît les êtres tels qu'ils sont en eux-mêmes,
« il les voit tous différens les uns des autres; et
« comme la manière dont il agit sur eux varie sui-
« vant la connaissance qu'il en a, il s'ensuit que Dieu
« agit sur chaque être d'une manière spéciale, c'est-
« à-dire qu'il n'agit pas par des lois générales. » (Laromig., t. 2, pag. 409.)

Dieu est intelligent, nous l'avons prouvé ; et il l'est, *De la science divine.*
parce qu'il est la cause première : mais comment l'est-
il ? « L'homme est intelligent quand il raisonne, dit
« l'auteur d'Émile, et la suprême intelligence n'a pas
« besoin de raisonner; il n'y a pour elle ni prémisses
« ni conséquences, il n'y a pas même de proposition;
« elle est purement intuitive ; elle voit également
« tout ce qui est et tout ce qui peut être ; toutes les
« vérités ne sont pour elle qu'une seule idée, comme
« tous les lieux un seul point, et tous les temps un
« seul moment. » (Émile, liv. IV.) Il est évident qu'elle
est illimitée : si elle avait des bornes, elle ignorerait
quelque chose ; mais que pourrait-elle ignorer? Tout
ce qui a existé ou existera n'a existé ou n'existera que
par elle ; rien n'arrive, dans la nature, qui n'ait son
principe dans les lois qu'elle a elle-même établies.

Dans l'ordre physique, tous les phénomènes dépendent des principes et des causes qu'il a créées; dans le monde moral, tout dérive de la volonté qu'il a donnée à l'homme. Ainsi rien n'échappe à la science de Dieu; il connaît les profondeurs de l'abyme, parce que c'est lui qui l'a créé; il lit dans les secrets des cœurs, parce que c'est lui qui les a formés.

Je n'ignore pas que plusieurs philosophes, embarrassés pour concilier ce divin attribut, cette science universelle des événemens passés et futurs, avec la liberté de l'homme, ont soutenu que Dieu ne prévoyait pas l'avenir; mais quand bien même il serait vrai que nous ne pouvons pas concilier, d'une manière satisfaisante, les deux dogmes de la prescience et de la liberté, il suffirait de nous faire remarquer qu'ils sont tous les deux établis sur des argumens solides, et que l'on n'essaie pas même d'attaquer directement : c'est en désespoir de cause que l'on se rejette sur une prétendue inconciliabilité. Cette marche n'est pas philosophique : lorsque deux vérités sont établies et démontrées, si nous n'apercevons pas les moyens de les concilier ensemble, la seule conséquence à en tirer, c'est que nous ne pouvons ni tout comprendre ni tout expliquer. Ce n'est là qu'une preuve de plus de la limitation de notre intelligence; et de quel droit les philosophes se feraient-ils contre Dieu un titre de leur ignorance?

Mais il n'est pas vrai que la science de Dieu soit inconciliable avec la liberté de l'homme. Nous avons démontré le contraire, lorsque nous avons établi que nos déterminations étaient libres; nous avons dit que pour Dieu il n'y avait ni passé ni futur, et que par conséquent il ne prévoit pas. Cette expression, *prévoir*, convient à notre nature, parce que nous vivons dans le temps; nous prévoyons, parce qu'il y a pour nous un futur; nous nous souvenons, parce qu'il y a pour nous un passé. Pour Dieu, il ne se souvient pas, il ne prévoit pas, il voit; or voir n'emporte avec soi ni nécessité ni contrainte.

Ainsi tombent tous les argumens que l'on voudrait tirer de la prétendue inconciliabilité de la prescience divine avec la liberté de l'homme.

On n'est pas plus heureux, on ne réussit pas davantage, quand on veut mettre en opposition la prescience et la bonté de Dieu. Sans doute Dieu a prévu l'abus que nous ferions de la liberté; mais nous avons vu que cette liberté n'en était pas moins un grand bienfait : pourquoi donc rejeter sur ce Dieu bienfaisant l'emploi criminel qu'il nous plaît de faire des dons de sa bonté? (Voir le Manuel des Asp. au bacc., pag. 160.)

IX.

Des preuves de l'existence de Dieu.

Jusqu'ici nous nous sommes occupés de la formation de l'idée d'une cause première; nous avons fait voir quels seraient ses attributs; et si, dans le peu que nous en avons dit, on trouvait une preuve de son existence, nous devrions sans doute nous en féliciter; mais l'importance de ce dogme nous fait un devoir d'entrer dans de nouveaux détails, afin de montrer, comme s'exprime M. Royer-Collard, que *l'existence de Dieu est au niveau des vérités de la géométrie.* (Frag., pag. 374.)

Les philosophes ont fait trois classes des argumens qui démontrent l'existence de Dieu; et ce n'est pas étonnant : comme ils reconnaissaient trois espèces de certitudes, la certitude métaphysique, qui repose sur l'essence même des choses; la certitude physique, qui se rapporte aux objets qui nous sont connus par le moyen des sens; et la certitude morale, qui a lieu lorsqu'il s'agit de faits que nous ne connaissons point par notre expérience personnelle ; il était tout naturel d'avoir ces trois espèces de certitudes sur l'existence divine. De là les preuves métaphysiques, physiques et morales, par lesquelles ils nous démontrèrent son existence. Nous n'attaquerons pas ces preuves en elles-mêmes; au contraire, nous les adopterons, parce qu'elles nous paraissent capables d'opérer la conviction; mais nous nous permettrons d'écarter ces dénominations, qui sont à nos yeux fort inexactes. Si nous avions à caractériser les preuves qui doivent établir l'existence de Dieu, nous dirions qu'elles sont toutes métaphysiques ; car, suivant M. Laromiguière, remonter des phénomènes au principe, des effets à la cause, c'est une habitude toute métaphysique, d'où l'on a dit que la métaphysique était la science des principes; et descendre des principes aux phénomènes, en d'autres termes aux conséquences, c'est une habitude logique : ce qui s'appelait, dans le langage de l'école, démonstration *à priori* et démonstration *à posteriori.* Or il est évident qu'il est impossible de prouver l'existence de Dieu logiquement, par voie de déduction, puisqu'il n'existe rien avant la Divinité dont on puisse conclure son existence : reste donc la seule démonstration métaphysique, qui se fait par voie d'induction.

« L'idée de Dieu sera à l'abri de toutes les attaques,
« si nous en montrons le germe dans le sentiment.

« Or, comment ne pas l'y voir?

« Du sentiment de sa faiblesse et de sa dépen-
« dance, l'homme, par un raisonnement naturel,
« ne s'élevera-t-il pas à l'idée de *la souveraine in-
« dépendance et de la souveraine puissance?*

« Du sentiment que produisent en lui la régularité
« des lois de la nature et la marche calculée des
« astres, à l'idée d'un *ordonnateur suprême?*

« Du sentiment de ce qu'il fait lui-même quand il
« dispose ses idées ou ses actions pour les conduire
« vers un but, à l'idée d'une *intelligence infinie?*

« Ces trois idées ne sont qu'une seule idée; mais
« comme cette idée unique part de trois sentimens
« divers, on a pu, en la considérant sous trois points
« de vue, en faire le moyen de trois argumens de
« l'existence de Dieu, distincts et séparés. Le premier
« est pris de *notre nature;* le second, du *spectacle
« de l'univers;* le troisième est connu sous le nom
« d'*argument des causes finales.* » (Laromig., t. 2, p. 434.)

« Vous arriverez encore à l'idée et à l'existence de
« Dieu par le *sentiment moral,* qui nous révèle une
« destinée future, » et nous en ferons la base d'une autre démonstration; enfin nous confirmerons toutes ces preuves par le sentiment unanime des peuples, qui tous ont cru à l'existence de la Divinité.

Preuve de l'existence de Dieu, tirée de notre nature.

En me repliant sur moi-même, je découvre en moi un principe intelligent et une volonté. De plus, en continuant de me recueillir, je sens ma dépendance de tout ce qui m'entoure; je sens que je n'ai pas toujours existé, et que je ne me suis pas fait moi-même. Mon intelligence et ma volonté ont donc la raison de leur existence dans une cause extérieure; et cette cause est nécessairement une intelligence, une volonté, une puissance, puisque toute cause doit contenir ce qui est dans l'effet, et qu'il implique que l'effet renferme plus de perfections que la cause. Je vais plus loin, et je dis que cette puissance est infinie et sans bornes. En effet, si l'on dit que notre intelligence et notre volonté sont l'ouvrage d'une intelligence supérieure, mais bornée elle-même, on ne fait que reculer la difficulté; et quand on demandera comment existe cette intelligence supérieure à la nôtre, on sera forcé de dire ou qu'elle est la cause de tout, la cause première, l'être nécessaire, et par conséquent de la reconnaître indépendante, infinie; ou de remonter plus haut pour chercher la raison de sa propre existence, jusqu'à ce qu'enfin on arrive tôt ou tard à une puissance indépendante, cause première de toutes les autres causes.

Or, cette puissance infinie et souverainement indépendante, je la nomme Dieu; donc Dieu existe.

Objections.

1º Pour arriver à la connaissance d'une puissance infinie, nous sommes forcés de partir d'un être borné. On a cru pour cela pouvoir attaquer l'argument, et on a dit : « Dieu est un être infini, donc pour prou-
« ver son existence il faut un moyen de preuve in-
« fini, sans quoi la conclusion sera plus forte que
« les prémisses, la conséquence plus étendue que
« le principe; or un être borné et infini est une con-
« tradiction dans les termes, donc, etc. »

Nous avons prévenu cette objection lorsque nous avons dit qu'il y avait deux sortes de preuves : les preuves métaphysiques et les preuves logiques. C'est aux partisans exclusifs de la logique d'Aristote que s'adresse l'objection ; pour nous, elle ne saurait nous atteindre. Ceux qui bornent le raisonnement à l'art de tirer une conséquence de son principe peuvent en être embarrassés; mais nous, qui croyons qu'on ne descend pas toujours du principe au phénomène, mais qu'on remonte souvent du phénomène au principe; nous, qui croyons qu'on ne peut prouver un fait primitif par voie de déduction, mais qu'on y arrive par l'expérience, ou en remontant de l'effet à la cause, nous ne nous attacherons pas à y répondre. Seulement nous dirons que ce moyen d'argumentation est aussi légitime que le moyen logique; et où en serions-nous, s'il n'en était pas ainsi? Quoi! nous voyons les corps étendus, et nous ne saurions en conclure l'espace, parce que l'espace est plus grand que les corps contenus? « Exactement parlant, dit M. de

« Portalis, rien de ce qui est ne peut être connu ni
« prouvé *à priori*. L'existence est un fait; et un fait,
« quel qu'il soit, ne peut être fondé que sur ce que
« Em. Kant appelle des preuves *empyriques*, c'est-
« à-dire fondées sur l'expérience. Des idées et des
« preuves *à priori* supposeraient, non la science qui
« s'acquiert, mais une prescience de toute chose,
« qui n'a jamais été ni ne peut être le partage de
« l'homme. » (Essai sur l'esprit philos., t. 1, p. 194.)

2° Dieu est infini; mais l'homme, étant borné de sa nature, ne peut connaître l'infini; donc, loin de pouvoir prouver l'existence de Dieu, il ne peut pas même le connaître.

Réponse. Dans le langage ordinaire, le mot *connaître* renferme une double acception; il signifie comprendre et concevoir. Or, il y a une grande différence entre ces deux significations attachées au même mot. « Concevoir une chose est avoir l'idée de
« son existence; la comprendre est connaître la ma-
« nière dont elle existe. Nous concevons une chose,
« nous en avons l'idée (1), quand nous pouvons
« nous la représenter, la supposer existante. Pour la
« comprendre, il faut la connaître à fond, et saisir
« ses différens rapports, savoir pourquoi et comment
« elle est ce qu'elle est. Ainsi, pour la concevoir, il
« suffit de ne pas y apercevoir d'impossibilité. Tout

---

(1) Nous répéterons ce que nous avons déjà dit. Il semblerait plus philosophique de dire nous en avons *idée* : avoir l'idée paraît signifier que l'on a l'idée complète, que l'on comprend; avoir idée dit moins, et se rapproche davantage du mot concevoir : j'ai idée de Dieu. Je le conçois; je n'en ai pas l'*idée*, car je ne saurais le comprendre.

« ce qui ne me présente pas de répugnance, de con-
« tradiction, je le conçois possible; tout ce que je
« connais possible, je puis me le figurer existant. Je
« ne conçois pas un triangle à quatre côtés, parce
« que c'est une chose qui implique contradiction....
« Mais je conçois des hommes dans la lune; mon es-
« prit ne me présente pas de contradiction dans cette
« idée. Il résulte de là que nous pouvons concevoir
« beaucoup de choses que cependant nous ne pou-
« vons pas comprendre. » (La Luzerne, *sur l'exist.
de Dieu*, p. 2.)

Revenons maintenant à la connaissance que nous avons de l'infini. Nous ne le connaissons pas, si, par ce mot, on veut dire que nous en avons une notion complète, adéquate; en un mot, que nous le comprenons. Nous le connaissons, si, par ce mot, on veut dire seulement que nous le concevons, que nous en avons une idée inadéquate, l'idée de son existence. Or, cette idée nous est suggérée de plusieurs manières, par l'*espace* et par la *durée*, par exemple. Nous en parlerons ici avec détail, parce que cela nous fournira le moyen de faire voir comment se forment ces deux idées. Commençons par l'espace.

Idée de l'espace.

Nous ne saurions avoir l'idée d'aucun corps, sans avoir l'idée d'étendue; en effet, dire qu'un corps peut exister sans étendue, c'est dire qu'il peut tout à la fois être et n'être pas; et dire que nous avons l'idée de l'étendue, d'une grandeur quelconque, c'est dire que nous avons l'idée de l'espace; car l'étendue, considérée sans égard aux corps qu'elle renferme, est l'*espace pur, absolu*. Or, il paraît inévitable que l'homme se fasse cette idée abstraite de l'espace : partout où il ne trouve point de résistance, il juge qu'il n'y a rien, et il se fait l'idée d'un espace vide, c'est-à-dire de l'espace pur.

Idée de l'infini, dérivant de l'idée d'espace.
L'idée de l'espace pur nous donne l'idée de l'infini, l'idée de son existence ; car comment admettre un commencement et une fin à l'espace pur ? par quelles limites peut-on borner un être abstrait comme l'espace absolu ? Circonscrira-t-on l'univers d'une enceinte de murailles ? Mais ces murailles occuperont un espace, et derrière elles ne rencontrera-t-on pas de nouveau un espace sans bornes ? Si nous supposons un enfant qui commence à se faire l'idée de l'espace, il n'imaginera rien au-delà de celui qu'il découvre autour de lui ; et en conséquence il ne croit pas qu'il y en ait d'autre. Dans la suite, l'expérience lui apprendra peu à peu que l'espace s'étend au-delà de son horizon, il pourra même en parcourir un nouveau qui lui était inconnu : alors l'idée de celui qu'il parcourt devient un modèle d'après lequel il imagine celui qu'il n'a pas encore parcouru ; et lorsqu'il a une fois imaginé un espace où il ne s'est point transporté, il en imagine plusieurs les uns hors des autres. Enfin, ne concevant point de bornes au-delà desquelles il puisse cesser d'en imaginer, il est comme forcé d'en imaginer encore, et là se montre l'idée d'un espace sans bornes, de l'espace infini ; mais cette idée n'est pas une idée adéquate, une idée complète, sans quoi il comprendrait l'infini ; il ne le comprend pas, il en conçoit l'existence. (*V.* Condill., Traité des sensat., p. 224.)

Idée de la durée.
Nous en pouvons dire autant de l'infini en durée.

Du discernement qui se fait en nous de nos divers sentimens, naît une idée de succession ; car nous ne pouvons sentir que nous cessons d'être affectés de la manière dont nous l'étions, sans nous représenter dans ce changement une durée de deux instans.

Le passage d'un sentiment à un autre ne nous donne que l'idée du passé; pour avoir celle de l'avenir, il faut que nous ayons eu, à plusieurs reprises, la même suite de sentimens, et que nous nous soyons fait une habitude de juger qu'après une modification une autre doit suivre.

Prenons pour exemple cette suite de sensations : odeur de jonquille, odeur de rose, odeur de violette. Dès que ces odeurs sont constamment liées dans cet ordre, une d'elles ne peut affecter nos organes qu'aussitôt la mémoire ne nous rappelle les autres, dans le rapport où elles sont à l'odeur sentie; comme, à l'odeur de violette, les deux autres se retracent comme ayant précédé, et nous nous formons l'idée d'une durée passée ; de même, à l'odeur de jonquille, les deux autres se retracent comme devant suivre, et nous nous représentons une durée à venir.

Ainsi l'idée de la durée nous vient de la succession de nos sentimens et de nos pensées, et ces trois modes de durée, que nous appelons le présent, le passé, l'avenir, nous sont connus : le présent, par l'état où nous nous trouvons ; le passé, par le souvenir de ce que nous avons été ; et l'avenir, par le jugement que nous portons qu'ayant éprouvé, à plusieurs reprises, les mêmes sentimens, les mêmes modifications, nous pouvons les éprouver encore. (Traité des sensat., p. 106, et *passim*.)

De l'infini en durée, ou de l'éternité.

Voyons maintenant comment, de l'idée de durée, nous nous élevons à l'idée de l'infini. Au premier moment de notre existence, nous ne pouvons imaginer rien avant ou après. Mais lorsqu'après avoir éprouvé une longue suite de modifications, nous nous sommes habitués à juger qu'elles se reproduiront en nous, le souvenir de cette succession de modifications est un modèle d'après lequel nous concevons une durée antérieure et une durée postérieure; de sorte que, ne trouvant point d'instant dans le passé ni dans l'avenir au-delà duquel nous ne puissions pas en imaginer d'autres, nous concevons une durée sans borne, et cette durée nous lui donnons le nom d'éternité. Il ne faudrait pas en conclure que nous avons une idée parfaite, adéquate de l'éternité : ni nous, ni toute autre créature, nous ne pourrons jamais la comprendre ; Dieu seul la connaît parfaitement, parce que Dieu seul en jouit. Mais de ce que nous n'avons pas une idée parfaite de l'éternité, ou de l'infini en espace qu'on appelle immensité, on ne peut pas en tirer la conséquence que nous ne concevons pas l'éternité, l'immensité, l'infini ; que nous n'en avons pas idée. De même que parce que nous ne connaissons point parfaitement les forces, nous ne pouvons pas conclure que nous n'en avons pas idée, que nous ne pouvons pas les prouver.

Preuve de l'existence de Dieu, tirée du spectacle de l'univers.

Le spectacle de l'univers nous fournit trois moyens d'argument pour prouver l'existence de Dieu :

1° La création de la matière ;

2° L'ordre établi dans toutes ses parties ;

3° Le mouvement dont tous les êtres sont susceptibles.

I. La matière existe, l'expérience nous l'atteste. Or, elle existe nécessairement, ou elle tient son existence de sa propre volonté, ou de la volonté d'un autre être.

Elle n'existe pas nécessairement, puisque tous ses attributs sont contingens, et que nous pouvons la supposer non existante. Elle n'existe pas non plus par sa propre volonté, ce serait une contradiction; pour vouloir, il faut exister : donc elle a été créée ; mais pour créer il faut une puissance infinie, et la puissance infinie, ou Dieu, sont identiques.

II. Il y a entre toutes les parties de ce vaste univers une harmonie et un ordre constant. Le cours réglé des astres ; le retour successif des saisons ; la succession régulière du jour à la nuit ; la reproduction des plantes et des différentes espèces d'êtres animés qui peuplent les eaux, l'air et la terre; la permanence et l'exactitude des rapports que nous apercevons entre les choses, tout nous révèle une intelligence suprême qui a dicté des lois à l'univers. Mais nous désignons par le nom de Dieu l'intelligence suprême, source primitive de l'ordre; donc Dieu existe.

III. Le mouvement existe, et il est essentiel à la matière, ou elle a un premier moteur. Or, le mouvement n'est pas essentiel à la matière, puisqu'elle est inerte de sa nature, et que l'expérience nous la montre tantôt en repos, tantôt en mouvement, et indifférente à l'un ou à l'autre de ces deux états ; car, disent les physiciens, un corps en repos y reste jusqu'à ce qu'on le fasse mouvoir ; et une fois en mouvement, il persévère dans cet état, jusqu'à ce qu'une force étrangère vienne l'en faire sortir. De plus, un mouvement essentiel aurait une vitesse toujours égale, et serait invariable dans sa direction. Cependant nous voyons les corps se mouvoir en tous sens, avec plus ou moins de rapidité. Concluons donc que le mouvement n'est pas essentiel à la matière, mais qu'elle le tient d'un premier moteur. Or, ce premier moteur c'est la cause première, c'est Dieu ; donc, etc.

Objections.

1° On objecte contre notre première preuve le grand principe admis par tous les philosophes : Rien ne se fait de rien : *ex nihilo nihil fit.*

Expliquons cet axiome : le néant ne peut pas être une cause. Rien ne peut rien produire, nous en convenons ; mais que peut-on en conclure contre nous? Avons-nous dit que la création fût l'œuvre du néant?

Le néant n'est pas une substance dont les êtres soient tirés : c'est là encore une vérité à laquelle nous nous plaisons à rendre hommage. Mais nous n'avons pas dit non plus que la cause première eût tiré le monde d'un être qui s'appelle néant ; il y aurait ici contradiction dans les termes.

Mais il n'y a plus de contradiction à dire que, par l'action d'un premier principe, les êtres non existans sont devenus existans ; à dire que, par l'effet de la puissance de ce premier principe, la matière a commencé à exister. Il y aurait contradiction à soutenir le contraire; car un être ne peut exister qu'il ne soit modifié de certaine manière. Ainsi, dans la supposition que tous les êtres existent nécessairement, ils auraient aussi nécessairement telles ou telles modifications; d'où il suit qu'on ne pourrait nullement changer les modifications de la matière, car changer ses modifications c'est changer sa manière d'exister, et sa manière d'exister doit être nécessaire, si son existence est nécessaire.

2° Un philosophe, ajoute-t-on, ne peut croire que ce qu'il peut concevoir. La création est une chose dont nous n'avons aucune idée; l'éduction d'une substance du rien est ce que nous ne pouvons saisir par la pensée.

Nous avons donné d'avance la réponse à cette difficulté, en montrant quelle est la différence entre concevoir une chose et la comprendre. D'après cette explication, nous disons que nous concevons la création, puisqu'elle ne présente à notre esprit aucune contradiction; nous ne la comprenons pas, et ce n'est pas une raison pour refuser de la croire.

« Un aveugle-né niait la possibilité de la lumière,
« parce qu'il ne pouvait la comprendre; et il soute-
« nait que, pour nous conduire, nous ne pouvions
« avoir que des secours à peu près semblables aux
« siens. Vous m'assurez, disait-il, que les ténèbres
« où je suis ne sont qu'une privation de ce que vous
« appelez lumière; vous convenez qu'il n'y a per-
« sonne qui ne puisse se trouver dans les mêmes té-
« nèbres. Supposons donc, ajoutait-il, que tout le
« monde y fût actuellement : il ne sera pas possible

« que la lumière se reproduise jamais; car l'être ne
« saurait provenir de sa privation, on ne saurait tirer
« quelque chose du néant. Les athées sont dans le
« cas de cet aveugle : ils voient les effets, mais n'ayant
« point d'idées d'une action créatrice, ils la nient,
« pour y substituer des systèmes ridicules. Ils pour-
« raient également soutenir qu'il est impossible que
« nous ayons des sensations; car comprend-on qu'un
« être qui ne se sentait point commence à se sentir? »
(Cond., Trait. des anim., p. 574.)

3° « Peut-on, dit l'auteur d'un livre intitulé *le Bon
« Sens*, peut-on être convaincu de l'existence d'un
« être dont on ignore la nature, qui demeure inac-
« cessible à tous les sens, et dont on assure à chaque
« instant que les qualités sont incompréhensibles
« pour nous?

« On dit, dans l'école, que l'essence d'un être est
« ce d'où découlent toutes les propriétés de cet être;
« or, il est évident que toutes les propriétés des corps,
« ou des matières dont nous avons des idées, sont
« dues au mouvement qui seul nous avertit de leur
« existence, et nous en donne les premiers concepts...
« Je suis donc forcé de conclure que le mouvement
« est aussi essentiel à la matière que l'étendue, et
« qu'elle ne peut être connue sans lui..... De la fa-
« rine et de l'eau n'entrent-elles pas en fermentation
« dès qu'on les mêle? La matière a donc le pouvoir
« de se mouvoir. »

Nous répondrons d'abord ce que nous avons déjà
dit : Qu'il n'y a pas de raisonnement plus absurde que
celui que nous fondons sur notre incapacité à connaître la nature des choses. Les limites que nous im-

pose notre faiblesse sont-elles donc celles de la puissance divine? Ne devons-nous admettre que ce que nous comprenons, quand notre intelligence est en défaut devant un grain de poussière? Certes, je ne comprends pas comment un vil insecte se transforme en un beau papillon; et cependant je suis bien forcé de l'admettre.

En second lieu, je dirai que de ce que le mouvement est nécessaire pour que nous connaissions les choses matérielles (ce que je pourrais contester), il ne s'ensuit pas que le mouvement soit essentiel à l'existence de la matière. Pour que je connaisse un homme qui est dans le lointain, il sera peut-être nécessaire qu'il s'approche de moi; mais la même condition n'est pas nécessaire à son existence. Quand on mélange de la farine et de l'eau, je dis que le mouvement produit n'était pas nécessaire à leur existence, puisque l'eau et la farine existaient avant cette fermentation. Tout ce qu'on peut en conclure, c'est que l'eau et la farine pouvaient être mises en mouvement; et qui jamais a prétendu le contraire?

4° Certains athées ont prétendu que la matière pouvait penser, et sur ce principe ils ont fait de l'univers un grand tout pensant et intelligent, qui s'était constitué et se maintenait lui-même dans l'état où nous le voyons. Ce système, qu'on appelle panthéisme, est réfuté par l'incompatibilité de la matière et de la pensée.

5° D'autres, marchant sur les traces d'Épicure, ont voulu expliquer la création en imaginant des atomes de diverses formes, qui, roulant éternellement dans le vide, se seraient accrochés par hasard, et auraient formé l'univers.

Ici abondent les contradictions. D'abord, en admettant ces atomes roulant dans le vide, il faut supposer que le mouvement leur est essentiel (ce qui est absurde), ou recourir à un premier moteur. Ensuite comment ont-ils pu produire des êtres organisés, un homme, un animal, une plante? Comment ont-ils pu donner la pensée à l'homme? D'ailleurs le même hasard, qui les a rassemblés, les devrait disperser à chaque instant ; tout devrait être dans une instabilité et une fluctuation continuelle, et l'expérience nous fait découvrir l'existence invariable des lois qui régissent l'univers.

Preuve de l'existence de Dieu. — Argument des causes finales.

La cause efficiente est la seule qui produise véritablement un effet, et par conséquent elle est la seule qui, dans le sens strict, mérite le nom de cause. Cependant, dans un sens plus étendu, on a appelé cause tout ce qui a de l'influence dans la production d'un effet. Ainsi on nomme causes occasionelles les choses à l'occasion desquelles la cause efficiente agit ; et de même on a appelé causes finales les fins, le but qu'elle se propose dans son opération. Nous savions tout cela; j'ai cru qu'il n'était pas inutile de le rappeler.

La matière n'étant pas éternelle, il ne reste pour ressource aux athées que de dire que toutes choses émanent nécessairement d'un premier principe, comme d'une cause aveugle et sans dessein. Laissons à Condillac le soin de les poursuivre dans ce dernier retranchement.

« Peut-on voir l'ordre des parties de l'univers, la
« subordination qui est entre elles, et comment tant
« de choses différentes forment un tout si durable,
« et rester convaincu que l'univers a pour cause un
« principe qui n'a aucune connaissance de ce qu'il
« produit, qui, sans dessein, sans vue, rapporte ce-
« pendant chaque être à des fins particulières, sub-
« ordonnées à une fin générale? Si l'objet est trop
« vaste, qu'on jette les yeux sur le plus vil insecte :
« que de finesse, que de beauté, que de magnifi-
« cence dans les organes! que de précautions dans
« le choix des armes, tant offensives que défensives!
« que de sagesse dans les moyens dont il a été pourvu
« à sa subsistance! Mais, pour observer quelque chose
« qui nous soit plus intime, ne sortons pas de nous-
« mêmes. Que chacun considère avec quel ordre les
« sens concourent à sa conservation, comment il dé-
« pend de tout ce qui l'environne, et tient à tout par
« des sentimens de plaisir ou de douleur; qu'il re-
« marque comment ses organes sont faits pour lui
« transmettre des *perceptions;* son ame, pour opérer
« sur ces perceptions, en former tous les jours de
« nouvelles idées, et acquérir une intelligence qu'elle
« ose refuser au premier Etre : il conclura sans doute
« que celui qui nous enrichit de tant de sensations
« différentes connaît le présent qu'il nous fait; qu'il
« ne donne point à l'ame la faculté d'opérer sur ses
« sensations, sans savoir ce qu'il lui donne; que
« l'ame ne peut, par l'exercice de ses opérations, ac-
« quérir de l'intelligence qu'il n'ait lui-même une

« idée de cette intelligence; qu'en un mot, il connaît
« le système *par lequel toutes nos facultés s'en-
« gendrent les unes les autres* (1), et que, par con-
« séquent, il nous a formés avec connaissance et
« avec dessein. » (Traité des anim., p. 577.)

Mais son intelligence doit s'étendre à tous les moyens qui concourent à ce dessein : elle est donc immense. Si quelque chose lui échappait, ne fût-ce que pour un instant, son ouvrage serait détruit. Or, une intelligence immense est Dieu; donc, etc.

On voit que cet argument des causes finales rentre beaucoup dans celui que nous avons tiré de l'ordre du monde. Voyons maintenant si les objections des athées pourront l'ébranler.

Objections.

Parmi les athées, les uns soutiennent que les phénomènes de la nature sont les résultats de la nécessité; les autres prétendent qu'ils sont dus au hasard.

Nous avons déjà fait justice de l'opinion des premiers, en montrant que l'existence de la matière n'est pas nécessaire, en faisant voir que le mouvement ne lui est pas essentiel. Dès-lors comment l'ordre dans lequel elle existe, comment la régularité, la succession, le résultat de ses divers mouvemens pourraient-ils être nécessaires? Mais accordons, pour un instant, cette contradiction : comment cette énergie, qu'on

---

(1) Il y avait ici, *par lequel toutes nos facultés naissent du sentiment* : j'ai cru devoir changer ces expressions; on en connaît la raison.

attribue à toutes les particules de la matière, si elle n'est dirigée par qui que ce soit, pourra-t-elle les placer dans l'ordre où nous les voyons? comment une force aveugle, telle qu'elle serait dans les corps ou dans les atomes, pourrait-elle tendre constamment vers un même but?

Ceux qui nous parlent du hasard ne sont pas plus heureux. Qu'est-ce que le hasard? Prétendre que l'ordre du monde a été produit par lui, c'est ou soutenir que cet ordre s'est formé de lui-même, qu'il existe sans cause, sans raison de son existence, ce qui répugne dans les termes; ou avancer que cet ordre est dû à une cause, d'une part douée d'une extrême puissance, de l'autre douée d'une intelligence infinie. Et alors le hasard, c'est Dieu.

« Y a-t-on bien réfléchi? Qu'est-ce donc que l'ordre?
« Ce n'est pas sans doute tel ou tel arrangement, telle
« ou telle disposition des choses. On n'appelle de ce
« nom que la disposition régulière mise entre les
« diverses parties d'un tout pour atteindre une fin ;
« et assigner une fin à quelque chose, c'est déter-
« miner cette même chose à un emploi, à un but,
« plutôt qu'à un autre; c'est choisir entre plusieurs
« motifs, c'est faire un acte d'intelligence. Nous trou-
« vons qu'une montre, une maison, un meuble, la
« plus simple machine, le plus petit ouvrage des
« hommes, suppose une intelligence ; l'athée lui-
« même s'indignerait s'il entendait dire que le dis-
« cours qu'il prononce, que les livres qu'il écrit, ne
« supposent pas en lui une intelligence. Comment
« donc ne pas reconnaître et proclamer hautement
« que cette immense machine de l'univers, si bien

« construite, si bien ordonnée, prouve, de la ma-
« nière la plus sensible, qu'il existe un artisan d'une
« intelligence admirable, un éternel géomètre, comme
« l'appelait Platon? » (Manuel des Asp. au bacc.,
p. 141.)

Mais, poursuit-on, si l'auteur de l'univers s'est proposé une fin dans tout son ouvrage, pourquoi tant d'animaux nuisibles, pourquoi ces plantes vénéneuses, pourquoi tant d'êtres inutiles, etc.?

Cette objection pourrait se présenter en ces termes: Vous me dites que tout a été fait pour une fin, mais cette fin, je ne l'aperçois pas ; donc je ne dois pas l'admettre. Et depuis quand l'homme a-t-il la prétention de tout connaître? Il faudra donc que Dieu l'initie à tous les secrets de la nature, sous peine de passer dans son esprit pour un être dépourvu de sagesse, attendu qu'il agit et produit sans nous révéler le but caché de son ouvrage? Quoi! parce que vous ne connaissez pas les desseins du Créateur, vous blâmez ce qu'il a fait! Mais qui vous assurera que votre blâme n'est pas injuste? Connaissez-vous l'ensemble de la création, pour juger, d'une manière si tranchante, des qualités et des vices de tous les êtres de l'univers? Autant j'aimerais un ignorant qui, voyant un géomètre mesurer des bases et des angles, et ne sachant pas à quoi tout cet appareil peut être utile, en conclurait que la géométrie est une folie.

Preuve de l'existence de Dieu, tirée du sentiment moral.

C'est un fait que, dans tous les temps et dans tous les lieux, on a regardé certaines actions comme bonnes, et d'autres comme mauvaises; mais on ne peut porter un tel jugement sur nos actions, sans sentir une différence entre le juste et l'injuste, entre le bien et le mal. Le sentiment éclairé que nous avons, de cette distinction de ce qui est bien et de ce qui est mal, est ce qu'on appelle la *conscience morale.* C'est elle qui nous avertit de la bonté ou de la malice de nos actions; elle est la règle de notre conduite : mais cette règle, ce n'est pas nous qui l'avons faite, elle est étrangère à notre volonté; sans quoi elle serait arbitraire, et nous pourrions nous y soustraire quand bon nous semblerait. Or, s'il y a une règle, une loi que nous n'ayons pas faite, il y a donc un législateur qui n'est pas nous. L'existence de Dieu est donc étroitement liée à l'existence de cette voix intérieure qui nous crie de faire ce qui est bien, d'éviter ce qui est mal. La conscience sans Dieu serait une chimère.

On objecte qu'il n'existe aucune distinction essentielle entre le bien et le mal; que cette distinction n'a été établie que par les institutions politiques; et que la conscience n'est que le cri des préjugés, ou la conséquence de l'éducation.

Nous répondrons, en deux mots, que les préjugés et l'éducation ne sont pas les mêmes dans tous les temps et dans tous les pays, et que partout on admet une distinction entre le juste et l'injuste. Nous ajouterons que tous les sophismes du monde ne nous persuaderont jamais qu'il est indifférent d'assassiner un homme, ou de le secourir dans le malheur. Pour de plus grands détails, voyez ce que nous disons dans la Morale.

Preuve tirée du consentement unanime des peuples.

En matière d'opinion, dit Sénèque, *le consentement de tous est pour nous une preuve de vérité.* La raison en est simple : c'est qu'on ne peut taxer le genre humain tout entier de faiblesse d'esprit ou d'égarement du cœur. Or, les traditions, les monumens, les annales de tous les âges, de tous les pays, constatent et établissent que partout et toujours on a cru à l'existence d'un Être suprême. Dieu a un nom dans toutes les langues, partout on lui rend un culte, partout il y a des cérémonies religieuses.

Il n'y a jamais eu personne, dit Platon, qui, depuis la jeunesse jusqu'à la vieillesse, ait persévéré dans l'opinion qu'il n'y a pas de Dieu (1).

Dans son Traité des lois, Cicéron nous assure qu'il n'y a pas de nation tellement barbare, tellement féroce, que, même ignorant quel Dieu elle doit adorer, elle ne reconnaisse qu'elle doit en adorer un (2).

Sénèque n'est pas moins précis : il dit positivement que la doctrine de l'existence des Dieux est celle de tous les hommes ; et qu'il n'y a pas une

---

(1) Vid. Cic., *de nat. Deor.*, lib. 1, c. 16, 17; et lib. 2, c. 2.
(2) Cic., *de Legibus*, lib. 1, c. 8.

nation tellement dépourvue de mœurs et de lois, qu'elle ne reconnaisse quelque Dieu (1).

Plutarque dit : On pourra trouver des cités sans mœurs, sans lettres, sans maisons, sans richesses, sans monnaies, etc.; mais quant à une cité n'ayant point de temples et de Dieux, ne faisant point usage de prières, de serment, etc., personne n'en a jamais vu une telle (2).

Voilà pour les peuples de l'antiquité. Pour les nations modernes il ne saurait y avoir de difficulté, et on n'en élève point sur les nations policées de l'Europe et de l'Asie : ce n'est donc que sur les peuples nouvellement découverts qu'il pourrait y avoir contestation ; mais, d'après les relations les plus exactes, tous les peuples découverts depuis trois siècles avaient des notions de la Divinité.

Cette universalité de croyance n'est-elle pas une preuve infaillible de vérité? Le vrai est ce qui paraît tel à tous : *Omni in re*, a dit Cicéron, *omnium gentium consentio ex naturâ putanda est* (3).

Si donc tous les peuples s'accordent à reconnaître qu'il y a un Dieu, c'est une preuve incontestable qu'il y en a un.

Objections.

1° Homère, dit Bayle, parle d'un peuple qui ne se soucie pas de Jupiter; Strabon rapporte que l'on croyait que les Éthiopiens et les Lusitaniens étaient athées;

---

(1) *Seneca, epist.* 117.
(2) *Plutarchus, adv. colotem.*
(3) En toute chose, le consentement unanime des hommes doit être attribué à la nature.

Mela, géographe romain, nomme certains peuples qui détestaient le soleil, et n'en reconnaissaient pas la divinité. Ainsi tous les peuples ne croyaient pas à l'existence d'un Dieu.

Réponse. Parce que quelques peuples n'ont pas reconnu Jupiter et le soleil comme des divinités, peut-on en conclure qu'ils fussent athées? Les théogonies des peuples de l'antiquité étant diverses, est-il étonnant que certains peuples rejetassent le culte de Jupiter et du soleil? Quant à l'athéisme des Lusitaniens, Strabon ne le donne pas comme un fait constant. Que peuvent les citations incertaines contre les témoignages éclatans que nous venons de rapporter?

2° Comment peut-on être assuré, dit encore Bayle, que les peuples qui habitent les terres australes, encore inconnues, reconnaissent un Dieu? Et il cite plusieurs relations de voyages, selon lesquelles les peuples qui habitent diverses régions nouvellement découvertes n'ont aucune notion de la Divinité. Il allègue enfin le grand et florissant empire de la Chine, où il existe une secte, non d'ignorans, mais de lettrés, laquelle est très-étendue, et à la tête des affaires, et qui ne croit pas à l'existence d'un Dieu maître du monde.

M. de La Luzerne répond : « Beaucoup de ces « voyageurs qui avaient accusé certains peuples « d'athéisme ont été contredits par d'autres plus « instruits, ou se sont rétractés eux-mêmes. Par « exemple, les Hottentots, taxés d'athéisme dans « quelques relations, ont été justifiés par Kolbe, qui « a vécu parmi eux. Les sauvages du Canada sont

« lavés du même reproche par Chamblain......
« Wihlow déclare qu'il s'était trompé sur les sau-
« vages de la Nouvelle-Angleterre, que, sur une
« première apparence, il avait crus sans religion. Les
« voyageurs anglais, qui dans ces derniers temps ont
« enrichi la géographie de tant de magnifiques dé-
« couvertes, avaient annoncé que, dans quelques
« îles de la mer du Sud, ils n'avaient trouvé aucune
« trace de la connaissance de Dieu; mais étant re-
« tournés dans ces mêmes îles, y faisant plus long
« séjour, en connaissant mieux la langue, ils ont vu,
« partout où ils ont pénétré, la connaissance et le
« culte de la Divinité. » (Dissert. sur l'existence de
Dieu, p. 142.)

Au surplus, quand même il existerait quelques individus, quelques peuples assez malheureux pour n'avoir pas l'idée de la Divinité, que prouverait l'existence de ces peuples, qui n'ont de l'homme que la figure, dont toutes les pensées sont concentrées dans le petit nombre des choses nécessaires à leur subsistance? Quelle serait l'autorité de ces barbares contre tout le reste du genre humain? Serait-il juste de juger des qualités corporelles de l'homme par les aveugles, les sourds et les muets? et de ses facultés spirituelles, par les imbéciles et les fous?

Quant à ce que dit Bayle des lettrés de la Chine,
« peut-être, en examinant la chose de près, il ne
« serait pas difficile de les justifier de l'accusation
« d'athéisme. Ils admettent dans la nature une force
« infinie, éternelle, infiniment parfaite, qu'ils nom-
« ment *Taiki*, ou *Li*. Ils lui attribuent la vie, la nom-
« ment l'âme ou l'esprit du ciel, et disent de si gran-

« des choses de son intelligence et de sa puissance,
« qu'il y a dans le peuple des personnes qui lui offrent
« des sacrifices. » (Dissertat. sur l'existence de Dieu,
p. 140.) Ce n'est ici qu'une question de mots : puisque cette force réunit tous les attributs de la Divinité, peu importe qu'ils lui donnent tel ou tel nom.

La partie de l'objection tirée de l'ignorance où l'on est de l'opinion des habitans inconnus des terres australes n'offre pas plus de solidité. D'abord, lorsque Bayle écrivait, l'existence de ces prétendues terres australes était un problème. Les tentatives de l'immortel Cook semblent avoir prouvé qu'elles n'existent pas ; et dans tous les cas leur température serait tellement glaciale, que des créatures humaines ne pourraient y vivre. Du reste, depuis Bayle d'autres terres ont été découvertes; et partout où on a trouvé des habitans, on a trouvé la connaissance de la Divinité établie. Tout nous porte à croire qu'il en serait de même des autres régions que l'on pourrait encore découvrir.

3° Dès nos plus tendres années on frappe notre imagination de l'idée d'un Être suprême : il ne faut pas chercher d'autres causes de cette opinion généralement répandue ; elle n'est, ainsi que bien d'autres, qu'un préjugé d'éducation.

Soit : mais qu'on nous dise alors comment cette idée, préjugé ou non, a pu se glisser ainsi dans toutes les éducations du monde; d'où nous vient cet enseignement obligé sur toutes les parties de la terre. Ne confond-on pas dans cette difficulté la cause avec son effet? Ce n'est pas parce que la connaissance de Dieu est inculquée dans l'enfance, qu'elle est universellement répandue : c'est, au contraire, parce qu'elle est universellement répandue, qu'en tout temps on l'a inculquée et qu'en tout pays on l'inculque à l'enfance.

L'universalité du théisme a, dit-on, pour cause l'éducation. Et l'universalité de cette éducation, quelle en est la cause? Les préjugés de l'éducation se dissipent à la longue; l'âge, le raisonnement, le commerce des hommes sensés, en font sentir la frivolité. Au contraire, la réflexion, l'exemple fortifient la persuasion de l'existence de Dieu.

4° Les hommes, naturellement portés à la recherche des causes, ne connaissant pas celle de beaucoup de phénomènes naturels, ont imaginé d'en faire honneur à une cause surnaturelle, à un être supérieur, qui a produit tout ce dont on ne peut pas expliquer la formation. C'est donc à l'ignorance que nous sommes redevables du dogme de l'existence divine.

Si c'est l'ignorance qui a enfanté ce dogme, d'où vient que c'est précisément chez les peuples les plus éclairés qu'il se manifeste avec le plus d'éclat? Serait-ce par hasard l'ignorance des causes naturelles qui aurait fait reconnaître à Newton l'existence d'un Être créateur? Que répondre à des hommes qui se disent exclusivement instruits des secrets de la nature, et qui osent taxer le genre humain entier d'ignorance et de folie? Qu'ils nous disent donc quelle est cette cause qu'ils mettent à la place de Dieu, et alors nous ne réclamerons plus contre ce brevet d'ignorance dont ils gratifient si généreusement toutes les générations de la terre.

5° L'universalité de cette croyance est produite et entretenue par la crainte. Frappés de la vue de divers phénomènes, tels que le tonnerre, les tremblemens de terre, etc., les hommes imaginèrent une puissance formidable, qu'ils s'efforcèrent d'apaiser et de se la rendre favorable. *Primus in orbe deos fecit timor,* dit un poëte (1).

Mais d'où vient que presque toutes les nations l'ont adoré sous l'emblème de la bonté ? Lisez tous les poëtes de l'antiquité, vous y verrez toujours les Dieux représentés comme les pères des hommes. On connaît les paroles des Scythes à Alexandre : « Si « tu es dieu, tu dois répandre sur nous des bienfaits, « au lieu de nous dépouiller de ce que nous avons. » L'idée de Dieu ne représentait donc pas pour eux un être cruel et impitoyable. Comment n'a-t-on pas aperçu que c'est la persuasion de la Divinité qui en a imprimé la crainte, et non la crainte qui en a inspiré la persuasion ? Pour craindre un être quelconque, il faut le savoir existant ; et l'on pourrait très-bien dire *ignoti nullus timor,* comme on dit *ignoti nulla cupido* (2).

6° L'idée de Dieu n'est qu'une fiction imaginée par les législateurs, pour donner plus d'autorité à leurs lois : aussi les voit-on presque tous faire de la religion la base de leurs institutions. C'est de là que vient cette variété de divinités chez les différens peuples : chacun a reçu ses dieux avec ses lois.

---

(1) Ce fut d'abord la crainte qui enfanta les dieux.
(2) On ne craint pas ce qu'on ne connaît pas ; comme on dit, On ne désire pas ce qu'on ne connaît pas.

Sur ce raisonnement, Bayle observe assez judicieusement que si le dogme de l'existence de Dieu est une invention des souverains, ils se sont pris eux-mêmes dans leurs filets, et qu'ils se sont astreints non-seulement à obéir à une religion, mais à obéir à celle de leurs peuples.

Du reste, qu'on nous dise quels sont les législateurs qui les premiers ont donné l'idée de l'existence divine. On pourra en citer qui ont donné naissance à certain culte, qui ont institué quelques cérémonies, qui ont fait connaître quelques divinités particulières; mais on n'en nommera aucun de qui les peuples aient reçu la première notion d'un Dieu. Mais admettons cette hypothèse : comment les premiers auxquels on aurait voulu imposer cette idée ne se seraient-ils pas révoltés contre cette innovation? Ils auraient réclamé contre ce joug trop gênant pour les passions, et auraient demandé au législateur qui serait venu leur annoncer la Divinité, d'où il avait appris cette existence, et quels étaient ses titres pour faire admettre une doctrine aussi incommode, et qui mettait de si grandes entraves à la liberté naturelle.

7° L'universalité d'une opinion ne prouve nullement sa vérité. Ne voyons-nous pas un grand nombre d'erreurs jouir de la sanction universelle du genre humain? Avant Copernic, il n'y avait personne qui ne crût la terre immobile, et le soleil tournant autour d'elle. Il a été un temps où personne ne croyait aux antipodes. La croyance de tous les hommes ne change pas une erreur en vérité, etc...

Il est vrai que ces deux opinions ont été universellement répandues; mais entre elles et le théisme il y a une différence essentielle. C'est que l'erreur où elles induisaient avait une cause commune à tout le genre humain : c'étaient les sens qui faisaient une illusion qu'on n'était pas à portée de rectifier, faute de connaissances suffisantes. Il en est tout autrement de l'opinion de l'existence de Dieu : il n'y a pas, et les athées eux-mêmes ne prétendent pas qu'il y ait de l'illusion dans les phénomènes par lesquels nous la démontrons ; le raisonnement que nous tirons de ces faits ne surpasse pas l'intelligence du plus simple vulgaire. Les deux premières opinions ont donc pu naître du préjugé : la dernière s'est établie par l'ascendant de l'évidence. Aussi les deux premières, quoique moins essentielles au bonheur de l'homme, pour ne pas dire indifférentes, et par conséquent appelant moins l'attention du genre humain et l'examen intéressé de la science, n'ont pu résister aux progrès des lumières et de la civilisation ; l'autre au contraire, par là même que toutes les destinées humaines s'y rattachent, a dû fixer l'attention de tous les hommes, et être soumise à un examen rigoureux et continuel; et cependant elle a triomphé de tous les efforts qu'on a faits pour la renverser: loin de s'affaiblir avec les progrès de la civilisation, elle a jeté ses racines les plus profondes chez tous les peuples instruits et policés.

8° Nulle part les divers peuples n'ont attaché au mot *Dieu* la même idée : qu'importe le mot, s'ils n'ont pas été d'accord sur la chose? Ils ne se sont accordés que sur un seul point : c'est sur la pluralité des Divinités. Le polythéisme a été l'erreur universelle de tous les siècles ; et voilà tout au plus ce que pourrait prouver le consentement général. Or, reconnaître plusieurs Dieux, c'est n'en reconnaître aucun : ces deux mots *Dieu* et *pluralité* impliquent contradiction.

Reprenons l'objection : *Nulle part on n'a attaché au mot Dieu la même idée : qu'importe le mot, si on n'est pas d'accord sur la chose?* Cette objection est étrangère à la question : il ne s'agit pas de savoir si on a cru à tel ou tel Dieu, mais si on a cru à l'existence d'un Dieu. Un principe ne cesse pas d'être universellement reconnu, parce qu'on en fait diverses applications et qu'on en tire de fausses conséquences. C'est ce qui est arrivé au théisme ; c'est du fond même de ce dogme, adopté par tous les peuples, qu'ils sont partis pour diverger dans les applications : tous ont adoré un Être suprême, tous n'ont pas adoré le même. Il résulte de là seulement que nous ne pouvons pas alléguer le témoignage universel en faveur d'une religion plutôt que d'une autre : *qu'importe le mot, si on n'est pas d'accord sur la chose?* Eh quoi ! toutes les nations n'ont-elles pas unanimement regardé ce qu'elles appelaient Dieu comme l'Être d'un ordre supérieur doué de très-grandes perfections, revêtu d'une suprême puissance, fabricateur du monde tel qu'il est ? N'est-ce pas être d'accord sur la chose ?

Ils ne se sont accordés qu'en un seul point : c'est sur la pluralité des Divinités. Quand même nous l'accorderions, que pourrait-on en conclure ? qu'ils s'étaient fait une fausse idée de la Divinité. Nous ne prétendons pas le contester. Parce que je me fais une fausse idée d'une chose, s'ensuit-il que je ne croie pas à son existence ? Mais le fait même de l'universalité du polythéisme est-il vrai ? Les juifs, et pendant vingt siècles les Chinois, n'ont reconnu qu'un seul Dieu. Il y avait des peuples qui n'adoraient que le soleil. Parmi les peuples même livrés au polythéisme, on reconnaissait un Dieu supérieur, maître des autres Dieux, lesquels n'étaient en quelque sorte que ses ministres, qui tremblaient tous devant lui au moindre signe de sa volonté. Cet Être suprême était dans le fait, quoiqu'il ne le fût pas de nom, leur seul Dieu.

Avantages du théisme pour la société et pour les individus.—Conséquences funestes de l'athéisme. — Une société d'athées ne peut exister et prospérer.

Du théisme. Les croyances religieuses sont la base nécessaire de toute société : les lois et la morale en dépendent. Supprimez l'existence de Dieu, sur quoi reposera la législation? où seront les garanties des souverains contre les attaques des sujets, qui tendent sans cesse à s'affranchir du pouvoir? où seront les garanties des sujets contre les souverains, qui font toujours des tentatives pour étendre leur puissance? Quelle institution sera capable de comprimer les passions humaines autant que la croyance d'un Dieu vengeur du vice, et rémunérateur de la vertu? Au-dessus des monarques, il n'y a d'autorité que dans le ciel : Dieu seul tient dans ses mains la balance où sont pesés les droits des peuples et des rois. Cette pensée salutaire assure le repos et le concert de toutes les parties de la société. Dieu, qui en est l'auteur, ordonne que les chefs qui la régissent soient révérés et justes ; sa volonté est la loi sous laquelle se courbent la tête des monarques et celle des sujets. En imposant aux uns et aux autres de mutuelles obligations, il s'en rend le garant et le vengeur. Sa religion est un double frein propre à retenir également l'insatiable avidité du pouvoir, et l'audacieuse insubordination des sujets. Le Dieu du ciel avertit les Dieux de la terre que l'autorité dont il les a investis n'est qu'un dépôt dont ils auront à rendre compte; que leur mission est de veiller au bonheur de leurs peuples. Il avertit les peuples que les rois sont ses représentans sur la terre, qu'ils doivent se reposer tranquilles à l'abri de leurs trônes, et se garantir, par l'exécution de tous leurs devoirs, la jouissance de leurs droits.

Et si, du milieu de ses semblables, nous suivons l'homme au sein de la vie privée, nous y trouverons encore la religion versant sur lui de nouveaux bienfaits. L'homme est né pour le bonheur, et sa raison lui dit qu'il ne doit le chercher que dans la pratique de la vertu. Souvent cependant l'homme de bien est le jouet des misères et l'objet des persécutions : livrez aux consolations humaines l'être souffrant que l'affliction est venu visiter, pour tout soulagement elles lui conseilleront la patience. Triste remède ! si l'on peut appeler ainsi ce qui n'est qu'une soumission à la nécessité. Mais remettez ce même malheureux entre les mains de la religion, elle lui enseignera à donner un prix et une valeur réelle à toutes ses souffrances; elle saura faire servir au bonheur de l'homme son malheur même; elle changera un abyme d'affliction et de désespoir en une source de jouissance et d'espérance ; elle lui inspirera cette résignation qui nous fait supporter nos maux avec soumission, comme une punition légère de nos fautes; avec courage, comme une épreuve dans laquelle s'épure et se fortifie la vertu; avec joie même, comme un moyen de mériter le ciel. C'est ainsi que la pensée, rapportant toutes les vicissitudes de la vie humaine à la justice divine, sait nous faire trouver des douceurs au sein même des calamités et des maux qui sont le triste apanage de l'humaine espèce; c'est ainsi que les privations se changent en jouissance à la voix de la religion. Tous nos sacrifices deviennent un trésor de mérites que nous déposons avec confiance dans des mains sûres, qui nous le rendront un jour avec surabondance.

De l'athéisme. Celui, au contraire, qui nie l'existence de Dieu ne rencontre partout que contradiction pour son esprit, et découragement pour son cœur; car, dit Châteaubriand, « l'athéisme n'est bon à personne, ni à
« l'infortuné auquel il ravit l'espérance, ni à l'heu-
« reux dont il dessèche le bonheur, ni au soldat qu'il
« rend timide, ni à la femme dont il flétrit la beauté
« et la tendresse, ni à la mère qui peut perdre son
« fils, ni aux chefs des peuples, qui n'ont pas de
« plus sûr garant de la fidélité des peuples que la
« religion. » (Génie du Christian., t. 4, p. 316, ch. 12.)

Le cortége naturel et inséparable de l'athéisme est la corruption, le crime et le désordre. S'il n'y a pas de Dieu, la vertu n'est qu'une chimère; l'homme vicieux est le seul sage; l'homme vertueux, le seul fou. Si on supprimait « les rapports de l'homme avec un
« Être suprême, auteur de la nature, on n'aurait plus
« à écouter que les vils conseils d'une prudence per-

« sonnelle, on n'aurait plus qu'à flatter, qu'à adorer
« les maîtres des nations, et tous ceux qui, dans un
« Etat monarchique, sont les nombreux représentans
« de l'autorité du prince. Oui, les esprits, les sen-
« timens doivent fléchir devant ces dispensateurs
« de tant de biens et de tant de maux, s'il n'existe
« rien au-delà des intérêts terrestres ; et quand une
« fois tout est incliné, tout est prosterné, quand il
« n'y a plus de fierté dans les caractères, les hommes
« deviennent incapables d'aucune grande action, et
« impropres, pour ainsi dire, à aucune beauté mo-
« rale....

« Avec l'idée de Dieu, vous nous ôtez à la fois et
« notre consolation et notre vraie dignité, vous qui
« voulez tout rapporter à l'intérêt particulier et à la
« vengeance publique : laissez-moi distraire mes re-
« gards du sceptre menaçant que tiennent en leurs
« mains les puissances de la terre ; laissez-moi comp-
« ter avec celui qui est plus grand qu'eux tous ; lais-
« sez-moi surtout m'adresser à celui qui pardonne, à
« celui qui, au moment où je viens de l'offenser, me
« permet encore de l'aimer, et de me fier à sa grâce. »
(Necker, Import. des opinions relig.)

Avec l'athéisme, il n'y a plus de sécurité pour personne ; et c'est ce qui faisait dire à Voltaire : « Je ne
« voudrais pas avoir affaire à un prince athée, qui
« trouverait son intérêt à me faire piler dans un mor-
« tier : je serais bien sûr d'être pilé..... Je ne vou-
« drais pas, si j'étais souverain, avoir affaire à des
« courtisans athées, dont l'intérêt serait de m'em-
« poisonner : il me faudrait prendre au hasard du
« contre-poison tous les jours. »

Avec l'athéisme, les passions excitées, ou loin d'être contraintes, n'ont plus de frein; c'est ce que Rousseau a voulu nous faire comprendre, lorsqu'il dit : « Il « est écrit dans l'Alcoran qu'au sortir de cette vie, « les ames sont forcées de passer sur un pont très- « étroit : celles des justes passent et arrivent dans un « lieu de délices, celles des méchans ne peuvent « passer, et tombent dans un abyme de malheur. » Vains sages, s'écrie Rousseau, que mettrez-vous à la place de ce pont?

« Ainsi la vertu, mot inintelligible dans le sym- « bole de l'athée, est une inconséquence. Dépouillé « de sa physionomie hideuse, le crime est une néces- « sité. Qu'importe à l'athée le bien de l'Etat et le bon- « heur de ses semblables? Dans son froid égoïsme, il « ne voit que lui, il ne songe qu'à lui seul ; il se fait « le centre de l'univers. Respectera-t-il les liens du « sang? ils sont pour lui un vain préjugé. Son cœur « s'ouvrira-t-il aux charmes de l'amitié? mais l'amitié « de l'athée est un pacte d'intérêt, que l'intérêt doit « dissoudre ; son cœur, tout de glace, est sans affec- « tions; son esprit, rapetissé dans des pensées de « néant, ne s'occupe que de jouissances grossières. « L'athéisme avilit l'homme, et le dégrade; il livre « sa vie aux turpitudes du vice ; il abandonne sa mort « aux horreurs du désespoir. » (Manuel des Asp. au bacc.)

Une société d'athées est-elle possible?

Comment, après cela, comprendre qu'on ait osé dire que les hommes ne seraient heureux que lorsqu'ils seraient athées? comment avoir pu rêver à l'existence d'une société toute composée d'athées? De toutes les utopies connues, celle-ci me paraît la plus extravagante; car il n'y a pas de société partout où il n'y a point de lois, et il n'y a point de lois là où il n'y a pas de morale; il n'y a pas de morale là où l'on ne reconnaît pas de Dieu. Mais admettons, pour un instant, qu'une pareille association puisse se former, qu'elle se constitue, qu'elle se donne des lois : toujours sera-t-il vrai de dire que, dans un pareil système de législation, tout s'y trouvant arbitraire et calqué sur l'intérêt, les lois établies seront sans force contre les crimes qui pourront se soustraire à leur action. Qui pourra arrêter le bras de l'assassin, lorsque le secret lui assurera l'impunité de ses attentats? Et celui qui aura les moyens de renverser l'ordre établi, et qui y trouvera son intérêt, par quel lien assez puissant pourra-t-on enchaîner son ambition? L'obligation de se soumettre aux lois est pour lui une chimère; ce serait une inconséquence de les respecter. Et qu'on ne me dise point que son intérêt lui en fait un devoir : sans doute notre intérêt bien entendu veut que nous respections les droits des autres, pour qu'ils respectent les nôtres; mais si ce sentiment de notre intérêt, aidé de tous les ressorts de la religion, n'est pas capable d'arrêter aujourd'hui les entreprises de l'ambition, quelle force lui restera-t-il, lorsque vous l'aurez séparé d'un auxiliaire aussi puissant, pour comprimer l'effervescence des passions? Concluons donc que nier l'existence de Dieu, c'est renverser le fondement de toute société. « Nul ne « le nie, disait Bacon, si ce n'est celui à qui il im-« porte qu'il n'y en ait point. »

Objections.

1° Le fanatisme et la superstition ont produit des maux incalculables : or, le fanatisme et la superstition sont les enfans du théisme.

Voltaire répondait : « Vous craignez qu'en adorant
« Dieu, on ne devienne bientôt superstitieux et fana-
« tique ; mais n'est-il pas à craindre qu'en le niant
« on ne s'abandonne aux passions les plus atroces,
« et aux crimes les plus affreux ?
« Vous affirmez qu'il n'y a qu'un pas de l'adoration
« à la superstition. Il y a l'infini pour les esprits bien
« faits, et ils sont aujourd'hui en grand nombre ; ils
« sont à la tête des nations, et influent sur les mœurs
« publiques. »

2° Mais la religion est impuissante pour arrêter les crimes : c'est une vérité d'expérience ; elle en produit beaucoup, nous venons de le dire. Quel avantage si grand peut-elle donc offrir aux hommes ?

« Dire que la religion n'est pas un motif réprimant,
« parce qu'elle ne réprime pas toujours, c'est dire
« que les lois civiles ne sont pas un motif réprimant
« non plus... La question est de savoir quel est le
« moindre mal, que l'on abuse quelquefois de la re-
« ligion, ou qu'il n'y en ait point du tout parmi les
« hommes. » (Esprit des lois, liv. 24, ch. 2.) Nous retrouverons ces objections dans la morale, où nous les réfuterons plus amplement.

ONTOLOGIE.

Les considérations que nous venons de parcourir nous ont fait connaître ce qu'il y avait de primitif dans nos idées; et si la psycologie nous a montré les élémens de l'intelligence, l'ontologie nous a fait voir la manière dont elle se formait. Si donc on nous demandait maintenant ce que c'est que la psycologie, nous pourrions répondre que c'est un traité des propriétés de l'ame, et l'ontologie, un traité des résultats de ces mêmes propriétés. L'une a pour but de nous apprendre à connaître l'origine et la cause de nos idées; l'autre nous enseigne comment se forment les notions principales que nous avons de tout ce qui existe.

Le premier problème, celui qui a pour objet les élémens de l'intelligence, une fois résolu, nous avons abordé le second, dont la solution devait nous montrer la formation même de l'intelligence. Prenant les divers modes de la sensibilité pour point de départ, nous avons été conduits, par le *sentiment sensation*, aux idées des *qualités sensibles*, aux idées *des corps*. Le *sentiment des facultés de l'ame* nous a menés à la connaissance de ces facultés et à l'ame elle-même. L'idée des corps et celle de l'ame nous ont fait arriver à l'idée de substance, l'idée de substance à celle d'essence, celle d'essence aux idées d'existence et de possibilité : la possibilité nous a conduits au pouvoir, le pouvoir à la cause, l'idée de cause à celle de cause première, à l'idée de Dieu.

Définition de la psycologie et de l'ontologie.

Génération des idées principales dont l'Ontologie nous montre la formation. (V. Laromig., t. 2.)

1° des qualités sensibles et des corps.	orig.	la sensation.
2° des facultés de l'ame et de l'ame.	orig.	sentiment de l'action des facultés.
3° de substance...................	orig.	idée de corps et idée de l'ame.
4° d'essence.......................	orig.	idée de substance.
5° d'existence et de possibilité......	orig.	idée d'essence.
6° de pouvoir......................	orig.	idée de possibilité.
7° de cause........................	orig.	idée de pouvoir.
8° De cause première, de Dieu.....	orig.	idée de cause.

Définition de la métaphysique. On réunit sous un seul nom la psycologie et l'ontologie : ce nom, c'est la métaphysique. Il est aisé de comprendre qu'elle se compose de deux parties, et que son objet est de nous faire connaître les conditions nécessaires de l'intelligence, et les rapports de succession et de génération qui lient ensemble toutes les parties du système intellectuel. Or, comme cette connaissance ne peut s'obtenir qu'en remontant aux premiers élémens de nos idées, à leurs principes, on a dit que la métaphysique est *la science des premiers principes*.

Son utilité. Son utilité est incontestable, car elle nous fait remonter aux idées fondamentales sur lesquelles repose toute l'intelligence, et légitime ainsi les connaissances humaines. Elle nous apprend à connaître Dieu et à nous connaître nous-mêmes, et c'est en cela que consiste toute la sagesse : *Noverim me, noverim te,* disait Saint Augustin. Par les preuves qu'elle nous fournit de l'existence divine, de la liberté et de l'immortalité de l'ame, elle donne des bases à la religion et à la morale ; n'est-ce pas assez pour nous faire sentir toute son importance ?

FIN DE LA MÉTAPHYSIQUE.

TROISIÈME PARTIE.

De la morale.

Après avoir étudié les effets des facultés de l'entendement, nous allons nous occuper des effets de la volonté. Cette partie du cours de philosophie est appelée la *morale* : « elle a pour objet de déterminer « les règles générales d'une conduite sage et ver- « tueuse, autant qu'elles peuvent l'être par les sim- « ples lumières de la raison. » (Esquisses de philos. mor., p. 9.) C'est-à-dire par l'examen des principes et des propriétés des actes humains, et de plus des circonstances dans lesquelles nous sommes placés.

Objet de la morale.

En envisageant sous ce point de vue la philosophie morale, nos recherches doivent tomber : 1° sur l'analyse de nos passions, considérées comme principe de nos actions ; 2° sur le but que nous nous proposons en agissant, ou sur les motifs de nos déterminations ; 3° sur l'origine et l'analyse de nos idées morales ; 4° sur les diverses branches du devoir.

Division de la morale.

PREMIÈRE SECTION.

Origine et analyse de nos passions, considérées comme principe de nos actions.

L'homme est sensible et actif : tels sont les deux élémens auxquels nous devons toujours remonter,

18.

pour rendre raison de tous les phénomènes que nous offre l'humanité. Il est une classe de ces phénomènes que l'on désigne par le mot générique de *passions*. Nous allons rechercher leur origine, afin de les mieux faire connaître, et ensuite nous ferons voir qu'elles sont le principe de toutes nos actions.

Le mot *passion*, considéré grammaticalement, vient du verbe *pati*, *patior*, qui marque essentiellement un état passif de l'ame : si donc le philosophe se contentait de remonter à l'étymologie d'un mot pour trouver l'origine de l'idée qu'il représente, notre tâche ici serait bien facile, et nous verrions l'origine de nos passions dans la sensibilité. Mais la science étymologique est trompeuse en philosophie ; nous en avons eu déjà la preuve lorsque nous nous sommes occupés de la nature des idées. Sans nous arrêter à l'étymologie, examinons donc la chose en elle-même.

Lorsque nous disons qu'un homme est tourmenté par une passion, voulons-nous dire seulement qu'il éprouve un grand plaisir, ou une douleur violente? Non sans doute : le plaisir peut bien être le but de la passion, mais il n'est pas la passion elle-même ; le plaisir et la douleur peuvent la provoquer, mais ils ne sauraient pas l'engendrer, car le plaisir est tout dans la sensibilité, et la passion nous paraît venir de l'activité de notre ame : si l'on pouvait en douter, que l'on fasse attention que le mot passion est synonyme d'amour du plaisir. Mais le mot amour exprime un des modes de l'activité ; donc la passion n'a point son origine dans la sensibilité, parce que la sensibilité ne peut pas se transformer en activité.

Ce qui a pu tromper quelques philosophes à cet

égard, c'est que, sans le plaisir ou la douleur, il n'y aurait jamais de passions; car les hommes ne se passionnent que pour les objets qui peuvent leur procurer du plaisir, ou contre ceux qui peuvent leur causer de la douleur. Mais la cause occasionelle d'un phénomène n'en est pas le principe, elle est encore moins identique avec ce phénomène.

La douleur n'est autre chose qu'un sentiment désa- *Du besoin.* gréable; la privation d'un sentiment agréable peut aussi nous causer de la douleur. Mais remarquons, avec le judicieux Condillac, « *qu'être privé et man-* « *quer* ne signifient pas la même chose : on peut « ne pas avoir joui des choses dont on manque, on « peut même ne les pas connaître. Il en est tout au- « trement des choses dont nous sommes privés : non- « seulement nous les connaissons, mais encore nous « sommes dans l'habitude d'en jouir, ou du moins « d'imaginer le plaisir que la jouissance peut pro- « mettre. Or, une pareille privation est une souffrance « qu'on nomme plus particulièrement besoin. Avoir « besoin d'une chose, c'est souffrir, parce qu'on en « est privé. » (Logiq., ch. 18.)

Lorsque le besoin se fait sentir à notre ame, comme *Du désir.* il l'affecte d'une manière désagréable, il provoque son action. Comment pourrait-elle rester indifférente à des modifications qui sont un mal pour elle? Toutes ses facultés entrent en exercice pour se procurer les objets dont la privation la fait souffrir; elles se dirigent vers ces objets, et cette direction est proprement ce que nous entendons par *désir*.

« Puisqu'il est naturel, continue Condillac, de se *La passion.* « faire une habitude de jouir des choses agréables,

« il est naturel aussi de se faire une habitude de les
« désirer; et les désirs tournés en habitude se nom-
« ment *passions*. De pareils désirs sont en quelque
« sorte permanens; ou du moins s'ils se suspendent
« par intervalles, ils se renouvellent à la plus légère
« occasion. Plus ils sont vifs, plus les passions sont
« violentes. (*Ibid.*) »

Dès qu'il y a besoin, désir, passion, il y a aussi amour et haine; car le besoin, le désir, la passion, supposent toujours la privation d'un objet agréable; et un objet qui nous est agréable, qui nous agrée ou que nous aimons, c'est la même chose. De même le besoin et le désir supposent toujours une privation, une souffrance, un sentiment désagréable; mais un sentiment désagréable, qui nous déplaît, que nous haïssons, c'est encore la même chose.

Comme il y a plusieurs degrés dans la douleur que cause la privation d'un objet aimable, il en faut également distinguer dans l'amour et dans la haine. Nous avons même des mots à cet usage : tels sont ceux de goût, penchant, inclination, éloignement, répugnance, dégoût, etc.

L'amour et la haine sont les deux sources principales auxquelles on peut rapporter toutes nos passions; et si on leur a donné des noms différens, c'est parce que l'amour et la haine se modifient d'autant de manières que les objets qui les excitent peuvent nous faire éprouver de sentimens différens.
« Ainsi la haine prend les noms de crainte, de honte,
« de ressentiment, de colère, de vengeance, d'in-
« dignation, suivant que l'objet détesté nous présente
« le danger, l'infamie, le mépris, l'outrage, la vio-

« lence, etc. L'amour à son tour prend les noms de
« pitié, de tendresse, de respect, de reconnaissance,
« d'admiration, d'émulation, etc., suivant que l'objet
« aimé nous présente des malheurs qui nous touchent,
« des qualités qui nous gagnent, des bienfaits qui
« nous attirent, des avantages qui nous plaisent et
« que nous désirons. »

Bien plus, l'amour et la haine semblent venir se résoudre dans un principe unique : l'*amour de soi*. Et si c'est un paradoxe de dire que c'est nous-mêmes que nous aimons dans les autres, je ne crois point que ce soit une erreur. Si on me demande pourquoi j'aime tel ou tel objet, ma première réponse ne sera-t-elle pas : C'est parce qu'il me plaît? Ce n'est donc pas pour lui que je l'aime, c'est pour moi-même. De même si on me demande pourquoi je déteste tel ou tel autre objet, je réponds encore : C'est parce qu'il me déplaît, c'est-à-dire parce qu'il me fait éprouver un sentiment désagréable : je ne le hais donc que par amour pour moi. De là nous pourrions conclure que l'*amour de soi* est le principe de toutes nos actions. {L'amour de soi.}

Nous sommes loin pourtant de vouloir attacher à cette expression, l'*amour de soi*, le sens qu'on attache au mot *égoïsme*.

L'égoïsme se prend toujours en mauvaise part : c'est un amour de soi, j'en conviens, mais un amour de soi désordonné; et nous devons remarquer que quoiqu'on donne ce nom à l'avarice, et à d'autres défauts du cœur, on ne le donne jamais à l'amour de la vertu ou au désir de s'instruire, qui sont à coup sûr des sources de plaisirs plus exquis que les richesses ou les voluptés sensuelles. {L'égoïsme.}

« En examinant la chose d'un peu près, dit Dugald
« Stewart, on trouverait probablement que le mot
« égoïsme, appliqué à la poursuite d'un but, ne se
« rapporte point au motif de cette poursuite, mais à
« l'effet qu'elle produit dans notre conduite. » L'avarice sans doute dérive de l'amour de soi, mais elle nous détache plus de la société que ne font d'autres passions qui en dérivent aussi. Elle indique comme le désir de connaissance l'attachement que nous portons à notre propre bonheur, mais en même temps elle trahit une plus grande indifférence pour le bonheur des autres. Les poursuites de l'avare ne sont mêlées d'aucune affection sociale : au contraire, ses intérêts se trouvent toujours en opposition avec ceux de ses voisins. Il n'en est pas de même du désir de connaissance, qui est toujours accompagné du besoin de communication.

Mais ce qui prouve évidemment que nous ne confondons point l'égoïsme avec l'amour de soi, c'est que le blâme et le ridicule que nous déversons sur les égoïstes sont fondés en partie sur les sacrifices qu'ils font de leurs véritables intérêts à la poursuite d'un plaisir chimérique, et presque toujours dégoûtant. L'égoïsme nous place en dehors de la société, et nous fait prendre une fausse route dans la recherche du bonheur. L'amour de soi, tout en nous poussant vers la félicité, ne brise point les liens qui nous unissent à nos semblables, et, éclairé par la raison, il nous fait marcher vers la perfection, qui est la source du bonheur. En un mot, l'égoïsme est exclusif; l'amour de soi ne l'est jamais. Il ne fait point que l'homme s'isole, il le porte à s'identifier avec ses semblables; il le place dans une telle situation, qu'il n'y a que le bonheur général qui puisse ajouter à son propre bonheur.

En résumé, le mot *passion* est une expression impropre : il désigne un état passif de l'ame, mais ce n'est pas le sens que nous devons lui attacher. Toutes les passions peuvent se ramener à l'amour de soi.

La douleur et le plaisir sont, comme dit Locke, les deux pivots sur lesquels tournent toutes nos passions; ce sont les deux mobiles de toutes les actions humaines.

En effet, lorsque l'homme est parfaitement satisfait de l'état où il est, lorsqu'il n'éprouve aucune douleur, et qu'il n'a rien qui puisse provoquer ses désirs, « quel soin, quelle volonté peut-il lui rester que de « continuer dans cet état? il n'a visiblement autre « chose à faire, comme chacun peut s'en convaincre « par sa propre expérience. Ainsi nous voyons que « le sage auteur de notre être ayant égard à notre « constitution, et sachant ce qui détermine notre « volonté, a mis dans les hommes l'incommodité de « la faim et de la soif (Locke, liv. II, c. XXI), » pour faire naître le désir et la volonté de veiller à notre conservation, et par suite à celle de l'espèce : résultat important, qui, pour être garanti, n'eût trouvé peut-être dans la raison qu'une autorité insuffisante.

D'où il résulte que nos désirs, et par conséquent nos passions, sont toujours le principe de nos actions, et qu'elles sont excitées par le plaisir ou la douleur. S'il en était autrement, on ne voit pas à quoi pourrait servir la douleur, non plus que nos désirs et nos passions.

DEUXIÈME SECTION.

Du but que nous nous proposons en agissant, ou des motifs de nos déterminations.

Nous venons de le voir: toutes nos actions ont leur principe dans l'amour de soi ; mais cet amour ne peut avoir que le bonheur pour objet, car il serait ridicule de dire que l'amour de soi nous fait rechercher ce qui est un mal pour nous. Il paraît donc très-rationnel de conclure que, lorsque nous agissons, notre but, la fin que nous nous proposons, ne peut être que le bonheur.

De la fin de nos actions.

Mais j'entends les objections : « Ne voyez-vous pas « que vous allez avilir toutes nos actions, même les « plus belles, en leur donnant ainsi un motif toujours « intéressé? Le code de la morale va devenir le code « de l'égoïsme ; vous corrompez la vertu, vous ou- « vrez la porte à tous les crimes : car enfin celui qui « croira que son bonheur est intéressé à mépriser les « lois, et à les enfreindre, n'en laissera pas échapper « l'occasion. »

Ces accusations sont graves ; et si nous étions dans l'impossibilité d'y répondre, il faudrait renoncer à notre sentiment. Examinons-les séparément : commençons par la dernière. « Vous ouvrez, nous dit-on, « la porte à tous les crimes. » Ceux qui nous tiennent ce langage se trompent grossièrement : ils confondent le motif qui nous fait agir avec la règle qui doit diriger nos actions. Cette erreur est plus commune qu'on ne pense, même parmi les philosophes moralistes. Ils ont souvent tout confondu, et le principe, et le but, et la règle. Si le but que l'on se propose est bon en lui-même, je ne vois pas comment en l'indiquant on pourrait ouvrir la porte à tous les crimes : or, qui pourrait me nier que le bonheur soit une très-bonne chose? L'idée de bonheur implique que le bonheur est une chose désirable.

Ainsi, en présentant le bonheur comme motif de nos actions, nous n'ouvrons pas la porte à tous les crimes. Il est impossible que l'homme ne s'aime point, il est impossible qu'il ne tende pas au bonheur; mais tout en partant de ce principe, nous ne devons point perdre de vue que, doué d'intelligence et de liberté, il doit reconnaître un ordre établi, et marcher à la poursuite du bonheur, en dirigeant ses actions d'après un plan conforme à cet ordre.

Dans la seconde objection, on nous dit « que nous « faisons de la morale le code de l'égoïsme. » Les réflexions que nous avons faites sur l'égoïsme ont déjà répondu à cette accusation. Si l'amour de soi, et par conséquent l'amour du bonheur, n'étaient pas distincts de l'égoïsme, tout homme serait égoïste, puisque tout homme s'aime nécessairement, qu'il n'est pas libre de renoncer à son bonheur. La question n'est pas de savoir si l'homme agit toujours par amour pour lui (cela nous paraît incontestable), mais de savoir ce qui doit régler cet amour; en d'autres termes, comment il doit s'aimer.

Enfin on nous dit « que nous avilissons la vertu, « en lui donnant toujours un motif intéressé. » Nous répondrons par une épigramme de Schiller contre Kant, qui voulait éloigner de la morale tout motif d'intérêt : « Je trouve du plaisir à servir mes amis ; il m'est « agréable d'accomplir mes devoirs. Cela m'inquiète, « car alors je ne suis pas vertueux. » Cette plaisanterie porte avec elle un sens profond ; car quoique le bonheur ne doive jamais être la règle du devoir, néanmoins celui que nous trouvons dans la pratique de la vertu est un fait qu'on ne peut révoquer en doute. Ce bonheur, le plus pur et le plus digne d'un être raisonnable, est inséparable de l'accomplissement de nos devoirs : le nier serait méconnaître la loi la plus générale de notre nature. Et que pourrait-il y avoir d'avilissant pour la vertu à admettre cette connexion que l'auteur de tout ce qui existe a établie entre les bonnes actions et la satisfaction intérieure qu'il a mise dans nos cœurs, comme un avant-goût de la félicité qu'il réserve, dans une autre vie, à ceux qui remplissent leur devoir dans ce monde ? Il serait heureux de pouvoir persuader aux hommes qu'ils doivent être vertueux par intérêt, quand ils ne le seraient pas par devoir ; car on ne fait pas le mal pour le mal, on voudrait avoir le profit du crime sans être criminel.

Au reste, on nous accordera sans doute que la vertu pour l'homme consiste à tendre toujours vers la perfection ; mais l'idée de perfection implique l'idée de bonheur. Voilà pourquoi Dugald Stewart disait : « Le désir du bonheur peut s'appeler *principe* « *rationnel*, parce qu'il est le propre d'une nature rai- « sonnable, et sa conséquence nécessaire. » Et voilà pourquoi encore, si à cette autorité profane on pouvait ajouter la sainte autorité de l'Eglise, voilà pourquoi, dis-je, le pieux, le sensible Fénelon fut condamné pour avoir voulu rendre l'amour de Dieu plus pur, en lui ôtant tout motif d'intérêt.

On insiste, et l'on nous dit : « Cette théorie de l'a-
« mour de soi flétrit la beauté de l'ame : la conduite
« d'un homme n'est vraiment morale que quand il
« ne compte jamais pour rien les suites heureuses
« ou malheureuses de ses actions, lorsque ces actions
« sont dictées par le devoir.... Tout ce qui est vrai-
« ment beau est inspiré, tout ce qui est désintéressé
« est religieux.... Le calcul dans la conduite de la
« vie doit être toujours admis comme guide, mais
« jamais comme motif de nos actions. C'est un bon
« moyen d'exécution ; mais il faut que la source
« de la volonté soit dans une nature plus élevée,
« et qu'on ait en soi-même un sentiment intérieur
« qui nous force au sacrifice de nos intérêts per-
« sonnels. »

« Lorsqu'on voulait empêcher saint Vincent de
« Paul de s'exposer aux plus grands périls pour se-
« courir les malheureux, il répondait : Me croyez-
« vous assez lâche pour préférer ma vie à moi? »
(De l'Allemagne, par mad, de Staël, t. 3, p. 165, et *passim.*)

Reprenons ces objections : « Cette théorie de l'a-
« mour de soi flétrit la beauté de l'ame. »

Je ne craindrai pas de demander comment cet amour, inséparable de notre nature, pourrait nous avilir? Et s'il en était ainsi, le tort ne serait pas à la philosophie, mais à l'auteur de notre être. L'homme s'aime nécessairement, c'est un fait que la philosophie peut et doit constater : il ne dépend pas de lui de renoncer à son bonheur. Tout ce qui tombe sous sa puissance, c'est le choix des moyens qui lui sont donnés pour arriver à la félicité. Si dans ce choix il se conforme à l'ordre établi, il est sûr d'atteindre le but de la destinée humaine, et cela sans avilissement, et sans que la beauté de son ame soit flétrie.

« La conduite d'un homme n'est vraiment morale « que quand il ne compte jamais pour rien les suites « heureuses ou malheureuses de ses actions, lorsque « ces actions sont dictées par le devoir. »

Quoi! si en soulageant les malheureux je ne puis me défendre de cette pensée que Dieu, un jour, me récompensera dans le ciel; si même, dans toute ma conduite, pour me rendre de plus en plus ferme dans la pratique de toutes les vertus, je pense au bonheur qu'elles procurent à l'homme de bien, alors ma conduite cessera d'être morale ! Je n'ignore pas l'adage : *Fais ce que dois, advienne que pourra*. Mais que pourrait-on en conclure? L'homme, tout en cherchant le bonheur, doit régler ses actions, et les conformer à l'ordre établi : *Fais ce que dois*. Et lorsqu'il a fait son possible pour assurer son bonheur, toujours en obéissant aux inspirations de la conscience, ce principe régulateur qui doit diriger toute notre conduite; si ce bonheur nous échappe dans ce monde, si l'effet ne répond pas à notre attente, nous devons regarder l'événement avec indifférence : *advienne que pourra*. Mais rien de tout cela ne prouve que l'homme cesse d'être vertueux, pour avoir compté pour quelque chose les suites heureuses ou malheureuses de ses actions.

« Tout ce qui est vraiment beau est inspiré, tout « ce qui est désintéressé est religieux. »

Veut-on dire par là qu'il n'y a de beau que ce qui est inspiré ? alors je demanderai ce qu'on entend par inspiration. Appellerait-on inspiration toute action faite sans réflexion, comme le *A moi, Auvergne!* du brave d'Assas? Mais alors il faudrait dire que ce roi de France qui retourna dans les prisons d'Angleterre, parc eque son fils n'avait pas tenu les promesses au nom desquelles il avait obtenu sa liberté, ne fit rien de beau ; il faudrait dire que Régulus allant se vouer aux tourmens de la féroce Carthage, plutôt que de manquer à sa parole, n'était pas vertueux. Le roi de France et le consul romain avaient eu l'un et l'autre le temps de la réflexion. « Tout ce qui est désinté-
« ressé est religieux. » Veut-on dire encore qu'il n'y a de religieux que ce qui est désintéressé? alors l'Evangile a bien tort de nous dire qu'un verre d'eau donné au nom de Jésus-Christ ne restera pas sans récompense. Jusqu'à présent je ne m'étais pas douté que l'Evangile et les moralistes dégradassent la morale, en offrant des récompenses pour toutes les bonnes actions. Qu'on se rappelle ce qu'il en coûte souvent pour être vertueux; et si les sacrifices que l'on s'impose n'étaient pas compensés par le bonheur, qui est la conséquence de la vertu, jamais, je le crois, nous n'aurions la force de nous soustraire à toutes les illusions du plaisir, ou de résister à l'aiguillon de la douleur, que la passion du moment nous ferait envisager.

« Le calcul, dans la conduite de la vie, doit être
« admis comme guide, mais jamais comme motif de
« nos actions. »

J'ai de la peine à m'expliquer cette phrase. Et qui

jamais a donné à nos actions le calcul pour motif? Dans l'opinion de quelques philosophes que veut combattre madame de Staël, l'intérêt est le motif qui fait agir : on va à son intérêt guidé par le calcul, mais je ne pense pas que le calcul soit le motif. Ces philosophes sont d'accord avec madame de Staël : ils prennent le calcul pour guide dans la conduite de la vie, et non pour motif de leurs actions; car à coup sûr aucun d'eux n'a dit qu'il agissait pour le calcul, mais bien pour son intérêt propre ; et l'on a conclu qu'ils faisaient de la vertu une espèce de spéculation. Sans doute ce n'est pas ce qu'a voulu dire la baronne de Holstein; car je ne vois pas comment le calcul, cet *excellent moyen d'exécution*, pourrait, en nous *guidant*, nous forcer à *faire* le *sacrifice de nos intérêts personnels*. Telles sont les inconséquences auxquelles on peut être entraîné quand, dans les matières philosophiques, on néglige la précision du style, pour s'abandonner aux prestiges de l'imagination.

« Saint Vincent de Paul disait : Me croyez-vous « assez lâche pour préférer ma vie à moi? »

Il est curieux de voir cette réponse d'un homme vertueux donnée, avec confiance, pour prouver que la vertu doit être désintéressée. Je vois bien ici un saint qui fait abnégation de la vie de ce monde, mais qui se souvient d'une autre vie immortelle, impérissable, qu'il ne veut pas risquer pour sauver une vie fragile, que son véritable intérêt lui fait envisager comme de peu de prix auprès de la vie éternelle. Le calcul, si l'on veut, est pris ici pour guide, et nous offre un bon moyen d'exécution pour assurer le vrai bonheur.

Peut-être ceux qui combattent notre opinion se rangeraient à notre avis, s'ils voulaient faire attention que lorsque nous parlons du bonheur comme motif de nos actions, nous ne prétendons pas le borner, avec Helvétius, aux intérêts matériels et physiques de la vie : nous n'avons pas à rougir de nos doctrines. Le désir du bonheur est une affection naturelle : mais qu'est-ce que l'homme? n'a-t-il à conserver que son existence physique?... C'est un fait qu'il vit au milieu de la société, et nous prouverons plus tard qu'il est né pour y vivre : il a donc des rapports à garder envers ses semblables. C'est encore un fait qu'il ne s'est pas donné l'existence lui-même: il a donc aussi des rapports avec l'auteur de son être. Rien n'est isolé dans l'ordre moral comme dans l'ordre physique; et de même que pour expliquer un fait matériel il faut le considérer en lui-même, et dans les rapports qu'il a avec sa cause et avec tout ce qui l'accompagne, de même, pour rendre raison de l'homme moral, il ne faut pas se borner à le considérer en lui-même et d'une manière absolue, il faut encore le montrer dans ses rapports avec son auteur, et avec les hommes qui l'entourent. Ces rapports sont les lois de son existence; et comme ces rapports ne sont pas son ouvrage, il s'ensuit que les lois qui doivent régler nos actions sont indépendantes de notre volonté. (*Vid.* de l'Esprit phil., tom. 2., page 75, et *passim.*)

« Un législateur suprême est donc aussi nécessaire
« à la morale qu'un premier moteur l'est au monde
« physique. S'il n'y a point de loi qui ne dépende de
« nous, il n'y a point de morale proprement dite : dès-
« lors les actions ne sont pas seulement libres, mais

« arbitraires. S'il y a une loi que nous n'ayons pas
« faite, il y a donc un législateur qui n'est pas nous.
« L'existence d'une loi éternelle qui n'est pas notre
« ouvrage, et celle d'un législateur Dieu, sont donc
« inséparables, dans tout homme, de la conscience
« qu'il a de soi, c'est-à-dire d'un être intelligent et
« libre, qui ne peut agir sans motif, et qui ne doit
« point agir sans règle. » (*Ibid.*, pag. 83.)

Ces principes une fois reconnus (et le moyen de ne pas les admettre!), il me semble impossible de dégrader la morale, en donnant le bonheur ou l'intérêt pour motif à nos actions. Tout le monde convient que le besoin de tous nos instans est celui du bonheur; mais l'idée de bonheur implique l'idée d'intérêt : et que serait un bonheur que nous n'aurions aucun intérêt à nous procurer? Ceux qui combattent la théorie de l'amour de soi comme principe de nos actions n'ont pas pensé à une chose : c'est qu'il faut assigner un principe à nos mauvaises comme à nos bonnes déterminations. Sans contredit, le bien que je fais à mes semblables peut s'expliquer, dans le système des philosophes, ou par la sympathie, ou par la bienveillance, ou par l'amour du devoir; mais le mal que je leur ferai, comment l'expliquer par tous ces principes? L'amour de soi bien ou mal entendu explique tout; le mal comme le bien; et le but de la morale est d'éclairer l'amour de soi, de nous apprendre à rechercher notre intérêt, non l'intérêt du moment, l'intérêt matériel et physique, mais l'intérêt de toute notre existence. Or, l'existence ne se borne pas à la vie de ce monde, tout l'homme ne périt pas avec sa dépouille mortelle.

« Les bêtes agissent aussi par amour d'elles-mêmes;
« mais, dit Dugald Stewart, elles sont incapables de
« prévoir les conséquences de ce qu'elles font; elles
« ne peuvent non plus comparer ensemble les diffé-
« rentes jouissances auxquelles leurs besoins les font
« aspirer : c'est pourquoi, si les apparences ne nous
« trompent pas, elles cèdent toujours à l'impulsion
« du moment. L'homme, au contraire, a le pouvoir
« d'embrasser d'une seule vue ses différens principes
« d'action, et de former un plan de conduite pour at-
« teindre ce qu'il a préféré. De tels plans impliquent
« la faculté de refuser, aux divers principes d'action,
« la satisfaction qu'ils demandent...., d'éviter les plai-
« sirs qui ont le mal pour conséquence, et de se sou-
« mettre à des peines légères, quand on sait qu'elles
« peuvent conduire à un plus grand bien. » (Esquis.
mor., pag. 77-79.)

En un mot, l'homme, qui a la raison pour apanage, est capable de se former une idée générale du bonheur, et de choisir les moyens d'y parvenir, en se conformant à l'ordre établi par un législateur suprême. A la vérité, tout est arbitraire dans les calculs de l'intérêt particulier; mais rien ne l'est, si on reconnaît des lois naturelles antérieures à ces calculs, et qui emportent une obligation proprement dite. Alors vous donnez un but évident et immuable à l'homme moral, et vous l'attachez à ce but par le plus fort de tous les liens, par le lien de la conscience. (*Vid.* de Portalis, t. 2, pag. 91.)

TROISIÈME SECTION.

De l'origine et de l'analyse de nos idées morales.

L'homme ne veut et ne fait que ce qui est dans sa pensée, il n'agit que d'après ses idées : on ne saurait le contester. Un traité qui a pour but de régler ses actions doit donc nous faire connaître les idées appelées morales.

Lorsque nous avons étudié la nature de nos idées, nous avons reconnu que cette partie de notre intelligence, qui nous occupe en ce moment, avait son origine dans le sentiment moral, et sa cause dans l'action de nos facultés intellectuelles.

Idée du juste et de l'injuste. Marquer précisément l'époque où peut éclore en nous la première idée morale serait une chose bien difficile : « cependant, dit M. La Romiguière, l'auteur
« de la nature, en douant l'homme d'une volonté libre,
« l'a si visiblement destiné à être un agent moral, nous
« avons un tel besoin de morale, que les idées du
« juste et de l'injuste doivent remonter au commen-
« cement de notre être, et précéder l'exercice du rai-
« sonnement. » (T. 2, pag. 98.) Et il appuie cette assertion du passage suivant de Rousseau : « Je n'ou-
« blierai jamais d'avoir vu un jour un de ces incom-
« modes pleureurs ainsi frappé par sa nourrice. Il
« se tut sur-le-champ. Je le croyais intimidé, je me
« trompais : le malheureux suffoquait de colère, il
« avait perdu la respiration ; je le vis devenir violet :
« un moment après, vinrent les cris aigus. Tous les

« signes du ressentiment, de la fureur, du désespoir
« de cet âge, étaient dans ses accens. Quand j'aurais
« douté que le ressentiment du juste et de l'injuste
« fût *inné* dans le cœur de l'homme, cet exemple seul
« m'aurait convaincu. Je suis sûr qu'un tison ardent,
« tombé par hasard sur la main de cet enfant, lui
« eût été moins sensible que ce coup assez léger,
« mais donné dans l'*intention* manifeste de l'offen-
« ser. » (Emile, liv. 1.)

Peut-on avoir fait la même remarque que Rousseau, et ne pas adopter la conséquence qu'il en tire? seulement on ne doit pas en conclure, avec lui, que le sentiment du juste soit *inné* dans le cœur de l'enfant. Pour qu'il puisse y éclore, il faut que l'enfant puisse prêter une *intention* à l'agent extérieur ; car le sentiment du juste implique toujours intention de la part de celui qui agit.

Hobbes, dans ses écrits, a enseigné que les lois qu'impose le magistrat civil sont les règles suprêmes de la moralité. S'il en est ainsi avant toute la loi positive, il n'y a, dans la nature des choses, ni bien ni mal moral, ni juste ni injuste.

De l'immutabilité des distinctions morales.

Et, par une conséquence horrible, mais rigoureusement déduite du principe, s'il avait plu aux souverains de décréter que de garder sa foi, d'être clément, généreux, reconnaissant, était le plus affreux des crimes, on devrait conduire à l'échafaud l'homme qui n'aurait point trahi ses sermens, qui ne se serait point montré cruel, ingrat, impitoyable, tandis que le parjure et le méchant devraient être comblés d'honneurs.

Au reste, si nos idées du juste et de l'injuste ne dérivent que des lois positives, s'il n'y a aucune différence entre le bien et le mal, sur quoi reposera l'autorité de celui qui m'impose ces lois? et quelle bonne raison pourra-t-on me donner de l'établissement même de ces lois, qui seraient toutes, sans exception, ou arbitraires et tyranniques, ou frivoles et inutiles?

En vain pour démontrer que tout est indifférent de sa nature, et qu'il n'existe aucune distinction essentielle entre le bien et le mal, rechercherait-on avec soin tous les pays où les coutumes et les lois mettaient des crimes en honneur, ceux où l'on se faisait un devoir de massacrer un ennemi désarmé, de profaner le mariage, de donner la mort à son père quand il était vieux : que pourrait-on conclure de cette collection de faits tristes et dégoûtans? Ne savons-nous pas, dit madame de Staël, « d'après notre propre ex-
« périence, que les circonstances, c'est-à-dire que
« les objets extérieurs, influent sur notre manière
« d'interpréter nos devoirs? Agrandissez ces circon-
« stances, et vous y trouverez la cause des erreurs des
« peuples ; mais y a-t-il des peuples ou des hommes
« qui nient qu'il y ait des devoirs? a-t-on jamais pré-
« tendu qu'aucune signification n'était attachée à l'i-
« dée du juste ou de l'injuste? L'explication qu'on en
« donne peut être diverse, mais la conviction du
« principe est partout la même..... Quand le sauvage
« tue son père lorsqu'il est vieux, il croit lui rendre
« un service. L'action qu'il commet est horrible, et
« pour cela il n'est pas dépourvu de conscience; et
« de ce qu'il manque de lumières, il ne s'ensuit pas
« qu'il manque de vertus. » (De l'Allemagne, t. 3.)

« Jetez les yeux sur toutes les nations du monde,

« dit J. J. Rousseau; parcourez toutes les histoires :
« parmi tant de cultes inhumains et bizarres, parmi
« cette prodigieuse diversité de mœurs et de carac-
« tères, vous trouverez partout les mêmes idées de
« justice et d'honnêteté, partout les mêmes notions
« du bien et du mal. L'ancien paganisme enfanta des
« Dieux abominables, qu'on eût punis ici-bas comme
« des scélérats, et qui n'offraient, pour tableau du
« bonheur suprême, que des forfaits à commettre ou
« des passions à contenter. Mais le vice, armé d'une
« autorité sacrée, descendait en vain du séjour éter-
« nel : l'instinct moral le repoussait du cœur des hu-
« mains. En célébrant les débauches de Jupiter, on
« admirait la continence de Xénocrate ; la chaste Lu-
« crèce adorait l'impudique Vénus ; l'intrépide Ro-
« main sacrifiait à la Peur ; il invoquait le dieu qui
« mutila son père, et mourait sans murmurer de la
« main du sien. Les plus méprisables divinités furent
« servies par les plus grands hommes. La sainte voix
« de la nature, plus forte que celle des Dieux, se fai-
« sait respecter sur la terre, et semblait reléguer dans
« le ciel le crime avec les coupables. » (Emile, t. 2.)

En voilà sans doute assez pour nous faire reconnaître la réalité des distinctions morales, en d'autres
termes la différence essentielle qui existe entre le juste
et l'injuste : mais voici quelque chose de plus démons-
tratif encore. Le sentiment de la vertu se trouve jusque dans le cœur de l'homme vicieux ; les coupables
eux-mêmes, les scélérats attestent par leur conduite
qu'ils reconnaissent la différence qui existe entre
le bien et le mal moral : il n'en est aucun qui ne condamne sévèrement dans autrui ce qu'il se permet à lui-

même, et qui ne se plaigne amèrement quand on lui fait le tort que souvent il fait aux autres. « Il est « donc au fond de nos ames un *principe inné* de « justice et de vertu, sur lequel nous jugeons nos « actions et celles d'autrui comme bonnes ou mau- « vaises. » (Emile, *ibid.*)

La conscience morale.

Or, ce *principe inné* de justice (1), cette base de toute morale, on lui a donné le nom de conscience. Elle consiste dans le pouvoir que nous avons de distinguer ce qui est moralement bon de ce qui est moralement mauvais ; mais on ne peut distinguer le bien du mal sans que préalablement on ait senti une différence entre le bien et le mal, puisque ce n'est que par leurs différences que les objets peuvent se distinguer ; et je ne vois pas comment l'homme pourrait sentir une différence qui n'existerait pas. La distinction que tous les hommes admettent, entre certaines actions qu'ils appellent les unes bonnes et les autres mauvaises, n'est donc pas un préjugé né des habitudes sociales ou des institutions politiques, mais bien une croyance légitime, qui porte sur une réalité qu'on ne saurait contester ; et quand on nous dit que ce sont les lois humaines qui font l'homme moral, on oublie que c'est l'homme qui a fait les lois, et qu'il a dû trouver dans son cœur l'appui et les matériaux de l'édifice moral.

---

(1) Ce mot assez équivoque, de principe inné de justice, ne signifie pour nous rien autre chose que ce que les philosophes écossais appellent la faculté morale, c'est-à-dire la faculté que nous avons de percevoir ce qui est bon, et de le distinguer de ce qui est mauvais.

On a souvent demandé quel était le fondement de toute moralité. Nous avons déjà répondu à cette question : c'est la différence essentielle qui existe entre le bien et le mal ; car supprimez cette différence, et le mot *moralité* ne sera plus qu'un signe sous lequel nous ne trouverons aucune réalité.

La différence du bien et du mal, fondement de la moralité.

On a demandé encore quel était le fondement de la morale, question qu'il ne faut pas confondre avec la précédente. Le fondement de la morale est la conscience. « Il y a une physique, dit M. de Portalis, « parce qu'il existe des corps ; il y a une morale, parce « qu'il existe des êtres sensibles, intelligens et libres. « La physique a sa base dans les propriétés des corps, « et dans les divers rapports qu'ils ont entre eux ; la « morale a son fondement dans les qualités des êtres « sensibles, intelligens et libres, et dans les diffé-« rens rapports que la constitution originaire de ces « êtres nous offre. » (T. 2, p. 52.) Nous ajouterons que la physique a pour but de nous faire connaître les lois qui régissent le monde matériel, et la morale de nous montrer les lois qui régissent le monde moral : mais ces lois sont toutes renfermées dans la conscience, puisque la conscience seule peut nous indiquer le bien comme le mal.

La conscience, fondement de la morale.

En adoptant la conscience pour point de départ dans l'étude de la morale, nous échappons aux difficultés que l'on oppose à deux doctrines exclusives qui en placent les fondemens, l'une dans le sentiment, l'autre dans la raison. Les premiers nous montrent bien, il est vrai, un point d'appui réel, sur lequel repose leur système de morale ; car il en est de nos idées morales comme de nos idées purement intellectuelles, elles ont leur origine dans le sentiment : mais comme d'un élément passif il ne pourrait jamais rien résulter, s'il n'était développé ou fécondé par l'activité d'un autre élément; du sentiment moral il ne résultera jamais ni idée ni action morale, tant qu'il manquera de l'activité de l'ame pour le développer, et produire par ce moyen des idées ou des actions.

Archimède disait : Donnez-moi un point d'appui et un levier assez puissant, et je vais soulever l'univers. Moins sages que lui, ceux qui ne reconnaissent que le sentiment pour unique élément de la morale ont bien un point d'appui, mais il leur manque le levier nécessaire pour donner l'impulsion à leur système; ils ont les matériaux : qui les mettra en œuvre?

On raconte qu'Esope fut chargé de trouver des ouvriers qui pussent bâtir en l'air : il dressa des aigles qui enlevaient des enfans dans des paniers, et ces enfans, armés de truelles et de marteaux, criaient : Donnez-nous les matériaux nécessaires, et nous allons bâtir.

Ceux d'entre les philosophes qui ne fondent la morale que sur la raison, et qui répudient le sentiment, me paraissent assez semblables à ces architectes aériens : ils veulent bâtir en l'air, ils se perdent dans de vaines généralités, ou dans de pures abstractions ; car enfin ils veulent raisonner, mais sur quoi? quelle sera la matière de leur raisonnement, si le sentiment n'intervient pour la fournir ? comment s'exercera leur raison, si préalablement ils n'ont rien senti? La raison est un pouvoir purement observateur et délibérant ; mais nous ne pouvons observer que ce qui nous affecte, en d'autres termes que ce que nous sentons; et à quoi bon délibérer, si rien n'est l'objet de nos délibérations?

Cette doctrine exclusive, et par suite incomplète et insuffisante pour rendre raison des lois morales, fut celle de Kant et d'autres philosophes allemands, qui, pour repousser la philosophie de l'expérience, l'empirisme, comme ils l'appellent, ne craignirent pas de mutiler ainsi la morale, et de la dépouiller d'un de ses principes constitutifs, le *sentiment*.

De même que, dans l'ordre physique, les faits, qui sont les vrais principes, des sciences ne peuvent nous être manifestés que par les sensations démêlées, distinguées par l'attention qui s'exerce au moyen des organes; de même, dans l'ordre moral, ils ne pourront se montrer à nous qu'à l'aide de nos sentimens, qui deviendront distincts par l'exercice de nos facultés.

Essayons, pour mieux nous faire comprendre, d'appliquer ceci à un exemple. Nos passions sont, comme nous l'avons dit, le principe de nos actions; elles nous poussent à saisir leur objet sans délai, et par la voie la plus courte; mais le bon usage de nos facultés, en d'autres termes la raison, vient modérer, diriger l'impulsion qu'elles nous donnent : ainsi, à la vue d'un ennemi furieux, un soldat éprouve le sentiment de danger : ce sentiment, l'attention le rend distinct, et en forme l'idée de danger; la conscience qu'il a de sa position périlleuse lui fait sentir le besoin de veiller à sa conservation. Jusqu'ici nous trouvons un sentiment, suivi d'un acte de l'esprit qui rend ce sentiment distinct, et en forme une idée; mais allons plus loin : le désir de veiller à sa conservation va provoquer en lui le désir de prendre la fuite, il éprouve un sentiment de rapport entre l'idée de fuir et l'idée de se conserver; mais ce sentiment de rapport n'est pas le seul qui l'affecte, il sent encore le rapport qui existe entre l'idée de déshonneur et l'idée de fuite : de là se forme l'idée d'un double bien à conserver, l'idée de la vie et l'idée de l'honneur. On voit encore qu'il y a ici deux sentimens, que l'activité de l'esprit convertit en idée. Si l'honneur qui lui représente une de ces idées lui paraît préférable à la vie que lui présente l'autre idée, il en résultera un désir de se défendre et de résister, qui dominera le désir de fuir, et lui fera préférer un acte de courage à un acte de lâcheté : il est aisé de remarquer que, dans cette suite de faits, la sensibilité et l'activité de l'esprit jouent toutes les deux un rôle important. Il n'est aucun acte de morale dans lequel on ne puisse faire voir les mêmes phénomènes.

C'est donc bien à tort qu'on prétendrait dans la morale séparer le sentiment de l'activité de l'esprit. La conscience n'est pas seulement passive : s'il en était ainsi, tout y serait confus, elle ne discernerait rien, et les distinctions morales lui échapperaient; mais elle n'est pas non plus purement active, car, dans cette hypothèse, son activité n'aurait aucun but, elle manquerait d'objet pour s'exercer. En fait, parce que nous sommes sensibles, nous sentons un rapport de différence entre ce qui est juste et ce qui est injuste ; ce sentiment de rapport, nous le convertissons en idées par l'activité de l'esprit. Telle est la première fonction de la conscience, elle nous fait connaître les distinctions morales.

Lorsque nous sommes les témoins d'une bonne action, nous éprouvons un sentiment agréable, qui est pour nous une source de plaisirs plus purs et plus durables que ceux que nous devons aux sens, et qui ont encore quelque chose de bien supérieur même aux plaisirs de l'intelligence.

Idée de la beauté et de la difformité dans nos actions.

« Rapides et fugitifs, les plaisirs des sens ne lais-
« sent, après eux, que du vide ; et tous les hommes
« s'en dégoûtent avec l'âge.

« Les plaisirs de l'esprit ont un attrait toujours
« nouveau, l'ame est toujours jeune pour les goûter ;
« et le temps, loin de les affaiblir, leur donne chaque
« jour plus de vivacité. Pythagore offre aux Dieux une
« hécatombe, pour les remercier d'un théorème qui
« porte encore son nom ; Keppler ne changerait pas
« ses règles contre la couronne des plus grands mo-
« narques. Est-il des jouissances au-dessus de telles
« jouissances ? Oui ! s'écrie M. Laromiguière, il en
« est de plus grandes. Quels que soient les ravissemens
« que fait éprouver la découverte de la vérité, il se
« peut que Newton, rassasié d'années et de gloire,
« Newton, qui avait trouvé la loi de la pesanteur
« et décomposé la lumière, se soit dit, en jetant un
« regard en arrière : *Vanitas ;* tandis que le souve-
« nir d'une bonne action suffit pour embellir les jours
« de la plus extrême vieillesse, et nous accompagne
« jusque dans la tombe.

« Combien s'abusent ceux qui placent la souveraine
« félicité dans les sensations ! Ils peuvent connaître
« le plaisir, ils n'ont pas idée du bonheur. » (Tom. 2, pag. 100.)

Les qualités qui, dans les bonnes actions, excitent

d'agréables sentimens dans l'ame composent ce que les moralistes ont appelé la *beauté de la vertu*.

Tout cela explique de même, *mutatis mutandis*, ce que l'on entend par la *difformité du vice*.

Ces qualités des bonnes actions nous font éprouver, comme nous venons de le dire, un sentiment agréable, qui, démêlé par l'activité de l'esprit, devient une idée de beauté morale.

Les qualités des mauvaises actions nous font, à leur tour, éprouver un sentiment pénible, et l'activité de l'esprit forme de ce sentiment l'idée de la difformité du vice. On voit que c'est encore à la conscience que nous devons cette distinction de la beauté et de la difformité dans nos actions, distinction qu'il ne faut pas confondre avec celle du juste et de l'injuste, car une action peut être juste sans être belle. Je puis, par exemple, forcer un malheureux à me payer une somme qu'il me doit; mon action, à son égard, sera juste, sans renfermer aucune des qualités qui excitent un sentiment agréable, et par conséquent sans être belle. En morale, la beauté suppose toujours le juste; mais le juste ne suppose pas toujours le beau.

Idée du mérite et du démérite dans nos actions.

Les actions vertueuses, lorsque nous en sommes les témoins, font naître dans notre ame le sentiment du mérite des agens; au contraire, lorsque nous sommes témoins d'une action criminelle, nous ne pouvons nous empêcher d'éprouver un sentiment qui nous porte à en regarder l'auteur comme coupable. Ces deux sentimens, distingués par l'activité de l'esprit, deviennent les idées de *mérite* et de *démérite*.

« Pour ce qui nous regarde, lorsque nous avons

« conscience de bien faire, nous nous reconnaissons
« des droits à l'estime et à l'attachement de nos sem-
« blables, et nous sentons que nous jouissons de
« l'approbation de l'invisible témoin de notre con-
« duite. De là vient qu'au sentiment de notre *mérite*
« se joint une anticipation de récompense, et que
« nous jetons sur l'avenir un regard plein de con-
« fiance et d'espoir.

« Les remords qui accompagnent la conscience
« du mal enveloppent également un sentiment de
« *démérite*, et le pressentiment d'une punition fu-
« ture. » (Dugald Stewart.)

Ces idées de *mérite* et de *démérite* dans les actions nous viennent de la conscience, comme celles
de *juste* et d'*injuste*, de *beauté* et de *difformité morale*.

Telle est la règle de nos actions; c'est la mesure commune à laquelle nous devons toutes les rappor- ter. Savoir distinguer le juste de l'injuste, le beau du difforme, le méritoire de ce qui ne l'est pas, voilà toute la science morale; elle se trouve tout entière dans la conscience, puisque c'est à elle que nous devons ces distinctions. Tel est le principe régula- teur de toute notre conduite : supprimez la con- science, c'est-à-dire le sentiment moral et la raison, car ce sont là les deux principes constitutifs de la conscience, que deviendra la morale? Nous ne sen- tirons aucune différence entre ce qui est bon et ce qui est mauvais, nous ne pourrons plus en faire la distinction; dès-lors tout sera indifférent pour nous. *Les idées que nous devons à la conscience morale sont la règle de nos actions.*

Mais cette conscience, ce n'est pas nous qui nous la sommes donnée : créés sans notre concours, nous *Principe d'o- bligation.*

l'avons reçue avec l'existence, on ne saurait le contester; or, nous ne pouvons avoir la perception intime d'une règle qui n'est pas notre ouvrage, sans avoir celle d'une volonté suprême antérieure à la nôtre, et qui conséquemment doit devenir notre loi. De là naissent les idées d'obligation et de devoir. Puisque l'homme a une loi, il ne sera pas inutile de chercher à en connaître le caractère.

De la loi. La loi, considérée sous un point de vue général (1), comme embrassant à la fois l'ordre physique et l'ordre moral, est une règle de mouvement et d'action : de mouvement pour les corps, d'action pour les intelligences.

Dans toute loi il y a disposition et sanction : la disposition nous impose une obligation à remplir ou une action à éviter. De là deux sortes de dispositions : les dispositions *positives*, et les dispositions *négatives*. Les premières nous indiquent un bien à faire; elles n'obligent pas toujours et à chaque instant, disent les philosophes. Ainsi quand le législateur divin nous a fait un précepte de l'aumône, il n'a pas voulu que nous fussions tenus, à chaque instant, de venir au secours des malheureux. Il n'en est pas de

---

(1) Les lois, dans la signification la plus étendue, sont les rapports nécessaires qui dérivent de la nature des choses... Ceux qui ont dit qu'*une fatalité aveugle a produit tous les effets que nous voyons dans le monde* ont dit une grande absurdité : car quelle plus grande absurdité qu'une fatalité aveugle qui aurait produit des êtres intelligens ? Il y a donc une raison primitive, et les lois sont les rapports qui se trouvent entre elle et les différens êtres, et les rapports de ces divers êtres entre eux. (Esprit des Lois, liv. 1, ch. 1.)

même des dispositions négatives; car ce précepte, *Tu ne voleras pas*, nous oblige à chaque instant. Cette distinction me paraît de peu d'importance pour deux raisons : la première, c'est qu'il ne serait pas difficile de démontrer que le négatif rentre dans le positif; la seconde, c'est que pour être vraiment vertueux, pour se conformer à l'esprit de la loi, il faut être à chaque instant dans la disposition d'observer tous les préceptes positifs, comme les préceptes négatifs.

Nous avons dit que la loi renfermait une sanction, c'est-à-dire qu'il y a une récompense ou des peines attachées à l'exécution ou violation de la loi.

Les idées de disposition ou de sanction ne sont pas les seules qu'implique l'idée complexe de loi ; elle emporte, comme nous l'avons dit, l'idée d'obligation : sans cela la loi ne serait pas distincte du conseil, qui est toujours une règle comme la loi, et qui peut comme elle avoir sa disposition et sa sanction; car, en me conseillant une action, on peut me faire envisager un bien comme sa conséquence. Nous ajouterons que puisque la loi nous prescrit ce qu'il nous faut faire ou ce qu'il nous faut éviter, elle doit être connue de ceux qu'elle oblige ; en d'autres termes, elle doit être promulguée.

Toute loi émane d'un législateur ; de là une grande division de la loi en *divine* et *humaine*, selon qu'elle vient de Dieu ou des hommes.

<small>Combien y a-t-il de sortes de lois?</small>

Les lois humaines nous offrent de nombreuses subdivisions; mais, considérées dans leurs objets, on peut les distribuer en trois classes principales : si elles règlent les rapports du gouvernement avec les citoyens, ce sont des *lois politiques;* si elles règlent les rapports des citoyens entre eux, ce sont des *lois civiles;* enfin on nomme *lois criminelles* celles qui ont pour but de protéger les mœurs, et qui portent des peines contre les délits et les crimes. (Manuel des Asp. au bacc., pag. 181.)

La loi divine est naturelle ou révélée. Nous trouverons l'occasion de parler de la loi révélée, lorsque nous traiterons de nos devoirs envers Dieu. Ici nous ne nous occuperons que de la loi naturelle.

Qu'est-ce que la loi naturelle? — La loi naturelle est la règle qui doit diriger toutes nos actions, c'est la conscience, *c'est cette lumière éternelle qui éclaire tout homme venant au monde,* qui nous enseigne à distinguer le mal d'avec le bien; c'est la manifestation des rapports du juste et de l'injuste : elle est universelle et immuable, parce qu'elle s'étend à tous les hommes, bien différente en cela des lois humaines, qui sont variables parce qu'elles sont particulières à chaque nation; elle est éternelle, parce que les rapports du juste et de l'injuste sont nécessaires et de tous les temps; elle n'admet aucune dispense, parce que Dieu même ne peut pas nous dispenser du juste; elle a sa disposition ou ses préceptes, car elle nous prescrit de faire le bien et d'éviter le mal; elle a une sanction, car on ne peut la violer sans être puni aussitôt par les remords; elle a sa promulgation, car nous pouvons bien l'enfreindre, mais non l'ignorer; elle naît en nous et avec nous, ses préceptes nous sont manifestés par le sentiment moral que l'activité de l'esprit rend distinct; enfin elle emporte avec elle l'idée d'obligation, car elle nous vient d'une volonté qui nous est supérieure.

Je sais bien que tous les philosophes ne sont point d'accord sur le principe d'obligation qu'entraîne cette loi, et l'on nous dit : La loi naturelle n'est pas obligatoire pour nous, parce que Dieu, son auteur, nous l'a imposée; nous sommes tenus de faire le bien, non pas parce que Dieu nous le commande; mais Dieu ne nous le commande que parce que le bien est bien. « En fait, il est absurde de demander pourquoi « nous sommes obligés à la pratique de la vertu. La « vraie notion de vertu implique la notion d'obliga- « tion. Tout être qui a conscience de la distinction du « juste et de l'injuste a conscience en même temps « d'une loi qu'il est tenu d'observer. »(Esquis. mor., page 105). Demander, ajoute-t-on, pourquoi nous sommes tenus de faire le bien, c'est demander pourquoi le bien est bien, pourquoi le juste est juste; et il n'y a plus de réponse possible à une telle question.

N'y a-t-il pas ici un peu de confusion dans les termes : Dieu a-t-il le droit de nous imposer une obligation, de nous dicter des devoirs à remplir? La question présentée ainsi ne saurait être résolue négativement. Dieu nous a-t-il donné la conscience ou la loi naturelle? Assurément ce n'est pas nous qui nous la sommes donnée. Donc Dieu pouvait nous imposer l'obligation de faire le bien: par le fait, cette obligation nous a été imposée, donc elle dérive de sa volonté. Les animaux ne sont pas soumis à ce principe d'obligation morale, parce que Dieu ne l'a pas voulu; s'il l'eût voulu, les animaux y auraient été soumis comme nous. Donc la loi naturelle n'est obligatoire que parce que Dieu a voulu la rendre telle, et qu'il en avait le pouvoir. Vouloir faire dériver le principe d'obligation, dans notre conduite morale, du bien qui en est le but, c'est une chose qui me paraît impossible; sans quoi il faudrait dire que nous sommes tenus à faire tout le bien qui est en notre pouvoir, que nous y sommes tenus par justice, et que si nous ne le faisons pas, nous serons punis pour l'avoir négligé.

Je sais bien encore qu'un législateur ne peut m'ordonner que ce qui est bien, et la raison c'est qu'une loi ne saurait être en contradiction avec notre destination; mais cela ne prouve rien contre notre opinion. Tout ce que nous pourrions en conclure, c'est que nous ne devons pas obéir à une loi injuste toutes les fois qu'il nous sera possible de nous soustraire à son action. Du reste, cette thèse tirera un nouveau degré d'évidence de la question suivante, où nous ferons voir les vrais caractères d'un législateur, et où nous montrerons que ces caractères se trouvent éminemment dans l'auteur de l'univers.

Si on nous demandait maintenant les preuves sur lesquelles repose l'existence de la loi naturelle, nous répondrions que nous n'en avons aucune; les faits ne se prouvent pas, et l'existence de la conscience est un fait : il nous est connu par l'observation intérieure, et confirmé par la vue de ce qui se passe autour de nous.

Quels sont les caractères du législateur? Nous l'avons dit, toute loi suppose un législateur, c'est-à-dire suppose un être puissant, intelligent et bon, qui puisse nous imposer une règle propre à nous conduire à notre fin, qui est le bonheur.

Pour prescrire une règle, il faut en avoir le droit; pour avoir ce droit, il faut être supérieur à ceux qu'on veut obliger, et avoir sur eux un empire; car des êtres égaux sont pour cela même indépendans: l'égal ne peut que conseiller son égal, il ne peut rien lui ordonner. D'où je conclus que le premier caractère d'un législateur est la puissance et la supériorité, et que c'est de cet attribut que dérive primitivement le principe d'obligation.

En second lieu, puisque tous les êtres intelligens et sensibles se proposent le bonheur pour la fin de leurs actions, ce n'est que dans la vue d'y trouver un avantage qu'ils peuvent s'abandonner à une impulsion étrangère; et celui qui voudrait leur imposer l'obligation de faire ce qui serait contraire à leur intérêt bien entendu serait, par cela même, en opposition avec les lois primitives de leur organisation. D'où nous tirerons cette conséquence que la règle n'est faite que pour les conduire à la félicité, ce qui implique une intention bienveillante de la part de celui qui la donne; et la bonté sera le second caractère du législateur. Je ne suis pas tenu d'obéir à celui qui veut mon mal; d'où l'on voit que l'idée de bienveillance entre pour beaucoup dans le principe d'obligation.

Enfin il faut que cet être supérieur et bon sache discerner les moyens les plus propres à rendre heureux ceux qu'il oblige. Il a besoin d'être assez sage pour mettre toujours ses lois en harmonie avec ce noble but; sans quoi les inférieurs n'auraient aucune garantie que ses lois leur seront avantageuses, et ils ne seraient point moralement tenus de s'y conformer. Ce qui nous montre que l'obligation ne peut venir que d'un être sage, et que par conséquent la sagesse est encore un des caractères indispensables du législateur.

Ces caractères se trouvent en Dieu.

S'il est vrai que de ces trois caractères, la supériorité de puissance, la bienveillance et la sagesse, découlent tous les droits du législateur, il est évident qu'en eux se trouve aussi tout principe d'obligation ; et si la volonté divine est éminemment puissante, sage et bienveillante, il faut en conclure qu'elle est pour nous une règle éminemment obligatoire. Or, celui qui nous a créés a sur nous une supériorité infinie de puissance; l'ordre de l'univers nous prouve sa sagesse; les biens qu'il nous prodigue, sa bonté : d'ailleurs n'avons-nous pas établi qu'il a toutes les infinies perfections? Notre devoir est donc de lui être soumis ; et en cela, comme en toute autre chose, notre devoir se trouve en harmonie avec notre intérêt. Nous avons intérêt à lui obéir, parce que nous ne pouvons lui résister, et surtout parce qu'il veut notre bonheur, et qu'il voit mieux que nous ce qui peut nous y conduire.

Des qualités de celui qui reçoit la loi.

Des caractères essentiels au législateur, nous pourrons déduire les qualités qui constituent le sujet. Puisque la supériorité est un des attributs du pouvoir législatif, l'infériorité, la dépendance doit être nécessairement une des qualités du sujet ; ce sont deux idées corélatives : s'il n'était pas inférieur, il ne pourrait recevoir aucune loi.

Il faut encore qu'il puisse connaître et comprendre cette loi : et le moyen d'être tenu de pratiquer ce qu'on ignore? D'ailleurs nous avons dit que la loi n'était obligatoire que lorsqu'elle était dictée par un législateur sage, et en vue de notre bonheur : il faut donc que le sujet soit doué d'assez d'intelligence pour apprécier son utilité, et la sagesse des moyens qu'elle nous propose; la seconde qualité du sujet est donc l'intelligence.

Enfin toute loi porte avec elle une sanction; et, pour que cette sanction ait un objet, il faut que celui pour qui la loi est faite soit libre de faire ce que la loi défend, et de ne pas faire ce qu'elle commande; il faut qu'il ne soit pas passivement soumis à l'observation de la règle, que son obéissance soit volontaire et délibérée; en un mot, que sa conduite lui soit imputable. La liberté est donc une des qualités du sujet, et la condition indispensable de toute moralité.

Il est évident que toutes ces qualités se trouvent dans l'homme. Dieu nous a créés, donc nous lui sommes inférieurs; nous sommes intelligens, donc nous connaissons et nous comprenons la loi ; nous sommes libres, donc nous pouvons lui obéir ou l'enfreindre. *{Ces qualités se trouvent dans l'homme.}*

Il serait ridicul de nous attacher à prouver que nous sommes inférieurs à Dieu, et de nous mettre en frais pour démontrer que nous sommes doués d'intelligence; nous ne reviendrons pas non plus sur les preuves que nous avons données de la liberté. Mais il ne sera pas inutile de faire connaître les diverses significations que l'on attache ordinairement à ce mot, et les diverses causes qui peuvent affaiblir cette faculté, la troubler dans ses fonctions et en restreindre l'exercice.

« On a confondu, dit M. Laromiguière, la liberté « morale (la seule dont il s'agit ici) avec quatre « choses qui ne sont pas elle : la liberté *naturelle*, « la liberté *sociale* ou *politique*, l'*activité de l'ame*, « et la *volonté*. *{Acceptions diverses du mot liberté.}*

« La plupart des philosophes, en définissant la li-
« berté le pouvoir de faire ce qu'on veut, ont cru
« définir la liberté morale : ils n'ont pas même défini
« la liberté; car nous avons vu que le pouvoir de
« faire ce qu'on veut peut s'allier avec la nécessité.
« Cependant, comme nous ne sommes pas les maîtres
« de la langue, et que l'usage commande, en quel-
« que sorte, de donner le nom de liberté au pouvoir
« de faire ce qu'on veut, nous concilierons peut-être
« tout, en donnant à ce pouvoir le nom de liberté
« naturelle.

« La liberté naturelle est commune à l'homme
« et aux animaux : elle consiste dans le pouvoir d'a-
« gir pour satisfaire des besoins..... Tous les animaux,
« en agissant pour trouver l'aliment indispensable au
« soutien de la vie, font ce qu'ils sentent le besoin
« de faire, ce qu'ils désirent de faire, ce qu'ils veu-
« lent faire; ils font ce qu'ils veulent. Quand le tigre
« déchire l'agneau, il fait ce qu'il veut; quand l'a-
« gneau tette sa mère, il fait ce qu'il veut. Dira-t-on
« que le tigre et l'agneau font des actes morale-
« ment bons ou mauvais? » (T. I, p. 182-183.)

Il est vrai que les animaux ne paraissent pas absolument étrangers aux leçons de l'expérience, et qu'un
chien qui aura été battu pour avoir mangé le dîner
de son maître pourra, par crainte d'être battu de
nouveau, s'abstenir de tomber dans la même faute;
mais cela ne prouve pas qu'il soit doué de la liberté
morale, car cette liberté suppose non-seulement la
connaissance d'un châtiment à redouter, mais encore
celle d'une règle qui nous est tracée, et à laquelle
nous devons conformer nos actions. Les animaux,

avec le pouvoir de faire ce qu'ils veulent (même après les leçons de l'expérience), ne jouissent donc pas de cet attribut qui appartient à l'homme exclusivement, la *liberté morale*.

« Quelquefois, dit encore M. La Romiguière, on
« a confondu la *liberté sociale* ou *politique* avec la
« *liberté morale*. On ne faisait pas attention que la
« liberté politique, résultat d'un bon système de lé-
« gislation, suppose tout à la fois l'existence de la
« liberté naturelle et celle de la liberté morale.

« D'autres, voulant prouver que l'homme jouit de
« la liberté morale, se sont attachés à faire voir que
« l'ame était douée d'un principe d'activité ou de
« spontanéité ; et ils se sont arrêtés à ce premier pas,
« croyant que l'activité entraînait nécessairement
« avec elle la liberté, ou même qu'elle lui était
« identique.

« Ils n'ont pas aperçu qu'entre la simple activité et
« la liberté il s'interposait deux facultés, le désir et
« la volonté ; et par volonté j'entends ici la préfé-
« rence, le choix.... Que si l'on niait qu'un être sen-
« sible pût être actif sans qu'aussitôt il désirât et
« voulût, on accordera du moins, et l'on devra ac-
« corder, qu'il pourrait être actif sans vouloir libre-
« ment, et sans être susceptible de moralité. Il n'en
« faut pas davantage, puisque, dans ce moment, j'ai
« affaire à ceux qui prétendent qu'il suffit d'être actif
« pour être libre. » (T. 1, p. 184 et 185.)

« Ceux qui ont placé la liberté morale dans la sim-
« ple volonté ont plus approché du but que ceux
« qui l'avaient confondue avec la simple activité ;
« mais s'ils ont approché du but, ils ne l'ont pas

« atteint. Deux conditions sont nécessaires pour que
« la volonté devienne liberté morale : une délibéra-
« tion antérieure pour qu'elle devienne liberté ; »
(*ibid.*) et la connaissance d'une fin autre que l'intérêt
ou le plaisir du moment, et que nous ne pouvons
atteindre qu'en obéissant au principe régulateur que
l'auteur de la nature a placé visiblement en nous
pour diriger nos actions ; car c'est là tout ce qui constitue la moralité.

Des causes qui peuvent restreindre l'exercice de la liberté, ou l'affaiblir.

Si les passions restreignent la liberté. Parmi ces causes on a coutume de compter les passions, l'ignorance, la contrainte et l'habitude.

Commençons par les passions : je pense que souvent elles peuvent troubler la raison, et par conséquent qu'elles affaiblissent la liberté. C'est une espèce
d'ivresse qui obscurcit l'entendement, en sorte que
l'homme n'est plus, dans certaines occasions, capable de délibérer ; et comme la délibération est une
condition indispensable pour que la volonté devienne
liberté, il s'ensuit que l'homme, au milieu des orages
du cœur, est comme le nautonnier qui, surpris par
la tempête, ne peut plus diriger sa course. Mais faut-
il conclure de là que nos actions, en pareille circonstance, soient dépourvues de moralité, et ne
doivent point nous être imputées ? La conclusion me
paraît fausse : car enfin si, dans le tumulte des passions, l'homme ne reste pas libre, s'il est nécessité,
c'est lui-même qui s'est placé dans cette nécessité.
S'il eût résisté dans le principe, s'il eût combattu sa

passion naissante, s'il eût évité les occasions, il n'aurait pas été entraîné par ce pouvoir irrésistible auquel, par sa faute, il est forcé d'obéir. Que penserait-on de celui qui se mettrait un bandeau sur les yeux, et qui dirait ensuite qu'il n'est pas libre de diriger ses pas ? Ne pourrait-on pas lui demander s'il n'est pas l'auteur de l'obscurité dans laquelle il se trouve plongé, et si celui qui a posé la cause ne veut pas les conséquences ? Ainsi, quoique les passions puissent affaiblir la liberté, il ne faudrait pas en inférer qu'elles détruisent la moralité de nos actions, et que dès-lors nous n'en sommes plus responsables.

Cependant il est des cas où les passions peuvent non-seulement nécessiter nos actions, mais encore leur enlever toute moralité : par exemple, une crainte violente peut tellement troubler nos facultés intellectuelles qu'il ne nous soit plus possible de délibérer, et alors nous agissons, non sous l'influence de la raison, mais instinctivement, et à la manière des animaux ; et il paraît que, dans ce cas, nos actions ne doivent plus nous être imputées. Mais ces cas-là sont bien rares, et il ne faudrait pas toujours juger de l'intensité de la crainte, et de la nécessité qu'elle imprime à nos actions, par la grandeur du danger dont nous sommes menacés ; sans quoi tous les crimes commis par crainte de perdre la vie, ou l'honneur, ou même sa fortune, seraient susceptibles d'être justifiés.

L'ignorance est encore une des causes qui peuvent détruire la liberté. Mais il y a deux sortes d'ignorances : une que les philosophes appellent ignorance vincible, et l'autre à laquelle ils ont donné le nom d'ignorance invincible.

Si l'ignorance détruit la liberté.

La première peut bien détruire la liberté pendant que nous agissons; mais elle ne détruit pas la responsabilité de l'agent. En effet, il est bien clair que, pour vouloir une chose librement, il faut que je la connaisse ; mais si c'est par ma faute qu'elle m'est inconnue, je deviens responsable des suites fâcheuses qu'elle peut entraîner. Ainsi un médecin qui aurait négligé, par sa faute, tous les moyens de connaître la nature d'une maladie qu'il serait appelé à traiter ne serait pas libre de choisir ses remèdes; mais il n'en resterait pas moins responsable des suites de ses médicamens donnés au hasard.

Il n'en est pas de même de l'ignorance invincible. L'homme n'est tenu à faire que ce qui est en son pouvoir; et après que nous avons employé tous les moyens qui étaient à notre disposition pour nous éclairer avant que d'agir, nous ne sommes plus moralement responsables des suites de nos déterminations.

Si l'habitude détruit la liberté? — Nous dirons de l'habitude ce que nous avons dit des passions; il y a tant d'analogie entre ces deux états de l'âme, qu'on peut, sous beaucoup de rapports, les confondre. L'empire de l'habitude est un fait qu'on ne peut contester; mais cet empire, quelque tyrannique qu'il puisse être, ne s'établit pas dans un instant : c'est à nous de chercher à le combattre, et à l'empêcher de se fortifier; la raison nous l'ordonne; et si nous négligeons de le faire, lorsque nous ne pourrons plus nous y soustraire nous ne devrons nous en prendre qu'à nous-mêmes, et nous resterons responsables de tous les effets de l'habitude, quelque nécessitante qu'elle puisse être.

Si la con- Reste la contrainte. Elle ne peut jamais atteindre la volonté; elle ne peut nécessiter que nos actions extérieures. Un tyran peut faire servir mon bras à enfoncer un poignard dans le sein de mon ami ; mais ma volonté, dans le sanctuaire de la conscience, reste inaccessible à sa violence. Les actions qui nous sont imposées par la contrainte ne nous appartiennent pas, elles ne sont pas libres, et ne sauraient nous être imputées.

Toutes les recherches précédentes sur la constitution morale de l'homme impliquent, comme le dit Dugald Stewart, la supposition qu'il a la liberté de choisir entre le bien et le mal ; sans quoi ses actions seraient purement automatiques et animales. D'où nous pouvons conclure qu'il n'y a d'actions vraiment morales que celles qui sont faites avec choix, et par suite de la délibération de la volonté.

Ainsi, pour qu'un homme soit comptable de son action, il ne suffit pas qu'il ait eu connaissance de ce qu'il faisait au moment où il agissait, mais il faut de plus qu'il ait agi avec liberté ; sans quoi son action, qu'elle fût ou qu'elle ne fût pas conforme à ce que prescrit la loi, serait exempte de blâme ou de louange: en sorte que ce n'est point assez de l'intention dans l'agent pour constituer la moralité, mais qu'il faut encore que cette intention soit éclairée par la délibération de l'esprit.

Il me paraît presque impossible de trouver des hommes avec l'usage de la raison, qui dans les circonstances ordinaires, et sur les premiers principes de la loi naturelle, ne puissent pas saisir presque instantanément les rapports de leurs actions avec cette même loi. Il ne faudrait pas qu'on nous objectât les actions de l'ignorance, de l'habitude ou de la passion. Tout ce qu'on nous pourrait dire à ce sujet, nous y avons déjà répondu lorsque nous avons parlé des causes qui restreignent la liberté.

Mais il n'en est pas de même pour les conséquences éloignées, que l'on peut déduire des premiers principes de la morale. Souvent, pour saisir les différens rapports de nos actions avec la loi, il faut une suite de raisonnemens qui ne sont pas à la portée de tous les hommes; et comme c'est la conscience, qui est en même temps la règle et le juge, qui nous montre ces rapports, on la caractérise de différentes manières, suivant les différentes circonstances.

Si elle nous fait voir ces rapports avant l'action, on dit qu'elle est *antécédente;* on la nomme *subséquente*, quand elle juge l'action après qu'elle a été faite.

Divisions de la conscience. La conscience, soit antécédente, soit subséquente, est *décisive*, quand elle prononce sans hésitation et sans incertitude qu'une action est bonne ou mauvaise. Elle est *douteuse*, si, pesant les motifs et les raisons de part et d'autre, elle balance sur le parti qu'elle doit prendre.

Si sa détermination est conforme ou contraire à la loi, on dit que la conscience est *droite* ou *erronée*.

Si elle écoute la voix des passions plutôt que celle de la raison, on dit qu'elle est *large;* elle prend le nom de *scrupuleuse*, du latin *scrupus*, petite pierre, lorsque, toujours inquiète, elle juge ce qui est bon ou indifférent comme mauvais, parce que de même que de petites pierres qui sont dans la chaussure d'un voyageur gênent et embarrassent sa marche, de même les petites vues d'une conscience étroite font qu'elle avance avec peine dans le chemin de la perfection morale. C'est à la scolastique que nous devons cette belle étymologie : les gens du monde ne se doutent guère d'un rapprochement aussi ingénieux.

De toutes ces distinctions, il n'y en a que deux qui méritent notre attention, et encore n'en dirons-nous que peu de mots. Que doit-on faire lorsque l'on a une conscience douteuse? Les actions de celui dont la conscience est erronée peuvent-elles toujours lui être imputées? La philosophie des écoles établissait deux grandes thèses pour résoudre ces questions : deux lignes vont nous suffire. Celui dont la conscience est douteuse, s'il n'est pas tenu d'agir, doit s'en tenir à la maxime du sage : *Dans le doute, abstiens-toi.* Dans le cas où il y aurait nécessité d'agir, il doit suivre le parti le plus probable, c'est-à-dire qu'après avoir pesé les motifs pour ou contre, il se décidera toujours pour l'opinion qui lui paraîtra avoir en sa faveur les raisons qui l'emportent.

Quant à la seconde question, elle est déjà résolue par ce que nous avons dit en parlant de l'ignorance : ou son erreur est invincible, et alors son action ne saurait le rendre coupable; ou bien elle est *vincible* (*crasse*, comme s'explique la théologie), et alors tout ce qu'il fait de mal en suivant sa conscience *erronée* lui est justement imputable.

QUATRIÈME SECTION.

Des branches du devoir.

Jusqu'ici nous n'avons donné qu'une idée générale des divers élémens qui concourent à la constitution morale de l'homme : il nous serait facile d'en faire l'énumération. La vertu n'est pas une pure spéculation, elle consiste moins dans l'habitude de bien penser que dans l'habitude de bien faire : en morale, il est moins question de connaître que d'agir; or, une science qui a pour objet nos actions doit nous en faire connaître le principe; et ce principe de toutes nos actions, nous l'avons vu dans nos désirs, dans nos passions, que nous avons ramenées à l'amour de nous-mêmes. Mais cet amour de nous-mêmes, que nous avons distingué de l'égoïsme, nous fait rechercher le bonheur, et le bonheur a été le but de toutes nos actions. Cependant comme la raison a été donnée à l'homme pour lui servir de guide dans la recherche de la félicité, il s'ensuit qu'il ne marche pas en aveugle vers ce but de la destinée humaine; il n'agit donc que d'après les idées qu'il s'est faites du juste et de l'injuste, du beau et du difforme, du méritoire et du non méritoire : aussi avons-nous fait l'analyse de ces idées, qu'on peut considérer comme la base de toute moralité, et que la conscience morale peut seule nous donner. Cette conscience morale est devenue pour nous la règle de conduite à laquelle nous devons nous conformer. Cette règle a tous les caractères d'une loi à laquelle nous ne pouvons nous soustraire, et que nous apportons en naissant ; elle fait partie de notre nature, voilà pourquoi on lui a donné le nom de loi naturelle. Mais où est le dépôt de la loi naturelle? Nous l'avons dit, dans la conscience. Quel en est l'objet? Nous l'avons encore indiqué : cet objet, nous ne saurions le voir ailleurs que dans les rapports de notre nature. Or, les rapports de notre nature sont des rapports avec l'auteur de notre être, des rapports avec nos semblables, enfin des rapports avec nous-mêmes. De là trois classes de devoirs, dont nous allons nous occuper d'une manière spéciale.

QUATRIÈME SECTION.

Des diverses branches du devoir.

Art. I.

Des devoirs de l'homme, considéré dans ses rapports avec Dieu.

Ce n'est pas nous qui nous sommes créés ; nous tenons de Dieu l'existence : de là un premier rapport entre les hommes et l'auteur de la nature. Ce rapport est un rapport de dépendance. Or l'homme ne dépend pas de la Divinité comme le reste de l'univers : doué d'intelligence et de liberté, capable de reconnaître une cause toute puissante, sa dépendance ne doit pas être purement passive; il doit obéir à la volonté suprême, mais non comme les brutes ou comme la matière, qui suivent leurs destinées d'une manière aveugle, qui obéissent à une impulsion donnée. La raison nous fait voir que nous ne pouvons pas sortir de notre nature; elle nous ordonne de conformer notre volonté à cette même nature, dont il nous est impossible de nous dépouiller; et comme c'est notre nature de dépendre de Dieu, il s'ensuit que nous en devons dépendre volontairement. Je m'explique: notre dépendance doit être volontaire, parce qu'il serait contre la raison de vouloir être ce que nous ne pouvons pas être, de vouloir être indépendans. De là nos premiers devoirs, la *soumission*, l'*obéissance*, l'*adoration;* car celui qui dépend volontairement, qui reconnaît sa dépendance d'un être quelconque, lui est soumis et lui obéit; et comme Dieu est le maître absolu de tout ce qui existe, reconnaître sa puissance suprême, c'est *l'adorer*.

Mais cette suprême puissance, dont nous dépendons, n'est jamais tyrannique: Dieu, en nous imposant un joug, a voulu que nous puissions l'aimer. Apprenez, dit-il, que mon joug est doux et mon fardeau léger; et cette maxime de son Evangile, il la rend sensible à nos cœurs par les bienfaits nombreux que nous tenons de sa main prodigue. Ces bienfaits, il nous les accorde librement, parce que rien ne peut contraindre sa volonté; il fait notre bien, parce qu'il veut le faire, parce qu'il est doué par excellence de la bonté morale, parce qu'il est infiniment parfait : notre rapport de dépendance prend donc un caractère aimable, puisqu'il est pour nous une source de bonheur. A nos devoirs d'adoration doivent donc se rattacher des sentiments d'*amour* et de *reconnaissance*.

Quel est le fondement de ces devoirs?

Ces devoirs ont leur fondement dans les rapports nécessaires qui unissent l'homme créé, faible, dépendant, borné dans ses facultés, à Dieu son créateur, intelligence suprême, puissance infinie, et bonté inépuisable.

Si Dieu, en me donnant l'être, ne m'avait point assigné de but ni prescrit de règle, ou s'il n'avait pas daigné me fournir les moyens de connaître la loi qu'il m'imposait, et en même temps la sanction dont elle était accompagnée, je ne serais tenu véritablement à rien envers lui ; mais il m'a appelé à une fin que je connais, il m'a tracé une règle dont l'empreinte est gravée dans mon cœur, il m'apprend à voir mes vrais intérêts, mon bien réel dans l'observation de la loi : voilà d'où découlent mes obligations, voilà le fondement de mes devoirs envers Dieu ; et ici il est impossible de ne pas reconnaître la connexion qui existe entre notre intérêt et l'accomplissement du devoir. Si j'obéis à Dieu, ne suis-je pas assuré que ce Dieu infiniment bon ne me commande que ce qui m'est avantageux, qu'il ne m'interdit que ce qui pourrait m'être nuisible ? En douter serait dénaturer l'essence divine, ce serait lui enlever le plus précieux de ses attributs, la bonté.

La soumission, l'adoration, l'amour, tels sont les devoirs que notre nature nous impose à l'égard de Dieu. Ces devoirs peuvent se ramener à un seul, *l'amour;* car si nous aimons véritablement Dieu, nous conformerons toujours toutes nos actions à sa volonté : c'est ce qui faisait dire à l'Apôtre que l'amour est *la plénitude de la loi.* Or, cette loi d'amour, qui nous lie ainsi à notre Créateur, se nomme *religion*, du latin *religare* (*rattacher*), parce que la religion est comme une chaîne d'or qui rattache le ciel à la terre. La *religion est l'expression éclatante*

Définition de la religion ; sa nécessité.

et sacrée des rapports qui unissent l'homme à son auteur; c'est, dit Montesquieu, la première des *lois naturelles* par son importannce. (Esprit des lois, ch. II.) Intimement liée à l'idée d'un Dieu maître absolu de l'univers, elle est nécessaire et indispensable au bonheur des individus et de la société, elle est l'ame et la vie du corps social : avec elle tout est stable, tranquille, florissant ; le crime a un frein redoutable ; la vertu, un encouragement puissant ; le malheur, des consolations ineffables. Qu'elle vienne à disparaître, la morale manque de base, la vie n'a plus de but, l'homme est une espèce de hors-d'œuvre dans la création, la vertu n'est qu'une chimère, et la sagesse consiste à se procurer ici-bas le plus de jouissances possibles. C'en est assez pour nous faire comprendre l'influence des idées religieuses sur la prospérité des États, et sur le bonheur des individus.

Nécessité du culte extérieur.

Quelques philosophes, partant de ce principe que Dieu lisait au fond des cœurs, ont pensé qu'il n'était pas nécessaire de manifester nos sentiments religieux, et qu'un culte extérieur est inutile ; d'autres, en admettant un culte extérieur, ont soutenu qu'il n'était pas nécessaire que ce culte fût public. Les premiers ont dit : *Nous devons servir Dieu en esprit et en vérité, et rien de plus*. Mais c'est bien mal connaître l'homme que de vouloir forcer ainsi son cœur à se replier sur lui-même, sans jamais s'épancher au dehors. Eh quoi ! si j'éprouve un sentiment profond de tristesse, mon extérieur ne s'en ressentira-t-il en aucune manière? les nuages de la douleur ne viendront-ils pas obscurcir mes yeux? ma figure, malgré moi, ne se rembrunira-t-elle pas? De même, si j'éprouve un sentiment de plaisir, le bonheur de mon ame ne viendra-t-il pas se peindre sur mon front? la joie ne brillera-t-elle pas dans mes yeux? et le sourire sur les lèvres ne révélera-t-il pas, à ceux qui m'entourent, la satisfaction que j'éprouve intérieurement? En vain on chercherait à le désavouer, la nature met d'abord en nous les sentimens qui conviennent à chaque situation, ensuite elle se sert de la langue comme d'un interprète, pour produire au dehors ces mouvemens divers. C'est la pensée d'Horace :

Format enim natura priùs nos intùs ad omnem
Fortunarum habitum.......................
...
Post effert animi motus interprete linguâ.
(Art. poet.)

Sans doute l'hommage du cœur est le fondement de toute piété véritable ; mais le culte extérieur, si naturel comme nous venons de le voir, est encore indispensable; car il est difficile, et je dirai impossible, à l'homme de fixer ses pensées sans employer des signes sensibles. Quoi! pour s'occuper des sciences on sera obligé d'avoir recours à des formules qui soutiennent l'esprit et le préservent des distractions, et l'on voudrait que pour nous occuper de la Divinité, qui échappe à tous les sens, nous négligions un moyen aussi utile pour enchaîner notre légèreté et fixer notre attention, qu'un rien peut détourner de l'objet de nos méditations?

Je me hâte de l'avouer : les rites, les cérémonies ne sont pas l'essence de la religion, et on pourrait les changer, les remplacer par d'autres, sans que celle-ci fût attaquée; de même que nos langues ne sont pas nos pensées, et qu'elles peuvent varier, sans que l'intelligence humaine en soit altérée. Mais encore est-il vrai de dire que, sans les signes, sans les expressions, non-seulement l'homme ne pourrait pas communiquer ses pensées, mais qu'il ne pourrait que très-difficilement se rendre compte à lui-même de ses idées, les analyser, les composer et les décomposer, en un mot raisonner. Les mots sont les véhicules de la pensée, ils facilitent l'exercice de nos facultés; et celui qui ne verrait dans les langues qu'un moyen de communication serait dans une erreur grossière. De même les formules religieuses, les cérémonies, les rites, sont les emblèmes du sentiment religieux ; ils servent à fixer l'attention, ils facilitent les élans du cœur vers la Divinité, et établissent ou du moins affermissent ce lien mystérieux qui unit la créature au Créateur.

Mais pourquoi, nous dit-on, cette multitude de rites, de pratiques publiques qui ne sont point la religion, et qui malheureusement en usurpent la place? N'est-ce pas organiser, en quelque manière, la superstition, et la systématiser, que d'établir des associations religieuses dont les membres sont tenus de se conformer à des formules peu nécessaires, et qui souvent ne servent qu'à rendre le peuple idolâtre ? Presque tous les hommes ignorans sont *anthropomorphytes* (1); et les idées fausses qu'ils ont de la Divinité ne viennent-elles pas de ce qu'on la matérialise à leurs yeux, de ce qu'on la leur représente avec toutes les passions des hommes?

---

(1) Du grec ἄνθρωπος, homme, et μορφή, forme, figure ; celui qui attribue à Dieu une figure humaine.

Est-on de bonne foi lorsqu'on nous fait cette objection ? Pour y répondre, commençons par distinguer tout ce qu'il peut y avoir de vrai. Sans doute la multiplicité des cérémonies publiques peut être un abus, comme trop de signes pour exprimer nos idées pourraient nuire à la clarté, et nous jeter dans la confusion ; il ne faut pas que le type des sentimens religieux disparaisse sous la multiplicité des emblèmes : mais il n'en reste pas moins constant que l'hommage que nous rendons à la Divinité peut et doit se manifester au dehors ; qu'il est nécessaire que le culte soit extérieur. Nous l'avons déjà fait voir, et je prouverai, contre l'objection, qu'il doit être public.

J'avouerai encore que les associations religieuses peuvent entraîner des abus : et de quoi les hommes ne peuvent-ils pas abuser ? Mais qu'on ne s'y trompe point : l'abus qu'on fait d'une institution en prouve la bonté ; on n'abuse que de ce qui est bon. Ces associations sont-elles mauvaises en soi ? c'est ce qu'on ne pourrait prouver. Ne sont-elles mauvaises que dans l'abus ? alors pourquoi attaquer l'institution elle-même ?

On ne saurait nier encore que l'ignorance ne soit très-souvent anthropomorphyte ; mais qu'en conclure ? que le culte public est la cause d'une erreur qui dénature la Divinité ? Non sans doute : tout ce qu'on peut inférer, c'est que l'ignorance gâte tout ; c'est la peste de l'humanité, c'est le mal qu'on doit attaquer : de là vient l'idolâtrie, le fanatisme, la superstition. L'ignorance est la mère féconde de tous les crimes ; et c'est à tort qu'on accuse les religions et leurs cérémonies de tous les maux qui désolent l'humaine espèce ; c'est à tort qu'on proscrit les cultes publics : ils sont plus nécessaires que ne pense une philosophie irréfléchie.

« A Dieu ne plaise, dit M. Portalis, que je veuille
« remplacer les vertus et les devoirs par des for-
« mules ! Mais je le demande à l'incrédule : une reli-
« gion purement abstraite pourrait-elle devenir na-
« tionale ou populaire? une religion sans culte public
« ne s'affaiblirait-elle pas bientôt? ne ramencrait-
« elle pas infailliblement la multitude à l'idolâtrie?
« N'est-ce pas le culte qui conserve la doctrine?....
« N'y aurait-il pas autant de systèmes religieux qu'il
« y a d'individus, si rien ne réunissait ceux qui pro-
« fessent la même croyance? Une morale sans pra-
« tiques et sans institutions pourrait-elle se soutenir
« long-temps ? ne finirait-elle pas par s'effacer du
« cœur de tous les hommes? Les philosophes, à force
« d'instruction et de lumières, deviennent-ils des
« anges? Comment pourraient-ils donc espérer d'é-
« lever leurs semblables au rang sublime des pures
« intelligences? » (De l'Espr. phil., t. 2, p. 160.)

Supprimez le culte public, que deviendra alors la foi du serment? Cette institution religieuse, qui offre à la société une garantie si précieuse, ne sera plus qu'une vaine formule que chacun pourra répéter sans conséquence, et sans avoir à redouter la justice du Dieu vivant et terrible, qui, seul, perce de ses regards l'abyme des consciences.

Supprimez les rites, les cérémonies, les pratiques religieuses; et comment se conserveront les grandes vérités de l'unité de Dieu, de l'immortalité de l'ame, qui font toute la dignité de notre espèce, et élèvent l'homme au-dessus de lui-même? « C'est par les rites « et les pratiques chrétiennes que les hommes les « plus simples et les plus grossiers sont plus fermes « sur ces vérités et sur ces dogmes, et ont des idées « plus précises et plus saines de l'Etre suprême et « de la destination de l'homme, que les Socrate, les « Platon, c'est-à-dire les hommes les plus célèbres « de l'antiquité. » (De l'Espr. phil., t. 2, p. 162.)

Plus j'y réfléchis, et moins je comprends comment il a pu se trouver des hommes qui aient voulu proscrire toute espèce de culte : et quelles raisons nous donnent-ils pour nous faire adopter des doctrines destructives de toute morale, et qui sont en opposition avec le sentiment constant et universel des hommes de tous les pays et de tous les temps? Ces raisons sont si minces, qu'en vérité il y a quelque ridicule à les réfuter. Dieu n'a pas besoin de nos hommages, disent-ils : pourquoi donc les lui adresser? Mais ce n'est pas parce que Dieu a besoin de nous que nous devons l'honorer; c'est parce que nous sommes sous sa dépendance, et que nous sommes bien forcés de reconnaître ce rapport, qui n'est pas notre ouvrage. Non, Dieu n'a pas besoin de nous ; mais nous avons besoin de lui, et voilà pourquoi nous devons l'implorer. Mais, poursuit-on, il connaît nos besoins : les lui exposer, c'est outrager ses divins attributs, c'est douter de sa bonté ou de sa science..... Est-ce donc pour l'instruction de Dieu que la prière est ordonnée? Et je ne vois pas comment avoir recours à la bonté de Dieu serait douter de cette même bonté.

Mais encore que demander à Dieu? La sagesse?

n'est-ce pas lui demander ce qu'il me demande à moi-même? La santé? il n'est pas tenu de faire un miracle pour me guérir.

Peut-on abuser ainsi du langage? Cette objection porte entièrement sur une misérable équivoque. Quand je demande à Dieu la sagesse, je lui demande la force d'être sage; cette simple explication nous fait sentir tout le faux, tout le ridicule d'une argumentation pareille. A coup sûr, lorsque Dieu exige de moi la sagesse, il ne me demande pas la force d'être sage. « Esclaves par notre faiblesse, dit Rousseau, « nous sommes libres par la prière; car il dépend de « nous de demander et d'obtenir la force qu'il ne « dépend pas de nous d'avoir par nous-mêmes. » « (Julie, lettre VI.) « A Dieu ne plaise que je m'ôte « cette ressource contre mes faiblesses! Tous les actes « de l'entendement qui nous élèvent à Dieu nous « portent au-dessus de nous-mêmes : en implorant « son secours, nous apprenons à le trouver. » (*Ib.*, lettre VII.)

Dieu, il est vrai, n'est pas tenu de faire un miracle pour me guérir; mais s'ensuit-il de là que la prière soit inutile? On ne prie pas d'accorder une chose qu'on est tenu de nous accorder, on l'exige. D'ailleurs ce miracle, Dieu ne peut-il pas l'effectuer? et pourquoi alors ne pas le lui demander? Ce n'est pas celui qui le prie, c'est l'incrédule qui doute de sa bonté; et ne sommes-nous pas en droit de lui renvoyer le reproche qu'il nous faisait à nous? Au reste, est-il bien vrai de dire que Dieu a besoin de faire un miracle pour me conserver ou pour me rendre la santé? Dans ce cas, il faut en convenir, nos médecins sont de puissans *thaumaturges* (1), puisque, malgré l'incertitude de leur art, ils rendent la santé à beaucoup de malades.

Forcés de renoncer à une si pauvre argumentation, nos adversaires diront-ils que la dévotion peut dégénérer en abus et tourner en délire? Je leur demanderai s'il serait sage d'argumenter de la crainte des excès, pour abandonner une chose non-seulement bonne en soi, mais encore nécessaire?

Enfin objectera-t-on, avec quelques sophistes modernes, qu'on a fait trop grand bruit des pratiques, des cérémonies et des croyances religieuses? qu'elles n'arrêtent rien, et qu'on ne peut les regarder comme un frein imposé aux passions, puisqu'elles n'empêchent pas les crimes dont nous sommes les témoins? Mais est-ce une raison pour repousser leur influence? Un coursier fougueux ne peut être retenu par un frein : est-ce une raison pour le lui ôter, et le débarrasser de tout ce qui peut modérer sa fougue? Les lois humaines, les institutions politiques, avec tout l'appareil des échafauds, ne suffisent pas pour empêcher tous les désordres de la société : faut-il en conclure qu'on doit les supprimer? Vous voyez bien tous les crimes que les idées religieuses n'ont pas empêché de commettre ; mais voyez-vous tous ceux qu'elles ont prévenus? « Eh quoi! lorsqu'on veut
« remonter l'esprit public, on ne parle que de fêtes
« civiques, de statues, de triomphes ; on ne se dis-
« simule donc pas qu'il faut parler aux sens pour

---

(1) Θαυματουργός, qui opère des miracles, de θαῦμα, chose étonnante, et de ἔργον, pour τό ἔργον, action.

« frapper l'esprit et réveiller le cœur. Ne serait-ce
« que pour la morale et la vertu que l'on voudrait
« proscrire tout culte, toute méthode, toute pra-
« tique? » (Portalis, t. 2, p. 170.)

En vain on chercherait à le désavouer : le culte public donne un ressort prodigieux à notre ame ; nos adversaires sont contraints d'en convenir, puisqu'ils accusent la religion de produire des superstitieux, des enthousiastes, des fanatiques.

De la religion positive.

Possibilité de la révélation.

Des athées, des déistes, et des théistes.

Forcés par cet aveu même dans leurs derniers retranchemens, les sophistes se rejettent sur la révélation, et, tout en admettant la religion naturelle, ils repoussent toute religion positive. Suivons-les sur ce nouveau terrain, ils ne pourront pas s'y défendre avec plus d'avantage. Ici nous avons trois classes d'adversaires à combattre : avant de les réfuter, apprenons à les connaître. Ce sont les athées, les déistes et les théistes : quoiqu'il faille admettre une différence entre eux, ils se réunissent sur un point, et s'accordent en ce qu'ils rejettent également toute religion positive et révélée, quoique par des motifs divers.

« Aux yeux des athées, une révélation divine ne
« serait qu'un effet sans cause : si Dieu existe, di-
« sent-ils, qu'il se montre, et puis nous examine-
« rons s'il a parlé.

« Les déistes admettent l'existence de Dieu, par
« la considération de la nécessité d'une première
« cause; mais ils soutiennent que Dieu n'a pas de
« rapports plus particuliers avec l'homme qu'avec le
« reste de ses créatures ; qu'il n'a pas besoin de
« notre culte ni de nos hommages; que la raison ne

« peut rien affirmer sur une vie à venir; que nous
« sommes uniquement faits pour vivre avec nos sem-
« blables; qu'une bonne morale et une bonne légis-
« lation suffisent pour atteindre ce but.

« Les théistes, en admettant l'existence de Dieu,
« reconnaissent encore que les hommes lui doivent
« un culte, et qu'il sera leur juge comme il a été
« leur Créateur. En conséquence, ils admettent des
« peines et des récompenses dans une autre vie;
« mais, s'il faut les en croire, il n'est pas nécessaire
« d'en savoir davantage. Nous avouons, disent-ils,
« qu'une révélation est possible; mais il sera tou-
« jours plus sûr que la raison vient de Dieu, qu'il
« ne peut l'être que telle ou telle autre révélation en
« vienne : il faut donc s'en tenir à ce que la raison
« enseigne. » (Portalis, t. 2, p. 120.)

Les athées, les déistes et les théistes ne cessent de nous répéter qu'en tout il faut écouter la raison, qu'elle suffit pour conduire l'homme, et que la révélation est inutile. C'est tout comme si on nous disait que parce que l'homme est raisonnable, il était inutile de faire des lois politiques et civiles; car l'argument, s'il a quelque solidité, va autant contre la législation humaine que contre la religion révélée.

La révélation est exclusive, ajoutent-ils; et si nous l'admettons, il faut renoncer à la raison, dont l'homme n'aurait plus que faire.

Or combien, sans parler de la religion positive, n'y a-t-il pas de vérités que nous ne connaissons que par révélation ? Il est des choses dont nous nous instruisons par nous-mêmes, il en est d'autres qui nous sont communiquées par autrui : toute communication qui nous est faite d'un fait ou d'une vérité quelconque est une révélation. Francklin nous a révélé la puissance des pointes pour attirer la foudre : dira-t-on que l'on ne peut croire à cette révélation sans renoncer à la raison ? Sans doute on peut nous objecter que c'est ici un fait facile à vérifier, et que notre raison a le pouvoir de s'approprier cette découverte. J'en conviendrai ; mais combien est-il de circonstances où des faits nous sont connus par simple révélation, sans que nous puissions les vérifier ; par exemple, les sentimens et les pensées d'un homme, auxquels je crois sans que l'on puisse m'accuser de renoncer aux droits de ma raison ? Cela suffit pour nous faire sentir combien peu est fondée l'objection qui suppose la révélation exclusive.

On répond qu'il ne faut pas confondre les communications ou les révélations humaines avec une révélation divine : ce sont choses qui ne se ressemblent pas. Dans les révélations qui nous sont faites par les hommes, nous n'apprenons que des choses naturelles, que nous aurions pu connaître par nous-mêmes ; dans l'hypothèse d'une révélation divine, nous apprenons des choses qui sont hors de la nature, et ces choses nous n'avons aucun moyen naturel d'en acquérir la connaissance. D'un côté, je vois ou du moins je pourrais voir ce que l'on m'enseigne ; de l'autre, je ne vois ni ne puis rien voir ; je suis obligé de croire en aveugle, et de ne faire aucun usage de ma raison. Révélation et raison sont donc deux choses qui ne vont pas ensemble, et il est prouvé que la révélation est exclusive de tout raisonnement.

Encore ici des équivoques : une révélation positive

est un fait, et je demande s'il est impossible de faire usage de sa raison pour constater un fait. Il est bien vrai que ce fait, il ne nous est pas donné d'en être le témoin; mais combien n'y a-t-il pas de faits auxquels vous croyez, et auxquels vous ne pouvez sans déraison refuser de croire? et cependant vous n'en avez pas été les témoins. Que l'athée nous permette de supposer pour un instant une cause à l'univers. Je veux bien ici ne regarder l'existence de Dieu que comme une hypothèse; cette hypothèse une fois admise, je lui dirais : Vous convenez que s'il existait un Dieu il se manifesterait, et vous nous dites tous les jours que si vous refusez de croire à son existence, c'est parce qu'elle ne vous est pas suffisamment manifestée. Vous croyez donc que, dans l'hypothèse de l'existence divine, Dieu aurait pu se révéler à vous; la révélation ne vous paraît donc pas impossible : si elle ne vous paraît pas impossible, il y a donc pour vous des moyens de la connaître; s'il y a des moyens de la connaître, votre devoir n'est pas de la nier, mais d'employer toutes les puissances de votre raison à découvrir sa réalité ou sa non réalité. Je le répète, la révélation est un fait; ce fait est-il ou n'est-il pas? voilà toute la question.

Direz-vous que, dans l'hypothèse d'une révélation, Dieu aurait dû se manifester en dieu, et que la révélation, qu'on suppose divine, devrait reposer sur des preuves plus claires que le jour? A quoi bon une révélation qui nous laisserait dans l'incertitude?

Je réponds que la clarté des preuves qui établissent une révélation ne doit pas seulement être calculée d'après la puissance de Dieu, mais encore d'après la constitution connue de l'homme. Il est libre; et, dans l'exercice de sa liberté, il peut résister à la vérité. La raison lui fut donnée pour former ses croyances comme pour diriger sa conduite; et, pour découvrir ce qui est vrai, il doit faire un bon usage de ses facultés. La révélation ne devrait donc pas forcer son adhésion à certaines vérités : et ici ce n'est pas nous qui voulons anéantir la raison, c'est l'incrédule qui veut que l'homme ne puisse pas raisonner sa croyance. Sans doute Dieu pourrait exercer un empire absolu sur notre esprit, et produire nécessairement notre conviction ; mais alors il aurait violenté la raison humaine, il lui aurait enlevé son arbitrage et sa liberté, et la constitution humaine n'aurait plus été ce qu'elle est; au lieu que l'hypothèse d'une religion révélée à des hommes qui restent ce qu'ils sont, c'est-à-dire qui conservent la raison pour juger, et la liberté pour choisir, n'implique avec elle aucune idée de contrainte. La révélation peut aider notre faiblesse, sans forcer notre conviction, sans détruire ou changer notre nature. Dieu pouvait nous forcer à croire, il a mieux aimé nous laisser libres: est-ce à nous à nous en plaindre?

Du reste, l'homme, d'après sa constitution reconnue, ne peut rien découvrir que par le témoignage ou par les faits. Il est donc conforme à notre manière d'être qu'une religion révélée s'établisse par la parole ou l'Ecriture, qui sont les interprètes du témoignage, ou par les faits. Et, ajoute M. de Portalis, « il n'est cer-
« tainement pas contraire à la sagesse et à la gran-
« deur de Dieu d'employer, pour se faire connaître,
« des moyens conformes à notre constitution natu-

« relle, puisque cette constitution est son propre « ouvrage. » Et si quelqu'un n'était pas satisfait de notre réponse, nous nous bornerions à lui demander s'il connaît d'autres moyens que la parole, l'écriture ou les actions, qui ne sont que des faits, pour rendre sensible aux hommes ce qu'on veut leur manifester.

Mais pourquoi toujours les hommes entre Dieu et moi? pourquoi Dieu ne se révélerait-il pas à nous sans avoir recours à des tiers? S'il se fût manifesté aux hommes, il l'eût fait par une révélation immédiate, et non par des écrits ou par des traditions, qui peuvent si facilement être altérés et corrompus.

Je demanderai à mon tour, à ceux qui nous font cette objection, si, pour être réputée divine, une religion ne doit être connue que par des moyens nécessairement infaillibles : et dès-lors ils ne pourraient plus, en matière religieuse, s'en rapporter à leur raison; car les hommes peuvent faire un mauvais usage de leurs facultés, comme ils peuvent abuser des traditions et des écrits. La raison humaine nous égare; qui pourrait en douter? Dieu, en se manifestant à notre raison, ne prendrait donc pas un moyen infaillible pour se faire connaître? Eh! de grâce, qu'on nous dise quel autre moyen il pourrait employer, s'il faut que ces moyens ne puissent pas être une cause d'erreur?

Du reste, une révélation immédiate ne produirait pas l'effet que l'on semble en attendre. Cette révélation serait-elle passagère ou continue? Si elle était passagère, la mémoire de l'homme est faible, et nous savons par expérience que les impressions reçues s'effacent peu à peu, et finissent par s'évanouir, à mesure que d'autres objets viennent nous distraire. Les traces de cette révélation pourraient bien n'être point permanentes : si au contraire elle était continue, la suppose-t-on capable de surmonter, de comprimer l'usage de nos facultés, de *briser toutes les puissances de notre ame?* ou bien n'aurait-elle qu'une autorité analogue à celle de notre raison? Dans le prèmier cas, nous ne serions plus ce que nous sommes, notre organisation serait changée ; dans le second cas, la raison est faillible, comme nous l'avons remarqué, et la manifestation divine n'aurait plus ces caractères de clarté qu'on exige ; Dieu ne se manifesterait plus en dieu, nous ne le verrions qu'à travers le prisme des passions, et nous retomberions dans toutes les obscurités que nous avions la prétention d'éviter.

On insiste, et l'on dit : Dieu m'a donné la raison pour me guider ; s'il m'obligeait de la contredire, il se contredirait lui-même.... A qui doit-on croire, par préférence, de Dieu qui m'apprend par la raison les vérités éternelles, ou de vous qui m'annoncez de sa part une absurdité?... De quel genre seront vos preuves, pour me convaincre qu'il est plus certain que Dieu me parle par votre bouche, que par l'entendement qu'il m'a donné? (Emile, t. 3.)

Je réponds d'abord que la raison elle-même peut, sans se contredire, m'obliger à croire, sur le témoignage des hommes, ce qui me paraît absurde. Cette proposition peut paraître paradoxale, mais elle n'est point une erreur. Un aveugle, qui ne connaîtrait que par le toucher un tableau représentant un globe, regarderait comme une contradiction l'opinion de ceux qui diraient que cette surface plane représente cependant une surface convexe. N'est-il pas ridicule, se dirait-il à lui-même, en faisant usage de toute sa raison, de soutenir qu'une superficie aplatie produise en nous la sensation de convexité? Cependant si cet aveugle croit, sur la parole de tous les hommes, malgré la répugnance de sa raison ; si dis-je, il croit à ce phénomène, qui est pour lui une contradiction, sera-t-il pour cela un imbécile? On peut donc croire, sur le témoignage des autres hommes, à ce qui nous paraît une absurdité ; à plus forte raison pourrait-on y croire, sur le témoignage de Dieu même.

Prenons garde : je n'ai pas dit que nous pouvions croire à une absurdité, à une contradiction ; j'ai parlé seulement de ce qui nous paraissait être contre la raison. Dieu, certes, en tant qu'intelligence infinie, connaît des rapports entre les êtres qui peuvent étonner la raison humaine, qui sont bien au-dessus de sa portée, qui échappent à toutes nos facultés, et sont hors de proportion avec les puissances de notre faible intelligence : ces rapports, il pourra nous les révéler ; nous croirons y voir une contradiction, parce que notre esprit ne pourra point saisir les termes qui les constituent : s'ensuivra-t-il réellement que ces rapports soient une absurdité? Alors il faudra dire que l'intelligence bornée de l'homme peut atteindre tous les degrés d'infinité de l'intelligence divine.

En second lieu, on nous dit : *A qui croirai-je, par préférence, de Dieu, qui m'apprend par la raison des vérités éternelles, ou de vous, qui m'annoncez de sa part une absurdité?*

Sans doute si on vous annonce une absurdité de la

part de Dieu, vous ne devez pas y croire; mais souvent ce qu'on vous annonce peut vous paraître absurde, sans cependant être une absurdité. Auriez-vous la prétention de croire à l'infaillibilité de votre raison? Que penseriez-vous des habitans simples des campagnes, qui regardent comme une absurdité le mouvement de la terre autour du soleil, s'ils s'obstinaient à vous soutenir que c'est cet astre qui tourne autour de la planète que nous habitons? Vous diriez qu'ils ne sont pas raisonnables de ne pas admettre là-dessus votre opinion, et cependant ils font le même raisonnement que vous faites : Cela me paraît absurde, donc je ne dois pas y croire. Or, si parce que vous avez eu le bonheur de mieux développer vos facultés naturelles, il vous est possible d'éviter des erreurs que le peuple regarde comme des vérités, ne pensez-vous pas que Dieu puisse vous enseigner des vérités qui ne seront à vos yeux que des contradictions? Et seriez-vous plus raisonnable de résister à sa voix, et de préférer votre raison à son infaillibilité, que l'habitant des campagnes de ne pas croire aux révolutions de la terre, et de préférer sa raison à la vôtre?

En vain, pour échapper aux conséquences que je suis en droit de tirer, me répondrez-vous que vous ne comprenez pas les vérités de la révélation, que par conséquent vous ne pouvez y croire, et encore moins les affirmer; *car les affirmer sans les comprendre, c'est, dans le fond, n'affirmer rien.* (Émile.)

Combien de choses je pourrais vous citer que vous ne comprenez pas, et auxquelles vous croyez? Qui est-ce qui a jamais compris l'électricité? Pour cela refuserez-vous d'y croire? Et lorsque vous affirmez qu'elle existe, pensez-vous que, dans le fond, vous n'affirmez rien?

C'est ainsi que tombent toutes les objections qu'on peut faire contre la possibilité de la révélation. « Trop « souvent, dit Rousseau, auquel nous avons em- « prunté une partie de ces objections, trop souvent « la raison nous trompe : nous n'avons que trop ac- « quis le droit de la récuser. » Pourquoi donc réclamer sans cesse l'autorité et les droits de la raison contre une autorité infaillible?

Pour dissiper les préventions funestes de quelques philosophes contre la révélation, après en avoir montré la possibilité, il ne sera pas inutile de montrer combien elle était nécessaire, et de faire voir que les vérités religieuses qu'il importe tant aux hommes de connaître sont placées à une hauteur où la raison humaine ne saurait les atteindre.

Nécessité de la révélation.

« Dieu seul a pu nous faire connaître Dieu : con-
« sidérez les progrès que la raison a faits dans la
« connaissance des vérités religieuses tant que Dieu
« l'a laissée à elle-même, et jugez de ce qu'elle peut
« produire par ce qu'elle a produit dans un si grand
« nombre de siècles, dont quelques uns ont été si
« éclairés. Voyez quels étaient les dogmes de ces
« nations célèbres, qui, sur tant d'autres objets, ont
« reculé et semblent avoir fixé les limites de l'es-
« prit humain, et qui ont porté leur art à un degré
« que nous désespérons d'atteindre ; examinez la
« théologie des génies profonds qui éclairèrent l'uni-
« vers, de ces philosophes que leurs siècles consi-
« dérèrent avec respect, et les siècles suivans avec

« admiration, et dont les incrédules de nos jours
« se vantent encore d'être les imitateurs; parcourez
« leurs incertitudes, leurs contradictions, leurs er-
« reurs honteuses sur Dieu, sur sa providence, sur la
« nature, l'origine et la destination de l'ame, sur le
« premier principe et le souverain bien ; leur igno-
« rance sur la religion est aussi étonnante que leur
« supériorité dans les autres genres. De tous leurs
« efforts pour parvenir à la connaissance des vé-
« rités célestes, il n'en est qu'un dont l'esprit hu-
« main puisse se glorifier : c'est l'aveu qu'ont fait les
« plus éclairés d'entre eux de leur impuissance, et
« du besoin d'une révélation divine. » (La Luzerne,
Instruct. sur l'excell. de la Relig., p. 8.)

Objections.

Première objection. Il existe une religion certaine, éclairée, naturelle, dont les principes ont été
gravés au fond de notre ame par l'auteur de la nature. « Il est bien étrange qu'il en faille une autre:
« par où connaîtrai-je cette nécessité? » (Émile, t. 3.)

Les moyens de répondre à cette objection ne seront pas suspects; c'est son auteur même qui s'est
chargé de nous les fournir : « L'Être incompréhensible
« qui embrasse tout, qui donne le mouvement au
« monde et forme le système des êtres, n'est ni vi-
« sible à nos yeux, ni palpable à nos mains; il
« échappe à tous nos sens : l'ouvrage se montre, mais
« l'ouvrier se cache. Ce n'est pas une petite affaire
« de connaître enfin qu'il existe; et quand nous
« sommes parvenus là, quand nous nous demandons
« quel est-il? où est-il? notre esprit se confond, s'é-

« gare, et nous ne savons plus que penser. » (Émile, t. 2.) Or, voilà ce qui nous démontre la nécessité d'une religion révélée : puisqu'il est si difficile de connaître par les lumières de la raison l'existence de Dieu, l'homme avait besoin d'un autre secours pour y parvenir.

Deuxième objection. « Les plus grandes idées de
« la Divinité nous viennent par la raison seule. Voyez
« le spectacle de la nature, écoutez la voix inté-
« rieure : Dieu n'a-t-il pas tout dit à nos yeux, à
« notre conscience, à notre jugement? » (Émile, t. 3.)

Réponse. « L'ordre de l'univers, tout admirable
« qu'il est, ne frappe pas également tous les yeux ;
« le peuple y fait peu d'attention, manquant des
« connaissances qui rendent cet ordre sensible, et
« n'ayant point appris à réfléchir sur ce qu'il aper-
« çoit. Ce n'est ni endurcissement ni mauvaise vo-
« lonté ; c'est ignorance, engourdissement d'esprit.
« La moindre méditation fatigue ces gens-là, comme
« le moindre travail des bras fatigue les gens de ca-
« binet ; ils ont ouï parler des œuvres de Dieu et des
« merveilles de la nature ; ils répètent les mêmes
« mots sans y joindre les mêmes idées, et ils sont
« peu touchés de tout ce qui peut élever le sage à
« son Créateur. Or, si parmi nous le peuple, à por-
« tée de tant d'instruction, est encore si stupide,
« que seront ces pauvres gens abandonnés à eux-
« mêmes dès leur enfance, et qui n'ont jamais rien
« appris d'autrui? Croyez-vous qu'un Cafre ou un
« Lapon philosophe beaucoup sur la marche du
« monde et sur la génération des choses? » (J.-J. Rousseau, Lettres.) Comment concilier l'auteur d'É-

mile avec l'écrivain consciencieux à qui nous devons ce dernier passage? Le spectacle de la nature, la voix intérieure, ne suffisent donc pas pour éclairer les hommes? Et que pourrions-nous dire de plus pour prouver la nécessité de la révélation? Sans doute la sainte voix de la vertu se fait entendre au fond de toutes les ames mais cette voix, que les passions cherchent toujours à étouffer, sera-t-elle assez puissante pour triompher des cris du préjugé, de la force des mauvais exemples, des ténèbres de l'ignorance, de tous les dégoûts, de tous les obstacles que nous inspirent les abords de la vertu?

Ce fut une pensée bien noble que conçurent quelques philosophes de l'antiquité, lorsqu'ils imaginèrent d'attacher à la vertu par le seul éclat de sa beauté. Nous l'avouerons avec Rousseau, « rien n'est « plus aimable que la vertu; mais il en faut jouir « pour la trouver telle. Quand on la veut embrasser, « semblable au Protée de la fable, elle prend d'abord « mille formes effrayantes, et ne se montre enfin « sous la sienne qu'à ceux qui n'ont point lâché « prise. » Concluons donc, avec l'auteur du *Déisme réfuté par lui-même*, que c'est pour encourager l'homme à vaincre ces obstacles, que la révélation lui met sous les yeux de grandes leçons, de grands exemples, une grande récompense : heureux encore si, avec de si puissans secours, il peut triompher de sa faiblesse!

Troisième objection. L'hypothèse de la nécessité d'une révélation ne peut venir que de l'insuffisance de la loi naturelle; mais si cette loi est insuffisante, c'est « par les obscurités qu'elle laisse dans les grandes

« vérités qu'elle nous enseigne ; c'est à la révélation
« de nous enseigner ces vérités d'une manière sen-
« sible à l'esprit de l'homme, de les mettre à sa por-
« tée, de les lui faire concevoir, afin qu'il les croie.
« La foi s'assure et s'affermit par l'entendement ; la
« meilleure de toutes les religions est infaillible-
« ment la plus claire. » (Émile, t. 3.)

Cette objection tend évidemment à attaquer les religions qui nous enseignent des mystères ; mais il est facile de voir combien elle est peu fondée en raison. Sans doute la révélation doit dissiper les obscurités de la religion naturelle, autant qu'il est possible de le faire, et autant qu'une raison essentiellement bornée comme la nôtre peut le comporter ; mais il n'est pas moins vrai de dire qu'il est impossible que la révélation les dissipe entièrement. Prenons pour exemple la nature divine : ses attributs sont infinis, et par conséquent ils ne peuvent être compris parfaitement. « Notre intelligence bornée ne
« conçoit rien sans bornes, tout ce qui est infini nous
« échappe. » C'est la réflexion de Rousseau.

Du reste, sans vouloir rien préjuger ici sur la question de savoir quelle est la véritable religion révélée, je soutiendrai contre les déistes, en retournant leur objection contre eux, que la religion chrétienne est plus claire que la religion naturelle, et par conséquent qu'elle est infailliblement la meilleure.
« Comparez, dit M. de La Luzerne, comparez aux
« préceptes de Jésus-Christ tout ce que l'esprit hu-
« main avait produit avant son avénement ; car c'est
« à cette époque qu'il faut se reporter pour juger
« notre morale. La moderne incrédulité n'a pas droit

« de nous opposer les principes de vertu dont elle a
« embelli ses ouvrages ; tout ce qu'on a publié de
« beau, de pur, de saint, ministres de Jésus-Christ,
« nous le réclamons en son nom ; ce sont ses pré-
« ceptes qu'elle a envahis : elle n'a fait que leur en-
« lever leur autorité, leurs motifs et leur fin. Sem-
« blables à ces peuples qui insultaient le soleil tout
« couverts de sa lumière, les déistes puisent dans
« l'Évangile leurs principes, et attaquent les principes
« de l'Évangile.... Sortez donc des lieux éclairés par
« la révélation, vous qui voulez connaître jusqu'où
« s'est étendue la lumière de la raison ; transportez-
« vous aux pays, aux temps qui n'ont pas connu
« Jésus-Christ avec la connaissance du vrai Dieu : les
« principes fondamentaux de la vertu étaient égarés
« de l'univers ; la religion, faite pour perfectionner
« l'homme, concourait à le pervertir, et avait cor-
« rompu jusqu'à la règle des mœurs ; l'exemple de
« la Divinité encourageait au crime. » (Excell. de la
Relig., p. 28.)

Des moyens de juger de la vérité d'une religion, dans l'hypothèse d'une révélation.

Jusqu'ici nous ne nous sommes occupés que de la possibilité d'une révélation et de sa nécessité : quant à son existence, nous l'avons considérée comme une hypothèse, non que ce fût un fait douteux dans notre conviction, mais parce que cette discussion sur la réalité de la révélation appartient plutôt à la théologie qu'à la philosophie ; et quand, pour répondre à la dernière objection, nous nous sommes appuyés sur l'enseignement moral du christianisme, comme nous aurions pu nous appuyer sur son enseignement dogmatique, il n'a point été dans notre pensée d'en conclure que la révélation chrétienne fût la véritable religion. Si tel eût été notre dessein, nous aurions légitimé cette conclusion par des preuves plus nombreuses, plus fortes et plus variées, qui n'auraient rien laissé à désirer pour des esprits raisonnables ; mais, encore un coup, cette question appartient à la théologie, et sa place n'est point dans un cours élémentaire de philosophie. Tout ce que le philosophe doit rechercher, c'est la possibilité, la nécessité d'une religion révélée, et quels sont les moyens de reconnaître la véritable. Les deux premières questions, nous les avons abordées franchement, et nous les avons résolues d'une manière affirmative, après avoir renversé les plus fortes objections qui pouvaient nous être faites : nous allons nous occuper de la troisième, nous indiquerons les marques auxquelles on peut reconnaître si une révélation nous vient de Dieu, ou si elle n'est que l'ouvrage de l'imposture.

Ici je m'appuierai sur un des axiomes des déistes, mais j'éviterai d'en faire comme eux une fausse application. *Il est évident que Dieu ne peut pas être en contradiction avec lui-même.* D'où je conclurai qu'un droit positif qu'on m'annonce comme divin ne peut pas être en opposition avec le droit divin naturel; donc toute religion qui porterait atteinte aux bonnes mœurs, qui contredirait à la morale, ne saurait être une vraie religion, elle n'aurait pas Dieu pour auteur. Le premier caractère d'une religion divine, positive, me parait donc consister dans sa conformité avec la religion naturelle : de là il ne faudrait pas conclure que pour qu'une religion puisse obtenir le respect qui n'est dû qu'à une révélation divine, il suffit que cette doctrine ne soit pas vicieuse. L'homme, c'est

Premier caractère d'une révélation divine.
Sa conformité à la loi naturelle.

évident, peut nous enseigner des doctrines qui n'aient rien de mauvais en elles-mêmes, sans que pour cela on doive les regarder comme révélées par Dieu.

Il ne faudrait pas non plus en tirer, avec le déiste, cette conséquence que si la révélation doit être conforme à la loi naturelle, cette révélation est inutile : nous avons déjà répondu à cette difficulté. En un mot, tout homme qui s'annonce comme venant nous instruire de la part de Dieu doit nous tenir ce langage : *Ne croyez pas que je sois venu pour détruire la loi ; je ne suis pas venu pour la détruire, mais pour la rendre complète.* (Matth., c. v, v. 17.)

Deuxième caractère. — La sublimité des préceptes.

Nous l'avons déjà dit, la religion n'est que l'expression des rapports qui existent entre Dieu et l'homme. Celle qui développera ces rapports avec plus d'étendue, avec plus d'évidence, avec plus de force que les autres, doit mériter une préférence ; car elle établira entre Dieu et moi une liaison, une alliance plus étroite ; elle me rapprochera davantage de la Divinité : c'est là un caractère réellement divin. « Je tiens, dit Rousseau, pour révélée toute « doctrine où je reconnais l'esprit de Dieu ; je la « reconnais l'authenticité de l'Évangile, en consé- « quence de l'Évangile et de la sublimité que j'y « vois, sans qu'on me l'atteste. » (Lettres.)

Et ailleurs : « La majesté des Écritures m'étonne, « la sainteté de l'Évangile parle à mon cœur. Voyez « les livres des philosophes avec toute leur pompe : « qu'ils sont petits près de cela ! Se peut-il qu'un « livre à la fois si sublime et si simple soit l'ouvrage « des hommes ? se peut-il que celui dont il fait

« l'histoire ne soit qu'un homme lui-même? Est-ce
« là le ton d'un enthousiaste, ou d'un ambitieux
« sectaire? Quelle douceur, quelle pureté dans ses
« mœurs! quelle grâce touchante dans ses instruc-
« tions! quelle élévation dans ses maximes! quelle
« profonde sagesse dans ses discours! quelle pré-
« sence d'esprit, quelle finesse et quelle justesse dans
« ses réponses! quel empire sur ses passions! Où est
« l'homme, où est le sage qui sait agir, souffrir et
« mourir sans faiblesse et sans ostentation?..... Si la
« mort et la vie de Socrate sont d'un sage, la vie et la
« mort de Jésus-Christ sont d'un dieu. Dirons-nous
« que l'histoire de l'Évangile est inventée à plaisir?
« Ce n'est pas ainsi qu'on invente; et les faits de So-
« crate, dont personne ne doute, sont moins attestés
« que ceux de Jésus-Christ. Au fond, c'est reculer
« la difficulté sans la détruire; il serait plus incon-
« cevable que plusieurs hommes d'accord eussent
« fabriqué ce livre, qu'il ne l'est qu'un seul en ait
« fourni le sujet. Jamais des auteurs juifs n'eussent
« trouvé *ni ce ton, ni cette morale; et l'Évangile a
« des caractères de vérité si grands, si frappans,
« si parfaitement inimitables, que l'inventeur en
« serait plus étonnant que le héros.* » (Émile, t. 3.)

Si l'on voyait, dans ce témoignage éclatant que l'auteur d'Émile rend à la sublimité de l'Évangile, une preuve que toutes les vérités qu'il renferme nous ont été révélées par Dieu lui-même, nous devrions nous en réjouir; mais en citant ce passage éloquent, que nous avons encore tronqué à regret, notre dessein n'était pas de donner une preuve de la divinité du christianisme : tout ce que nous nous sommes proposé, c'était de faire remarquer le second caractère auquel on peut reconnaître un enseignement réellement divin. Cet enseignement ne pourra être réputé tel que lorsqu'on le trouvera plus grand, plus élevé, plus sublime que tous les préceptes humains : et quel besoin, en effet, aurions-nous d'une révélation qui ne nous enseignerait que ce que les hommes peuvent nous enseigner ?

<small>Troisième caractère. — L'universalité des préceptes.</small>

C'est un fait qu'il n'existe aucune religion qui n'ait recommandé certains actes de bienfaisance et de vertu : toutes, quoi qu'en ait dit un auteur contemporain, tendent plus ou moins au maintien de l'ordre social; toutes nous inspirent des principes de générosité, de désintéressement, de courage, de grandeur, qui honorent l'humanité. Mais dans le système de leurs doctrines ne se trouve-t-il pas des principes hétérogènes? l'erreur ne vient-elle pas se mêler à la vérité? A côté d'une institution utile et morale, ne trouvez-vous jamais quelque maxime immorale et pernicieuse? les vertus qu'elles nous recommandent sont-elles de tous les temps et de tous les lieux? n'offrent-elles aucune lacune, et toutes les vertus y forment-elles un corps complet de doctrines, capables de conduire l'homme à toutes sortes de perfections? En un mot, elles nous invitent au bien; mais est-ce à un bien sans mélange de mal? S'il en est ainsi, je leur reconnais un caractère divin, car elles nous enseignent le bien tel que Dieu nous l'ordonne, c'est-à-dire ce bien qui est de tous les temps, de tous les lieux, de toutes les circonstances; ce bien pur, sans alliage, qui ne souffre aucune restriction en faveur du mal. En d'autres termes, une religion émanée du Dieu trois fois saint doit, dans l'universalité de ses préceptes, renfermer toutes les vertus possibles à l'homme.

Comme la morale a sa base dans les dogmes, ce n'est point assez de s'assurer qu'une religion est conforme à la loi naturelle ; qu'elle nous rapproche davantage de la Divinité, en développant toutes les affections de l'ame d'une manière plus grande et plus sublime ; qu'elle embrasse toutes les perfections possibles, et nous offre ce caractère d'universalité qui est inhérent à la morale naturelle elle-même : il faut encore examiner les rapports que ses dogmes ont avec la morale, et de plus les cérémonies qui en sont le symbole. Si je trouve les croyances en opposition avec la vertu, ou (ce qui est la même chose) avec la raison, je ne balancerai pas à les rejeter ; ce qui ne veut pas dire que je repousserai tous les mystères : tout dans la nature est mystère pour nous ; comment la religion n'aurait-elle pas les siens ? Je ne connais pas la nature des corps, je ne connais pas davantage la nature des esprits ; et si vous en exceptez quelques philosophes extravagans, personne ne s'est jamais avisé de nier l'existence de son corps, non plus que l'existence de son ame. On peut disputer sur la nature des esprits, mais on ne révoque pas leur existence en doute. M. Broussais peut croire qu'il a prouvé que l'ame est identique avec la matière, mais ses preuves mêmes supposent qu'il croit à la réalité de l'ame. Ainsi les mystères ne sont pas une raison pour ne pas croire à la vérité d'une religion. Mais celle qui nous proposerait des dogmes qui n'auraient aucun rapport à sa morale, qui seraient une espèce de hors-d'œuvre dont je ne verrais pas le but, qu'on offri-

Quatrième caractère.
—
L'harmonie des dogmes du culte et de la morale.

rait à ma croyance comme une énigme dont le mot serait impossible à trouver, et qui n'auraient d'autre mérite que celui d'être inintelligibles, cette religion se rendrait justement suspecte. « Un dogme, dit M. de « Portalis, doit être, dans l'ordre de la religion, ce « qu'est un phénomène dans l'ordre de la nature, « c'est-à-dire la preuve ou la découverte d'un ou « plusieurs faits, d'un ou plusieurs rapports entre « Dieu et nous. » (T. 2, p. 200.) J'ajouterai que les phénomènes qui sont la base des sciences physiques sont presque toujours incompréhensibles : pourquoi aurions-nous la prétention de vouloir comprendre les dogmes qui sont la base de la science morale?

« Quant aux rites dont un culte se compose, on « doit observer s'ils ne consistent qu'en cérémonies « indifférentes ou ridicules, s'ils dégénèrent en sur-« charge pour la piété, ou même (ce qui serait plus « dangereux) s'ils doivent en tenir lieu; enfin si « ce sont des pratiques arbitraires pour amuser le « peuple, ou des monumens sacrés qui lui attestent « la sainteté des dogmes qu'il doit croire, et des « secours puissans dont l'objet est de lui rendre plus « facile l'exercice des vertus sublimes auxquelles il « est appelé. »

Ainsi, pour qu'une religion soit à nos yeux marquée du sceau de la vérité, nous exigerons, pour quatrième caractère, une harmonie parfaite entre sa morale, ses dogmes et ses rites; en sorte que, dans son ensemble, elle nous présente une morale sainte appuyée sur des dogmes sacrés, et dont les cérémonies, comme la prière, par exemple, soient un véhicule efficace pour que nos pensées puissent s'élever vers l'auteur de tous les biens, vers ce père des lumières, de qui vient tout don parfait.

Il est un autre caractère que nous devons retrouver dans toute religion véritablement révélée : c'est l'antiquité.

Cinquième caractère.
L'antiquité.

La religion, nous le répétons, n'est que le rapport qui existe entre l'homme et Dieu : or, Dieu a toujours existé, et l'homme est aussi ancien que la nature. Dans toute croyance religieuse, l'époque de son établissement est donc une circonstance importante, et qu'il ne faut pas négliger.

Enfin nous observerons que tous ces caractères que nous demandons à la religion positive, pour que nous puissions la réputer divine, ne sont pas à la portée du peuple et des ignorans. Cependant si Dieu a parlé aux hommes, s'il leur a révélé une religion, elle doit être pour tout le monde; et les motifs sur lesquels notre croyance doit reposer doivent frapper tous les esprits. Or, les faits sont à la portée de tout le monde, et par conséquent la vraie religion, celle que Dieu nous a révélée, lui qui veut que tous les hommes parviennent à la connaissance de la vérité, cette religion, dis-je, doit être prouvée par les faits.

Sixième caractère.
Elle doit s'appuyer sur des faits.

Cela posé, Dieu daigne lui-même nous instruire en se manifestant aux hommes, ou bien il suscite des hommes miraculeux pour instruire leurs semblables. Dans le premier cas, les prodiges doivent nous rendre la puissance de la Divinité sensible; dans le second cas, c'est encore par des faits extraordinaires, et qui surpassent toute la prudence humaine, que les envoyés de Dieu pourront nous prouver leur mission divine.

Or, ces faits extraordinaires sont de deux genres :

les miracles et *les prophéties ;* donc une religion révélée peut et doit s'appuyer sur les miracles et les prophéties.

Je n'ignore point que l'on nous nie la possibilité des miracles ; je sais aussi qu'on prétend que les prophéties ne prouvent rien. Je me contenterai de répondre qu'il est absurde de dire que les miracles sont impossibles. Prenons pour exemple la résurrection d'un mort : Dieu n'est-il pas assez puissant pour redonner la vie à un cadavre qu'il avait su former et animer une première fois ? N'y a-t-il pas de la témérité, pour ne rien dire de plus, à venir mettre ainsi des bornes à sa puissance ?

Quant aux prophéties, il me paraît impossible de ne pas croire à un homme qui me prédira un événement avec toutes les circonstances qui doivent l'accompagner, sans qu'aucun moyen naturel ait pu faire tomber cet événement sous sa prévision. Il n'appartient qu'à Dieu, pour qui l'avenir est comme le présent, d'annoncer avec cette précision les destinées futures que l'avenir couvre d'un voile impénétrable à la perspicacité humaine.

Je le sais encore, toutes les religions positives s'appuient également sur des miracles et des prophéties ; mais que devons-nous en conclure ? Qu'il ne faut pas y croire sans les avoir fait passer au creuset de la critique, sans les avoir examinés d'abord en eux-mêmes, et ensuite dans les autorités qui nous les rapportent. Ce sont des faits ; il faut leur appliquer toutes les précautions que nous apportons aux autres faits que nous admettons sur le témoignage des hommes. Je veux même qu'on soit plus sévère pour les faits miraculeux ; mais s'ils réunissent en leur faveur tous les motifs de crédibilité sur lesquels reposent les faits naturels, s'ils les réunissent à un plus haut degré d'évidence, je ne conçois pas comment nous pourrions nous refuser à leur donner notre adhésion.

Ici je bornerai cette discussion, sur laquelle il y aurait encore beaucoup de choses à dire. Je ne crois pas cependant avoir rien négligé d'essentiel. On pourrait faire l'application des principes que nous avons posés, et que nous croyons incontestables, à toutes les religions positives que nous connaissons ; et alors on se convaincrait que celle dans laquelle nous avons le bonheur de vivre renferme éminemment tous les caractères que nous croyons nécessaires à toute religion qui s'annonce comme venant du ciel. Elle développe toutes les vertus sur une plus grande échelle que les autres religions qu'on pourrait lui comparer ; elle est de tous les temps et de tous les lieux ; son culte ne consiste pas dans de vaines cérémonies, il est à ses préceptes ce que les signes sont à nos idées ; sa morale et ses dogmes sont inséparablement unis ; elle s'appuie sur des miracles et des prophéties incontestables ; elle est la plus ancienne de toutes. En la méditant de bonne foi, on reste convaincu qu'elle établit entre Dieu et l'homme les rapports les plus intimes : ajoutez à cela qu'elle a civilisé l'univers, et qu'elle a rendu à la nature humaine toute la dignité que semblaient lui ravir des religions absurdes, qui, comme s'exprime Rousseau, n'offraient, pour tableau du bonheur suprême, que des forfaits à commettre ou des passions à contenter.

Art. II.

Des devoirs de l'homme, considéré dans ses rapports avec ses semblables.

Si nous n'avions égard qu'à la position où se trouve aujourd'hui le genre humain, nul doute que l'homme n'ait beaucoup de rapports avec ses semblables, et notre tâche se bornerait à apprécier tous ces rapports. Mais il est beaucoup de philosophes qui ont cru, ou du moins qui ont enseigné, que l'homme primitivement vivait isolé, n'obéissant qu'à l'inspiration de l'instinct, sans attendre des secours de ses semblables, ni sans leur donner les siens ; et ils nous ont présenté cet état d'isolement comme le beau idéal de la nature humaine ; ils l'ont appelé l'*état de nature;* ils ont soutenu que l'homme n'est pas fait pour la société ; que de cet état factice naissent tous les crimes ; que la civilisation est un principe corrupteur des bonnes mœurs ; en un mot, que pour être vertueux il fallait se faire sauvage, rompre toutes nos habitudes sociales, et aller habiter dans les bois.

L'homme est né pour la société. Contradictoirement à ces doctrines, nous soutiendrons que l'état primitif de l'homme fut un état d'union et de société; que cet état est le plus conforme à sa nature, et que par conséquent l'homme est né sociable.

Et d'abord nous dirons que cet état de nature dont on nous parle est une pure hypothèse. Quelle preuve pourrait-on nous donner de son existence ? Cette existence est un fait, et un fait étranger à toutes les histoires connues, et par conséquent impossible à constater. C'est donc gratuitement qu'on nous force à remonter le fleuve des âges pour nous reporter à une époque chimérique, vers ces temps fortunés où les hommes sans vices, sans doute parce qu'ils étaient sans passions, vivaient dans les délices qui sont le fruit de la vertu. Non, je ne pourrai jamais me résoudre à croire que, pour être vertueux, il faille renoncer à la bienfaisance, à la générosité, et à toutes les autres vertus qui supposent un état de société, parce qu'elles ne peuvent se développer que dans nos rapports avec nos semblables ; je ne pourrai jamais croire que si je ne suis ramené dans les forêts pour y vivre de glands, et pour y voir le ressort de toutes mes facultés se détendre au sein de l'ignorance, suite inévitable de l'isolement, il me sera impossible d'échapper à la séduction des vices qui désolent la société.

J'admets, si on veut, que le sauvage n'est point perverti par les mauvais exemples, qu'il n'est point entraîné par le torrent de la corruption qui inonde la société : mais combien de vertus auxquelles il reste étranger ? combien de freins que nous trouvons dans nos institutions sociales, et qui ne sauraient exercer aucun empire sur des passions qui ne se développent qu'avec plus d'énergie dans l'occasion, par cela même qu'elles vivent solitaires ?

« On fait honneur, à l'homme errant dans les bois,
« de vivre dégagé de toutes les ambitions qui tour-
« mentent nos petites ames. N'imaginons pas pour
« cela qu'il soit sage ou modéré, il n'est qu'indolent ;
« il a peu de désirs, parce qu'il a peu de connais-

« sances; il ne prévoit rien, et c'est son insensibilité
« même sur l'avenir qui le rend plus terrible quand
« il est vivement secoué par l'impulsion et la pré-
« sence du besoin ; il veut alors se procurer par la
« force ce qu'il a dédaigné de se procurer par le
« travail, il devient injuste et cruel. » (Portalis,
t. 2, p. 294.)

On nous dit que notre existence sociale est trop artificielle pour être conforme au vœu de la nature; mais j'oserai demander s'il est bien vrai que la nature finisse là où la société et la civilisation commencent. Si les hommes se sont réunis pour s'entr'aider, et se rendre la vie plus commode et plus facile, n'est-ce pas parce qu'ils en ont senti le besoin? Mais le besoin est dans la nature, et obéir à ses inspirations n'est pas sortir de l'ordre naturel, c'est s'y conformer.

Pour se convaincre que l'homme est né sociable, il suffit de jeter un coup d'œil sur ses besoins dans tous les âges de la vie. Enfant, si ses parens l'abandonnent, que deviendra-t-il, jeté nu sur la terre, exposé à l'inclémence de l'air, et dénué de toute défense? Il périra infailliblement victime de la férocité des animaux malfaisans, ou il succombera à l'intempérie des saisons et aux rigueurs de la faim.

Pendant sa jeunesse, s'il n'a rien appris de ses parens ou des autres hommes, comment ses facultés intellectuelles pourront-elles se développer? Sans ressource, abandonné à lui-même et n'obéissant qu'à des appétits brutaux, comment pourra-t-il se conduire, et éviter tous les dangers auxquels il se trouvera exposé?

Parvenu à l'âge mur, la nature, qui a pourvu à la

conservation de l'espèce, lui fait un besoin d'une compagne qui l'aide à supporter la vie. Les soins de la paternité exigent de lui une société, au moins momentanée, avec l'épouse qu'il s'est choisie.

Arrivé enfin à la vieillesse, comment pourrait-il se soutenir au milieu des infirmités et des douleurs qui sont le triste apanage de cet état de caducité, placé pour ainsi dire entre la vie et la mort, comme une nuance qui lie deux couleurs? Décrépit, infirme, accablé de misères, en proie à mille souffrances, dénué de tout, ne s'éteindrait-il pas misérablement dans les angoisses de la faim, s'il était privé des secours que lui offre la société?

Les besoins de l'homme exigent donc qu'il vive avec ses semblables.

Ses facultés l'appellent aussi à la société: en effet, hors de tout commerce avec les autres hommes, comment pourrait-il cultiver et développer ses facultés morales et intellectuelles? que deviendrait sa perfectibilité? C'est un fait reconnu, que le langage est un des moyens les plus efficaces pour augmenter la puissance de la pensée; mais ce moyen lui manquerait dans l'isolement, puisqu'il n'aurait personne à qui parler. La faculté de connaître et de faire le bien, qu'il a reçue de l'auteur de son être, deviendrait donc stérile, comme un germe qui n'aurait point été développé; et ce pouvoir merveilleux que nous avons d'exprimer par des sons articulés, ou par des gestes, les perceptions de notre intelligence et les affections de notre ame; ce pouvoir qui fait que nous pouvons prendre part aux sentimens de ceux qui nous entourent, partager leurs plaisirs, profiter de leur expérience, et nous enrichir des trésors de leur intelligence ; ce pouvoir, dis-je, nous l'aurions donc reçu comme un lieu inutile ? Où serait en cela la sagesse du Créateur ?

Enfin nos penchans nous invitent à vivre dans la société de nos semblables ; car il y a au fond de notre cœur quelque chose qui nous porte à nous rapprocher des autres hommes, et qui nous fait redouter la solitude comme un état d'abandon et d'ennui. Qui de nous n'a jamais éprouvé de ces instans d'une mélancolie pénible, qui ne peut être dissipée que par ce mouvement qu'imprime à notre ame la fréquentation des hommes ? Notre cœur est avide d'émotions, nous éprouvons tout à la fois le besoin d'aimer nos semblables et d'en être aimés. La misanthropie (1) elle-même, qui semble, au premier coup d'œil, être une exception à cette disposition générale du cœur humain, n'a pourtant pas d'autre principe ; elle ne germe jamais que dans ces ames dépareillées qui ne trouvent pas d'écho dans la société, qui ont été trompées dans leurs affections, qui n'espèrent plus rencontrer un cœur digne de leurs épanchemens, et qui, en désespoir de cause, s'enfoncent dans la solitude, et demandent à la nature inanimée des consolations qu'elles n'attendent plus de la part des hommes.

L'indifférence est la mort de l'ame ; et s'il en était autrement, où serait la source de cet intérêt si vif que nous prenons à ce qui regarde nos amis ? quel serait le principe de la pitié que nous éprouvons

---

(1) De μισέω, haïr, et ἄνθρωπος, homme ; haine des hommes.

pour le malheur? d'où nous viendrait cette satisfaction intérieure, qui est toujours la compagne d'une bonne action envers nos semblables? qui est-ce qui pourrait faire éclore dans nos ames les sentimens si purs et si doux de la bienveillance, de l'amitié, de la générosité, de la reconnaissance? pourquoi ce désir si naturel de mettre en commun nos bras et nos talens, notre expérience et nos réflexions, nos plaisirs mêmes et nos peines? La joie solitaire perd la moitié de son prix; nos chagrins deviennent plus supportables lorsque nous pouvons les déposer au sein de l'amitié.

Ils ont bien mal compris le cœur humain ceux qui ont cru que cet état de solitude, d'isolement, devait faire le bonheur des hommes! Et que deviendraient dans cet état toutes les douces affections qui sont la source des plaisirs les plus purs? que deviendraient la tendresse et l'amour, le désir de l'estime et de la gloire, la bienfaisance et la pitié, et toutes les vertus sociales?

Ainsi nos facultés, nos penchans, nos besoins, tout nous invite à l'état de société; tout nous prouve que la société est l'état normal de l'homme.

Nous venons de le voir, les principes constitutifs de notre nature nous font un besoin de vivre en commun; il est donc très-rationnel de conclure que l'ordre social a pour objet le bien de tous les membres de la société, car il serait absurde de dire que notre nature nous pousse invinciblement vers ce qui n'est pas nécessaire pour notre bien-être : « L'ordre social « est donc, dit M. Portalis, fondé sur les rapports « essentiels et indestructibles qui existent entre les

Formation de la société.

« hommes. Il ne dépend pas d'une institution libre
« et arbitraire, il est commandé par la nature ; il
« garantit les droits, l'existence, la propriété, le
« bonheur de la génération présente et de toutes les
« générations à naître ; il est nécessaire à la conser-
« vation et à l'amélioration de l'espèce humaine; il
« a sa source dans la constitution de notre être, et
« il ne peut finir qu'avec elle. » (T. 2, p. 302.)

L'opinion de certains philosophes, qui ont cru que toutes les sociétés humaines avaient leur fondement dans une convention, qu'ils ont désignée par le nom de *contrat*, de *pacte social*, paraît donc entièrement erronée. Les hommes vivent ensemble, non en vertu d'une convention, mais parce que tel est le vœu de la nature, qui les a rendus sociables.

Et qu'on ne nous demande point comment une multitude d'hommes isolés se réunissent en corps de nation, si l'on ne suppose pas une convention en vertu de laquelle ils s'engagent réciproquement à remplir certains devoirs les uns envers les autres; car cette convention, qu'on suppose primitive et antérieure à toute société, repose sur des idées trop composées et trop philosophiques pour qu'on puisse la regarder comme le premier acte entre des hommes qui jusqu'alors auraient vécu dans l'isolement, et par conséquent dans l'ignorance des rapports qu'implique une réunion quelconque. Il en est des sociétés comme des arts ; la pratique a toujours précédé la théorie : on était éloquent avant qu'Aristote eût donné les règles de la rhétorique; les hommes s'étaient réunis avant qu'on eût rédigé un acte d'association. Une famille reste réunie, parce que les besoins communs en tiennent tous les membres rapprochés ; cette famille s'augmente, les nouveaux membres qui en font partie restent d'abord auprès de leurs parens, parce qu'il leur est impossible de s'en séparer ; ensuite l'habitude, la reconnaissance, des besoins nouveaux qui se développent avec l'âge, des services mutuels, tout concourt à la fixer auprès de ceux dont ils ont reçu l'existence. Voilà une société qui s'est formée sans aucune convention préalable.

« Des sauvages, dit encore M. de Portalis, vivent
« dans la même forêt, errent sur le même territoire,
« parce qu'ils y sont nés, ou que le hasard les y a
« conduits; ils y demeurent, parce qu'ils y trouvent
« à vivre. Des rapports de famille, des alliances,
« des besoins communs les rapprochent; ils prennent
« peu à peu la forme d'un peuple en se civilisant;
« leur civilisation s'opère par des progrès plus ou
« moins insensibles, plus ou moins rapides. Le sort
« des hommes en masse, comme celui des individus,
« est subordonné à une foule de circonstances et
« d'événemens qu'il est impossible de réduire en
« théorie fixe. Un peuple devient donc un peuple
« par des relations naturelles ou fortuites, par les
« habitudes des individus qui le composent, par une
« certaine succession de faits, et non par un acte
« unique et formel. » (T. 2, p. 303.)

Les hommes ne peuvent vivre ensemble sans qu'il en résulte une multitude de rapports, dont le nombre augmente à mesure que la société s'accroît elle-même; et comme tout se développe avec le temps, ces rapports, d'abord très-circonscrits, tendent tous les jours à se compliquer de plus en plus, en proportion du

Du principe de souveraineté.

grand nombre d'intérêts qui se croisent, et qui, à chaque instant, se trouvent en opposition. De là un état de confusion, dont les membres de la société sentent chaque jour le besoin de se dégager : dès-lors on prend le parti de fixer les droits de chacun, et de leur donner des garanties. Telle me paraît être l'origine des lois positives, ou, pour m'expliquer peut-être plus exactement, telle paraît être leur cause occasionelle ; car les lois ne sont que l'expression des rapports qui existent entre les hommes ; et comme les lois emportent toujours avec elles une sanction, elles ne se bornent pas à fixer les rapports qui unissent les divers membres d'une société, ni à fixer les droits de chacun : elles offrent encore une garantie à ces mêmes droits. Mais une loi suppose un législateur ; le premier caractère du législateur est la puissance, la souveraineté : où trouverons-nous ce caractère dans une société naissante? Tel est le point de vue véritable sous lequel nous devons envisager cette question, une des plus difficiles à résoudre, surtout pour ceux qui sont peu familiarisés comme nous avec les matières de droit public.

Pour résoudre ce problème, quelques publicistes ont cru être suffisamment autorisés à établir que la souveraineté émanait immédiatement de Dieu ; et ils ont donné, pour fondement à leur système, cette maxime de l'Écriture : *Tout pouvoir vient de Dieu.* Non est potestas, nisi à Deo. (Rom. 13, v. 1.)

D'autres ont cherché l'origine du pouvoir souverain dans le gouvernement des familles, dans la puissance paternelle.

Quelques uns ont cherché cette origine dans le prétendu droit du plus fort.

Le premier système, qui fait dériver la souveraineté immédiatement de Dieu, ne nous paraît pas soutenable. Quelles sont les prétentions de ceux qui l'ont avancé? Que Dieu prend certains hommes par la main, et leur dit : *C'est par moi que règnent les rois* (Prov. 8, ⅴ. 15); je vous fais les souverains des peuples, asseyez-vous sur le trône que je vous ai préparé? Ou bien voudrait-on soutenir qu'un prophète de la part de Dieu vient, comme autrefois Daniel à Nabuchodonosor, annoncer à ceux qu'il a choisis pour commander aux hommes, *que le Dieu du ciel leur a donné l'empire et le trône, et qu'il a placé toutes choses sous leur domination?* (Daniel, 2, ⅴ. 37.) Alors il ne faudra connaître, pour souverain légitime, que celui qui pourra justifier de sa mission divine, et nous montrer les titres de son élection surnaturelle. Je ne pense pas qu'il s'en trouvât beaucoup, parmi les potentats de l'Europe moderne, qui fussent, dans ce cas, les véritables représentans du pouvoir que Dieu a sur tous les hommes de la terre.

Le principe de souveraineté n'émane pas immédiatement de Dieu.

Sans doute la puissance souveraine vient de Dieu, parce que Dieu est le créateur et le conservateur de l'ordre social; mais il en est de ceci comme de toute autre chose. Les biens nous viennent tous de Dieu, parce qu'il est l'auteur primitif de tous les biens créés : cependant il serait souverainement ridicule de soutenir que Dieu est l'auteur immédiat de la fortune d'un riche négociant : dans le langage du sens commun, c'est à son industrie qu'il en est redevable; ce qui ne

veut pas dire qu'il ne doit pas en remercier la Divinité, puisque c'est d'elle qu'il tient son industrie. De même un homme peut, par ses talens ou par d'autres moyens, parvenir au pouvoir suprême; et il tiendra ce pouvoir de Dieu dans le sens qu'il en a reçu les moyens de s'élever au-dessus des autres hommes, mais non dans ce sens que Dieu l'aura expressément, et en exerçant sa puissance immédiate, constitué le chef des nations. Nous ne connaissons aucun peuple dont les magistrats aient immédiatement reçu du ciel l'importante mission de commander à leurs semblables, si nous exceptons, « dit Bos-
« suet, le peuple juif et ce qui est rapporté dans l'É-
« criture de l'empire et de l'autorité que Dieu a exer-
« cée lui-même véritablement sur les hommes au
« commencement du monde. » (Polit. sacrée, liv. 2, art. 1er, pr. 2.)

Celui qui s'obstine à ne fonder la souveraineté que sur le droit positif divin raisonne aussi mal que celui qui, voyant l'aiguille d'une montre nous indiquer l'heure du jour, prétendrait ne devoir expliquer ce phénomène que par l'intervention continuelle de l'horloger qui l'aurait fabriquée. Dieu, cause première de tout ce qui existe, pose les causes secondes et immédiates de tout ce qui arrive, et sa main ensuite se repose. Il a donné à l'homme l'instinct de la société; il laisse cet instinct agir et produire ses effets : comme il nous a donné la faculté de penser, il nous laisse à nous le soin de développer et de former ainsi nous-mêmes notre intelligence.

S'il pouvait encore rester là-dessus quelque doute, que l'on fasse attention que cette maxime, *Tout pou-*

voir vient de Dieu, entendue dans le sens que lui prêtent ceux que je combats en ce moment, ne tend à rien moins qu'à légitimer tous les gouvernemens de fait, même les usurpations les plus criminelles.

Frappés des conséquences de ce système, qui fait dériver toute autorité immédiatement de Dieu, des théologiens étrangers ont imaginé que cette autorité s'exerçait au moyen du pouvoir que les papes avaient reçu de Jésus-Christ : de là ils ont conclu que les papes avaient la souveraineté sur les rois eux-mêmes, non-seulement dans l'ordre spirituel, mais encore dans l'ordre temporel; qu'ils pouvaient délier les sujets de l'obéissance qu'ils devaient à leurs souverains, et même déposer ces derniers. Ce système, repoussé par le clergé français, est connu sous le nom d'*ultramontanisme* : nous ne nous attacherons pas à le combattre, il suffit de l'énoncer pour le réfuter; nous nous bornerons à dire que les papes n'ont aucun pouvoir, soit direct, soit indirect, sur le temporel des rois.

L'autorité paternelle ne saurait non plus rendre raison de la souveraineté, de ce principe vital sans lequel il ne peut exister de société. En effet, l'autorité d'un père ne serait tout au plus applicable qu'aux Etats monarchiques; et comment, dans cette hypothèse, gouvernerait-on les aristocraties et les démocraties? quelle serait dans ces Etats la source de la souveraineté?

D'ailleurs l'autorité paternelle s'éteint à la mort du père, mais la souveraineté dans un Etat est et doit être un principe permanent; le pouvoir du père sur ses enfans s'altère même pendant sa vie, car ce

Le principe de souveraineté n'émane pas de la puissance paternelle.

pouvoir est necessairement plus étendu lorsque les enfans ne sont pas en âge de se conduire, que lorsque le développement de leurs forces physiques et morales leur permet de se diriger eux-mêmes. Je le sais, il serait à souhaiter que les chefs des empires n'exerçassent sur leurs sujets qu'une autorité toute paternelle ; mais il ne s'ensuit pas qu'ils n'aient d'autres droits que ceux d'un père. L'exercice de ces droits peut servir de modèle aux rois, mais on ne peut pas y voir l'origine de la souveraineté.

La souveraineté n'émane pas de la force.

Quant au droit du plus fort, je ne pense pas qu'il puisse servir de fondement à une autorité légitime; autrement tous les principes du droit politique viendraient se résoudre dans les théories de la dynamique (1). Des êtres intelligens et libres ne peuvent être dirigés par des lois purement physiques, parce que ces lois peuvent bien quelquefois nécessiter nos actions, mais jamais les déterminations de notre volonté : je puis bien céder à la violence, à la force brutale; mais jamais la violence et la force ne peuvent produire une obligation morale qui me lie envers celui qui m'opprime.

Quels sont les véritables fondemens de la souveraineté?

Où trouverons-nous donc les véritables fondemens de la souveraineté dans les États ? Je réponds que les hommes ne peuvent être regardés comme formant un peuple, par cela seul qu'ils vivent dans un espace de terre renfermé dans les mêmes limites : si des besoins communs les rapprochent, des intérêts opposés peuvent les diviser. Pour qu'ils forment réellement un corps de nation, il est nécessaire qu'un lien

---

(1) De δύναμις, puissance, force ; science des forces.

commun tienne réunis tous les individus ; or ce lieu commun, quel sera-t-il, si ce n'est l'intérêt général composé de tous les intérêts particuliers ? Mais cet intérêt général, qui n'est pas seulement celui de chacun, qui n'est pas seulement celui de tous, mais qui est à la fois celui de tous et celui de chacun, comment pourra-t-il se réaliser, s'il n'existe une puissance capable de maintenir l'équilibre entre tous les intérêts individuels, et d'empêcher qu'un membre de la société n'étende ses droits au détriment des droits de son voisin ? « Voilà, dit M. de Portalis, le véritable
« principe de la souveraineté, qui n'est que le ré-
« sultat et la conséquence nécessaire de l'union des
« hommes. J'appelle donc *souveraineté* ce pouvoir
« suprême chargé de veiller au salut et au bonheur
« commun, sans l'établissement duquel aucune so-
« ciété ne pourrait exister et se maintenir, qui élève
« une réunion tumultueuse et informe à la dignité
« de nation, et qui seul donne un état aux peuples,
« dans la société générale du genre humain. » (T. 2, p. 312.)

Or, cette puissance ordonnatrice, ce pouvoir régulateur, n'étant à d'autre fin que de procurer le bien de tous, il en résulte que le peuple est le principe de toute souveraineté, qu'elle ne s'exerce que pour lui et à son profit; car on ne peut donner des lois à un peuple sans sa volonté, ou du moins sans son concours ; et il serait très-peu philosophique de soutenir que le peuple voulût concourir à ce qui serait contraire à ses intérêts. « Mais, continue M. de
« Portalis, faut-il que toujours le concours ou la
« volonté du peuple soit manifestée par des résolu-

« tions formelles, c'est-à-dire par des délibérations
« prises dans des assemblées générales? Cette théorie
« est inconciliable avec tout ce qui nous est dé-
« montré par l'expérience.

« Dans quel moment, par exemple, une nation
« s'agite-t-elle pour se donner un gouvernement?
« C'est lorsqu'elle n'en a point encore, ou que celui
« sous lequel elle vit périt par corruption et par
« vétusté. Dans le premier cas, les soins d'un in-
« stituteur sont nécessaires; et dans le second, on
« réclame souvent les conseils et les bras d'un libé-
« rateur.

« Tous les monumens historiques constatent que
« la bienfaisance, la sagesse, le courage, le talent,
« le génie, aidés de la fortune, ont été les premiers
« fondateurs des empires...... La nature n'a fait
« ni magistrats, ni princes, ni sujets, elle n'a fait
« que des hommes; mais elle a pour ainsi dire ébau-
« ché tous les gouvernemens, en faisant sentir à la
« masse des hommes le besoin d'un ordre public, et
« en donnant à quelques hommes l'aptitude et les
« qualités qui les disposent à faire le bien des
« autres. » (*Ibid.*, p. 325.)

Qu'est-ce que le gouvernement? Mais, encore une fois, une institution ne s'établit et ne peut s'établir chez un peuple sans son concours plus ou moins direct, plus ou moins immédiat. Il est certain qu'aucun homme, quelles que soient la force de son génie, son habileté, ses richesses, ne saurait avoir le droit de soumettre à ses lois les autres hommes. Nul ne peut se créer des droits à lui-même; les qualités les plus brillantes de l'esprit, l'adresse et la vigueur du corps, la fortune, etc., peuvent être des titres à la supériorité sur nos semblables, mais ne sauraient nous donner cette souveraineté qui peut leur dicter des lois. Il est donc évident que, pour être légitime, l'autorité doit s'appuyer sur l'élection libre, ou sur le consentement du peuple, qui s'en rapporte aux bonnes qualités d'un ou de plusieurs individus, pour le maintien de l'ordre public et la surveillance des intérêts généraux et particuliers. Or, cette puissance de pourvoir au bien public, que le peuple confie à des mains qu'il suppose plus habiles, n'est autre chose que la souveraineté; et l'on voit, comme nous l'avons déjà fait sentir, que la souveraineté naît avec les institutions et les formes qui en règlent l'exercice : *l'ensemble de ces formes et de ces institutions est le gouvernement.*

« Si le peuple, » (dit encore M. de Portalis, sur lequel nous nous sommes constamment appuyés dans cette question, parce que nous nous méfions de nos forces dans des matières aussi délicates), « si le
« peuple ne donne pas le premier être à ces institu-
« tions, il les consacre et les maintient par son
« adoption au moins tacite; il les prépare, il les mo-
« difie, il les abroge par la voie douce et lente de
« l'opinion et des mœurs. » (T. 2, p. 327.)

Je ne nie point que le gouvernement n'influe beaucoup sur l'opinion et sur les mœurs de la cité; mais je soutiens que les mœurs et l'opinion exercent sur le gouvernement une influence vitale ou mortelle, suivant qu'il marche d'accord avec cette opinion toute puissante, ou qu'il se met en opposition avec elle. Dans ce dernier cas, il y a guerre entre la masse des individus qui compose le peuple, et cette fraction de la société qui constitue le gouvernement. Le résultat d'une telle lutte ne serait pas difficile à voir : quand bien même nous n'aurions pas à cet égard les leçons de l'expérience, quelle est la volonté particulière qui pourrait résister au choc terrible de la volonté générale? Dans tous les gouvernemens possibles, on découvre le besoin qu'ont les dépositaires de l'autorité de respecter certaines pratiques, de se plier à l'exigence des temps, de se conformer aux dispositions de la masse; et c'est dans ce sens qu'on peut dire que tout vient originairement du peuple, et que c'est par lui que tout continue d'exister.

Mais il est faux de dire que la souveraineté appartient au peuple exclusivement. Nous l'avons vu, il n'y a point de souveraineté avant que la société ne soit constituée, « et la société une fois constituée, la « part que le peuple prend à l'exercice de la puis- « sance publique n'est qu'une institution; la portion « de souveraineté qu'il exerce par ses délibérations ou « par ses choix lui est déléguée, comme au prince ou « au sénat, qui l'exercent concurremment avec lui: « il n'est alors qu'une autorité constituée comme les « autres, il n'y a plus que des individus dans la so- « ciété comme dans la nature. » (T. 2, p. 323.)

Différentes espèces de gouvernemens.

Nous avons vu que les formes qui règlent l'exercice de la puissance publique étaient le gouvernement. Or, la puissance s'exerce de plusieurs manières; de là plusieurs sortes de gouvernemens.

Le gouvernement est dit monarchique ou républicain, suivant que l'autorité souveraine est entre les mains d'un seul homme, comme en France, en Autriche; ou bien entre les mains de plusieurs personnes, comme dans les États-Unis et en Suisse.

Le gouvernement monarchique s'appelle despotique quand le souverain est maître absolu de la vie et des biens de ses sujets, et ne reconnaît d'autres lois que sa volonté, comme en Turquie. Si l'autorité se montre sous des formes plus tempérées, mais cependant qu'elle reste concentrée tout entière dans les mains d'un seul homme, comme en Autriche, on dit que c'est un gouvernement monarchique absolu. Enfin si l'autorité se partage entre plusieurs membres, comme en France, où la Chambre des Députés des départemens et la Chambre des Pairs concourent avec le Roi à la formation des lois, on dit que c'est une monarchie constitutionnelle.

Les gouvernemens républicains sont dits aristocratiques, lorsque la souveraine puissance est entre les mains d'une partie du peuple; on les nomme démocratiques, lorsque le peuple en corps a la souveraine puissance (1).

Ces diverses formes de gouvernemens offrent, chacune séparément, des avantages et des inconvéniens inséparables de toutes les institutions humaines.

Ainsi le gouvernement républicain, plus populaire que le gouvernement monarchique, laisse beaucoup plus de liberté à chaque membre de la société, et rend les fardeaux que nous imposent les besoins de

Désavantages et dangers d'une république.

---

(1) *Démocratie* vient du grec δῆμος, peuple, et κράτος, force, puissance; puissance du peuple.—*Aristocratie*, de ἄριστος, très-bon, ce qu'il y a de mieux; puissance des hommes de bien.—*Monarchie*, de μόνος, seul, et ἀρχή, domination; empire d'un seul.

l'État moins pénibles à supporter, parce que chaque membre participe d'une manière plus directe à l'administration, et que c'est, pour ainsi dire, lui-même qui se condamne volontairement aux sacrifices que cette administration exige. Mais, outre que ce gouvernement paraît ne pouvoir convenir aux grands États, comme Rousseau lui-même en convient, lui qui en était l'admirateur enthousiaste, on peut dire avec raison qu'il n'offre pas assez de garanties à la sûreté publique. Ce gouvernement, fait plutôt pour des anges que pour des hommes, entraînerait infailliblement les plus violens orages et les plus grands dangers, si la pureté des mœurs publiques et privées n'y servait de digue contre les tentatives factieuses des intrigans et des ambitieux, qui pourraient abuser de la part d'influence que leur laisseraient les institutions pour renverser ces mêmes institutions, et établir une autorité toute despotique sur les ruines de la liberté générale. Ceci n'est point une vaine théorie : l'histoire est là pour l'appuyer de ses terribles leçons. Tous les gouvernemens démocratiques, après des troubles continuels, au milieu des grandes secousses causées par l'ambition de quelques citoyens, se sont évanouis pour faire place à des institutions ordinairement très-peu populaires. Heureuses les nations qui, en sortant de ces agitations politiques, ont rencontré des monarques, ou plutôt des maîtres humains, qui n'ont pas oublié que leurs sujets étaient, comme eux, des hommes !

<small>Désavantages et dangers d'un gouvernement absolu, et du despotisme.</small> Le gouvernement monarchique, lorsqu'il est absolu, offre des avantages que n'ont pas les républiques, mais il a aussi ses inconvéniens et ses dangers : dans

un pareil gouvernement, l'autorité est toute dans les mains d'un seul. « Or, s'il est vrai, dit Montesquieu, « qu'à mesure que le pouvoir du monarque devient « immense, sa sûreté diminue » (liv. VIII, c. VII), que n'a-t-on pas à craindre dans un état de choses où tout vient se concentrer dans un seul individu, où le souverain, par la force des institutions, appelle tout à lui? N'a-t-on pas à redouter que le prince ne méconnaisse son autorité, sa situation, l'amour de ses peuples, et que son gouvernement ne tombe ainsi dans le despotisme? Alors l'esclavage et la servitude seront le partage exclusif des sujets; l'arbitraire exercera ses ravages dans tous les rangs de la société, et l'arbitraire est une contradiction à la fin de toute autorité légitime.

« La plupart des peuples d'Europe sont encore « gouvernés par les mœurs : mais si, par un long « abus du pouvoir; si, par une grande conquête, le « despotisme s'établissait à un certain point, il n'y « aurait pas de mœurs ni de climat qui tinssent; « et, dans cette belle partie du monde, la nature « humaine souffrirait, au moins pour un temps, les « insultes qu'on lui fait dans les trois autres. » (Esprit des Lois, liv. VIII, c. IX.)

L'indépendance et la servitude sont les deux extrêmes entre lesquels peut se trouver la sûreté des États qui ne jouissent point, il est vrai, d'une liberté indéterminée et sans bornes, et qui est toujours dangereuse, mais qui ne sont pas non plus avilis et dégradés par l'esclavage, toujours honteux pour l'humanité, et qui n'offre pas des dangers moins considérables. Oui, entre la servitude et l'indépendance

Avantages d'une monarchie constitutionnelle.

absolue, se trouve un milieu qui peut être rempli par les combinaisons différentes des élémens qui constituent la véritable liberté; et ce sont ces combinaisons que doivent étudier les législateurs chargés de donner des institutions à leurs semblables. Ce fut de ces combinaisons que Louis XVIII, restaurateur de la monarchie française, sut faire sortir les bases de notre droit public, cette Charte qui assure à tous les Français la liberté personnelle, la jouissance des propriétés, l'exercice d'une honorable industrie, la garantie de tous les droits civils et politiques, une barrière légale contre les excès du pouvoir et les abus de l'autorité, et qui, après tant de garanties dues à la nation, doit renfermer tout ce qui est nécessaire pour la défense du trône contre les excès de la liberté, qui mènent à l'anarchie. Sous un gouvernement constitutionnel, le monarque est le modérateur de tous les pouvoirs politiques; il est au-dessus des passions, et n'a d'autre intérêt que le bien-être de ses sujets. Avec tous les moyens de faire le bien, il est impuissant pour faire le mal; et les garanties qui environnent le trône sont de nouveaux gages de la durée de l'édifice social.

Devoirs de l'homme envers ses semblables.

De la nécessité de la société dérivent les devoirs de l'homme envers ses semblables.

On divise généralement en deux classes tous les devoirs de la société. Les uns sont des devoirs primitifs et absolus, et les autres des devoirs dérivés ou conditionnels.

Les devoirs primitifs ou absolus sont ceux qui sont une suite nécessaire de la constitution naturelle et primitive de l'homme, telle que Dieu lui-même l'a établie, et qui ne supposent rien de plus; en sorte que tout homme, par cela seul qu'il est homme, est obligé de les pratiquer envers tout autre.

Les devoirs dérivés ou conditionnels sont ceux qui, supposant quelque fait ou quelque établissement humain, n'obligent qu'en certaines circonstances, et par rapport à certaines personnes.

Appuyons cette distinction sur un exemple : Un malheureux tombe dans l'eau, il va périr ; il est du devoir de tous ceux qui le voient de le secourir autant qu'il est en leur pouvoir ; c'est ici une obligation primitive et absolue. Un de nos amis devient père, il est tenu de fournir à la subsistance de son enfant, il doit veiller à son bien-être ; c'est un devoir qui dérive du fait de la paternité, il est conditionnel, et ne saurait être une obligation pour ceux qui n'ont point d'enfans.

Tous les devoirs primitifs et absolus sont compris dans les deux maximes suivantes : *Devoirs primitifs ou absolus.*

1° Ne faites pas à autrui ce que vous ne voudriez pas qui vous fût fait ;

2° Faites pour autrui ce que vous voudriez qu'on fît pour vous-même.

Cette double obligation est absolue et générale ; elle est une conséquence de l'égalité naturelle. En effet, les hommes étant naturellement égaux et libres, n'ont le droit de rien se demander les uns aux autres, qu'autant qu'ils se rendent des valeurs égales ; et par la même raison ils ne peuvent nuire aux autres sans leur donner le droit de leur nuire à leur tour : ainsi en attaquant les autres, en portant atteinte à leur existence, nous portons atteinte à la nôtre par l'effet de la réciprocité; au contraire, en faisant du bien à autrui, nous avons lieu et droit d'en attendre l'échange, l'équivalent; et tel est le caractère de toutes les vertus sociales d'être utiles à l'homme qui les pratique, par le droit de réciprocité qu'elles lui donnent sur ceux à qui elles ont profité. J'observerai de plus que Dieu, auteur de la société, puisque c'est lui qui nous a faits sociables, veut et demande de nous cet échange de secours, ce respect pour l'existence d'autrui, sans lesquels la société ne pourrait se maintenir, et par conséquent qu'il récompensera ceux qui se seront conformés à sa volonté suprême, et qu'il punira ceux qui l'auront méconnue. C'est donc encore sous ce point de vue que nous sommes tenus de faire du bien à nos semblables, et d'éviter tout ce qui peut leur nuire.

Et voilà que la justice et la charité viennent se confondre dans l'amour de Dieu, car celui qui l'aime observe ses commandemens; ainsi l'Évangile, en nous disant que le précepte de l'amour de Dieu renfermait toute la loi et tous les préceptes, n'a fait qu'énoncer les préceptes de la loi naturelle.

Il ne faudrait pas pour cela confondre la charité avec la justice : on ne peut pas être charitable en cessant d'être juste, mais on peut être juste en cessant d'être charitable. La justice consiste *à ne pas faire à autrui le mal qu'on ne voudrait pas qu'il nous fît;* et le caractère de la charité et de l'amour du prochain est : *qu'il faut faire à autrui le bien qu'on en voudrait recevoir;* mais l'une et l'autre n'en est pas moins obligatoire pour tous les hommes. Je veux bien que ce ne soit pas au même titre; mais enfin ils ne sont pas moins tenus, par leur nature, d'accomplir les devoirs que leur prescrivent l'humanité, la piété, l'amour du prochain, que ceux qui leur sont commandés par la justice.

Aussi jamais je n'ai rien compris à la distinction que font certains philosophes des préceptes négatifs et des préceptes positifs des devoirs imparfaits et des devoirs parfaits. Cette distinction répond assez bien au but de la législation civile, qui est d'empêcher le mal, et de procurer par là le bien de la société. Mais elle ne peut être admise dans la législation naturelle, dont le but n'est pas seulement de s'opposer à ce que les hommes se nuisent réciproquement, mais aussi de les rendre sociables, ou, si on l'aime mieux, de les rendre vertueux.

Et qu'on ne me dise point que l'homme est toujours tenu d'être juste, mais qu'il n'est pas toujours tenu d'être bienfaisant : il est, suivant nous, tenu d'être juste toutes les fois que l'occasion s'en présente, comme il est tenu d'être bienfaisant toutes les fois qu'il le peut. Les devoirs de l'humanité ne sont pas moins sacrés que ceux de la justice. Le but de la morale est le perfectionnement de l'homme; or, on peut être juste, et cependant être un homme bien imparfait (1).

---

(1) On appelle devoirs parfaits ceux dont la pratique est absolument nécessaire à la conservation du genre humain et au maintien de la société ; et devoirs imparfaits ceux qui ne sont pas indispensables pour le maintien de l'ordre social, dont la pratique cependant rend la société plus commode et plus avanta-

Devoirs dérivés ou conditionnels.

Outre ces devoirs généraux ou absolus, l'homme a encore d'autres devoirs à remplir, qui sont subordonnés à sa position sociale : ce sont les devoirs dérivés et conditionnels, dont nous avons déjà parlé. Dans la société, l'homme peut être considéré ou comme membre de la cité, ou comme membre d'une famille.

Devoirs de citoyen.

Dans le premier cas, il a des devoirs de citoyen à remplir ; et ces devoirs, on peut tous les ramener à l'obéissance aux lois. Cette obéissance, personne ne saurait s'y soustraire sans manquer aux premiers préceptes de la morale ; c'est ce qu'a voulu nous faire comprendre le législateur, lorsque dans la Charte constitutionnelle, il a posé comme maxime fondamentale, que *tous les Français étaient égaux devant la loi.* Oui, la loi est comme la Divinité : à ses yeux il n'y a d'exception pour personne ; elle sert également de frein aux passions des grands comme à celles du peuple ; elle est une garantie pour le faible contre le puissant.

Devoirs domestiques.

Comme membre d'une famille, l'homme est fils, époux, père, frère, maître ou serviteur.

Or, selon ces différentes situations ou qualités, il a différentes obligations à remplir. Bornons-nous à rappeler ici seulement les plus importantes.

Devoirs des époux.

La différence des sexes a pour but la reproduction des espèces : le mariage est donc le vœu de la nature. Mais à quelles conditions ce vœu pourra-t-il être rempli ? Les voici : L'homme et la femme doivent

---

geuse. Pour les préceptes positifs et négatifs, nous en avons parlé dans une autre circonstance.

s'unir par des liens durables et constans, pour donner à d'autres êtres l'existence ; sans quoi le vœu de la nature serait trompé.

Le lien des époux est indissoluble, parce qu'il ne pourrait être rompu que par le concours des volontés qui l'ont formé ; or ces volontés sont non-seulement celles des époux, mais encore celle de l'État, qui attend d'eux des citoyens, et celle de Dieu, qui a reçu leurs sermens. D'ailleurs, puisque la nature oblige les deux époux de concourir à l'éducation de leurs enfans communs, leur union doit être durable et non passagère ; et, par un échange d'attentions et de soins mutuels, ils doivent s'efforcer de rendre cette union heureuse et agréable. Ils ne doivent rien se permettre de ce qui pourrait troubler la paix et la tranquillité du ménage, s'aimer, être fidèles à l'engagement qu'ils ont contracté, user l'un envers l'autre d'une complaisance et d'une bonté réciproque : telles sont les obligations du mari et de la femme. L'homme ayant des titres de supériorité incontestables, c'est à lui qu'appartient le commandement ; la femme lui doit respect et soumission : mais l'homme est dans l'obligation de rendre son autorité aimable en n'en abusant jamais, et en la partageant, autant qu'il le pourra faire convenablement, avec la compagne qu'il s'est choisie.

À ce premier état, qu'on appelle union conjugale, succède celui que l'on nomme la paternité, et où de nouvelles obligations attendent les deux époux. C'est pour eux un devoir d'élever leurs enfans d'une manière conforme à leur position et à leur rang ; de fournir à leur subsistance et à leur entretien jusqu'à

Devoirs des pères.

ce qu'ils soient en état d'y pourvoir par eux-mêmes. A mesure que leur corps prend des forces, ils doivent accoutumer leur esprit au travail, à la réflexion, former leur cœur à l'amour du bien et à la pratique de la vertu : s'ils ne peuvent s'acquitter eux-mêmes de ces devoirs importans, ils doivent les confier à des maîtres sûrs, qui se chargeront de ce soin pour eux.

Ceux qui en agissent ainsi avec leurs enfans se procurent, pendant le cours de leur vie, des jouissances et des secours qui se font sentir à chaque instant; ils assurent à leurs vieux ans des consolations, et un appui contre les besoins et les calamités de tout genre qui affligent cet âge.

Devoirs des enfans. — Les enfans, de leur côté, doivent à leurs parens le respect et l'amour, la docilité et l'obéissance; car, par la volonté de Dieu même et la nature des choses, leurs parens sont leurs supérieurs légitimes. D'ailleurs la justice exige de leur part un retour et une indemnité des soins et des peines qu'ils leur ont causées. De plus, s'ils les traitent mal, ils donneront à leurs propres enfans des exemples de révolte et d'ingratitude, qui les autoriseraient un jour à leur rendre la pareille. Néanmoins cette soumission ne doit pas être passive et aveugle, mais une soumission raisonnable fondée sur la connaissance de nos devoirs; en sorte qu'elle ne doit s'étendre qu'à ce qui est autorisé par les règles de la morale.

Devoirs de fraternité. — Comme frères, et comme enfans du même père et de la même mère, les hommes ont aussi certains devoirs particuliers à remplir : et qu'y a-t-il de plus conforme aux lois de la nature que de voir des hommes, entre lesquels elle a établi des rapports intimes, cultiver et entretenir cette amitié dont la naissance a jeté les premiers fondemens, en les rapprochant par les liens du sang, et des habitudes amicales que le besoin continuel que des frères ont les uns des autres les force à contracter? Du reste, le bonheur des hommes est la dernière fin que la nature a eu en vue en les appelant à l'existence. Or, la concorde et l'union qui résultent de l'amour fraternel établissent la force, la sûreté et la conservation des familles; les frères unis se défendent mutuellement de toute oppression, ils s'aident dans leurs besoins, se secourent dans leurs infortunes, et assurent ainsi leur félicité; tandis que des frères désunis, abandonnés chacun à leurs forces personnelles, tombent dans tous les inconveniens de l'isolement et de la faiblesse individuelle.

Enfin à tous ces états il faut ajouter celui qui résulte des rapports du maître et du serviteur. La différence des esprits et des capacités a engendré naturellement la différence des conditions, et l'égalité primitive a disparu par la force même des choses. Une partie du genre humain s'est trouvée peu à peu bien au-dessous de l'autre partie, qui, plus industrieuse ou plus économe, s'est enrichie de tout ce qu'avaient perdu ceux qui, par leur incapacité ou par leur peu de prévoyance et d'économie, ont été forcés de venir leur demander des moyens d'existence qu'ils ne pouvaient plus se procurer par eux-mêmes, et qui, en échange des bienfaits qu'ils en recevaient, leur ont fait le sacrifice d'une partie de leur liberté. De là deux états différens, mais corrélatifs, celui de maître et de serviteur. Or ces deux états ont aussi leurs devoirs respectifs, car ils sont la suite d'une espèce de con-

Devoirs des maîtres et des domestiques.

trat par lequel les deux parties contractantes s'obligent mutuellement à faire tout ce qui peut leur être utile; et là commencent les rapports de cette espèce de société, car la règle et la mesure des actions respectives et réciproques est l'équilibre entre le service et la récompense, entre ce que l'un rend et ce que l'autre donne; ce qui est la base fondamentale de toute société. D'où l'on doit inférer que les devoirs du maître sont de commander avec douceur à ses serviteurs; de ne jamais ajouter, par des procédés injustes ou des manières acerbes, à ce que leur condition a de pénible; de les faire soigner dans leurs maladies; de ne jamais retenir leur salaire : il doit de plus les instruire de leurs principales obligations, et surveiller leur conduite.

De son côté, le serviteur est obligé de servir son maître avec zèle et fidélité; de lui obéir en ce qui est juste, ponctuellement, sans humeur, sans réplique; de veiller à ses intérêts, et de les défendre dans toutes les occasions; de respecter toutes les personnes qui lui sont chères; de ne pas trahir ses secrets s'ils sont à sa connaissance; en un mot, de lui rendre tous les services auxquels il s'est engagé.

D'après ce que nous avons dit, il est aisé de voir que l'accomplissement de tous les devoirs sociaux aboutit plus ou moins directement à l'amélioration, à la conservation et au bonheur de l'homme; bonheur incertain, il est vrai, dans ce monde, mais immanquable dans une autre vie pour celui qui ne se sera jamais écarté des leçons de la morale, qui, à tout prendre, a, comme la religion, des promesses de félicité pour la vie actuelle et pour la vie à venir.

Art. III.

Des devoirs de l'homme, considéré dans ses rapports avec lui-même (1).

L'homme est une intelligence servie par des organes : composé de deux substances, l'une spirituelle, l'autre matérielle, il a des facultés à développer et des organes à conserver. Ses devoirs envers lui-même sont donc de deux sortes, les uns relatifs à l'ame, les autres au corps.

Le premier de tous nos devoirs, celui qui domine tous les autres, est de veiller à notre conservation. En effet, pour pouvoir s'acquitter de tous les autres, on conçoit facilement qu'il faut toujours commencer par remplir celui-là ; et, du moment où nous abandonnerions le soin de notre conservation, nous abandonnerions tous nos autres devoirs, puisque, hors de l'existence, il n'y a plus de devoirs possibles. De là dérivent tous les devoirs individuels qui ont rapport à notre existence matérielle.

Devoirs de l'homme envers son corps.

Le premier, c'est la tempérance, qui comprend la sobriété et la chasteté.

De la tempérance.

La première de ces deux vertus exerce une puissante influence sur notre santé. Chez l'homme sobre toutes les fonctions animales se font avec facilité, il digère sans peine, il n'est pas accablé du poids des aliments, les excès ne dérangent jamais chez lui l'é-

---

(1) Dans tout cet article, j'ai beaucoup emprunté à un ouvrage dont je suis bien éloigné de partager tous les principes.

quilibre des humeurs, il vieillit exempt de maladies : tandis que l'homme qui n'use pas de modération dans les alimens digère avec peine; sa tête est souvent troublée par les fumées de la digestion; il se livre avec violence à des mouvemens déréglés de luxure et de colère qui nuisent à sa santé; son corps devient gras, pesant, et impropre au travail; il essuie des maladies douloureuses; il vit rarement vieux, et sa vieillesse est remplie de dégoûts et d'infirmités.

La continence, qui n'est qu'une espèce de sobriété, n'a pas des résultats moins heureux; et le libertinage, qui est le vice opposé à cette vertu, n'entraîne pas des suites moins fâcheuses que l'intempérance. L'homme qui s'y livre s'énerve, s'élanguit; décrépit avant le temps, il porte, dans l'âge vigoureux de la jeunesse, toute la caducité de la vieillesse; ses intrigues lui causent des embarras, des soucis, des querelles, sans compter des maladies graves et profondes, la perte de ses forces, qui sont dévorées par un poison intérieur et lent, et l'hébétude de son esprit, causée par l'épuisement du genre nerveux.

Du travail. Un autre devoir qui concerne notre corps, c'est l'activité, le travail : ce n'est que par l'activité que nos facultés physiques peuvent se développer et se fortifier. Si une fatigue trop grande peut nuire à notre santé, une inaction trop prolongée ne lui est pas moins défavorable. Du reste, la nature ne nous a doués de nos divers organes matériels que pour que nous en fissions usage. De plus, celui qui ne travaille point ne peut par lui-même pourvoir à sa subsistance; la pauvreté et tous les inconvéniens qu'elle traîne à sa suite ne tarderont pas à l'assiéger. Ajoutez à cela que, par l'effet de la paresse, l'homme, dévoré d'ennuis, se livre, pour les dissiper, à tous les désirs de ses sens, qui, prenant de jour en jour plus d'empire, le rendent intempérant, gourmand, luxurieux, énervé, lâche, vil et méprisable; et la suite inévitable de tous ces vices est la ruine de sa fortune et de sa santé, et une vie qui s'écoule dans les angoisses et les maladies. C'est ainsi que se justifie cette maxime, que la paresse est la mère de beaucoup de vices: *Multam malitiam docuit otiositas*.

L'homme, au contraire, laborieux et actif entretient sa santé par l'exercice; il est à l'abri des ennuis et des dégoûts; son travail lui procure non-seulement une honnête subsistance, mais encore toutes les douceurs que l'on peut avoir dans cette vie : son activité même est la sauve-garde de ses autres vertus; car, tandis qu'il occupe son esprit et son corps, il n'est point affecté de désirs déréglés, il contracte des habitudes heureuses, et, à travers des jours pleins aux yeux des hommes et aux yeux de Dieu, il parvient à une vieillesse paisible, exempte de remords et de regrets.

A ces devoirs, tous renfermés dans l'ordre physique, nous ajouterons celui de la propreté. Elle influe beaucoup sur la santé du corps et sa conservation. La propreté, tant dans les vêtemens que dans la maison, empêche les effets pernicieux de l'humidité, des mauvaises odeurs, des miasmes contagieux qui s'élèvent de toutes les choses abandonnées à la putréfaction : la propreté entretient la libre transpiration; elle renouvelle l'air, rafraîchit le sang, et porte l'alégresse même dans l'esprit.

De la propreté.

Aussi voit-on que les personnes soigneuses de la propreté de leur corps et de leur habitation sont en général plus saines, moins exposées aux maladies que celles qui vivent dans la crasse et dans l'ordure ; et l'on remarque de plus que la propreté entraîne avec elle, dans tout le régime domestique, des habitudes d'ordre et d'arrangement qui sont l'un des premiers moyens et des premiers élémens du bonheur ici-bas.

Des devoirs de l'homme envers son ame. — Tout ce que nous venons de dire est bien propre à nous faire comprendre combien nous sommes intéressés à remplir tous les devoirs qui concernent notre corps ; mais ne perdons pas de vue que ce n'est point la conservation de cette enveloppe matérielle qui est la fin unique de notre existence : la perfection de nos facultés intellectuelles et morales, tel est le but digne de l'homme, celui auquel il doit toujours s'efforcer de parvenir. Or, comme nos facultés intellectuelles et morales entrent en exercice avec plus d'aisance et d'avantage quand le corps est sain et que les organes ne sont point altérés, il est évident que ce n'est point seulement pour le corps que nous travaillons lorsque nous veillons à sa conservation, mais bien plutôt pour l'avantage de notre ame, dont les organes matériels ne sont que les instrumens et les serviteurs. « Plus le « corps est faible, dit Rousseau, plus il commande ; « plus il est fort, plus il obéit. Toutes les passions « sensuelles logent dans des corps efféminés : ils s'en « irritent d'autant plus, qu'ils peuvent moins les satis- « faire. » (Émile, livre I.)

Les devoirs de l'homme à l'égard de son ame ont deux objets, l'entendement et la volonté. L'objet propre de l'entendement est de connaître, celui de la volonté est d'aimer : par l'un, l'ame est un être intelligent ; par l'autre, elle est un être moral. Par l'entendement nous marchons à la science ; par la volonté nous devenons vertueux : or la science et la vertu sont les deux biens les plus précieux, à la possession desquels l'homme fut appelé par l'auteur de la nature.

Nous devons donc travailler à nous instruire, d'abord pour nous conformer à la volonté de Dieu, qui ne nous a point doués de nos facultés intellectuelles pour que nous les laissions oisives ; ensuite pour notre avantage, car, après la vertu, l'intelligence est le plus bel apanage de l'homme : c'est par son intelligence qu'il s'élève au-dessus des autres animaux, qu'il se rapproche de la Divinité, qu'il apprend à connaître son auteur et les rapports qui l'unissent à lui ; c'est son intelligence qui en fait un être libre et moral. La science, j'en conviens, à elle seule ne fait pas la vertu ; elle ne fait pas toute la dignité de l'espèce humaine, mais elle en est la condition essentielle.

Devoirs qui concernent l'entendement

« L'homme n'est qu'un roseau, le plus faible de la
« nature ; mais c'est un roseau pensant. Il ne faut
« pas que l'univers entier s'arme pour l'écraser ; une
« vapeur, une goutte d'eau suffit pour le tuer : mais
« quand l'univers l'écraserait, l'homme serait encore
« plus noble que ce qui le tue, parce qu'il sait qu'il
« meurt ; et l'avantage que l'univers a sur lui, l'uni-
« vers n'en sait rien.

« Ainsi toute notre dignité consiste dans la pensée :
« c'est de là qu'il faut nous relever, non de l'espace
« et de la durée. Travaillons donc à bien penser,
« voilà le principe de la morale. » (Pascal, Pensées, pag. 237.)

Ce fut sans doute par la considération de ce rapport intime qui existe entre la science et la vertu que les peuples anciens n'avaient qu'un seul mot pour les exprimer, *la sagesse*. Pourquoi ces deux mots ne sont-ils plus synonymes? Dans les langues modernes, il y a une différence du savant au sage : le savant connaît, et le sage pratique; mais on ne peut pratiquer que ce qui est à notre connaissance : donc sans intelligence point de sagesse.

Et si de ces points de vue élevés, sous lesquels on peut considérer la science, nous descendons à des considérations qui touchent à des intérêts d'un ordre inférieur, mais non moins essentiels, nous dirons que l'homme savant, qui connaît les causes et les effets des choses, pourvoit d'une manière étendue et certaine à sa conservation; la science est pour lui l'œil et la lumière qui lui font discerner avec justesse et clarté tous les objets au milieu desquels il se meut. Avec la science et l'instruction on a sans cesse des ressources et des moyens de subsister; et voilà pourquoi un philosophe, qui avait fait naufrage, disait, au milieu de ses compagnons qui se désolaient de la perte de leurs fonds : Pour moi, je porte tous mes fonds avec moi : *Omnia mecum porto*.

Mais l'ignorant qui ne connaît rien commet à chaque instant les erreurs les plus pernicieuses à lui et aux autres; c'est un aveugle qui marche à tâtons, et qui à chaque pas est heurté, ou heurte ceux qui l'entourent.

Devoirs qui concernent la volonté.

Ce n'est pas tout de travailler à s'instruire, il faut encore travailler à se rendre meilleur. C'est un devoir pour nous de perfectionner nos facultés morales, comme c'en est un de perfectionner nos facultés intellectuelles : et qu'y a-t-il de préférable à la vertu, qui est la conséquence naturelle du bon emploi de notre raison ? Par la vertu plus que par toute autre chose, l'homme se rapproche de la Divinité ; car la Divinité c'est la perfection infinie, et la vertu est le plus haut point de perfection auquel l'homme puisse atteindre. Par la vertu, l'homme tend directement à sa fin; car sa fin est le bonheur, et la vertu est le moyen le plus sûr pour y parvenir. De là l'obligation de nous appliquer à la contemplation de la loi, de prémunir notre ame contre tous les écarts où pourraient l'entraîner les passions, de fuir tout ce qui peut nous porter au mal, nous détourner de l'accomplissement de nos devoirs, ou diminuer en nous l'amour de la vertu et le sentiment du bien.

On a demandé quel était le fondement de tous nos devoirs? La réponse est facile : Les devoirs de l'homme envers lui-même sont fondés sur la nature même de l'homme. Appelé au bonheur par le Dieu qui l'a créé, il a reçu de lui des facultés susceptibles d'être développées et perfectionnées, et qu'il doit cultiver autant qu'il est en lui, pour ne pas tromper sa destination.

Fondemens de nos devoirs.

Pour nos devoirs domestiques, ils ont leur fondement dans la nature même des rapports qui les font naître, dans le but de la société domestique, dans les moyens d'arriver à ce but, qui n'est que la conservation et le bonheur de tous les membres de la famille : l'union des époux dérive de la nécessité de perpétuer l'espèce; mais la bonté de Dieu a voulu que cette nécessité fût pour l'homme et sa compagne une source de bonheur, que les passions seules peuvent empoisonner. L'amour paternel, la piété filiale tendent évidemment à un échange de procédés et de secours mutuels, dont doit découler le bonheur des enfans, et celui du père et de la mère. La société volontaire qui existe entre le maître et le serviteur a encore pour objet l'avantage de l'un et de l'autre.

Quant à nos obligations sociales, il est évident que puisque la société dérive du besoin que les hommes ont de leurs semblables, les obligations qu'elle nous impose doivent tourner à l'utilité de la société et des individus.

Ainsi toutes les vertus individuelles, domestiques et sociales se rapportent plus ou moins médiatement, mais toujours avec certitude, à l'amélioration du sort de l'homme, à son perfectionnement physique et moral, et sont par là des préceptes résultant de la loi fondamentale de la nature dans sa formation. J'ajouterai que cette loi est une émanation de la volonté du Créateur; que par conséquent celui qui remplit tous ses devoirs se conforme à sa volonté suprême ; qu'il mérite ainsi les récompenses, et évite les châtimens réservés dans une autre vie, comme la sanction de la loi naturelle et de la loi positive divine.

Conclusion.

La nature a mis en nous le désir du bonheur, elle nous a donné des facultés comme moyens d'y atteindre ; elle a voulu que le bonheur de tous les hommes ne fût point un bonheur solitaire, mais qu'il dépendît du bonheur général, et que l'avantage de chacun se trouvât dans l'avantage de tous. De là cette conséquence que nous ne sommes heureux qu'autant que nous observons les règles établies par la nature dans le but de notre félicité ; que tout ce qui s'écarte de ce but est un crime ; que tout ce qui nous en rapproche est une vertu ; que nous portons en nous le germe de toute perfection, et que toute vertu consiste dans la pratique de cet axiome : *Travaillez à votre perfectionnement.*

Ce qui revient à cette définition, que la vertu est un désir constant de rendre toutes nos pensées, toutes nos actions conformes aux lois divines et humaines, et à celle-ci plus belle et plus simple : La vertu consiste à *aimer Dieu par dessus toutes choses, et le prochain comme nous-mêmes ;* et si nous voulons simplifier encore, nous dirons : *Vous serez vertueux, si vous immolez vos passions à la raison ;* ou bien : La vertu, c'est l'*amour de Dieu ;* et comme le bonheur est nécessairement lié à la vertu, nous pourrons dire : *Vous serez heureux si vous aimez Dieu, votre créateur et celui de la nature,* car alors vous vous conformerez aux lois qu'il a établies. *Voilà toute la morale.*

Définition de la vertu.

Appendix.

Comme il est d'usage, dans tous les cours de philosophie, de traiter les deux questions du suicide et du duel, nous les placerons comme une espèce d'appendix.

Commençons par le suicide. C'est l'acte par lequel un homme se donne volontairement la mort ; c'est le meurtre de soi, *sui cædes.*

Du suicide.

Quelques philosophes de l'antiquité pensaient que l'homme peut se donner la mort quand il le juge convenable, et surtout quand il est accablé par les revers et par la douleur. Telle était la doctrine des stoïciens : Caton l'a confirmée par son exemple.

Une pareille opinion est inadmissible en bonne morale. Dans quelque position qu'on se trouve, le suicide ne saurait être permis : en voici les raisons.

L'homme ne s'est pas créé lui-même, il tient son existence de la Divinité; il n'est donc pas le maître absolu de cette existence, elle dépend de la volonté de l'auteur de notre être; lui seul peut en disposer, parce que lui seul est le maître de notre vie en sa qualité de créateur; c'est lui qui en a fixé le commencement, c'est lui seul qui doit en fixer la fin. S'ôter l'existence, c'est s'arroger un pouvoir qui n'appartient qu'à celui dont nous la tenons, c'est résister à sa volonté et enfreindre ses ordres : il nous a assigné une place dans l'univers, nous devons la garder jusqu'à ce qu'il lui plaise de nous en retirer, quelque triste que soit notre position. Le serviteur doit rester au poste où l'a placé son maître; il manque à son devoir s'il l'abandonne, sous prétexte qu'il est trop périlleux.

L'homme n'est pas né pour lui seul, il vit dans une société à laquelle il tient par une foule de liens puissans et sacrés, qu'il ne saurait briser sans crime. Tout ce qu'il est, tout ce qu'il possède, il le doit à la société après Dieu; il a donc de grandes obligations à remplir pour reconnaître les avantages immenses qu'elle lui procure. De quel droit se soustrairait-il à ces obligations par une mort volontaire? N'est-ce pas se rendre coupable envers elle que de la priver d'un membre qui peut toujours lui être utile, et de s'affranchir ainsi des devoirs qu'elle nous impose?

Enfin celui qui se donne volontairement la mort manque à la plus sacrée de ses obligations naturelles. Notre premier devoir est celui de notre conservation; nous sommes tenus de faire tout pour assurer et soutenir notre existence : comment pourrait-il nous être permis de la rompre et de la détruire ? Du reste, le bonheur est la fin de l'homme; en se donnant la mort, qui est ici-bas le dernier des maux, il s'éloigne donc de sa fin, il se dépouille en quelque sorte de sa nature.

Voilà pourquoi tous les peuples ont eu le suicide en horreur, et l'ont toujours considéré comme un crime. Les païens avaient, dans leur Tartare, un lieu de supplice pour ceux qui s'étaient donné la mort :

Proxima deindè tenent mœsti loca, qui sibi lethum
Insontes peperere manu, lucemque perosi
Projecere animas. Quàm vellent œthere in alto
Nunc et pauperiem et duros perferre labores (1)!
(ÆNEID, lib. VI.)

Les Juifs privaient de la sépulture les corps des suicidés, et les Grecs les livraient aux mains du bourreau. Les Arméniens, encore aujourd'hui, brûlent les maisons qu'ils ont habitées; et, dans des temps qui ne sont pas très-loin de nous, les lois avaient prononcé contre eux une peine honteuse, à laquelle la mort ne pouvait les soustraire.

---

(1) Plus loin sont les malheureux qui, victimes d'un noir chagrin, ont tranché par une mort volontaire des jours jusqu'alors innocens, et, désertant la lumière, ont rejeté la vie avec horreur. Qu'ils voudraient maintenant souffrir encore sur la terre et la pauvreté et les malheurs les plus accablans!

Objections.

Le suicide est un acte de courage; donc il est permis.

Je nie la conséquence. Il faut souvent du courage pour devenir un assassin : en voudrait-on conclure que l'assassinat soit une chose licite?

Je réponds en second lieu que, tout en reconnaissant, dans le suicide, une énergie dans l'ame qui ressemble plutôt à la frénésie du désespoir qu'au vrai courage, il me paraît plus digne d'une ame forte et vraiment héroïque de se roidir contre l'adversité et de lutter contre le malheur, que de se soustraire à ses douleurs et à ses peines par une mort volontaire :

> *Rebus in angustis facile est contemnere vitam;*
> *Fortiter ille facit, qui miser esse potest* (1).
> MARTIAL.

Deuxième objection. Si le suicide est un crime, pourquoi nous offre-t-on, comme des modèles de vertu, tous ces grands personnages de l'antiquité, les Caton, les Brutus, les Cassius, Arria, Lucrèce, Eponine, qui se donnèrent la mort pour ne pas survivre à la liberté de leur patrie, pour ne pas tomber entre les mains d'un ennemi odieux, pour ne pas rendre au crime heureux un hommage qui n'est dû qu'à la vertu?

Réponse. Ce n'est point pour s'être donné la mort qu'on vante la vertu de ces illustres personnages. Ce qui fait la gloire de Lucrèce, c'est son amour pour

---

(1) Dans le malheur, il est facile de mépriser la vie : celui-là se montre fort qui a le courage d'être malheureux.

la chasteté; ce qui recommande Eponine à l'admiration, c'est le dévouement qu'elle manifesta pour son époux; cet attachement sublime, qui fit qu'elle s'enferma avec lui dans des catacombes, pour y partager ses souffrances, et les alléger par ses soins et les consolations qu'elle lui prodiguait. Caton, Brutus et Cassius auraient été plus grands, s'ils n'eussent pas désespéré du salut de Rome. Tout n'était point perdu lorsqu'ils se donnèrent la mort, ils pouvaient encore être utiles à leur patrie; et voilà précisément une des causes qui les rend coupables aux yeux d'une saine morale.

Mais laissons réfuter cette objection à Rousseau. Voici ce qu'il fait dire à milord Edouard, répondant au jeune Saint-Preux :

« Tu veux t'autoriser par des exemples; tu m'oses
« nommer des Romains : regarde les beaux jours de la
« république, et vois si tu y trouveras un seul citoyen
« vertueux se délivrer ainsi du poids de ses devoirs,
« même après les plus cruelles infortunes. Régulus,
« retournant à Carthage, prévint-il par sa mort les
« tourmens qui l'attendaient? Que n'eût point donné
« Posthumius pour que cette ressource lui fût permise
« aux Fourches caudines? Quel effort de courage le
« sénat même n'admira-t-il pas dans le consul Varron,
« pour avoir pu survivre à sa défaite! Par quelle raison
« tant de généraux se laissèrent-ils volontairement
« livrer aux ennemis, eux à qui l'ignominie était si
« cruelle, et à qui il en coûtait si peu de mourir?
« C'est qu'ils devaient à la patrie leur sang, leur
« vie et leur dernier soupir, et que la honte ni les
« revers ne les pouvaient détourner de ce devoir
« sacré. »

Troisième objection. Nous avons prouvé que la destination de l'homme était le bonheur : si notre vie n'est qu'un tissu de malheurs, nous avons le droit de nous en défaire. « Chercher mon bien, fuir mon mal, « sans préjudice pour autrui, tel est le droit de la « nature. Mon bonheur m'attend au fond de la tombe, « et j'y cours. »

Réponse. « Pensez-y bien, jeune homme, écrit « encore milord Édouard au jeune Saint-Preux : que « sont dix, vingt, trente ans, pour un être immor-« tel? La peine et le plaisir passent comme une om-« bre ; la vie s'écoule en un instant ; elle n'est rien « par elle-même, son prix dépend de son emploi. Le « bien seul qu'on a fait demeure, et c'est par lui « qu'elle est quelque chose... Ne dis donc plus que « c'est un mal pour toi de vivre, puisqu'il dépend de « toi seul que ce soit un bien ; et que si c'est un mal « d'avoir vécu, c'est une raison de plus pour vivre « encore.

« Ne dis pas non plus qu'il t'est permis de mourir ; « car autant vaudrait dire qu'il t'est permis de te ré-« volter contre l'auteur de ton être, et de tromper « ta destination. Mais en ajoutant que ta mort ne fait « du mal à personne, songes-tu bien que c'est à ton « ami que tu l'oses dire ?

« Ta mort ne fait du mal à personne ! J'entends : « mourir à nos dépens ne t'importe guère, tu comptes « pour rien nos regrets... Apprends qu'une mort telle « que tu la médites est honteuse et furtive ; c'est un « vol fait au genre humain : avant de le quitter, « rends-lui ce qu'il a fait pour toi. »

Quatrième objection. Je ne tiens à rien, je n'ai

point d'amis ni de parens, ou je leur suis à charge; je suis inutile au monde.

Réponse. « Philosophe d'un jour, ignores-tu que
« tu ne saurais faire un pas sur la terre sans y trouver
« quelque devoir à remplir, et que tout homme est
« utile à l'humanité, par cela seul qu'il existe...? S'il
« te reste au fond du cœur le moindre sentiment de
« vertu, viens, que je t'apprenne à aimer la vie.
« Chaque fois que tu seras tenté d'en sortir, dis en
« toi-même : *Que je fasse encore une bonne action
« avant que d'en sortir;* puis va chercher quelque
« indigent à secourir, quelque infortuné à conso-
« ler, quelque opprimé à défendre... Si cette consi-
« dération te retient aujourd'hui, elle te retiendra
« encore demain, après-demain, toute la vie : si
« elle ne te retiens pas, *meurs*, tu n'es qu'un mé-
« chant. »

Cinquième objection. Mais la vie m'a été donnée comme une faveur; je puis donc la rendre lorsqu'elle ne l'est plus : la cause cesse, l'effet doit donc cesser aussi. (Lettres Persanes, let. 76.)

Réponse. Nous n'avons aucun droit sur notre exis-tence : si elle cesse d'être pour nous un bien, son-geons que nos misères, nos infirmités, quelque pé-nibles qu'elles soient, nous préparent un bonheur infini; s'en affranchir, c'est renoncer à la récompense, c'est offenser Dieu, et troubler l'ordre qu'il a établi.

Sixième objection. « Troublé-je l'ordre de la Pro-
« vidence lorsque je change les modifications de la
« matière, et que je rends carrée une boule que les
« premières lois du mouvement avaient fait ronde?...
« Lorsque mon ame sera séparée de mon corps, y

« aura-t-il moins d'ordre et moins d'arrangement
« dans l'univers? etc. » (Lettres Persanes, 76.)

Réponse. On est étonné de voir un esprit aussi judicieux que Montesquieu nous faire un argument pareil. Si on voulait en presser les conséquences, il en ressortirait que celui qui donne la mort à un autre homme ne trouble pas davantage l'ordre du monde que celui qui d'une boule formerait un corps carré. Le même auteur a fait justice de ce sophisme, lorsqu'il a formellement déclaré que « l'action de ceux « qui se tuent eux-mêmes est contraire à la loi natu- « relle et à la religion révélée. » (Esprit des Lois, liv. 14, ch. 12, note.)

Du duel. Les mêmes raisons qui font que la morale réprouve le suicide font aussi qu'elle réprouve le duel. Il expose l'homme au suicide ou à l'homicide. Bien plus, il ébranle les principes constitutifs de l'ordre social. Pourquoi en effet les hommes renoncèrent-ils à l'indépendance de l'état de nature? N'est-ce pas afin que chacun ne fût plus juge dans sa propre cause? Mais s'il en est ainsi, l'un des principaux attributs de la souveraineté est de rendre justice à chacun. Celui donc qui s'arroge le droit de se faire justice à lui-même usurpe un pouvoir qui ne lui appartient pas, et viole une des premières conditions du pacte social.

Mais, nous dit-on, si je refuse de me battre je serai déshonoré.

Réponse. Vous serez déshonoré! Est-ce donc par la violation des devoirs, par la contravention aux lois, que se conserve l'honneur? Serez-vous plus digne d'estime lorsque vous aurez tué votre adversaire? et les hommes vous honoreront-ils davantage lorsque vous vous présenterez devant eux les mains encore souillées de sang?

Mais il m'est permis de tuer celui qui attente à ma vie; et l'honneur étant un bien de beaucoup préférable, il doit m'être permis de le conserver par les mêmes moyens.

Réponse. Il est permis de sauver votre vie, même aux dépens de celle de celui qui viendrait vous attaquer. La raison en est facile à saisir : c'est que si elle vous est enlevée, aucune puissance humaine ne saurait vous la rendre; et vous rentrez ici dans le droit naturel, qui nous permet de repousser la force par la force. Mais il n'en est pas de même de votre honneur; il est placé sous la sauvegarde des lois, et c'est aux magistrats que vous devez remettre le soin de vous rendre une justice qui ne vous appartient plus, puisque vous vivez dans une société qui s'est réservé le droit de faire respecter votre considération personnelle comme vos propriétés. Du reste, l'honneur ne consiste pas à se faire tuer par son ennemi, ou à le tuer lui-même : l'honneur a sa source éternelle dans le cœur de l'homme juste, et dans la règle inaltérable de ses devoirs.

Définition et division de la morale. — Utilité et nécessité de cette science.

Nous pouvons maintenant donner la définition de la morale : pour cela il nous faut seulement récapituler ce que nous avons fait dans cette partie de notre Manuel que nous avons appelée de ce nom. D'abord nous avons recherché l'origine de nos passions, et nous les avons considérées comme le principe de nos actions; nous avons ensuite déterminé les motifs qui nous faisaient agir, et nous avons fixé après cela la règle qui devait diriger nos actions, en remontant à l'origine de nos idées morales; puis nous avons fait l'application des observations que nous avions faites à la pratique des devoirs. Ces divers élémens, que nous avons étudiés, analysés, et enchaînés ensemble, en les systématisant autant qu'il a été en notre pouvoir, ont formé pour nous la *science morale;* et comme nous avons puisé tout ce que nous avons dit dans la conscience, nous pouvons conclure que la morale n'est que l'*expression de la conscience:* c'est la science des devoirs de l'homme, c'est la loi naturelle réduite en préceptes.

Autrefois on divisait la morale en deux parties, la morale générale et la morale spéciale. La première posait les principes communs à toutes les actions humaines, en discutait les motifs, les règles, les qualités; la seconde précisait les obligations de l'homme, et lui montrait dans la loi naturelle les diverses branches du devoir. Rien ne nous empêche d'adopter cette division; et nous dirons que la science morale se compose de deux parties: la première traitera de l'analyse et de l'origine de nos passions, du but que nous nous proposons en agissant, et de l'origine et de l'analyse de nos idées morales. Nous lui donnerons le nom de *morale spéculative.*

La seconde nous montrera les diverses branches du devoir; elle prendra le nom de *morale pratique.*

MORALE. 403

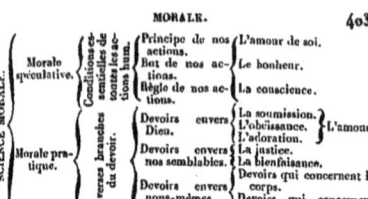

La morale tire son nom du mot latin *mos*, qui signifie mœurs. On la nomme aussi quelquefois éthique, du grec ίθικη, qui a la même signification, parce qu'elle est la règle des mœurs.

On a demandé s'il était nécessaire de faire une science de la morale. Nous résoudrons cette question affirmativement; car il est évident que l'homme a des devoirs à remplir. Mais la connaissance des devoirs en précède l'accomplissement. Le sentiment moral, il est vrai, nous les fait connaître, et ne nous trompe pas; mais l'intelligence qui doit nous les montrer, et en faire l'application dans tous les cas particuliers où l'homme peut se trouver, est sujette à l'erreur. Il importait donc de faire une science de la morale, et de fixer d'une manière sûre, claire et immuable la conduite de l'homme dans les divers rapports que le sentiment ne lui présente souvent que confusément, et que la raison ne peut pas toujours facilement démêler.

QUATRIÈME PARTIE.

La logique, ou l'art de régler les facultés de l'entendement.

1.

Si nous eussions voulu donner des règles à la pensée avant d'avoir appris à la connaître, en d'autres termes, si nous eussions voulu commencer notre cours de philosophie par la logique, la théorie que nous aurions exposée, n'étant appuyée sur rien de positif, aurait pu ne pas se trouver en harmonie avec le système des facultés. Pour bien régler la pensée il faut la bien connaître; pour la bien connaître il faut l'étudier dans sa nature et dans ses effets : on ne peut enseigner à se servir d'un instrument à celui qui ne le connaît pas, et qui ignore pareillement ce qu'on se propose d'en faire. Voilà notre réponse à ceux qui nous feraient le reproche d'avoir interverti l'ordre qu'on suit ordinairement dans le cours de philosophie.

Qu'est-ce que penser? Nous n'avons pas oublié que la pensée se compose de six facultés, qui sont l'attention, la comparaison, le raisonnement, le désir, la préférence et la liberté : on comprend les trois premières sous le nom d'entendement, et les trois autres sont renfermées sous celui de volonté. Penser, c'est faire usage de ces facultés.

La pensée est-elle indépendante de la parole? On a souvent demandé si la pensée dépendait du langage, et presque toujours cette question a été résolue affirmativement : cependant la pensée précède

la parole, et même tout langage d'action ; « elle se
« laisse deviner dès les premiers instans de notre
« existence ; à peine l'enfant respire, qu'il sent des
« besoins et qu'il désire. Or, le désir, tel qu'il se
« manifeste aujourd'hui, dans le plein développe-
« ment de la vie, suppose l'action de toutes les fa-
« cultés de l'esprit : nos premiers désirs furent donc
« l'action de ces mêmes facultés naissantes. » (Laromig., Discours d'ouverture, p. 9.) Et comme la pensée se trouve toùt entière dans l'exercice de nos facultés, il s'ensuit qu'elle ne dépend pas du langage,
puisque l'enfant pense dès qu'il éprouve des besoins,
et que ce n'est pas en un jour qu'il apprend à parler.
Voilà sans doute ce qui faisait dire à M. de Bonald :
Il faut penser la parole avant de parler la pensée.

« Mais s'il est manifeste que la pensée précède la
« parole, il ne l'est pas moins que l'emploi de quel-
« ques signes devance l'art de penser. Comment, sans
« le secours du langage, y aurait-il de l'art dans une
« pensée dont toutes les parties existent simultané-
« ment, forment un tout indivisible ? » (Ibid., p. 21
et 22.) L'art de penser consiste tout entier dans la
composition et la décomposition des idées, de même
que l'art de calculer n'est que l'art de composer et
de décomposer les nombres. Or cette composition et
cette décomposition ne peuvent avoir lieu qu'au moyen
des signes, qu'au moyen du langage.

Ce serait ici le lieu de parler des signes qui sont
tout à la fois les auxiliaires et le produit de la pensée ; mais comme dans la métaphysique nous avons
négligé, sur les idées, certains détails qu'il importe
de connaître, nous allons nous en occuper avant de

nous livrer aux réflexions qui, nous faisant voir dans le langage les leviers de la pensée, et les secours que nous sommes en droit d'en attendre, constituent plus particulièrement ce qu'on appelle la logique.

II.

Quelle est l'origine de nos idées? N'en reconnaissent-elles qu'une? Quelle est leur cause?

Pour ne pas répéter ce que nous avons dit dans la métaphysique sur l'origine, la cause et la nature de nos idées, nous dirons sommairement : L'observation nous a fait remarquer trois modes d'activité dans l'esprit, et quatre manières de sentir bien distinctes : par conséquent nous avons reconnu quatre origines et trois causes de nos idées. Cependant en généralisant on peut toutes les ramener à une cause et à une origine unique, et dire que toutes nos idées ont leur origine dans le sentiment, et leur cause dans l'activité de l'esprit ; nous ajouterons que leur nature est d'être un sentiment distinct.

Il ne faut pas confondre la cause, l'origine et la nature de nos idées.

Trois choses qu'il faut se garder de confondre : et le moyen de ne pas admettre entre elles une différence bien marquée? Un bloc de marbre n'est pas une statue, la statue n'est pas l'ouvrier qui l'a produite ; de même un sentiment n'est pas une idée, et l'idée n'est pas la faculté dont elle est le produit.

III.

Combien y a-t-il d'espèces d'idées?

Il est facile d'apercevoir que les idées peuvent être considérées sous plusieurs points de vue : par rapport à leur cause, elles sont absolues, relatives ou déduites, suivant qu'elles sont le produit ou de l'attention, ou de la comparaison, ou du raisonnement. Sous le rapport de leur origine, si elles nous viennent de la sensation on les nomme sensibles ; si elles naissent du sentiment de l'action de nos facultés de l'ame, ou bien encore du sentiment de rapport, on les appelle intellectuelles ; si elles jaillissent du sentiment moral, on dit qu'elles sont morales.

Nous pouvons encore les considérer sous le point de vue de leurs qualités, et alors elles seront :

Vraies ou fausses,
Claires ou obscures,
Distinctes ou confuses,
Réelles ou chimériques,
Idées de choses ou idées de mots ;

elles seront simples, composées, collectives, abstraites et générales.

« Toutes ces classes n'ont pas une égale impor- *Quelles sont les plus importantes?*
« tance : il suffira presque d'avoir énoncé les pre-
« mières ; nous nous arrêterons sur les dernières,
« particulièrement sur les idées abstraites et sur les
« idées générales ; car de ces deux sortes d'idées dé-
« pend surtout l'intelligence de l'homme. » (Laromig., t. 1, p. 296.)

Y a-t-il des idées fausses ? toutes nos idées sont- *Idées vraies et fausses.*
elles vraies ? A cette question les philosophes répondent d'une manière différente ; et cette divergence des opinions provient de la manière de définir l'*idée vraie* et l'*idée fausse*. D'un côté on nous dit que toute idée représente toujours ce qu'elle représente, et que par conséquent toutes les idées sont vraies ; de l'autre, que toute idée ne représente pas toujours ce qu'elle doit représenter, et que par conséquent il y a des idées fausses. Fut-il jamais langage plus insignifiant que celui-ci : Une idée représente ce

qu'elle représente? Et qu'en peut-on conclure? Un tableau représente toujours ce qu'il représente : direz-vous pour cela qu'un tableau est toujours vrai? Tout en admettant l'opinion de ceux qui soutiennent qu'il y a des idées fausses, nous n'adopterons pas leur langage. Dire que toutes les idées ne *représentent* pas ce qu'elles doivent *représenter*, c'est faire de toutes les idées des images, des *représentations*, et nous savons que cela n'est pas exact. Nous répondrons aussi à ceux qui confondent la vérité des idées avec la vérité des jugemens : Celle-ci consiste dans la perception ou l'affirmation d'un rapport entre le sujet et l'attribut, tandis que la vérité des idées n'est qu'une simple conformité avec son objet *repræsentandum* (qui doit être représenté), comme s'exprime l'école; et non l'objet *repræsentatum* (représenté): ce qui est insignifiant, comme nous venons de le dire.

Idées claires et obscures. Mes idées seront claires, si, lorsqu'elles viennent s'offrir à mon esprit, je peux saisir toutes les parties de leur objet. Elles sont obscures, si un nuage vient m'en dérober une partie. Pour prouver que toutes nos idées étaient claires, on a fait le même argument que l'on faisait pour prouver qu'elles étaient vraies, et l'on a dit : L'idée représente toujours clairement ce qu'elle représente; et s'il reste quelque obscurité dans l'esprit, ce n'est pas que l'idée que vous en avez soit obscure, c'est que vous n'avez pas idée de la partie qui reste dans les ténèbres. L'on ajoute : Si les idées en elles-mêmes étaient obscures, plus nous aurions d'idées sur un objet, moins l'esprit apercevrait de clarté.

Pour jeter quelque jour sur cette question, nous

dirons que la plus grande partie de nos idées sont composées, et puis nous demanderons la permission de faire usage d'une métaphore que tout le monde admet. Les idées sont à l'esprit ce que la lumière est à un appartement. Dire que nos idées sont toujours claires, parce que quelques unes des idées partielles qui les composent peuvent l'être, c'est dire qu'un appartement où il pénètre quelques rayons de lumière est parfaitement éclairé.

Le caractère propre et essentiel de l'idée étant la distinction, si nous voulions nous énoncer avec une rigueur géométrique, nous refuserions le nom d'idée à l'idée confuse, et nous verrions en elle un simple sentiment, comme dans le sentiment distinct nous avons vu l'idée elle-même. Mais il ne faut pas oublier que du simple sentiment que produit en nous la première impression d'un objet composé, à la connaissance parfaite de cet objet, il y a nécessairement un grand nombre de degrés. Dans cet intervalle se placent les idées plus ou moins distinctes. Ainsi, depuis les premiers rayons du soleil qui apportent sur notre globe un jour douteux, jusqu'à ces torrens de lumières qu'il verse du plus haut point du ciel sur la nature entière, on peut observer divers degrés de clarté : et pour continuer la métaphore, l'idée confuse est à l'idée parfaite ce qu'est à l'éclat du jour la faible lueur qu'on nomme crépuscule.

De l'idée distincte, et de l'idée confuse.

Il est constant que toutes nos idées seraient claires et distinctes si elles étaient complètes, c'est-à-dire si elles nous faisaient connaître toutes les parties de leur objet, de manière à ne rien laisser désirer à l'esprit. Mais il n'y a que les objets de notre in-

De l'idée complète, et de l'idée incomplète.

vention dont nous puissions nous faire de pareilles idées; en sorte que presque toutes nos connaissances sont imparfaites, et que notre intelligence ne se compose que d'idées incomplètes.

De l'idée réelle, et de l'idée chimérique.

Si ces idées répondent à quelque chose qui existe hors de nous ou dans nous, alors elles sont réelles; mais si leur objet est hors de la nature, soit morale, soit physique; si cet objet n'est pas un être au moins possible, alors elles sont des chimères : on les appelle chimériques.

De l'idée de mots, et de l'idée de choses.

Quelquefois notre esprit se porte vers les objets mêmes de nos idées, sans s'occuper des signes qui les représentent. Ainsi je puis penser à un arbre, à la mer, à une campagne, sans m'arrêter à ces mots *arbre, mer, campagne,* qui, n'étant que des signes arbitraires, pourraient signifier toute autre chose que l'objet de mes idées actuelles, qui sont alors des idées de choses. Mais si, s'arrêtant aux signes de mes pensées, mon esprit ne va point jusqu'aux choses, alors je n'ai que des idées de mots (1).

Un exemple pourra éclaircir ce que nous venons de dire : les mots sont les expressions de nos idées, comme un portrait est l'expression de la figure d'un homme. Or, si à la vue d'un portrait je cesse de m'en occuper pour ne penser qu'à celui qu'il représente, il est clair que j'aurai l'idée de cet individu, et non de son portrait. Si, au contraire, je ne pense

---

(1) Quelques philosophes ont admis deux réalités dans l'idée : la *réalité objective*, qui n'est que la réalité de l'objet que représente l'idée; et la *réalité subjective*, qui n'est que l'existence réelle de l'idée dans son sujet, c'est-à-dire dans l'ame.

qu'au portrait, sans m'occuper de l'individu, je n'aurai dans ce cas que l'idée du portrait.

« Un être qui rassemblerait, dans son intelligence, « un grand nombre d'idées sans les rattacher à au- « cun signe, à aucun mot, n'aurait que des idées « de choses.

« L'espèce d'automate qui, dans l'hypothèse in- « verse, posséderait tous les mots d'une langue, sans « connaître les objets dont ils sont les signes, n'au- « rait que des idées de mots. »

Il est une classe de mots qui ne sauraient éveiller en nous, au moins immédiatement, aucune idée des choses : ce sont les noms de noms, les signes de signes. Je m'explique : lorsque les hommes commencèrent à former les langues, ils inventèrent des mots pour désigner les objets qu'ils avaient sous les yeux, tels que ceux-ci : *pierre, arbre, rivière*. Ils en imaginèrent pour désigner les qualités, soit absolues, soit relatives, de ces objets; et ils en firent les mots *blanc, noir, grand, petit*, etc. Bientôt ils sentirent le besoin d'exprimer les actions, et on eut les mots *manger, courir, frapper*. Enfin ils éprouvèrent de même le besoin d'exprimer le rapport des objets, et les mots *avant, après, à droite, à gauche*, furent inventés.

Ces premiers mots ayant été long-temps et souvent employés, on dut s'apercevoir plus tôt ou plus tard qu'ils ne remplissaient pas tous les mêmes fonctions, puisque les uns servaient à désigner les objets ou les choses, les autres les actions, les autres les qualités, et les autres les rapports. En conséquence, on inventa de nouveaux signes pour désigner ces quatre classes de mots : les mots *pierre*, etc., furent appelés substantifs; les mots *blanc*, *noir*, etc., furent appelés adjectifs; les mots *manger*, *courir*, furent appelés verbes; et enfin les mots *dessus*, *dessous*, *avant*, *après*, furent appelés prépositions.

Les mots substantif, adjectif, verbe, préposition, ne sont donc pas des signes de choses, des noms imposés à des réalités : il en est de même de la plupart des termes de grammaire; toutes les sciences offrent et doivent offrir des mots pareils.

De l'idée simple, et de l'idée composée.
Une idée simple est une idée unique ; on ne saurait la décomposer en plusieurs autres idées. L'idée composée est un *agrégat* d'idées, une réunion d'idées. (Larom., t. 2, p. 302.) Sont simples, ou approchant de la simplicité, les idées que nous acquérons par l'action des sens isolés, les idées des couleurs, des sons, des saveurs, des odeurs, et de plusieurs qualités tactiles, comme le froid, le chaud, la solidité. Si la sensation était composée, en la décomposant chacune des sensations partielles ferait naître une idée simple ; mais si l'esprit ne la décomposait pas, elle ne donnerait lieu qu'à une seule. L'idée de la lumière, quoique provenant d'une sensation susceptible de se diviser en plusieurs sensations distinctes, est une idée simple tant que la sensation reste composée ; mais lorsque, dans le spectre solaire, cette sensation est décomposée, l'idée de la lumière se subdivise en sept idées, qui sont les idées des sept couleurs primitives.

On regarde comme des idées simples les idées morales qui viennent immédiatement de quelques sentimens moraux, telles que les idées de dévouement, de tendresse, d'amitié : comment décomposer les idées de joie et de douleur?

Sont encore classées parmi les idées simples les idées de rapport, lorsque de deux idées comparées il ne sort qu'un seul rapport, ou lorsque l'esprit n'en considère qu'un seul. De ce nombre sont les idées d'égalité, de supériorité, d'extériorité, d'antériorité, de commencement, et leurs contraires. (*Ibid.*, t. 2, p. 304.)

Il est plusieurs idées qu'on est porté à regarder comme composées, et qu'on range néanmoins parmi les idées simples : par exemple, les idées de temps, d'étendue, de mouvement, qui ne sont que la répétition d'une même idée. (*Ibid.*, p. 305.)

Enfin on doit compter parmi les idées plus ou moins simples les idées partielles, dont la réunion forme une idée composée. Ainsi l'idée de la pesanteur, de la ductibilité, de la malléabilité de l'or, sont réputées simples.

La simplicité des idées n'est souvent qu'une moindre composition; et on n'oserait affirmer, d'aucune des idées dont nous venons de parler, qu'elles sont réellement indivisibles. Nous en userons comme les chimistes, qui rangent provisoirement parmi les élémens simples tous ceux qui se refusent à une division ultérieure. (*Ibid.*, p. 308.)

On a dit : « Qu'il y ait des idées simples, ou que, « dans la réalité, chacune de nos idées soit un *agré-* « *gat*, une réunion d'idées, la chose nous semble « tout-à-fait indifférente en elle-même. » (Log. class., p. 166.) Nous ne partageons point cette opinion. Il est très-important de remarquer que plusieurs idées sont simples, ou du moins qu'il en est plusieurs que nous ne pourrions diviser, et que par conséquent elles ne sauraient être définies. C'est parce qu'on a regardé la chose comme indifférente, qu'on nous a donné les définitions du temps, de l'espace, de la ligne droite, du point, etc., définitions qui ne sont rien moins qu'exactes.

L'idée composée se connaît par opposition à l'idée simple, et réciproquement.

Il ne faut pas confondre avec les idées composées les idées collectives, qui ne sont que la répétition de la même idée. Telles sont les idées d'une armée, d'un sénat, d'une forêt : nous ne disons pas d'armée, de sénat, de forêt. Ces idées dernières sont *générales*, car elles expriment ce qu'il y a de commun entre les armées des rois de France et d'Angleterre, des empereurs d'Autriche et de Russie, entre le sénat de Rome et celui de Carthage, etc.; au lieu que l'idée d'une armée est la répétition de l'idée de soldat; l'idée d'un sénat, la répétition de l'idée de sénateur; l'idée d'une forêt, la répétition de l'idée d'arbre.

Nous ajouterons que les idées abstraites, dont nous allons nous occuper, peuvent être simples, et qu'elles approchent d'autant plus de la simplicité parfaite, qu'elles ont été précédées d'un plus grand nombre d'abstractions. (*Ibid.*, p. 307.)

Idées abstraites.

Lorsqu'à la vue d'un objet nous ne donnons notre attention qu'à certaines de ses parties, lorsque nous n'étudions que quelques unes de ses qualités, les idées que nous nous formons de ces parties, de ces qualités, considérées isolément, sont des idées abstraites. On leur a donné ce nom du participe *abs-*

tractus, parce que, pour se former ces sortes d'idées, il faut, par la pensée, séparer, isoler les parties, les qualités que la nature nous montre toujours réunies dans les objets.

Ces mots *abstraits, abstraction, idées abstraites*, se lient, dans la plupart des esprits, à tout ce qu'il y a de subtil, d'obscur, d'impénétrable : cependant, nous ne craignons pas de l'assurer, abstrait et difficile sont deux choses incompatibles.

L'homme, à chaque instant, fait des abstractions, et il lui est impossible de ne pas en faire ; elles lui sont commandées par son organisation. Pourvu de cinq sens, dont chacun lui sert à acquérir des idées particulières, il perçoit nécessairement, dans les objets sensibles, cinq espèces de qualités. Par l'œil, il sent et il voit des couleurs ; par l'ouïe, il entend et connaît exclusivement des sons ; par l'odorat, exclusivement des odeurs ; le goût lui fait apprécier les saveurs, et le toucher ne lui fait apercevoir que des qualités tactiles. Chacun de ses sens sépare de toutes les autres qualités les qualités qui lui sont analogues ; il les abstrait. Pour qu'il n'y eût pas ici abstraction, il faudrait que le même sens, que les yeux, par exemple, vissent les couleurs confondues avec les autres qualités, avec les odeurs, les saveurs, etc.

Voilà donc une abstraction on ne peut plus facile, on ne peut plus naturelle ; et qu'on ne croie pas que l'homme n'abstrait que des qualités physiques : si son esprit était plus vaste, s'il pouvait comprendre à la fois toutes les parties de l'objet qu'il étudie, sans doute il n'aurait pas besoin d'abstractions, et d'un coup d'œil il saisirait l'ensemble des idées les plus composées. Mais il n'en est pas ainsi, et l'expérience nous apprend que si nous voulons embrasser à la fois un grand nombre d'idées, tout se brouille, tout se confond, tout nous échappe. C'est un fait constant que l'on ne voit rien pour avoir eu l'ambition de trop voir, et ce fait a donné lieu à l'axiome de l'école : *Pluribus intentus minor est ad singula sensus.*

C'est ainsi que, pour acquérir de vraies connaissances, l'homme n'a qu'un moyen : c'est de diviser, de séparer, d'abstraire; et déjà ici nous entrevoyons toute l'importance des idées abstraites.

Cependant, quelque grande que soit leur importance, les idées abstraites ne sont que les rudimens de notre intelligence; elles deviennent notre intelligence elle-même en devenant générales. Quelles seraient nos connaissances, si nous n'avions que des idées abstraites individuelles? Nous verrions des qualités isolées de leurs sujets, et il n'en existe pas dans la nature : ces qualités seraient isolées les unes des autres, et nous n'apercevrions entre elles aucun rapport. Or, comment les idées abstraites perdront-elles leur individualité pour devenir générales? Le voici. On peut distinguer deux sortes d'abstractions : l'une, qui se contente de séparer les diverses parties des objets sur lesquels elle s'exerce, et qui ne produit que des idées partielles, des idées isolées, séparées, toujours individuelles; l'autre, « qui procède par la
« comparaison de plusieurs individus, écarte leurs
« différences pour saisir leurs ressemblances, et de
« ces ressemblances ainsi abstraites et comparées
« forme une idée abstraite, il est vrai, mais géné-
« rale, parce que tous les individus comparés y

« entrent pour quelque chose (1). » (Cousin, Fragmens, 334.)

Ainsi, tant que nous n'avons pas observé qu'une même qualité se trouve dans plusieurs objets, chacune de nos idées abstraites représente une qualité individuelle; mais lorsque l'expérience nous aura montré les mêmes qualités dans plusieurs individus, notre idée cessera d'être individuelle pour devenir générale. Ainsi l'enfant, à la première vue d'une pièce d'or, remarquera la couleur du métal, et s'en formera une idée abstraite individuelle; mais bientôt elle perdra ce caractère, et la couleur jaune se trouvera dans un souci, dans une renoncule, dans un tournesol, etc.

Les idées abstraites ne représentent donc point exclusivement des qualités individuelles déterminées. L'idée abstraite douleur ne représente pas exclusivement ce que l'on éprouve quand on est tourmenté par la soif, elle représente encore ce qu'on éprouve par la faim, par un mal de tête, par une colique, etc.

Ainsi, nos idées abstraites, qui commencent par être individuelle, cessent de l'être lorsque la nature nous montre les mêmes points de vue, les mêmes qualités dans plusieurs objets; et elles redeviennent individuelles toutes les fois qu'un des objets qui peuvent nous la donner sera présent aux sens ou à la pensée.

De ce que nous venons de dire on peut conclure

---

(1) Je ne pense pas néanmoins, comme M. Cousin, que ces deux abstractions *aspirent* (c'est son expression) l'une et l'autre à l'idée générale.

qu'il y a une différence entre l'idée abstraite et l'idée générale. Toute idée générale est abstraite, mais toute idée abstraite n'est pas générale.

Aux idées individuelles correspondent les noms individuels ou noms propres, et aux idées générales les noms généraux. Les noms communs, les noms généraux sont plus ou moins généraux, comme les idées générales sont plus ou moins générales.

L'idée la plus générale que nous puissions concevoir, c'est l'idée d'*être* ou de *chose*. Il n'est rien, en effet, dont on ne puisse dire que c'est un être, une chose.

On a donné le nom de classes aux noms généraux et aux idées générales. Chaque classe prend le nom de genre ou d'espèce ; d'espèce quand on la compare à une classe plus générale dans laquelle elle est comprise, et de genre si on la compare à une classe moins générale qu'elle comprend.

Ainsi, la classe *être* est plus générale que la classe *substance ;* celle-ci est plus générale que la classe *corps ;* la classe *corps* est plus générale que la classe *plante ;* la classe *arbre* plus générale que la classe *chêne*. La classe chêne est espèce par rapport à la classe arbre, qui est alors genre, mais qui est espèce par rapport à la classe plante, laquelle est ici genre, et devient espèce par rapport à la classe corps, etc.

L'idée générale est donc une idée qui nous fait connaître une qualité, un point de vue qu'on retrouve dans plusieurs objets. Elle est une idée de ressemblance, et le produit de l'abstraction aidée de la comparaison. Aussi les noms généraux ont-ils été définis termes de ressemblance, *termini similitudinis*.

De toutes les idées qui concourent à la formation de l'intelligence, il n'en est pas qui soient plus dignes de notre attention que les idées générales. Nous montrerons leur indispensable nécessité, lorsque nous traiterons des idées déduites, et du raisonnement.

IV.

Que faut-il penser de la dispute des réalistes et des nominaux?

La question des idées générales a, de tout temps, divisé les philosophes et les divise encore.

Les idées générales ont-elles pour objet des formes *substantielles*, des *natures universelles*, des *essences*, des *êtres réels* qui existent indépendamment de nos conceptions; en un mot, les *universaux*, pour s'exprimer comme l'école, sont-ils dans les choses? ou bien les idées générales ne sont-elles que des points de vue de l'esprit? ne représentent-elles que des noms? ne sont-elles que de pures dénominations? enfin les universaux n'existent-ils que dans les mots?

L'une et l'autre de ces deux opinions ont été soutenues par plusieurs philosophes. On appelle *réalistes* ceux qui croient qu'aux idées générales répondent, hors de nous, des formes substantielles; qui pensent que dans la nature il y a des *êtres généraux*, des *universaux*, qui admettent les universaux *à parte rei*.

Ceux qui professent l'opinion contraire, qui pensent que dans la nature il n'y a point de forme *universelle*, qui nient l'existence des universaux *à parte rei*, pour n'admettre que l'existence des universaux *à parte mentis*, ceux-là s'appellent *nominaux*.

Ceux-ci forment deux écoles : celle des vrais *nominaux*, et celle des *conceptualistes*. Les premiers soutiennent que les idées générales ne sont que de pures dénominations; les autres enseignent que ces dénominations générales sont toujours accompagnées d'une perception, d'une conception de l'esprit.

Cela posé, nous dirons : il nous paraît insoutenable de dire que chaque idée générale représente une *forme universelle* réellement existante dans la nature; car alors cette forme serait distincte des individus. Or, une forme distincte des individus est une chimère; nous ne serons donc pas réalistes, et nous rejetterons les universaux *à parte rei*, les formes telles que les admettait Aristote.

Mais dirons-nous pour cela, avec Condillac, que les idées générales ne sont que des noms, des noms sans idée; ou bien enseignerons-nous, avec Zénon et les conceptualistes, que les idées générales sont réellement des idées, qu'elles représentent des qualités réelles communes à plusieurs individus; en un mot, serons-nous vrais nominaux ou seulement conceptualistes?

Nous serons l'un et l'autre tout ensemble, et nous accorderons que les idées générales ne sont que des mots pour celui qui, entendant les noms des idées générales, ne se porte pas jusqu'aux choses; mais nous penserons que les idées générales sont des idées de qualités réelles, des idées de choses pour celui qui, ne s'arrêtant pas aux dénominations générales, se porte jusqu'aux choses.

Notre opinion est basée sur ce que rarement nous raisonnons immédiatement sur les idées, mais presque toujours sur des signes plus ou moins éloignés des idées, sur des signes généraux. Cependant il arrive que, dans nos raisonnemens, nous réalisons nos idées générales, et que, sous les signes que nous employons, l'esprit saisit une qualité commune à plusieurs individus. Ainsi l'algébriste souvent, dans la solution d'un problème, s'arrête à ces signes généraux, et ne se porte pas jusqu'aux réalités ; mais d'autres fois, sous les signes mêmes, il voit des réalités sur lesquelles il opère.

Cette question, que nous venons de traiter, touche de près aux idées de choses et aux idées de mots, elle se lie aussi naturellement à ce que nous avons à dire sur le langage, sur les signes de nos idées.

V.

Du langage, ou *des signes de nos idées*.

Après avoir passé en revue les diverses espèces de nos idées, il est naturel de nous occuper des signes qui les représentent.

Ces signes sont les *gestes*, la *parole* et l'*écriture*. L'homme a donc trois moyens d'exprimer ses pensées ; mais parce que la parole ou l'*usage de la langue* est le moyen de communication le plus étendu et le plus important, ces trois espèces de signes de la pensée prennent le nom de langage (1).

Ces mots *langue*, *langage*, signifient, dans l'acception commune, tout système de signes pro-

Quelle est l'acception philosophique du mot langage ?

---

(1) *Linguam agere*, ou bien *linguâ uti*.

pres à exprimer nos idées; mais pour le philosophe ils ont une acception bien plus étendue. Non-seulement il regarde les langues comme un moyen de communication avec ses semblables, mais encore, instruit par l'expérience, il voit en eux des formules pour retenir des idées prêtes à nous échapper, et des méthodes propres à faire naître des idées nouvelles. Ces vérités seront développées et prouvées, lorsque nous traiterons des idées absolues, des idées relatives et de la méthode.

Quels sont les avantages d'une langue bien faite?

Si une langue est bien faite, les mots dont elle se sert, toujours dictés par l'analogie, se font remarquer par leur précision et leur justesse; ceux qui les emploient sont toujours assurés de s'entendre eux-mêmes, et d'être compris des autres; ils démêlent sans peine et promptement le vrai du faux : comme le sentiment de l'analogie ne les abandonne jamais, ils passent sans effort d'une idée à une autre idée ; les pensées et les expressions, qui sont actuellement dans leur esprit se lient aux pensées et aux expressions dont elles dérivent, et à celles qu'elles vont faire naître. Pour eux, ce qu'ils ignorent se montre naturellement dans ce qu'ils savent, et ils raisonnent bien alors même qu'ils ne pensent pas à raisonner.

Quels sont les inconvéniens d'une langue mal faite?

Mais une langue est-elle mal faite? les signes destinés à faciliter le mouvement de la pensée, ne font que l'embarrasser. Les mots, manquant de précision et de justesse, ne présentent aucun sens fixe et déterminé : l'esprit ne sait plus où se prendre ; il croit poursuivre une réalité, il ne saisit qu'une chimère : des expressions obscures, pleines d'équivoques, ne sont propres qu'à plonger l'intelligence dans une route ténébreuse, et à rendre sa marche pénible et incertaine; avançant au hasard, elle aboutit à l'erreur.

Des langues où manque si souvent l'analogie, et qui ne sont que des débris de langues plus ou moins polies, de langues plus ou moins barbares, ne doivent-elles pas gêner le raisonnement, qui n'est au fond que l'analogie? Des langues qu'on fait servir à tant de sophismes, à tant de jeux de mots, pourront-elles, sans l'attention la plus scrupuleuse, être ramenées à cette sévérité que demande la raison? Et cependant, avec des expressions qui ne seraient qu'à peu près celles dont nous avons besoin, le raisonnement ne serait qu'à peu près juste; c'est-à-dire que, ne saisissant jamais aucun rapport précis, et l'identité nous échappant toujours, nous croirions voir la vérité où elle n'est pas, et nous ne saurions pas la voir où elle est.

Les imperfections des langues qui doivent leur origine à l'usage populaire, dit Dugald Stewart, ont suggéré l'idée d'une langue philosophique, expressément composée pour le service de la science.

D'une langue philosophique universelle.

Descartes osait espérer cette langue universelle, qui, « fort aisée à apprendre, à prononcer et à
« écrire, aiderait au jugement, lui représenterait si
« distinctement toutes choses, qu'il lui serait pres-
« que impossible de se tromper ; au lieu que les mots
« que nous avons n'ont que des significations confuses
« auxquelles l'esprit de l'homme s'étant accoutu-
« mé, cela est cause qu'il n'entend presque rien
« parfaitement. »

Leibnitz disait que cette langue serait le premier de tous les arts, l'art d'inventer, de démontrer et de juger. Aussi il réduisait la logique à une langue bien faite.

M. Laromiguière nous indique ce que serait cette langue. D'abord un alphabet composé de toutes les idées élémentaires qui se trouvent dans l'intelligence humaine ; ses notions composées étant trop nombreuses, l'alphabet formé de ces notions serait trop compliqué ; en second lieu, des *signes d'actions* pour chacune de ces idées. Cette langue ne pourrait être parlée ; elle perdrait bientôt, si on la parlait, son universalité; elle ne pourrait consister non plus ni dans l'*écriture alphabétique*, ni dans les *gestes alphabétiques*. Les sons de la voix et la figure des lettres sont des choses trop variées et trop variables pour établir une langue universelle : il faudrait donc employer des gestes et des caractères qui montrent les objets immédiatement (1).

M. Laromiguière croit, comme les anciens philosophes, à la possibilité de cette langue ; et Dugald Stewart pense que l'inutilité des efforts tentés jusqu'ici n'est pas une raison décisive contre la possibilité d'un tel projet. Quoi qu'il en soit, cette opinion des philosophes nous fait voir de quelle importance est le langage ; et, sans forcer la conséquence, on en peut conclure, comme nous l'avons observé en parlant de Leibnitz, que tout l'art de penser se réduit à une langue bien faite.

Du langage d'action ou naturel. Nous l'avons déjà remarqué, il y a trois sortes de langage, le langage gesticulé, le langage parlé, et l'écriture ; nous pouvons encore les diviser en langage

---

(1) Voir plus bas les différentes espèces de langage.

naturel et *artificiel*. La formation du langage artificiel présuppose l'usage de quelques signes naturels, et ces signes, qui consistent en de certaines expressions du visage, certains gestes du corps, certaines intonations de la voix, composent ce qu'on appelle le *langage d'action*. L'irréflexion pourrait nous faire croire qu'un pareil langage est trop pauvre pour suffire à tous les besoins de la pensée : cependant ce qu'on raconte des pantomimes qui jouaient sur les théâtres de Rome, l'assurance avec laquelle Roscius s'engageait à traduire par des gestes les éloquentes périodes de Cicéron, et à les traduire avec la plus grande fidélité (ce que font sous nos yeux une foule de sourds-muets), tout nous dit qu'il est permis d'attendre beaucoup d'un tel langage. Il est vrai que les gestes ne parlent qu'aux yeux ; par conséquent ils seraient inutiles très-souvent, si par des cris on n'appelait pas les regards de ceux à qui on veut faire connaître sa pensée.

Ces cris sont les accens de la nature; ils varient suivant le sentiment dont nous sommes affectés : on les nomme inarticulés, parce qu'ils se forment dans la bouche, sans être frappés ni avec la langue ni avec les lèvres.

Quoique capables de faire une vive impression, ils n'expriment cependant nos sentimens que d'une manière imparfaite ; ils n'en font connaître ni la cause ni l'objet, ni les modifications, mais ils invitent à remarquer les gestes et les mouvemens du visage ; et le concours de ces signes achève d'exprimer ce qui n'était qu'indiqué par les accens inarticulés.

Il paraît que l'homme possède la faculté d'interprêter instinctivement quelques uns de ces signes, et c'est avec leur aide qu'on peut faire connaître les signes artificiels, dont la valeur est fixée par un mutuel consentement. Plus le langage artificiel se perfectionne, plus la langue de la nature se perd; et alors il faut de longues réflexions pour en recouvrer l'usage. Cette étude entre pour beaucoup dans l'art du comédien et de l'orateur.

Du langage artificiel. On peut diviser en deux classes les signes artificiels : ceux qui parlent aux yeux, et ceux qui s'adressent à l'oreille. Ces derniers ont été, chez toutes les nations, les moyens employés pour les communications intellectuelles, et on leur donne le nom de langage par sons articulés.

Langage par sons articulés. Ce langage consiste dans une réunion de sons diversement combinés, propres à exprimer toutes sortes d'idées et de sentimens. Une collection de sons employés chez un peuple, selon certaines règles déterminées, voilà ce qui forme l'idiome particulier ou la langue de ce peuple.

Des gestes alphabétiques. Les signes artificiels qui parlent aux yeux, sont, ou les gestes alphabétiques, ou l'écriture. Les gestes alphabétiques diffèrent essentiellement des gestes naturels, qui forment le langage d'action proprement dit, et qui représentent immédiatement nos sentimens et nos idées, tandis que les gestes alphabétiques ne représentent que la figure des lettres de l'alphabet. Tel est l'alphabet manuel qu'on enseigne aux sourds-muets, dans les écoles destinées à leur instruction.

De l'écriture. Il y a aussi deux sortes d'écriture : l'écriture qui n'est pas alphabétique, et l'écriture alphabétique. La première représente immédiatement les objets et nos idées. Un arc, par exemple, représente un guerrier, un œil l'intelligence, un serpent l'univers, etc. Telle est à peu près l'écriture des Chinois et des autres peuples de l'Asie; telle était l'écriture des anciens Égyptiens : on l'appelle *hiéroglyphique* (1).

L'écriture alphabétique (2) représente immédiatement les sons de la voix, excepté, sans qu'on le dise, pour ceux qui seraient privés de l'ouïe. Elle fut trouvée, dit-on, par les Phéniciens, d'où elle passa aux Grecs et aux Romains, et par eux à toute l'Europe.

L'écriture est un fait important dans l'histoire du langage, et l'une des inventions humaines qui contribuent le plus énergiquement aux progrès intellectuels de notre espèce. L'imprimerie a donné une prodigieuse extension aux avantages qui en dérivent : elle fut inventée en Allemagne en 1440, la même année où était fondée l'académie platonicienne de Florence.

Entre le langage d'action et le langage des sons articulés, il existe un grand nombre de différences; l'un est naturel et constamment le même, l'autre est artificiel et variable; l'un manifeste les idées immédiatement et par la vue, l'autre les communique médiatement par l'ouïe, au moyen des sons. Le premier est indispensable et nécessaire pour la formation du second; celui-ci par conséquent suppose l'usage du premier. Le langage d'action est plus vif, plus

Quelle est la différence du langage d'action et du langage par sons articulés.

---

(1) Ἱερογλυφικὸς, de ἱερος, saint, excellent, et γλύφω, graver.
(2) Alphabétique, de ἄλφα, la première lettre, et βῆτα, deuxième lettre de l'alphabet grec.

prompt, plus énergique, suivant la remarque d'Horace :

Segnius irritant animos demissa per aurem,
Quàm quæ sunt oculis subjecta fidelibus..... (1)

Le langage parlé nous fait connaître un plus grand nombre de choses, il nous en donne une idée plus claire, plus distincte ; il nous montre plusieurs rapports que le langage d'action ne pourrait que très-difficilement faire démêler, et par conséquent il est plus favorable au développement de l'intelligence.

Quels sont les élémens du langage articulé ?

Les mots sont les élémens du langage articulé. On distingue plusieurs espèces de mots ; le nom, l'adjectif, le verbe, la préposition, la conjonction, etc. Avec des noms, des adjectifs et des verbes. nous formons des prépositions, nous faisons connaître les choses et les rapports qu'elles ont entre elles, nous énonçons les jugemens que nous en portons ; avec les conjonctions, nous lions nos jugemens entre eux et nous en tirons des conséquences, nous raisonnons : de là tout le discours.

Que sont les signes du langage par rapport aux idées ?

On a demandé ce que sont les signes à l'égard des idées, cette question n'est ni précise ni claire. Veut-on savoir si les signes dont nous nous servons représentent nécessairement et naturellement nos idées? ou bien veut-on nous demander quelle est l'utilité des signes pour l'intelligence? Dans le premier cas nous y avons déjà répondu. Les signes naturels représentent nos idées immédiatement et nécessairement ; les signes artificiels sont tous de convention, et ils

---

(1) Ce qui n'entre que par les oreilles émeut plus faiblement le cœur que ce qui est mis sous nos yeux. (Art poët., vers 180.)

n'expriment une chose plutôt qu'une autre, que parce que les premiers qui les ont employés sont convenus de leur assigner ce sens plutôt qu'un autre : un même mot peut être le signe d'une idée chez un peuple, et le signe d'une autre idée chez un autre peuple. Nous observerons en passant néanmoins qu'il y a dans les sons certaine analogie avec les objets, et c'est en cela que consiste en partie l'harmonie imitative : les langues anciennes en offrent des exemples fréquens.

Dans le second cas, nous y avons encore répondu, lorsque nous avons dit ce qu'étaient les langues pour le philosophe. Les signes sont de la plus grande utilité, soit pour se former des idées, soit pour noter celles que nous avons acquises, et les *enregistrer dans l'esprit,* comme dit Locke. Les mots sont les véhicules de la pensée, les leviers de l'intelligence; nous allons essayer de le démontrer directement, en nous occupant des idées considérées par rapport à leurs causes.

VI.

Des idées absolues.

Sont absolues toutes les idées qui sont spécialement et immédiatement le produit de l'attention. De ce nombre sont toutes les idées de substances, et celles des idées de modification qui ne dérivent point de la comparaison.

Dans un sens plus large, nous donnons le nom d'idées absolues à toutes les connaissances, ou idées

<small>Définition des idées absolues.</small>

qui ont un objet réel, existant en nous ou hors de nous, ou un objet que l'esprit conçoit, quoique dans la réalité il n'existe aucun être pareil dans la nature, et que pour cela les philosophes appellent un *être moral*, un *être de raison*.

Sous ce point de vue, sont absolues non-seulement toutes les idées sensibles, mais aussi toutes les idées des facultés de l'ame, et même toutes les idées abstraites qui n'ont point de type dans la nature, et que l'esprit ne forme qu'en réunissant plusieurs idées communes à différens objets dont il compose un tout. Telles sont les idées de la vertu, du courage, de la couleur prise d'une manière générale.

Or je dis que les signes sont de la plus grande utilité pour la formation de ces idées, et pour les conserver dans la mémoire.

Utilité du langage par rapport aux idées absolues.

L'esprit de l'homme, avec le secours du langage, se représente facilement, à part deux choses qui existent toujours ensemble et réunies; savoir, les êtres et les qualités qui les modifient, quoique les êtres ne soient jamais sans quelques qualités, et que les qualités ne puissent pas exister sans les êtres. Il pense à une feuille d'arbre sans penser à sa couleur, et à la couleur sans penser à la feuille, quoiqu'on ne puisse jamais voir la feuille sans la couleur, ni la couleur sans la feuille.

Mais d'où nous viendrait le pouvoir de séparer ainsi dans notre esprit, d'une manière durable, deux choses que la nature a unies, et que nous ne pouvons voir qu'unies, si nous n'avions pour opérer cette séparation, deux signes distincts, dont l'un pût fixer la pensée sur la feuille, et l'autre sur la couleur ?

Il est vrai que la nature nous montre elle-même des feuilles vertes, jaunes ou rouges; il est vrai aussi qu'en observant une même feuille d'arbre à plusieurs reprises, et en des temps différens, on la voit passer successivement d'une couleur à d'autres couleurs, et cela suffit pour qu'on puisse remarquer dans une même feuille quelque chose qui change, et quelque chose qui ne change pas, ou qui est plus long-temps à changer; c'est-à-dire pour qu'on puisse remarquer un sujet et des qualités : *res fluentes et permanentes*.

Mais il est à croire que cette remarque ne laissera que des traces légères, bientôt effacées par les impressions du moment, qui montrent toujours la feuille unie à sa couleur.

Il paraît donc que sans le secours de deux signes qui sont toujours à notre disposition, dont l'un indique exclusivement le sujet, et l'autre exclusivement la qualité, nous n'aurions pas deux idées distinctes de la feuille et de sa couleur, puisque ces deux idées, à peine formées, s'évanouiraient aussitôt.

Cette faculté de voir isolées l'une de l'autre deux choses qui sont unies par un lien indissoluble, ne peut résulter que d'un artifice par lequel l'esprit, au lieu de se porter sur les choses elles-mêmes, qui sont toujours et tout à la fois substance et modification, se porte sur les signes de ces choses, signes qui sont distincts et séparés de telle manière, que l'un, comme nous venons de l'observer, indique exclusivement la substance, et l'autre exclusivement la modification.

Nous avons constaté que les sens nous faisaient isoler

les qualités de leurs sujets, et nous fournissaient ainsi des idées abstraites absolues; comme eux, le langage nous fait décomposer les objets, et peut-être que sans son secours ces premières idées venues des sens ne se formeraient pas aussi aisément.

En effet, notre attention, sollicitée par la vue des objets, resterait assujétie à leur action; n'étant plus la maîtresse de se porter sur l'un exclusivement à l'autre, elle ne les verrait que comme la nature les lui offre, et ne distinguerait point le sujet de sa modification. Dans tous les cas, nos idées fugitives, comme l'instant qui les aurait vues naître, disparaîtraient avec les objets, et ne se réveilleraient en nous que lorsque leur présence viendrait faire, sur nos sens, de nouvelles impressions. Telles paraissent être les idées de tous les animaux. (Voir Laromig., *passim*.)

Mais quand même, sans le secours du langage, nous pourrions nous former ainsi des idées distinctes et séparées des êtres et de leurs qualités; quand même nous pourrions conserver ces idées ainsi isolées, les signes n'en seraient pas moins utiles pour les réunir, et en former un tout semblable à leur objet.

Prenons pour exemple, et d'une manière isolée, toutes les idées partielles qui composent l'idée totale de l'or. Ces idées sont : l'*étendue*, la *divisibilité*, la *solidité*, la *dureté*, la *mobilité*, la *ductilité*, la *malléabilité*, la *fixité*, la *pesanteur*, l'*impénétrabilité*, la *porosité*, l'*élasticité*, la *couleur jaune*, etc., etc. Il est certain que je ne saurais avoir à la fois l'idée de toutes ces qualités, et que je ne puis me les rappeler à moi-même qu'en les faisant passer en revue dans mon esprit; mais si, ne pouvant les embrasser toutes ensemble, je ne voulais penser qu'à une seule, par exemple à sa couleur, une idée aussi incomplète me serait inutile, et me ferait confondre ce corps avec ceux qui lui ressemblent par cet endroit. Pour sortir de cet embarras, j'invente le mot *or*, et ce mot me sert de lien pour réunir une certaine quantité d'idées simples, que je ne puis réveiller toutes à la fois dans mon esprit, mais que j'ai vues coexister dans un même sujet, et que je me rappellerai les unes après les autres quand je le souhaiterai.

Nous ne pouvons donc réfléchir sur les substances qu'autant que nous avons des signes qui déterminent le nombre des propriétés que nous y avons remarquées, et que nous réunissons dans des idées complexes conformes à leur objet. Comme les qualités des choses ne subsistent pas, hors de nous, sans des sujets où elles se réunissent, leurs idées ne coexisteraient pas dans notre esprit sans des signes où elles se réunissent également.

Ce besoin des signes est encore bien sensible dans les idées complexes que nous nous formons des *êtres moraux*. Quand nous avons rassemblé des idées que nous ne voyons nulle part réunies, comme il arrive ordinairement dans ces notions composées, qu'est-ce qui en fixerait les collections, si nous ne les attachions à des mots, qui sont comme les liens qui les empêchent de s'échapper? C'est ainsi que les idées de danger, connaissance du danger, obligation de s'y exposer, et fermeté à remplir cette obligation, sont réunies sous le seul mot *courage*. Sans cette précaution, vainement voudrions-nous former des collections d'idées : nous serions dans le même embarras que celui qui voudrait calculer, en disant plusieurs fois *un, un, un,* et qui ne voudrait pas imaginer des signes pour chaque collection. Cet homme ne se ferait jamais l'idée d'une vingtaine, parce que rien ne pourrait l'assurer qu'il aurait exactement répété toutes les unités. (Condillac, Essai sur les connais. hum., p. 180 et suiv.)

Concluons que, pour avoir des idées sur lesquelles nous puissions réfléchir, nous avons besoin d'imaginer des signes. Cette vérité sera mise dans un nouveau jour, lorsque ce besoin se fera sentir pour former nos idées relatives.

VII.

Des idées relatives.

Qu'est-ce que le jugement ?

Lorsque nous avons plusieurs idées, nous sentons entre elles des rapports. Si, au moyen des signes, les deux termes de ces rapports peuvent devenir distincts, les rapports ne sont pas seulement sentis, ils sont perçus; et ces rapports perçus sont ce qu'on appelle *idées de rapport, idées relatives.*

Utilité du langage pour les idées relatives.

L'enfant peut se sentir faible, il sent son *moi* modifié; mais le moi et la modification coexistant au-dedans de lui, les sentimens qu'il en éprouve se trouvent confondus en un seul sentiment. Si au moyen des deux mots *moi* et *faible*, ses sentimens sont démêlés, séparés, l'enfant aura les deux idées du moi et de sa modification; il sentira un rapport entre ces deux idées bien distinctes; et ce sentiment, étudié par l'activité de l'esprit, deviendra une idée de rapport, une idée relative.

Ainsi nous commençons par sentir des rapports; l'esprit, à l'aide des signes, les perçoit ensuite. Mais nous ne nous bornons point à la simple perception des rapports : quand nous apercevons la blancheur avec la neige, la chaleur avec le feu, nous prononçons, au risque de nous tromper, que les choses sont en réalité telles que nous les apercevons, et nous disons: La neige est blanche, le feu est chaud; c'est-à-dire, qu'après avoir senti des rapports et les avoir perçus, nous les affirmons.

Sentir, apercevoir, affirmer des rapports, cela s'appelle juger.

Il y a donc trois espèces de jugemens, ou, si on l'aime mieux, trois degrés dans le jugement.

On juge par sentiment, on juge par idée, on juge par affirmation. L'affirmation est le prononcé du jugement par idée; le jugement par idée est l'analyse du jugement senti.

Les mots, les signes sont indispensables pour le jugement par affirmation; ils ont servi à analyser le jugement qui se fait par sentiment, à le convertir en jugement qui se fait par idées; mais pour juger par sentiment, il ne faut ni mots, ni signes, ni aucune espèce de langage.

Les animaux sentent des rapports : ils ne peuvent ni les percevoir, ni les affirmer. Le lion sent qu'il est fort; l'assurance avec laquelle il se jette sur sa proie ne nous permet pas d'en douter : mais il ne sait pas qu'il est fort, et surtout il ne dira jamais, en lui-même, *Je suis fort*. (Laromiguière, p. 127 et 128.)

Quels rapports y a-t-il entre le jugement et l'idée ?

Lorsque nous avons fait connaître la nature de l'idée, nous avons dit qu'elle était un sentiment distinct, une distinction de rapport. En effet, pour connaître un objet, un arbre, par exemple, nous sommes forcés de le distinguer de tout ce qui n'est pas lui ; or, distinguer un objet de tous les autres objets, c'est sentir une ou plusieurs différences, c'est apercevoir un ou plusieurs rapports. L'idée consiste donc dans un sentiment de rapport, dans une perception de rapport ; mais le jugement est aussi une perception de rapport : l'idée et le jugement sont donc une seule et même chose ?

Nous répondrons qu'à la vérité les idées sont de vrais jugemens, mais des jugemens d'une espèce particulière. Entre le jugement idée et le jugement proprement dit, il y a cette différence que, dans le jugement proprement dit, il y a toujours deux termes, dont le rapport est ou senti, ou perçu, ou affirmé ; deux termes qui se confondent dans le sentiment, qui se séparent dans la perception pour se réunir, mais sans se confondre, dans l'affirmation ; au lieu que pour le jugement idée, il n'y a qu'un terme qui soit déterminé. Ainsi, si entre le jugement et l'idée il y a un rapport de similitude, il y a aussi un rapport de différence (1). (Voir Laromiguière, p. 127 et 128.)

---

(1) Dans le jugement proprement dit, les deux termes de la comparaison sont toujours déterminés ; c'est toujours le résultat de la réunion d'un sujet et d'une qualité. Le nombre des termes qui entrent dans le second membre du rapport constitutif de l'idée n'est pas déterminé ; il peut n'y en avoir qu'un seul, il peut y en avoir mille ; car l'objet dont on cherche à se faire une idée peut être en présence de tous les objets de la nature.

LOGIQUE.   437

On peut voir une autre différence entre le juge- *Quels sont les objets de nos jugemens?*
ment proprement dit et l'idée absolue, dans leur
objet respectif.

L'idée absolue a toujours un objet réel, qui est son objet : ainsi, à l'idée que j'ai d'un arbre, répond, hors de moi, l'arbre dont je me suis fait l'idée; mais il n'en est pas de même pour l'idée relative, pour le jugement. Si j'ai l'idée de la différence qui existe entre la lettre A et la lettre B, je vois bien, hors de moi, la lettre A qui répond à l'idée que j'en ai; je vois bien aussi la lettre B, qui est l'objet de l'idée que je m'en suis formée : mais quel est l'objet de l'idée de différence que je saisis entre ces deux lettres? où est le type, le modèle de cette dernière idée qui se manifeste en moi? y a-t-il une chose dans la nature qui lui réponde? Non, sans doute. Nous sommes donc autorisés à conclure que les objets de nos jugemens, qui ne sont que les rapports que nous pouvons saisir, n'existent pas hors de nous dans la nature; qu'ils n'existent que dans notre esprit. En effet, l'objet de l'idée de différence entre les deux lettres A et B n'est pas la lettre A toute seule, ce n'est pas non plus la lettre B toute seule; serait-ce ces deux lettres réunies? mais ces deux lettres réunies ne sont pas une troisième réalité distincte de A et de B.

C'est pour avoir méconnu des vérités aussi simples qu'on a réalisé toutes les qualités relatives des êtres. On a réalisé le froid, le chaud, le sec, l'humide; et avec *Aristote* on a fait de la mauvaise physique.

On crut apercevoir des choses positives dans les qualités relatives de l'ame; on se perdit dans les raisonnemens que l'on fit sur le beau, le bon, le sage, etc.; et avec Platon on fit de la mauvaise métaphysique.

On prêta une vaine réalité aux rapports de similitude, et la nature fut remplie par les scolastiques de genres et d'espèces. (Voir Laromiguière, *ibid.*)

A cela nous ajouterons que, sous le rapport de leur cause, le jugement et l'idée diffèrent aussi. L'idée est le produit de l'attention ; le jugement est le résultat de la comparaison. Enfin nous dirons que les idées sont les élémens du jugement, qui, par conséquent, les présuppose.

Deux acceptions du mot jugement.

Il est inutile d'observer que le mot *jugement*, comme presque toutes les expressions philosophiques, peut s'entendre de deux manières : quelquefois il a une signification active ; dans cette phrase, par exemple, *Cet homme a un jugement exquis*, et alors il n'est pas une faculté distincte de la comparaison ; d'autres fois, il se prend dans une signification passive, comme dans cette phrase : *Voilà un jugement vrai*, et alors il exprime le produit de la faculté de juger, il est une connaissance de rapport (1).

Combien distingue-t-on d'espèces de jugemens ?

Les rapports, nous l'avons dit, sont des rapports de ressemblance ou de différence. Dans le premier cas, l'esprit lie, associe ensemble les deux idées entre lesquelles il aperçoit une ressemblance, une convenance : de là le jugement *affirmatif ;* dans le second cas, l'esprit sépare, écarte l'une de l'autre les deux idées entre lesquelles il voit incompatibilité : de là le jugement *négatif*.

Dieu est bon : voilà un jugement affirmatif. — Dieu

---

(1) De même que l'idée est une espèce de jugement, de même le jugement est une espèce d'idée ; c'est l'*idée de rapport*, l'*idée relative*, qu'il ne faut pas confondre avec l'idée proprement dite, l'idée absolue.

n'est pas cruel : voilà un jugement négatif. L'expression *jugement affirmatif* n'est pas assez caractéristique, puisque dans le jugement négatif même il y a affirmation.

Le jugement, soit affirmatif, soit négatif, est nécessaire ou libre : nécessaire quand les rapports sont nécessaires, libre quand les rapports ne sont pas nécessaires. *Le tout est plus grand que la partie* : voilà un jugement nécessaire, parce que le rapport est essentiel. *La lune est habitée* : voilà un jugement libre, parce qu'il n'est pas essentiel que la lune soit habitée.

L'homme ne fait rien sans motif. Quand nous portons un jugement, nous avons toujours quelque raison qui nous détermine, et cette raison déterminante est ce qu'on appelle motif de jugement ; ces motifs diffèrent selon la diversité des objets que nous jugeons, ou plutôt selon les moyens que nous avons de percevoir les rapports.

{Quels sont les motifs de nos jugemens?}

Si nous voulons juger de ce qui nous est intérieur, des modifications de notre ame, le moyen qui nous est donné ne peut être que notre propre sentiment. Ce premier motif prend le nom de *sens intime*, ou *conscience*.

S'il s'agit de rapports essentiels et nécessaires, l'*évidence* est le motif de notre affirmation. Si nous jugeons de faits extérieurs qui appartiennent à l'ordre physique, et dont nous avons perçu nous-mêmes les rapports, alors nos sens sont les moyens par lesquels nous nous assurons de l'existence de ces rapports, et nous fournissent un motif de juger ce qu'on appelle *témoignage des sens*. Enfin, s'il s'agit de faits extérieurs dont nous n'avons pas été les témoins, c'est le *témoignage des hommes* qui motive nos jugemens.

Quelquefois nous jugeons de ce qui a existé précédemment, et alors c'est la *mémoire* qui nous fournit les matériaux de nos jugemens. D'autres fois nous jugeons des faits ou des objets que nous ne voyons pas, en nous fondant sur des ressemblances nombreuses que ces objets ou ces faits présentent avec d'autres de même nature qui nous sont bien connus, et dans ce cas c'est l'*analogie* qui nous détermine.

Peut-on les ramener tous à un seul? Le sens intime, l'évidence, le témoignage des sens, le témoignage des hommes ou l'autorité, la mémoire, l'analogie, tels sont nos motifs de jugemens. On a demandé si on pouvait les ramener à un seul : nous ne balancerons pas à répondre d'une manière affirmative

En effet, « soit que nous nous élevions, pour par-
« ler métaphoriquement, jusque dans les cieux, soit
« que nous descendions dans les abymes, nous ne
« sortons pas de nous-mêmes, et ce n'est jamais que
« notre propre pensée que nous apercevons (1). »
Quelles que soient nos connaissances, si nous voulons remonter à leur origine, nous arriverons toujours au sentiment ; car nous ne savons rien que parce que nous avons senti. « Tout porte sur le sentiment in-
« time du *moi*, dit monseigneur l'évêque d'Hermo-
« polis ; après avoir épuisé toutes les réflexions et
« tous les raisonnemens, la raison ultérieure de croire
« à une proposition quelconque est le sentiment in-
« térieur de la vérité.... Tout ce qui vient du dehors
« doit être senti, apprécié par moi. » Appuyons ces deux grandes autorités d'une autre autorité non moins

---

(1) Condillac, Essai sur les connaiss. hum., p. 1.

grande en philosophie, celle de M. Cousin. « Les « faits, quels qu'ils soient, dit-il, n'existent pour nous « qu'autant qu'ils arrivent à la conscience ; c'est là « seulement que l'observation les atteint.... Le champ « de l'observation philosophique, c'est la conscience, « il n'y en a pas d'autre ; mais dans celui-là il n'y a rien « à négliger... Rentrer dans la conscience et en étu-« dier scrupuleusement tous les phénomènes, leurs « *différences* et leurs rapports, telle est la première « étude du philosophe. » (Cousin, Fragmens.)

Ainsi, dans la formation de nos jugemens, tout doit se ramener au sentiment, au sens intime, à la conscience, expressions qu'on peut regarder comme synonymes. Il paraît cependant qu'on doit préférer le mot *conscience*, comme le plus propre à exprimer le motif de nos jugemens ; car le sentiment tout seul ne suffit pas pour nous faire porter un jugement, à moins qu'on ne veuille parler du jugement senti. Pour le jugement par idée et le jugement affirmé, il faut que le sentiment soit perçu ; et c'est, à proprement parler, ce que signifie le mot conscience (1).

Quant au sens intime, c'est un mot vide de sens (qu'on me pardonne la cacophonie), s'il n'est pas

---

(1) Il est évident que pour les sensations, elles ne sont des phénomènes de conscience que sous cette condition que nous y fassions attention. Mille et mille impressions peuvent assaillir ma sensibilité : si je n'y donne pas mon attention, je n'en ai pas conscience. Il en est de même de beaucoup de pensées qui, si mon attention est dirigée ailleurs, n'arrivent pas à ma conscience, et s'évanouissent en rêveries. La condition essentielle de la conscience, c'est l'attention ; le phénomène interne le plus intime à la conscience est donc l'attention. (Cousin, 1829, dix-huitième leçon, p. 176.)

synonyme de sentiment ou de conscience ; et dans tous les cas il doit être rejeté comme inutile. D'ailleurs il manque de précision, il suppose une distinction entre les sens intérieurs et les sens extérieurs ; comme si les sentimens n'appartenaient pas tous à l'ame, comme s'ils ne lui étaient pas tous également *intérieurs* également *intimes*.

<small>L'autorité du témoignage des sens émane de la conscience.</small> Examinons séparément toutes les autorités reconnues par les philosophes sous le nom de motifs de nos jugemens, nous verrons que tous viennent se résumer dans la conscience. Commençons par le témoignage des sens ; ce témoignage n'est rien s'il n'est pas la sensation, mais la sensation elle-même n'est qu'une de nos manières de sentir, celle qui est produite par l'action que les objets extérieurs exercent sur nos organes. Il est vrai que nous ne devons pas la confondre avec les autres modes de la sensibilité; mais elle n'en est pas moins un sentiment. Par elle nous avons le sentiment des objets qui frappent nos sens; et si nous venons à observer ce sentiment, si nous le distinguons par l'activité de l'esprit, nous aurons bientôt la conscience de ces mêmes objets extérieurs.

<small>Il en est de même pour l'évidence.</small> Passons à l'évidence. Elle consiste dans la vue claire et distincte de la vérité, c'est-à-dire dans le sentiment distinct d'un rapport : ainsi je dis qu'il est évident que deux et deux font quatre, parce que mon esprit saisit clairement le rapport d'égalité qu'il y a entre quatre et deux plus deux. Ici le rapport se montre lui-même, il m'est facile de le saisir ; mais il n'en est pas de même dans tous les cas. Souvent les rapports qui sont entre les choses ne se laissent apercevoir qu'après une longue suite d'idées que

nous parcourons pas à pas. De là deux sortes d'évidences, l'évidence *intuitive* et l'évidence *déductive :* la première est le résultat de la comparaison, la seconde suppose le raisonnement ; l'une et l'autre ne sont que la vue claire d'un rapport d'identité ou de non identité : mais dans l'évidence intuitive le rapport se montre immédiatement, et dans l'évidence déductive ce rapport ne se montre qu'après une suite d'idées toutes identiques, qui nous font voir que la première est identique ou n'est pas identique avec une dernière idée ; mais l'une et l'autre évidence n'est qu'un sentiment distinct, qu'un sentiment perçu, et par conséquent elle ne diffère pas de la conscience.

Toute l'autorité du témoignage des hommes rentre de même dans le domaine de la conscience. Et sur quoi porterait cette autorité, si elle n'avait sa base dans ce sentiment invincible qui, nous mettant à la place de ceux qui nous transmettent un fait, et que nous jugeons digne de foi, nous dit hautement que dans les mêmes circonstances nous serions les organes fidèles de la vérité ? De quel poids serait cette autorité qu'une philosophie toute romantique a exaltée comme l'unique moyen d'atteindre à la certitude, comme le contrôle universel de la pensée, si elle n'empruntait toute sa force, toute sa valeur au sentiment de rapport qui nous apprend que nos semblables n'immoleront point sans motif, au mensonge, leur conscience et leur intérêt ? Ce n'est que parce que je sens qu'il est impossible qu'une multitude d'hommes, dont l'âge, le pays, les intérêts sont divers, puissent conspirer à me tromper, que j'adopte comme vrais les faits qu'ils me garantissent.

<small>Il en est de même pour le témoignage des hommes.</small>

444 MANUEL DE PHILOSOPHIE.

Il en est de même pour l'analogie.

L'analogie, considérée comme motif de jugement, est toujours fondée sur des rapports de ressemblance, sur des rapports à la fin, ou sur des rapports des causes aux effets et des effets aux causes, et par conséquent elle rentre dans la conscience dont elle n'est qu'un point de vue particulier.

Il en est de même pour la mémoire.

Enfin la mémoire n'étant qu'un sentiment renouvelé, que ce qui reste en nous des impressions éprouvées antérieurement, reste auquel nous donnons notre attention dans la réminiscence; la mémoire, dis-je, qui ne fait que mettre au présent ce qui est au passé, est la conscience même des anciennes modifications de notre ame.

Enfin, dans la formation de nos jugemens, de quelque manière que nous saisissions les rapports, c'est toujours, en dernière analyse, la conscience qui est notre motif déterminant ; c'est le réservoir commun où viennent aboutir tous les canaux de l'intelligence. La lumière de l'évidence s'y réfléchit sur tous les rapports qui nous sont fournis, ou par la mémoire, ou par les sens, ou par le témoignage des hommes, ou par l'analogie. La mémoire y conserve nos anciennes affections, les sens y apportent les impressions des objets avec lesquels ils sont en contact, le témoignage des hommes y déverse les faits dont nous ne saurions être les témoins ; mais ces faits ne nous arrivent que médiatement, il faut qu'ils nous soient transmis par les sens : il en est de même des rapports que nous fournit l'analogie, qui ne saurait arriver jusqu'à nous qu'en s'appuyant sur la mémoire, ou sur le témoignage des hommes, ou bien encore en ayant recours au ministère de nos organes.

Nous sommes remontés au principe d'où découlent toutes les croyances. C'est de cette hauteur que nous pouvons dominer toutes les théories que l'on a faites sur les motifs de crédibilité; c'est de là que nous pouvons apprécier cette opinion si fameuse, quoique nouvelle, qui, non contente de voir dans la tradition un moyen fécond de connaissances, la proclame exclusivement comme le motif unique de la certitude, et la regarde comme la raison ultérieure de toute vérité. Mais avant d'entrer dans cette discussion, faisons connaître ce que l'on entend par ces mots *croyance*, *vérité*, *certitude*.

VIII.

De la croyance, de la vérité, de la certitude.

Croire, présumer, être certain, connaître, savoir, toutes ces expressions sont souvent regardées comme synonymes, et cependant il existe entre elles des nuances bien marquées. Si j'ai quelque raison de penser qu'une chose arrivera sans cependant en être certain, je l'annonce en me servant indifféremment des expressions je *crois*, je *présume*. Si je ne doute nullement de l'existence d'une chose, je me sers encore du verbe je *crois* pour m'exprimer, et alors ce verbe est l'équivalent de je suis certain : c'est dans ce sens qu'on dit je *crois en Dieu*. Foi et *croyance* sont ici synonymes; mais souvent on peut croire une chose sans la connaître, sans savoir ce qu'elle est, sans pouvoir s'en rendre raison. Je crois aux forces et je ne les connais pas. Ceci nous rappelle un mot

Qu'est-ce que croire?

qu'on prête à M. Royer-Collard : *Je ne l'ai pas vu, je ne le sais pas, j'en suis certain.* C'est ainsi que, sous les mots qui expriment les choses auxquelles nous croyons, souvent il n'y a point, je ne dis pas de *réalité*, mais de *connaissance*.

Qu'est-ce que la vérité ?

Les choses que nous croyons, nous les croyons telles qu'elles existent réellement ou non. Dans le premier cas nous croyons à une chose vraie, notre croyance est vraie, nous connaissons la vérité ; dans le second cas, notre croyance est fausse, nous sommes dans l'erreur, et comme nous ne pouvons connaître les choses que par leurs rapports, soit avec nous, soit entre elles, il s'ensuit que la vérité pour les hommes n'est que la perception de certains rapports.

Qu'est-ce que la certitude ?

Or, quelquefois nous avons de fortes raisons pour admettre ces rapports, des raisons qui excluent toute espèce de doute sur leur réalité ; alors nous avons la *certitude*, que l'on peut définir : *une adhésion ferme et motivée de l'esprit à quelque vérité dont il ne doute nullement.*

D'autres fois ces raisons sont balancées par des raisons contraires, soit que ces raisons de part et d'autre soient également fortes, soit qu'elles ne le soient pas : alors l'esprit est dans ce qu'on appelle l'*incertitude*, il hésite ; et comme il peut hésiter plus ou moins long-temps, il en résulte évidemment qu'il y a plusieurs degrés d'incertitude.

Y a-t-il plusieurs degrés de certitude ?

Il n'en est pas de même de la certitude. Comme il n'y a qu'une seule manière d'être fixe et immobile, et que la certitude est la fixité et une sorte d'immobilité de l'esprit qui adhère à une vérité dont il ne doute nullement, il s'ensuit qu'il n'y a pas plusieurs degrés de certitude. L'esprit est absolument certain, ou il ne l'est pas du tout : entre ces deux états il n'y a point de place pour des demi-certitudes, pour des certitudes incomplètes; il n'y en a que pour l'incertitude, dont les divers degrés peuvent être soumis au calcul.

Qu'est-ce que la probabilité?

« Tout ce qui peut contribuer à former une preuve, « mais qui seul n'en forme pourtant pas une, fournit « un certain degré de probabilité. Si je cherche en « quelle maison un certain homme se tient, et que « je découvre la ville où il est, j'ai déjà quelque « chose qui peut me mener à la connaissance de ce « que je souhaite de savoir; mais cela ne suffit pas. « Si l'on m'indique la rue, la probabilité augmente; « et en cas que j'entreprenne de déterminer la mai- « son où il se trouve, le risque de me tromper, quel- « que grand qu'il puisse être, sera moindre que s'il « avait fallu la choisir dans toute la ville. » (s'Gravesande, Introd. à la philos., p. 144.)

Du doute et de la vraisemblance.

Depuis l'ignorance jusqu'à la science parfaite, cette science qui produit la certitude, il y a un milieu, et ce milieu est rempli par divers degrés de probabilité. Suivant que j'aurai plus ou moins de chances d'erreur, j'aurai aussi plus ou moins de probabilité. Si j'ai autant de raisons pour croire à une chose que pour n'y pas croire, cette chose sera douteuse : le doute peut être envisagé comme une espèce d'équilibre. Si la probabilité augmente, la chose devient vraisemblable, les degrés de vraisemblance croissent depuis le doute jusqu'à la certitude ; l'invraisemblance se trouve au-dessous du doute, et augmente à mesure qu'elle s'en éloigne, jusqu'à l'ignorance absolue. Tout cela forme une chaîne : aux deux extrémités se trouvent d'un côté la certitude, et de l'autre l'ignorance ; au milieu est le doute, au-dessus duquel les divers degrés de vraisemblance jusqu'à la certitude, et au-dessous les divers degrés d'invraisemblance jusqu'à l'ignorance forment les anneaux de la chaîne. Dans l'usage ordinaire, on appelle probable ce qui a de la vraisemblance : c'est pourquoi il ne faut pas confondre ce qui est probable avec ce qui a quelque probabilité seulement. Les divers degrés de probabilité forment une échelle au moyen de laquelle on peut calculer les degrés d'incertitude. L'auteur que je viens de citer entre, à cet égard, dans beaucoup de détails qui peuvent être fort utiles dans plusieurs circonstances.

Combien y a-t-il d'espèces de certitudes? On distingue communément trois sortes de certitudes. Si elle dérive de la nature même des choses, la certitude est *métaphysique*. Exemple : Le tout est plus grand qu'une de ses parties.

Elle est dite *physique*, si elle est fondée sur les lois constantes et accoutumées de la nature ; elle est infaillible tant qu'on suppose que Dieu n'a pas interrompu le cours de ses lois. Exemple : Le soleil se lèvera demain.

Elle est appelée certitude *morale* lorsqu'elle repose sur la constitution morale des hommes. Exemple : Je suis certain qu'un homme jouissant de toute sa raison n'ira pas s'exposer à un danger manifeste de perdre la vie sans qu'il y soit porté par quelque utilité réelle ou imaginaire.

Nous ne croyons pas que cette division de la certitude puisse offrir un grand avantage à ceux qui étudient la philosophie. D'ailleurs les dénominations par lesquelles on les désigne manquent d'exactitude. Toutes les certitudes sont métaphysiques, puisque toutes sont des modifications de l'ame; il n'en est aucune qui soit physique : c'est nous faire matériels que de s'exprimer ainsi. Toutes ces expressions, empruntées de la scolastique, sont sans analogie, et devraient être bannies d'une saine philosophie. Si l'on veut absolument reconnaître diverses certitudes, dites que les unes sont *absolues* (ce sont celles qui sont fondées sur des rapports nécessaires, et qui dérivent de l'essence même des choses), et les autres, *hypothétiques* (ce sont celles qui sont fondées sur les lois qui régissent le monde moral et physique). Les premières seront toujours, et dans tous les cas, infaillibles; les secondes ne le seront que dans certaines hypothèses.

IX.

Du scepticisme.

Nous ne pouvons pas toujours atteindre à la certitude; quelquefois même la simple croyance nous est interdite, parce que nous manquons de moyens pour asseoir un jugement solide : alors une sage raison nous défend de prononcer.

« Mais il est rare de trouver chez les hommes une
« telle réserve : tant que l'amour de la vérité, dit
« M. Laromiguière, ne sera pas le premier de leurs
« intérêts; tant que le vain désir de paraître, tant

« que les passions régneront sur la terre, on dé-
« cidera sans connaissance, on prononcera au ha-
« sard. L'orgueil surtout aime les affirmations tran-
« chantes : s'il balançait un moment, on pourrait
« le soupçonner d'ignorer quelque chose. » (T. 2,
p. 130.)

Les philosophes n'ont pas toujours été exempts de
ce travers ridicule, de cette folle présomption. Avant
l'ère chrétienne, chaque secte philosophique avait ses
dogmes, c'est-à-dire certains points de l'enseignement qu'elle soutenait comme autant de vérités, ce
qui leur fit donner, en général, le nom de *dogmatiques;* mais, à force de s'attaquer et de se déchirer
les unes les autres, elles découvrirent leur faiblesse.
De plus, Athènes était remplie de sophistes qui se
vantaient de soutenir les causes les plus désespérées,
et de renverser les mieux établies. Socrate les dé-
masqua, les poursuivit avec l'arme puissante de l'iro-
nie, et parvint à les faire mépriser. Il opposait sans
cesse à leur jactance cette maxime modeste : *Tout
ce que je sais, c'est que je ne sais rien.* Quelques
uns de ses disciples, prêtant à cette maxime un sens
plus étendu, qui était loin de l'esprit de Socrate,
pensèrent que l'homme ne pouvait rien savoir. De
peur de tomber dans les erreurs de ceux qui ne voulaient douter de rien, ils s'imaginèrent qu'il fallait
douter de tout : on leur donna le nom de *sceptiques*,
du grec σκεπτικὸς, ou de *pyrrhoniens*, du nom de
Pyrrhon, leur chef. Bientôt ils furent tournés en
dérision, et regardés comme autant d'insensés. Ils se
parèrent du titre d'*académiciens*, afin de se dérober
aux sarcasmes. Il faut toutefois se garder de les con-

fondre avec les véritables académiciens, qui formèrent l'école de Platon. Il y eut trois académies : l'ancienne, la moyenne et la nouvelle. La première conserva la saine doctrine; la moyenne eut pour chefs Arcésilas et Carnéades : ces deux philosophes furent les défenseurs du doute universel; la nouvelle fut fondée par Philon, et continuée par Antiochus, qui firent tous leurs efforts pour rétablir l'autorité de la croyance, et donner à la certitude des bases que lui avait enlevées le pyrrhonisme (1). (Voir l'Introduction, seconde académie.)

Que devons-nous penser du scepticisme?

Un système aussi étrange que celui du doute absolu ne peut soutenir la plus faible discussion; il croule tout entier devant ce dilemme : Ou il est certain qu'il faut douter de tout, ou non. S'il est certain qu'il faut douter de tout, il existe donc quelque chose de certain; s'il n'est pas certain qu'il faut douter de tout, de quel droit vient-on nous enseigner une pareille doctrine? Ramené à sa plus simple expression, ce système n'offre que des contradictions, et on peut l'exposer ainsi : Je *sais* que je ne sais rien, je ne doute pas que je doute de tout; d'où il résulte que cette doctrine ridicule porte en elle-même les moyens de la réfuter. Nous allons la combattre indirectement, en montrant l'infaillibilité des motifs de nos jugemens.

(1) Quelques auteurs reconnaissent cinq académies, mais ceci n'est qu'une affaire de simple classification.

X.

Du criterium *de la vérité, ou de l'autorité que nous pouvons attribuer aux moyens que nous avons de la saisir.*

De l'autorité de la conscience.
Pour légitimer la connaissance humaine, nous allons essayer d'établir l'autorité des moyens qui nous sont donnés pour atteindre à la vérité. Commençons par celui qui résume tous les autres.

Le sens intime, ou plutôt la conscience, comme nous l'avons appelé, est le *sentiment perçu* de l'état actuel de notre ame.

Son autorité est irrécusable; c'est un motif certain de juger. Pour se convaincre qu'elle ne saurait nous tromper, il suffit d'observer qu'elle n'est pas distincte du sentiment perçu, qu'elle n'est que l'ame qui sent son existence modifiée de telle ou de telle manière. Or, il est évident qu'ici il ne peut y avoir erreur; car l'erreur n'est ni dans le sentiment ni dans la perception : ce qu'on sent on le sent, ce qu'on voit on le voit. Demander si la conscience peut nous tromper, c'est poser une contradiction, c'est demander si l'ame sent quand elle sent, si un sentiment existe lorsqu'il existe, s'il est perçu lorsqu'il est perçu.

On nous objecte : Les jugemens basés sur la conscience peuvent être faux ; donc elle peut nous tromper.

Réponse. Si je ne pouvais le nier, il serait vrai de dire que je ne sens pas alors même que je sens.

On insiste : De deux jugemens contraires, il y en a

toujours un de faux ; or la conscience peut nous faire porter deux jugemens contraires ; par exemple, ceux-ci : J'ai froid, j'ai chaud ; donc, etc.

Réponse. Pour que deux jugemens soient contraires, il faut qu'il y ait entre eux une opposition telle, que l'on affirme et que l'on nie, du même sujet et sous le même point de vue, la même chose. Ainsi il n'y a pas de véritable oppossition dans les deux jugemens cités, parce qu'on peut dire, par exemple : J'ai froid à la main gauche, j'ai chaud à la main droite.

On va plus loin, et l'on dit : Si j'ai la main droite dans l'eau bouillante, et la main gauche dans l'eau glacée, mon ame éprouvera à la fois les deux sensations de froid et de chaleur ; et comme un jugement n'exprime que les modifications de l'ame, puisque c'est l'ame seule qui sent, et que de plus l'ame, comme immatérielle, n'est point composée de parties, et ne saurait offrir des points de vue différens, il s'ensuit que les deux jugemens qu'elle porte, en disant : J'ai froid, j'ai chaud, seront contraires.

Réponse. On ne peut conclure de ce nouvel argument autre chose, si ce n'est que la conscience a rapporté exactement l'état de l'ame, puisque l'objection suppose qu'elle est au même instant modifiée de deux manières contraires.

Autre objection : L'homme, dans les songes, dans la folie, éprouve des affections illusoires ; donc il y a des circonstances dans lesquelles la conscience nous induit en erreur.

Réponse. Si l'homme, dans les rêves ou dans la folie, éprouve quelques sentimens pénibles ou agréables, il ne s'ensuit pas que la conscience nous trompe.

Il est vrai que les objets auxquels il rapporte ses affections n'ont aucune réalité; mais l'erreur n'est pas dans la conscience, elle ne peut se trouver que dans l'affirmation; car, je le répète, ce qu'il sent il le sent, ce qu'il voit il le voit; mais ce qu'il affirme peut ne pas être. Ce fou, qui croyait que toutes les galères du Pyrée lui appartenaient, était affecté de la même manière que s'il en avait été réellement le maître. L'homme qui dans un rêve entend un concert, qui voit un repas splendide, les entend, les voit réellement, il n'y a pas là erreur; mais il y en a à affirmer que ce qu'il voit, que ce qu'il entend existe réellement.

De l'autorité de l'évidence rationnelle.
La perception nette et distincte de certains rapports, voilà ce qu'on appelle l'évidence rationnelle. Je dis qu'il est évident que deux et deux font quatre, que le tout est plus grand que sa partie, parce que je vois clairement et nettement le rapport qu'il y a entre deux plus deux et quatre, entre le tout et une de ses parties : l'évidence est le *criterium* de la vérité. En effet, je ne puis affirmer qu'il est vrai que deux et deux égalent quatre ; je ne puis connaître la vérité de ce rapport d'égalité que parce que je le perçois clairement et nettement.

Ici je ferai observer que l'évidence n'est souvent que relative : en effet, il est évident, pour celui qui a la moindre teinture de géométrie, que les trois angles d'un triangle équivalent à deux angles droits; mais cette propriété du triangle n'est rien moins qu'évidente pour celui qui ignore absolument les premiers élémens de la science d'Euclide.

Puisque l'évidence est le *criterium* de la vérité, il

n'est point de véritable connaissance sans elle. Et qu'on ne pense pas que nous tombons ici en contradiction avec nous-mêmes : il est vrai que nous avons dit que tous nos motifs de juger venaient se résoudre dans la conscience, et nous persistons à le croire ; mais une conscience qui ne serait pas éclairée de la lumière de l'évidence ne nous donnerait que des connaissances confuses, obscures, et par cela même très-incertaines. La base de toute connaissance est dans la conscience, sa vérité est dans l'évidence : la conscience fournit les meubles de l'intelligence, l'évidence les marque au coin de la vérité.

Ainsi, lorsqu'à la lumière incertaine d'une bougie je considère la couleur d'un objet quelconque, l'impression reçue par l'œil est transmise à mon ame, et j'ai le sentiment de la couleur de cet objet. Si je perçois ce sentiment, il devient conscience ; mais je puis avoir senti un faux rapport : jusque là, j'ai une connaissance ; mais elle n'est pas encore contrôlée par l'évidence, et ce ne sera que lorsqu'un jour plus pur viendra éclairer le même objet, que je percevrai clairement ce même rapport, et que ma connaissance prendra le caractère de la vérité.

Mais à quel signe reconnaître l'évidence ? Nous pensons, avec Condillac, qu'elle peut se reconnaître à l'identité. Je sais qu'on lui a contesté que l'identité fût la marque caractéristique de l'évidence : « Un
« signe, a-t-on dit, doit être plus facile à saisir que
« la chose signifiée ; et l'identité d'une proposition,
« quelle qu'elle soit, ne saurait jamais être ni plus tôt
« ni plus facilement saisie que son évidence. Nous
« n'apercevons au contraire cette identité que parce

« qu'elle est évidente. » (Manuel des Asp. au bacc.)

Nous répondrons : L'évidence est la perception d'un rapport : pour qu'un rapport soit perçu, il faut qu'il existe. L'identité existe donc avant l'évidence ; elle peut donc en rendre raison, et l'on peut déterminer l'évidence par l'identité, et non l'identité par l'évidence. Je puis dire : Ce rapport est évident, parce que les deux termes sont identiques ; mais je ne puis pas dire : Ils sont identiques parce qu'ils sont évidens. Il est évident que deux plus deux font quatre, parce que deux plus deux est identique avec quatre. Dans tous les cas, il faut que je puisse apercevoir l'identité, pour que je puisse prononcer qu'un rapport est évident.

Je ne m'arrêterai pas à prouver que l'évidence est un motif infaillible de juger. Il est vrai que souvent les hommes préoccupés ou remplis de préjugés nous assurent qu'ils possèdent l'évidence ; mais ce n'est pas une raison pour les en croire sur parole.

<small>Combien y a-t-il d'espèces d'évidences ?</small> On a parlé souvent de l'évidence *mathématique* et de l'évidence *morale*. Sans admettre ces dénominations, nous allons dire quelques mots de ces deux espèces d'évidence.

L'évidence n'étant qu'un sentiment clairement et nettement perçu, elle ne saurait avoir lieu immédiatement pour les idées des choses qui sont hors de nous ; car ces idées ne peuvent s'acquérir que par des moyens intermédiaires. Ces moyens sont les sens, le témoignage, l'analogie ; l'évidence qui se forme sans avoir recours à ces moyens s'appelle *mathématique* ; dans le cas contraire, on la nomme *morale*. On peut voir sur ces deux évidences ce qu'en dit s'Gravesande.

Il y a encore l'évidence *intuitive* et l'évidence *dé-*

ductive. On peut consulter ce que nous en avons dit à l'article où nous avons démontré que tous les motifs de nos jugemens pouvaient se ramener à un seul. (Page 342.)

Dans le témoignage des sens, il faut distinguer trois choses : les impressions faites sur nos organes, le sentiment qu'éprouve notre ame à la suite de ces impressions, et le jugement par lequel nous rapportons ce sentiment à un objet extérieur, comme à la cause des impressions faites sur nos organes. Cela posé, il nous sera facile de prouver que, dans le témoignage des sens, se trouve le fondement d'une véritable certitude. Nous serons forcés de l'admettre, s'il est démontré que nous pouvons éviter l'erreur dans les idées que nous nous formons des objets extérieurs ; ce qui n'est pas impossible, à mon avis.

De l'autorité du témoignage des sens.

D'abord il ne peut pas y avoir erreur dans l'impression faite sur nos organes ; ce qui est imprimé est imprimé : ceci est évident. Il ne peut non plus y avoir erreur dans le sentiment éprouvé par l'ame, à la suite de l'impression faite sur l'organe : nous l'avons déjà dit, ce qu'on sent on le sent. Reste le jugement par lequel nous attribuons l'impression éprouvée à une cause extérieure.

Mais comment ce jugement pourrait-il être fautif ? L'ame est modifiée, voilà un fait indubitable ; toute modification étant un effet, suppose une cause : voilà qui n'est pas moins positif. Ce n'est pas l'ame qui se modifie elle-même, car souvent elle s'efforce de se soustraire à ses modifications : la cause de ses modifications est donc hors d'elle. Ce jugement me paraît évident, et inaccessible à l'erreur.

Nous avons appelé *corps* ces causes extérieures de nos modifications : l'existence des corps *en général* est donc démontrée, et le témoignage des sens suffit pour nous faire admettre cette existence. (Voir ce que nous avons dit sur la formation des idées sensibles.)

De ce que nous venons de dire, on aurait tort de conclure que les sens ne nous trompent jamais. N'oublions pas qu'ils ne sont que les canaux qui apportent certaines impressions à la conscience ; mais ces canaux peuvent être viciés de plusieurs manières : il faut donc se tenir en garde sur les faits particuliers qu'ils nous transmettent, et nous ne devons les admettre comme certains que lorsqu'ils sont accompagnés des conditions suivantes :

1° Il faut que les sens n'attestent rien de contraire à la raison.

Si les sens nous attestent des choses qui répugnent à la raison, ils ne méritent aucune confiance : par exemple, lorsqu'ils attribuent aux corps des qualités sensibles, lorsqu'ils nous font voir ou sentir en eux les couleurs, les odeurs, etc.

2° Que leur témoignage soit constant et perpétuel. Les sensations éprouvées pendant le sommeil ne sauraient motiver un jugement.

3° Qu'il soit uniforme, c'est-à-dire qu'un sens n'en contredise pas un autre.

Tout le monde connaît le trait de ce peintre, sur le tableau duquel un autre peintre avait représenté une mouche : il fut trompé par ses yeux, et ce ne fut que le toucher qui l'avertit de son erreur.

4° Que chaque sens doit juger des objets qui lui

sont analogues : les yeux des couleurs, les oreilles des sons, etc.

5° Que les objets soient à leur portée, pour que l'impression sur les organes ait lieu d'une manière convenable.

6° Que rien ne s'interpose entre eux et les objets, afin que l'impression soit nette : un bâton plongé dans l'eau nous paraît toujours brisé.

7° Enfin, que tous concourent à nous faire connaître le même objet s'il est possible. Pour nous donner une idée de la figure des corps, le toucher nous sert bien mieux quelquefois que la vue.

On objecte que les sens peuvent nous tromper touchant la réalité des objets qui les frappent, puisqu'il n'y a aucune liaison essentielle entre l'existence de ces objets et les modifications de notre ame.

Réponse. Il y a entre les modifications de notre ame et l'existence des objets extérieurs le même rapport qu'entre l'effet et la cause. Nous éprouvons des sensations, nous les rapportons à quelque chose qui n'est pas nous, à quelque chose d'extérieur, comme à leur cause. Ce quelque chose, nous l'appelons corps. S'il n'y a pas ici une liaison essentielle, il faut admettre des effets sans cause. Concluons que les sens peuvent nous faire juger avec certitude de l'existence des objets extérieurs.

De l'autorité du témoignage des hommes.

« Si l'homme n'avait reçu pour s'instruire que les
« sens extérieurs, l'évidence et la conscience, et
« que ces motifs de jugemens fussent pour lui les
« seules sources de certitude, il ne pourrait pro-
« noncer que sur les faits qu'il observe, et sur les
« rapports qu'il aperçoit lui-même ; sa raison ne tra-

« vaillerait que sur les matériaux qui lui seraient
« fournis par son expérience personnelle, et le cercle
« de ses connaissances se trouver ǎ étrangement ré-
« tréci. Il était appelé à de plus hautes destinées; et
« en nous plaçant au sein de la société, pour vivre
« en elle et par elle, Dieu nous a donné un nouveau
« et plus fécond moyen d'instruction. Il veut que
« chacun s'enrichisse de l'expérience et des acquisi-
« tions des autres, et que, sur le témoignage de
« nos semblables, nous puissions prononcer avec
« autant de certitude que si nous avions été nous-
« mêmes les témoins de ce qu'ils nous rapportent.

« Le témoignage de plusieurs personnes attestant
« un fait, un événement, d'une voix unanime, forme
« ce qu'on appelle le témoignage des hommes.

« On distingue les faits en *naturels*, ou qui sont
« d'accord avec les lois de la nature ; et en *mira-*
« *culeux*, c'est-à-dire qui n'ont pu arriver que par
« une dérogation aux lois de la nature. Les faits,
« soit naturels ou miraculeux, sont nécessairement
« *anciens* ou *contemporains*. On les appelle con-
« temporains quand ils se sont passés dans le temps
« même où vivaient ceux qui les racontent; dans le
« cas contraire, on les nomme anciens ou passés. »

« Tels sont les objets du témoignage des hommes;
« et les jugemens fondés sur ce motif peuvent être
« aussi certains que tous autres, mais ils ne le sont
« pas toujours. La foi humaine est naturellement
« sujette à l'erreur, parce que tout homme peut vou-
« loir nous tromper, et qu'il se peut faire aussi que
« celui qui nous assure un fait comme véritable ait
« été trompé lui-même.

« Ce n'est donc qu'avec une circonspection bien
« raisonnée, et en exigeant l'accomplissement de
« certaines conditions, qu'il faut ajouter foi aux rap-
« ports d'autrui. Ces conditions peuvent se réduire
« à deux :

« 1° Que les témoins n'aient pas été trompés;
« 2° Qu'ils ne veuillent ni ne puissent nous tromper.

« On est sûr que les témoins n'ont pas été trompés,
« quand les faits qu'ils rapportent sont publics et
« importans, quand ils sont de nature à frapper tous
« les esprits, à éveiller toutes les attentions, et que,
« par suite, il est impossible de supposer que ceux
« sous les yeux desquels ils se sont passés les ont
« vus avec indifférence, et sans les bien observer.

« On est sûr que les témoins ne peuvent ni ne
« veulent nous tromper, quand ils sont nombreux,
« divisés de goûts, de passions, de caractère, d'in-
« térêt, et qu'ainsi toute collusion entre eux est im-
« possible; quand il n'ont aucun intérêt aux faits
« rapportés par eux, ou que même leurs intérêts se
« trouvent compromis, parce que l'homme aime na-
« turellement la vérité; et que si trop souvent il la
« déguise ou la dissimule, ce n'est et ce ne peut ja-
« mais être que pour satisfaire ses passions particu-
« lières, mais non pour les contrarier.

« Voilà les principes sur lesquels repose la certitude   Certitude des
« du témoignage des hommes; c'est à la prudence à   faits contem-
« en gouverner l'application. Quoi qu'il en soit, il   porains.
« suffirait d'un seul témoignage qui réunirait toutes
« ces qualités, pour réfuter le pyrrhonisme histo-
« rique, parce que quand des événemens solennels
« et importans nous sont attestés par de nombreux

« témoins oculaires, il est impossible à tout homme
« raisonnable et de bonne foi, d'élever un seul doute
« sur la réalité de ces faits, parce que cette propen-
« sion générale et irrésistible à admettre avec con-
« fiance un pareil témoignage est une loi de notre
« nature, à laquelle le sceptique le plus intrépide
« obéit intérieurement, quoiqu'il s'efforce de la nier
« de bouche.

<small>Certitude des faits anciens.</small>

« Il en est de même pour les faits anciens, quel-
« que reculés qu'ils soient; car, sans examiner en
« particulier l'autorité de la tradition orale, de l'his-
« toire et des monumens par lesquels la connais-
« sance de ces faits nous arrive, il suffit de s'arrêter
« à ce point unique et décisif. Pour douter de la vé-
« rité de ces faits, il faut admettre qu'ils ont pu être
« supposés; or quand l'auraient-ils été, ou quand
« auraient-ils pu l'être? Voudra-t-on que ce soit
« dans le temps même auquel on les rapporte, à
« l'époque précise où l'on prétend qu'ils se sont
« passés? C'est impossible. Les caractères d'impor-
« tance et de gravité que l'on prête à ces faits s'y
« opposent; et s'il est vrai que nous ne pourrions
« pas imaginer aujourd'hui qu'une armée de Chi-
« nois s'est emparée de Paris, et transmettre cette
« fable à la crédulité de nos descendans, il faut bien
« reconnaître aussi que les Romains n'ont pas pu,
« par exemple, supposer à plaisir que Brennus et
« ses Gaulois avaient assiégé le Capitole. Voudra-t-on
« que l'invention de ces faits ait eu lieu dans les
« siècles suivans? C'est impossible encore. On n'ad-
« met pas tout-à-coup, et sans réclamation, des faits
« anciens dont on n'a jamais entendu parler; et d'ail-

« leurs une génération ne s'éteint pas en un moment,
« pour qu'une autre s'élève à sa place, de manière à
« ce qu'elle n'eût rien de commun avec celle qui
« vient de finir. Les âges se succèdent, en quelque
« sorte, sans qu'on puisse s'en apercevoir ; les géné-
« rations se renouvellent insensiblement, et c'est
« toujours la même société qui conserve la mémoire
« des mêmes faits.

« Ainsi il est des événemens anciens sur lesquels
« nous avons la même certitude que ceux qui les
« premiers en ont été témoins. Pour les autres, qui
« ne réunissent pas les mêmes caractères de crédibi-
« lité, il y en a de plus ou de moins probables; c'est
« à la critique historique à déterminer le degré de
« confiance que chacun d'eux mérite.

« Les mêmes principes s'appliquent, avec autant De la certi-
tude des faits
miraculeux.
« de force, aux événemens miraculeux. En effet,
« s'ils se présentent à nous sous la garantie des mêmes
« conditions de certitude, s'ils sont publics, s'ils se
« sont passés en présence d'un grand nombre de té-
« moins, qui tous s'accordent à les rapporter d'une
« manière uniforme, sans y être exhortés par quel-
« que passion ou quelque intérêt personnel; si les
« témoins n'ont pas pu s'entendre pour les inven-
« ter mensongèrement, il ne nous est pas plus pos-
« sible de leur refuser notre croyance, que si ces
« faits étaient naturels; il faudrait nier leur possibi-
« lité : ce qui serait absurde, puisque Dieu peut bien
« apparemment déroger aux lois qu'il a volontaire-
« ment établies. Il faudrait soutenir que les témoins
« ont été trompés, quoiqu'ils fussent nombreux, et
« que le fait, par sa nature même, dût provoquer

« toute leur attention, ou qu'ils ont voulu nous
« tromper, quoique cela ne pût pas leur porter pro-
« fit, et qu'ils ont imaginé tous le même mensonge,
« quoiqu'ils ne pussent s'entendre ensemble, et
« que la collusion fût impossible; ce qui serait sup-
« poser plusieurs miracles pour en combattre un
« autre. » (Ce passage a été extrait en entier du Manuel pour les Aspirans au baccalauréat.)

Opinion de M. de La Mennais sur le témoignage des hommes. — Frappés de ces principes incontestables, quelques philosophes, à la tête desquels on doit placer M. l'abbé de La Mennais, ont pensé que le témoignage des hommes était l'unique base de toute certitude. « Sor-
« tez de là, nous disent-ils, cherchez ailleurs une
« règle de certitude, vous ne trouverez que des mo-
« tifs de doute, et vous verrez peu à peu l'édifice de
« vos croyances s'abymer dans un vide effrayant. »
(Essai sur l'indiff., t. 2, p. 32.) « Quoi que l'orgueil
« puisse prétendre, nous ne possédons pas en nous
« la lumière ; aussi quiconque s'obstine à la trouver
« en soi tombe aussitôt, ou dans un scepticisme dés-
« espérant, ou dans les pitoyables rêveries d'une
« science idiote. » (*Ibid.*, p. 79.) « La raison de
« l'homme n'est que la raison de la société dont il
« fait partie. » (P. 76.) « Toute philosophie qui, au
« lieu d'établir les droits de l'autorité, et de recueillir
« docilement ses décisions, les soumet à la raison
« individuelle, est contraire à la nature des êtres
« intelligens. »

Nous pouvons regarder ces passages comme l'expression abrégée de l'opinion de ceux qui n'admettent qu'un motif certain de juger. On désigne cette doctrine, que je crois fort incomplète pour ne rien dire de plus, sous le nom de doctrine du *sens commun*, sous le nom d'*autorité*. Voyons si nous devons lui accorder le privilége exclusif d'infaillibilité, qu'on refuse d'une manière si tranchante à la conscience, et aux autres motifs de nos jugemens.

« Un principe, un fait quelconque, est plus ou
« moins douteux, plus ou moins certain, selon qu'il
« est adopté plus ou moins universellement. Toutes
« les idées humaines sont pesées à cette balance; les
« hommes n'ont pas d'autres règles pour les appré-
« cier. » Ce sont les paroles mêmes de M. de La Mennais (t. 2, p. 20); d'où je puis inférer par un argument, *ad hominem*, que son système sur nos motifs de certitude n'est rien moins que certain : 1° parce qu'il n'est pas adopté universellement; s'il en était autrement, son livre serait la chose du monde la plus inutile; 2° parce que, d'après ses principes mêmes, il est impossible qu'il obtienne jamais un assentiment universel ; car l'assentiment universel n'est que la somme des certitudes individuelles : donc toute certitude individuelle précède l'assentiment général; mais il ne peut pas y avoir de certitude particulière sans une certitude générale, d'où il résulte que le système de M. de La Mennais n'est qu'une contradiction.

Entrons dans le fond de la question. Toute doctrine fondée sur l'autorité ne peut parvenir jusqu'à nous qu'au moyen des signes; mais les signes n'ont de valeur, pour chacun de nous, qu'autant qu'ils sont l'expression de quelque idée que nous avions auparavant. Les idées (du moins quelques idées) précèdent donc les signes, et par conséquent sont antérieures à toute autorité. Or, ces idées sont certaines ou non : dans le premier cas, il est des idées certaines, il est des certitudes indépendantes de l'autorité; dans le second cas, quelle certitude aurai-je des vérités qui ne me parviennent qu'au moyen de signes qui représentent des idées incertaines? Ajoutons que ces signes, qui sont comme les véhicules de l'autorité, doivent me parvenir par le canal des sens; mais, d'après M. de La Mennais, il n'est rien de plus fautif que le témoignage de nos organes : ce sont *des témoins suspects, infidèles, et mille fois reconnus pour menteurs*. Qui m'assurera de leur véracité? comment serai-je certain que leur témoignage est l'expression sincère de l'autorité des hommes? Et si je puis me confier, dans ce cas, à leur témoignage, pourquoi ne le pourrai-je pas dans d'autres circonstances? Ce n'est pas tout : il faut que les faits que me transmettent les sens, et qui sont admis universellement, arrivent jusqu'à ma conscience ; mais la conscience doit-elle les admettre sans examen? ne doit-elle pas s'assurer qu'ils sont véritablement adoptés de tout le monde? S'ils sont véritablement marqués au coin de l'universalité, s'il n'y a pas d'autres croyances contraires, la conscience ne sera-t-elle pas, en dernière analyse, le juge du sens commun, du sentiment universel? Mais si ce juge peut se tromper, que devient alors la certitude? que deviennent les croyances humaines? que devient la vérité, *cette vérité qui éclaire tout homme venant au monde ?* Et M. de La Mennais ne nous conduit-il pas au scepticisme? Heureusement son système est impossible, comme celui du doute universel; son auteur lui-même n'y croit point. En voici la preuve; il admet la certitude des jugemens de la conscience : « J'en « appelle, dit-il, à la conscience; je la choisis pour « juge, prêt à me soumettre à ses décisions. Que « chacun rentre en soi, et s'interroge dans le silence « de l'orgueil et des préjugés; qu'il évite de con- « fondre les sophismes de la raison avec les réponses « simples et précises du sentiment intérieur, que je « le somme de consulter; qu'il considère ce qui est, et « non pas ce qu'il s'imagine devoir être; qu'il ouvre « les yeux sur les faits, et ferme son esprit aux con- « jectures. Si un seul homme, dans ces dispositions, « se dit au fond de son cœur : *Ce qu'on me propose* « *comme des vérités d'expérience est démenti par* « *ce que je sens en moi*, et par ce que j'observe dans « mes semblables, je passe condamnation, et je me « déclare moi-même un rêveur insensé. » (t. 2, p. 33.) Si ce n'est pas là une contradiction avec ses prin- cipes, il faut dès-lors que M. de La Mennais n'ait pas mis dans son livre ce qu'il voulait y mettre.

Objections contre l'autorité du témoignage des hommes.

Si M. de La Mennais accorde trop à l'autorité, d'autres ne lui accordent pas assez, et ne veulent pas voir en elle un motif de juger. Ils nous disent : Un témoin peut nous tromper, donc plusieurs le peuvent aussi.

Réponse. Il est vrai qu'un témoin peut nous trom- per, et nous n'avons pas de certitude sur le témoi- gnage d'un seul homme, parce que, malgré la bonne opinion qu'on peut avoir de lui, nous ne sommes jamais assurés que quelque raison secrète ne le détermine pas à mentir.

Mais il n'en est pas de même pour plusieurs témoins ; car la diversité d'intérêts, de caractères, de passions, de pays, rendent tout accord impossible sur un fait mensonger. Le mensonge qui conviendrait aux uns ne serait pas du goût des autres; et comme l'erreur peut prendre des formes diverses, ils ne pourraient pas représenter le même fait controuvé sous les mêmes couleurs.

On insiste, et l'on dit : Le témoignage de plusieurs personnes se compose de témoignages individuels, donc il ne peut présenter que les mêmes caractères; mais le caractère d'un seul témoignage est l'incertitude. Donc, etc.

Réponse. Il est faux que le témoignage de plusieurs n'offre que les mêmes caractères que les témoignages individuels. Un faisceau de baguettes, quoique composé de plusieurs baguettes, offre un caractère de force autre que celui que nous offre chaque baguette séparée; de même, dans la déposition d'un grand nombre de témoins, il y a un caractère particulier, un motif de certitude, qui ne se rencontre pas dans l'attestation d'un seul : c'est l'accord des témoins.

Deuxième objection. Tout homme trompe, dit l'Écriture sainte, *omnis homo mendax ;* donc le témoignage des hommes ne mérite jamais notre confiance.

Réponse. Quel que soit le vrai sens de ce passage de nos livres saints, tout ce qu'on peut en conclure, c'est que le témoignage d'un homme isolé n'est pas un motif de certitude; mais il ne prouve rien contre le témoignage d'un grand nombre de témoins. Ce témoignage, en effet, ne tire point son autorité de la véracité particulière de chaque témoin, mais bien de l'impossibilité d'un accord pour faire admettre des faits controuvés.

Troisième objection. On ne peut admettre comme vrai ce qui ne saurait être prouvé d'une manière géométrique; or telle est la nature du témoignage des hommes. Donc, etc.

Réponse. Je nie le principe; car l'existence de l'Amérique ne peut pas m'être prouvée géométriquement, et cependant je ne m'en tiens pas moins assuré que de cette proposition : Les trois angles d'un triangle équivalent à deux angles droits.

Quatrième objection. Mais, poursuit-on, le témoignage des hommes ne saurait offrir les mêmes garanties sur un fait miraculeux.

Réponse. Pourquoi pas? Est-il plus facile d'être trompé ou trompeur pour un fait surnaturel que pour un fait ordinaire? Je dis bien plus : l'erreur peut se glisser moins facilement dans le témoignage des hommes pour des faits surnaturels, parce qu'on ne croit pas aussi facilement aux faits de cette nature, par la raison même qu'ils sont surnaturels; parce que, en second lieu, ce qui sort de l'ordre accoutumé, et qui paraît contraire à toutes les lois qui nous sont connues, appelle bien plus vivement notre attention. D'ailleurs, qu'on ne s'y trompe point: les faits surnaturels n'offrent rien à l'observation de plus que les faits naturels. Prenons pour exemple la résurrection d'un mort. Ce fait implique deux autres faits : le premier est un homme privé de la vie; le second est un homme jouissant de la vie : est-il possible en cela d'être trompé, si vous observez exactement ? Je ne le pense pas.

De l'autorité de l'analogie.

D'après des vérités connues, on en soupçonne dont on ne s'assure pas encore : c'est là ce qu'on entend par conjectures.

Les conjectures, dit Condillac, sont entre l'évidence et l'analogie, qui n'est souvent elle-même qu'une faible conjecture. Il faut donc distinguer, dans l'analogie, différens degrés, suivant qu'elle est fondée sur des *rapports de ressemblance*, sur des *rapports à la fin*, ou sur des *rapports des causes aux effets*, ou des *effets aux causes*.

La terre est habitée, donc les planètes le sont : voilà la plus faible des analogies, parce qu'elle n'est fondée que sur un rapport de ressemblance.

Mais si on remarque que les planètes ont des révolutions diurnes et annuelles, et que par conséquent leurs parties sont successivement éclairées et échauffées, ces précautions ne paraissent-elles pas avoir été prises pour la conservation de quelques habitans ? Cette analogie, qui est fondée sur le rapport des moyens à la fin, a donc plus de force que la première : cependant elle n'exclut pas toute crainte d'erreur.

L'analogie qui est fondée sur le rapport des effets à la cause, ou de la cause aux effets, est celle qui a le plus de force : elle devient même une démonstration lorsqu'elle est confirmée par le concours de toutes les circonstances.

En voici un exemple tiré de Condillac, auquel j'ai emprunté tout cet article. L'observation nous fait connaître que les planètes décrivent des orbites autour du soleil, et qu'elles ont un mouvement de rotation sur leur axe plus ou moins incliné. Cette double révolution doit nécessairement produire des jours, des saisons et des années ; donc, par analogie, la terre, qui a des jours, des saisons, des années, a aussi une double révolution. (Log., p. 182 et suiv.)

Il paraît extrêmement difficile d'expliquer tous les phénomènes de la mémoire. Quelques philosophes, après Condillac, pensent que toutes les productions de cette faculté dépendent des organes matériels, parce que, disent-ils, il ne peut y avoir souvenir en nous qu'autant qu'il y a d'abord eu ébranlement dans le cerveau, suivi d'une perception ou sentiment quelconque dans l'ame, et qu'ainsi la mémoire ne nous retrace les idées des choses que parce que l'organe cérébral se trouve en état d'agir, et qu'il agit en effet. (V. Cond., Log. p. 72.—V. Log. class., p. 251.)

De l'autorité de la mémoire.

Il me semble que ce raisonnement, qu'on produit avec confiance, est loin d'être concluant ; car il ne me paraît pas prouvé que l'ame ne puisse être modifiée qu'au moyen d'un ébranlement dans le cerveau. Quoi qu'il en soit, nous nous bornerons à constater que notre ame a la capacité de conserver un grand nombre des modifications qu'elle a éprouvées précédemment, et de plus la faculté de se les rendre présentes. Ces deux phénomènes constituent, le premier, la *mémoire proprement dite;* le second, la *réminiscence.* La mémoire appartient au système de la sensibilité, la réminiscence à celui de l'activité de l'ame : l'une est une simple capacité, l'autre est une faculté. Pour que le phénomène de la mémoire se manifeste en nous, deux choses sont indispensables : d'une part, il faut que les modifications antérieures soient renouvelées ou conservées; d'autre part, que l'ame y prête attention, et ressaisisse ainsi des idées qu'elle reconnaît avoir déjà eues.

Or, comment ces modifications sont-elles conservées ou renouvelées en nous? C'est ce qui ne me paraît pas avoir été expliqué, et qui probablement ne le sera pas encore de long-temps. Les théories formées à ce sujet portent toutes sur des faits qui échappent à l'observation, et ne peuvent être considérées que comme des systèmes hypothétiques plus ou moins ingénieux.

Tout ce qu'on peut dire de plus raisonnable, c'est qu'entre les objets que la mémoire nous rappelle, et les objets actuels de l'attention, il existe toujours quelques rapports, soit naturels, soit accidentels.

On peut indiquer trois rapports principaux, qui, établissant une liaison entre nos idées antérieures et nos idées actuelles, facilitent beaucoup le jeu de la mémoire. Ce sont les rapports de *coïncidence*, de *ressemblance*, et de *succession*.

C'est assez que deux ou plusieurs choses nous aient été présentes à la fois, qu'elles nous aient affectés simultanément, en un mot qu'elles aient coïncidé dans notre perception, pour qu'elles s'unissent dans notre mémoire, temporairement du moins, et qu'ensuite elles puissent s'y rappeler les unes par les autres. Ainsi, que je vienne à rencontrer une personne que j'ai précédemment remarquée quelque part, sa vue me rappelle soudain le lieu où je l'ai aperçue, et l'idée de ce lieu va faire naître en moi l'idée de plusieurs circonstances dont j'y aurai été frappé. Il suffit donc que les choses ou des impressions quelconques nous aient été présentes à la fois, qu'elles aient coïncidé dans notre esprit, pour qu'elles s'unissent en nous, et que la présence de l'une nous rappelle l'idée de l'autre. C'est un fait qu'on ne saurait méconnaître; il est attesté à chaque instant par l'expérience.

Ce qui n'est pas moins certain, c'est que si deux objets, sans nous avoir apparu en même temps, ont entre eux quelque ressemblance, la présence de l'une sera pour nous l'occasion de la reproduction de l'idée de l'autre, de même que s'ils avaient coïncidé dans notre esprit; car ils ne peuvent se ressembler que par ce qu'ils ont de commun : or ce qu'ils ont de commun s'offre dans chacun d'eux, nous a été présent dans chacun d'eux; et c'est par ce côté commun que l'un peut rappeler l'autre. « D'où l'on voit que « c'est encore par suite d'une certaine coïncidence « partielle que la présence de l'un appelle l'idée de « l'autre; c'est de cette manière que la vue d'un vieil- « lard suscite l'idée d'un autre vieillard, » et que la vue d'une personne qui nous est inconnue, mais dont les traits ont quelque ressemblance avec ceux d'une autre personne qui nous est connue, nous en rappelle toujours l'idée.

L'expérience prouve encore que si, au lieu d'avoir été simultanées, les impressions produites en nous y ont été plus ou moins de fois répétées dans un ordre de succession quelconque, elles s'y unissent tout aussi bien que dans le cas d'association par coïncidence; d'ailleurs ces deux modes d'association paraissent ne pas différer beaucoup. En effet, une idée qui nous occupe ne s'évanouit pas subitement; elle dure encore quand celle qui lui succède vient se présenter à notre esprit. Ainsi nous pouvons dire que la succession de nos idées équivaut à une coïncidence : de plus, nos idées, généralement parlant, ne se succèdent qu'au moyen des rapports qui existent entre elles, et sous ce point de vue leurs rapports de succession rentrent dans leurs rapports de ressemblance, qui eux-mêmes ne sont qu'une espèce de coïncidence, comme nous l'avons dit (1).

Concluons que nos idées se lient en nous par leurs rapports soit de coïncidence, soit de ressemblance, soit de succession, trois cas qui, dans le fond, reviennent au même, à la coïncidence. Tels nous paraissent les élémens de la mémoire, telles sont les causes de la liaison de notre existence présente avec notre existence passée ; et l'on peut dire que tout le mystère de la mémoire se trouve dans la liaison des idées. Voilà pourquoi il est toujours plus facile de se rappeler un raisonnement dont toutes les parties sont fortement enchaînées entre elles, que celui dont la contexture trop lâche ne nous montre que faiblement des rapports trop peu saillans, et qui, par conséquent, ne peuvent laisser en nous que des impressions légères et fugitives. C'est que le raisonnement n'étant, suivant M. Laromiguière, qu'une synonymie continuelle, qu'une succession de propositions toutes identiques, offre à l'esprit un rapport de coïncidence qui lie, qui unit toutes les idées entre elles ; ce qui nous fait voir que cet axiome, l'*union fait la force*,

---

(1) Comme tout rapport de génération suppose toujours un rapport de succession, je n'ai pas cru devoir en parler, quoique la génération des idées soit toujours un moyen puissant de les lier entre elles.

trouve dans le monde intellectuel son application comme dans le monde politique ; et voilà ce qui nous explique ce besoin qu'on éprouve, pour peu qu'on veuille réfléchir, de systématiser toutes nos idées, c'est-à-dire de les lier les unes aux autres, et d'en faire comme une chaîne dont tous les chaînons dépendent d'un premier anneau, et viennent s'y réunir.

Voilà encore ce qui nous fait sentir toute l'importance des signes artificiels.

Utilité des signes pour la mémoire.

Un homme qui n'aurait l'usage d'aucun signe artificiel n'aurait pas de mémoire, ou du moins il ne pourrait en disposer que d'une manière très-circonscrite. Il est vrai qu'avec le secours des signes accidentels, c'est-à-dire des objets que quelques circonstances particulières auraient liés avec quelques unes de ses idées, sa mémoire pourrait entrer en exercice. Je m'explique : à la vue d'un objet, la perception avec laquelle il s'est lié pourra se réveiller, et cet homme pourra la reconnaître pour celle qu'il a déjà eue. Il faut remarquer cependant que cela n'arrivera qu'autant que quelque cause étrangère lui mettra cet objet sous les yeux : quand il est absent, l'homme que je suppose n'a pas de moyens pour se rappeler son idée lui-même, puisqu'il n'a à sa disposition aucune des choses qui y pourraient être liées ; il ne dépend donc pas de lui de réveiller l'idée qui y est attachée. Ainsi l'exercice de sa mémoire n'est pas encore en son pouvoir.

Les signes qu'on appelle naturels ne sont pas davantage des moyens d'exercice pour la mémoire ; ils ne sont pas même, à proprement parler, des signes pour elle : car dès le moment que l'homme se sera aperçu qu'ils sont signes des sentimens qu'ils accompagnent, ils cesseront d'être signes naturels, et ne seront plus que des sons qu'il emploiera avec intention, comme nous employons tous les jours ceux de joie, de plaisir, d'horreur, etc.; mais dans le principe, loin de pouvoir réveiller des perceptions, ils n'en sont que les suites. Il est vrai que pour l'homme qui souvent aura éprouvé un sentiment, et poussé autant de fois le cri qui lui est analogue, ce cri et ce sentiment se lieront fortement entre eux; mais ce cri ne donnera de l'exercice à sa mémoire que quand le hasard le lui fera entendre. Cet exercice n'est donc pas à sa disposition, non plus que le cri, tant qu'il reste signe naturel; car pour que ce signe fût à sa disposition, il faudrait qu'il pût l'employer avec intention; mais dès ce moment, je l'ai déjà dit, il cesse d'être naturel, et il rentre dans la classe des signes artificiels. (Voir Condillac, Essai sur les Connaiss. hum.)

De même qu'un portrait réveille en nous l'idée d'une personne que nous avons connue, de même les signes réveilleront en nous les idées que nous avons déjà eues, et la réapparition de ces idées sera d'autant plus facile, qu'il y aura plus d'analogie entre les signes que nous aurons choisis; car les signes ne se rappellent les uns les autres que parce qu'ils sont liés entre eux. Mais quelle liaison peut-il exister entre des signes sans analogie? n'est-ce pas une preuve nouvelle de l'avantage des langues bien faites, de ces langues à la formation desquelles présida l'analogie?

La mémoire ne peut donc exister, ou plutôt entrer en exercice, sans les signes artificiels. Les animaux n'ont que des signes naturels ou accidentels; aussi n'ont-ils qu'une mémoire très-circonscrite, et toute de circonstance : ils ne se rappellent les objets que lorsqu'ils sont présens, ou bien lorsque leur image est étroitement liée à quelqu'une de leurs affections présentes ; et c'est peut-être la cause de cette sûreté de mémoire qu'on peut remarquer en eux. Cette mémoire étant plus circonscrite, doit être plus sûre : l'homme en passant par une route peut ne pas penser à son chemin, sa mémoire lui rappelant sans cesse mille objets capables d'absorber son attention ; mais le cheval n'étant pas préoccupé par d'autres idées fournies par la mémoire, ne pensera qu'au chemin qu'il parcourt, en sorte que plus tard il lui sera plus facile de le reconnaître.

Comme motif particulier de jugement, la mémoire a une autorité infaillible ; car, comme nous l'avons observé, elle ne diffère pas de la conscience. Or la conscience, nous l'avons prouvé, est infaillible.

C'est par un vice de langage qu'on dit que la mémoire nous induit en erreur. En effet, lorsque nous cherchons à nous rappeler quelque chose, et que nous ne le pouvons pas, ou lorsque sur un léger soupçon, ou par préoccupation d'esprit, nous croyons nous souvenir de certaines choses qui n'ont jamais existé, ce n'est pas notre mémoire qui nous trompe, mais bien notre défaut de mémoire. Au surplus, quand la mémoire nous retrace les choses d'une manière défectueuse ou incertaine, toujours nous en sommes avertis par le sentiment de défiance qui s'y joint.

De tout cela que pouvons-nous conclure? D'abord que la mémoire dépend beaucoup de nous, puisqu'il est en notre pouvoir de mettre de l'analogie dans notre langage, puisqu'il est aussi en notre pouvoir de mettre de la liaison dans nos idées ; de plus, l'expérience nous enseigne qu'elle se fortifie par l'exercice, nous devons donc l'exercer souvent. Avec ces trois moyens on lui ferait produire des effets prodigieux. La liaison des idées offrant de tels résultats, il est bon de nous y arrêter quelques instans; d'ailleurs cela nous fournira le moyen de répondre à la question suivante.

XI.

De l'association de nos idées.

Déjà nous nous sommes occupés de la manière dont se formait la liaison de nos idées, et nous avons reconnu que cette liaison avait lieu au moyen des rapports qui existaient entre elles. Ces rapports sont très-multipliés; nous les avons réduits à trois; la coïncidence, la ressemblance et la succession : encore avons-nous montré que les deux derniers rentraient dans le premier. Nous ajouterons que ces associations de nos idées sont ou volontaires, ou l'effet d'impressions étrangères.

Le langage, dit Condillac, est l'exemple le plus sensible des liaisons que nous formons volontairement. Lui seul il fait voir quels avantages nous donne cette opération, et les précautions qu'il faut prendre pour parler avec justesse montrent combien il est difficile de la régler.

Quant à celles qui sont l'effet de quelque impression étrangère, elles sont utiles et nécessaires. Il fallait, par exemple, que la vue d'un précipice où nous sommes en danger de tomber réveillât en nous l'idée de la mort; l'attention ne peut donc pas manquer, à la première occasion, de former cette liaison;

elle doit même la rendre d'autant plus forte, qu'elle y est déterminée par le motif le plus puissant, la conservation de notre être.

C'est ce qui a fait croire à Mallebranche que cette liaison se trouvait en nous dès notre naissance. Mais n'est-il pas évident que si l'expérience ne nous avait appris que nous sommes mortels, bien loin d'avoir une idée de la mort, nous serions fort surpris à la vue de celui qui mourrait le premier? Cette idée est donc acquise; et, pour le dire en passant, l'erreur de Mallebranche vient de ce qu'il a confondu ce qui est commun à tous les hommes avec ce qui est en nous dès la naissance, ce qui est naturel (1).

On devrait s'apercevoir que les mêmes sens, les mêmes opérations, les mêmes circonstances, doivent produire partout les mêmes effets.

Revenons aux liaisons de nos idées : si elles sont utiles, souvent aussi elles sont dangereuses. Que l'éducation nous accoutume à lier l'idée de honte ou d'infamie à celle de survivre à un affront; l'idée de grandeur d'ame ou de courage à celle de s'ôter soi-même la vie, ou de l'exposer en cherchant à en priver celui par qui on a été offensé, on aura deux préjugés : l'un, qui a été le point d'honneur des Romains; l'autre, qui est celui d'une partie de l'Europe moderne.

De l'influence de l'association de nos idées sur nos habitudes intellectuelles et morales.

Ces liaisons s'entretiennent et se fomentent plus ou

(1) Ce mot naturel a deux acceptions : quelquefois il signifie ce que nous apportons en naissant, quelquefois ce que nous pouvons acquérir au moyen de nos facultés qui sont naturelles. Dans le premier sens, il est évident que la liaison des idées de précipice et de mort n'est pas naturelle; dans le second sens, nous conviendrons volontiers qu'elle est naturelle, mais cela ne prouve rien en faveur des idées innées.

moins avec l'âge. La force que le tempérament acquiert, les passions auxquelles on devient sujet, et l'état qu'on embrasse, en resserrent ou en coupent les nœuds (1).

En général, les impressions que nous éprouvons dans diverses circonstances, nous font lier des idées que nous ne sommes plus les maîtres de séparer. La terreur que nous inspirent les ténèbres ne vient que d'une liaison d'idée, qui s'est formée en nous, lorsque nous avons, dans l'enfance, écouté avec avidité les contes ridicules de revenans et de fantômes, qui faisaient dans nos ames de si fortes impressions.

La sympathie et souvent l'antipathie que nous éprouvons à l'égard de certaines personnes que nous voyons pour la première fois vient de ce que, dans la fréquentation des hommes, nous avons lié insensiblement les idées de certains tours d'esprit, de certaines affections du cœur, avec certains traits des figures qui nous sont familières.

La timidité dont certaines personnes ne peuvent se débarrasser, et qui, dans le monde, leur fait faire tant de gaucheries, vient aussi de certaines liaisons d'idées qu'elles tiennent de l'éducation qui doit di-

---

(1) On trouve quelquefois dans l'esprit des hommes les plus sages des idées par leur nature inalliables, que l'éducation, la coutume, ou quelque impression violente, ont liées irrévocablement dans leur mémoire. Ces idées sont tellement jointes et se présentent avec tant de force, que rien ne les peut séparer; ces ressentimens de folie sont sans conséquence, et prouvent seulement d'une manière incontestable l'invincible pouvoir de la coutume. (Vauvenargues, Introduction à la Connaissance de l'Esprit humain.)

riger en cela les enfans entre deux écueils opposés. Celui que nous venons de signaler est encore moins à redouter que l'autre : je veux dire l'orgueil et une sotte confiance.

Nous ne finirions plus si nous voulions citer tous les effets des fausses liaisons d'idées. Lock, dit Condillac, a fait voir le plus grand danger de ces associations, lorsqu'il a remarqué qu'elles sont l'origine de la folie ; puisque telle est leur influence sur notre intelligence et sur les déterminations de notre volonté, l'éducation doit veiller de bonne heure à ce que les enfans ne puissent en former que de vraies et de justes, qui, dans la suite de leur vie, seront, pour eux, des germes féconds de talens et de vertus.

XII.

De la proposition.

Nous n'avons pas oublié que tout jugement est senti, ou perçu, ou affirmé. Les jugemens par sentiment et par idées conservent le nom de jugement. Le jugement par affirmation prend le nom de proposition ; ainsi, *la proposition n'est qu'un jugement affirmé*. Je sais bien que cette définition n'est pas celle qu'on donne ordinairement à la proposition ; car on nous dit qu'elle est l'interprète du jugement, qu'elle est la prononciation du rapport perçu entre deux ou plusieurs idées, ou bien le jugement revêtu d'expressions, ou bien encore le jugement rendu sensible par le discours ; mais toutes ces définitions rentrent dans celle que nous avons donnée, puisqu'il n'est pas possible d'avoir un jugement affirmé sans

[Qu'est ce que la proposition?]

des signes, ni d'exprimer un jugement sans l'affirmer. Or, comme on ne peut affirmer que des rapports de convenance ou de disconvenance, il s'ensuit que toute proposition est nécessairement *copulative*, comme *Dieu est bon*, proposition qui lie l'idée de bonté à celle de Dieu, parce qu'il y a entre ces deux idées un rapport de convenance; ou *disjonctive*, comme *Dieu n'est pas méchant*, proposition qui sépare l'idée de méchanceté de celle de Dieu, parce qu'il y a entre ces deux idées un rapport de disconvenance. J'ai préféré les qualifications de copulatives et disjonctives à celles-ci, *affirmatives, négatives*, parce que, dans toute proposition, il y a toujours affirmation, comme nous l'avons dit en parlant du jugement.

Dans toute proposition il y a toujours deux termes : l'un sous lequel est l'idée avec laquelle on lie, ou de laquelle on détache une autre idée : ce terme est *le sujet;* l'autre, sous lequel est l'idée qu'on lie avec l'idée du sujet, ou que l'on en détache : ce second terme se nomme *attribut*. Le rapport qui existe entre le sujet et l'attribut est marqué par un autre mot qu'on appelle verbe, et qui est accompagné de particules négatives dans la proposition disjonctive.

Quelquefois les trois termes de la proposition ne s'y trouvent que d'une manière implicite; mais on peut aisément les faire ressortir, comme dans cette proposition, par exemple, *j'aime*, qui équivant à celle-ci : *je suis aimant*. Le sujet est *je*, l'attribut *aimant*, et le verbe *est*.

Qu'entend-on par compréhension et extension des termes d'une proposition ?

La signification des termes dont se compose la proposition, résulte de deux élémens, la compréhension et l'extension. Les idées peuvent être plus ou moins composées, nous l'avons déjà dit; de là leur plus ou leur moins de compréhension. L'idée de l'eau se compose de l'idée d'hydrogène et d'oxigène : ces deux idées forment la compréhension de l'eau. D'où l'on voit que la compréhension d'un mot n'est que l'assemblage de toutes les propriétés constitutives de l'objet qu'il représente.

Les idées peuvent être encore plus ou moins générales ; de là dépend leur extension. L'idée d'homme est moins générale que celle d'animal, et par conséquent elle a moins d'extension ; d'où l'on voit que l'extension d'une idée comprend tous les individus qui se trouvent renfermés dans cette idée.

Plusieurs idées ne peuvent être considérées que par rapport à leur extension, comme les mots existence, être, substance, etc. D'autres, au contraire, n'ont pas d'extension, ou ne peuvent être considérées que sous le point de vue de leur compréhension : telles sont les idées individuelles. L'idée de *Socrate,* de *Platon,* etc.

Les scolastiques ont établi, dans les propositions, un grand nombre d'espèces différentes. Nous simplifierons cette nomenclature en les considérant ou dans leur qualité ou dans leur quantité. Quelles sont les différentes espèces de propositions?

Sous le premier point de vue, elles seront universelles, particulières, singulières, indéfinies. La proposition considérée dans sa quantité.

1° Universelles, lorsque le sujet est pris selon toute son extension, c'est-à-dire lorsqu'il embrasse tous les individus de l'espèce. Par exemple, *tout homme est mortel.*

L'universalité est *absolue* ou *approximative.* Tout corps est divisible, voilà une proposition universelle absolue ; les Français sont légers, cette proposition est universelle, approximative : la première n'admet pas d'exception ; la seconde n'exige que la presque généralité. J'ai cru devoir écarter ici les expressions *universelles métaphysiquement*, et *universelles moralement* employées par l'École.

2° *Particulières*, quand le sujet est pris selon une partie de son extension : exemple, *certaines nations sont idolâtres*.

3° *Singulières*, quand le sujet n'a aucune extension, ou du moins ne convient qu'à un seul individu : exemple, *Louis XVIII fut le restaurateur de la monarchie*.

4° *Indéfinies*, quand le sujet est un terme général, pris absolument sans aucune marque de généralité ou de restriction : exemple, *la science est un trésor*.

On peut ramener toute espèce de proposition à une proposition universelle ou particulière. En effet, le sujet de toute proposition ne peut être pris que de deux manières, ou selon toute son extension, ou seulement selon une partie de son extension ; dans le premier cas, elle est universelle; dans le second cas, elle est particulière.

La proposition considérée dans sa qualité.

1° Sous le point de vue de leur qualité, les propositions sont *copulatives* ou *disjonctives*, nous l'avons déjà dit.

2° Absolues ou modales, selon qu'elles n'expriment qu'un simple rapport entre le sujet et l'attribut : exemple, *Dieu est bon;* ou bien qu'elles qualifient en même temps le rapport : exemple, *Dieu est essentiellement bon*.

3° *Vraies* ou *fausses*, suivant que le rapport

qu'elles énoncent existe réellement : exemple, *Henri IV fut un bon prince;* ou que ce rapport n'existe pas réellement : exemple, *Henri IV fut un tyran.*

4° Enfin, les propositions peuvent être simples, complexes, composées, opposées. Elles sont simples quand elles n'ont qu'un sujet et qu'un attribut.

Elles sont composées quand elles ont plusieurs sujets ou plusieurs attributs : exemple, *Socrate et Platon étaient sages; Condillac et Mably étaient frères et philosophes.*

Elles sont complexes, lorsqu'elles n'ont qu'un sujet et qu'un attribut, mais dont l'un des deux ou tous les deux à la fois sont affectés de quelques développemens particuliers : exemple, *Socrate, le plus sage des Grecs, périt par le poison.*

Enfin les propositions sont opposées, lorsque l'une affirme et que l'autre nie le même attribut du même sujet en même temps et sous le même rapport : exemple, *un cercle est rond, un cercle n'est pas rond.*

Il y a deux sortes d'oppositions : la contradictoire, qui dit simplement ce qui est nécessaire pour réfuter la proposition avancée : exemple, *la neige est blanche, la neige n'est pas blanche;* et la contraire, qui dit plus qu'il ne faut pour réfuter la proposition avancée : exemple, *la neige est blanche, la neige est noire.*

Ce qui distingue les propositions contraires des propositions contradictoires, c'est que deux propositions contraires peuvent être toutes deux fausses, comme quand je dis *tout homme est juste, tout homme est injuste;* tandis que de deux propositions contradictoires, l'une est nécessairement vraie et l'autre nécessairement fausse. *Nul homme n'est juste, quelques hommes sont justes.*

<small>Opposition de contradiction.
Opposition de contrariété.</small>

Quels sont les changemens qu'on peut faire subir aux propositions?

On peut faire subir aux propositions trois sortes de transformations : la traduction, la conversion, la division.

Pour traduire une proposition, on lui substitue une autre proposition parfaitement équivalente, mais qui se compose de termes plus connus.

Pour la convertir, on met le sujet à la place de l'attribut, et réciproquement l'attribut à la place du sujet. Toute proposition est susceptible de conversion, seulement il faut conserver, dans les termes de la réciproque, le même sens, c'est-à-dire l'extension et la compréhension qu'ils avaient dans la proposition avant qu'elle ne fût convertie.

Pour diviser une proposition, on la décompose en toutes les propositions simples qu'il est utile d'y démêler. Toutes les propositions ne sont pas susceptibles d'être divisées.

On se sert de l'opposition, de la traduction, de la conversion et de la division, pour montrer la vérité ou la fausseté des propositions.

XIII.

De la définition, de la division, et de leurs règles.

Qu'est-ce que la définition?

Par rapport aux usages divers qu'on en fait, la proposition reçoit des noms différens. Un cercle est rond, un triangle est une surface terminée par trois lignes; voilà deux propositions, mais leurs attributs ne sont pas avec leurs sujets dans le même rapport. Dans la première, *un cercle est rond*, l'idée de l'attribut n'est pas la même que celle du sujet; mais dans la deuxième, l'idée de l'attribut, *surface terminée par trois lignes*, est identique avec l'idée du sujet *triangle*. La première est une simple proposition, ce qu'il ne faut pas confondre avec une proposition simple ; la deuxième prend le nom de définition.

Il y a donc, dit Laromiguière (t. 1, p. 275), une différence très-marquée entre la simple proposition et la proposition qui définit. Dans le premier exemple, un cercle est rond, on a deux idées distinctes, l'idée de cercle et celle de rond ; dans le deuxième, on n'a pas deux idées, on n'en a qu'une seule, qui, dans le sujet, est exprimée par un seul mot, et dans l'attribut par un assemblage de mots : le sujet est le nom de l'attribut ou de la chose signifiée par l'attribut; le mot triangle, sujet de la définition, est le nom d'une surface terminée par trois lignes.

De ce que nous venons de dire, nous pouvons conclure que la définition est une proposition dans laquelle le sujet est le nom imposé aux idées dont se compose l'attribut.

D'où il suit que les définitions ne peuvent jamais être attaquées comme fausses, puisque chacun de nous est le maître de renfermer, sous tel mot qu'il lui semble bon, telles ou telles idées ; en d'autres termes, nous pouvons appeler les choses du nom qu'il nous plaît, sauf à courir le risque d'écrire et de parler pour nous seuls, si nous faisons notre langue sans nécessité, sans discernement et sans goût. On peut alors nous accuser de ne pas parler la langue reçue, ou de la mal parler ; mais on ne peut pas être fondé à prouver la fausseté de nos définitions. Dire qu'une définition manque de vérité, c'est dire que l'idée du sujet est différente de l'idée de l'attribut, c'est supposer qu'il peut y avoir deux idées dans une définition, c'est ignorer ce que c'est qu'une définition, et en quoi elle diffère d'une simple proposition. (t. 1, p. 277.)

Pour définir une idée, on lui substitue ordinairement deux autres idées. Si je veux définir l'idée *homme*, je lui substituerai les idées *animal* et *raisonnable*, et je dirai l'homme est un animal raisonnable.

L'idée *animal* a beaucoup plus d'étendue que l'idée *homme*. Si je me contentais de dire que l'homme est un animal, je ne le ferais pas connaître ; on pourrait le confondre avec un lion, avec un éléphant, etc. : pour que cette idée puisse servir à désigner l'homme, il faut donc lui ôter son excès d'étendue ; il faut la restreindre jusqu'à ce qu'elle devienne égale à celle d'homme : or c'est ce qu'on fait en ajoutant à l'idée *animal* l'idée *raisonnable* : ainsi l'homme n'est plus un animal quelconque, il est l'*animal raisonnable*.

Du genre et de la différence dans les définitions.

« L'idée animal étant une idée générale ou générique, on l'appelle *genre* ; et l'idée raisonnable, séparant, différenciant l'animal qu'on veut désigner de tous les autres animaux, on l'appelle *différence*. »

« Le genre ou l'idée générale qu'on appelle ainsi ne doit « pas être un genre trop éloigné, ou une « idée trop générale, mais le genre prochain, c'est-« à-dire l'idée générale la plus voisine, ou l'idée « générale la moins générale. » (*Ibid*, p. 296.) Si je veux définir un chêne, je ne dirai point c'est un *être*, je ne dirai même pas c'est un *végétal*. Les idées *être*, *végétal*, portent à l'esprit quelque chose de trop vague ; je dirai avec plus de précision, en me servant du genre prochain, le *chêne est un arbre*.

Pareillement, dans la définition, la différence, ou l'idée qui restreint l'idée générale, doit être propre, spécifique, c'est-à-dire capable de différencier l'espèce définie de toutes les autres espèces du même genre : un exemple nous le fera sentir. Si je définis, avec Platon, l'homme *un animal à deux pieds et sans plumes*, la différence exprimée par ces mots *à deux pieds et sans plumes* n'étant pas assez spécifique, pourra le laisser confondu avec d'autres animaux, et, en me montrant un coq plumé, on pourra me dire, avec Diogène, voilà votre homme.

Les définitions se font donc par le genre prochain, et par la différence propre ou spécifique, et alors elles nous font connaître, dit-on, la nature des choses : c'est ce qu'il faut examiner.

Rien n'existe en général ; hors de notre esprit il n'y a que des individus : comment donc les définitions, par le genre, qui n'est autre chose qu'une idée générale, pourraient-elles nous faire connaître la nature des objets ? Dire, par exemple, qu'un homme est un animal, ce n'est pas dans le vrai nous dire ce qu'il est, c'est seulement le placer dans la classe animale, c'est dire qu'il appartient à cette classe, et non à toute autre classe ; de même définir par la différence, ce n'est pas nous faire connaître la nature des choses, c'est-à-dire leurs propriétés, ce n'est là encore que classer ces choses. Ainsi, lorsqu'à notre définition de l'homme par le genre, *l'homme est un*

Inutilité des définitions par le genre et la différence, pour nous faire connaître la nature des choses.

animal, nous ajoutons la différence *raisonnable ;* nous indiquons, il est vrai, qu'il appartient à une des nombreuses espèces d'animaux, nous déterminons cette espèce, mais nous ne faisons rien de plus.

Or, comme les classes et les espèces ne sont que l'ouvrage de notre esprit, elles ne peuvent avoir d'autres propriétés que celles que nous avons mises nous-mêmes sous les noms qui désignent ces classes et ces espèces ; donc les définitions par le genre et par la différence ne nous font connaître, dans les choses, la nature que comme nous l'avons faite. D'où il suit que les définitions, comme on les conçoit ordinairement, ne sont que des définitions de mots ; car elles ne nous montrent toujours que *les idées que nous avons rattachées à tel ou à tel autre signe*, mais elles ne nous montrent jamais la nature des choses : elles ne nous font voir que des classes et des espèces, choses qui n'existent point dans la nature.

Ainsi la philosophie qui définit, par le genre et la différence, n'aurait pas dû nous dire qu'il y avait des définitions de mots et des définitions de choses.

Voulez-vous faire voir la nature des choses ? ne définissez jamais par le genre et par la différence, définissez par la génération des idées ; montrez comment elles se forment, c'est là tout le secret.

En voyant les efforts inutiles que font les géomètres pour définir le point, la ligne, ne croiriez-vous pas que ce soit une chose impossible. Écoutez Condillac : « Prenez un solide, considérez-en une extré-
« mité sans penser à sa profondeur, vous aurez l'idée
« d'une surface, ou d'une étendue en longueur et

« largeur sans profondeur ; prenez ensuite cette sur-
« face, et pensez à sa longueur sans penser à sa lar-
« geur, vous aurez l'idée d'une ligne ou d'une éten-
« due en longueur sans largeur; enfin, réfléchissez sur
« une extrémité de cette ligne sans faire attention à
« sa longueur, et vous vous ferez l'idée d'un point,
« ou de ce qu'on prend en géométrie pour ce qui
« n'a ni longueur, ni largeur, ni profondeur.

« Par cette voie vous vous formerez, sans efforts,
« des idées de point, de ligne, de surface. On voit
« que tout dépend d'étudier l'expérience, afin d'ex-
« pliquer la génération des idées dans le même ordre
« dans lequel elles se sont formées. Cette méthode
« est surtout indispensable quand il s'agit des notions
« abstraites; c'est le seul moyen de les expliquer
« avec netteté. » (Essai sur les Conn. hum., p. 167.)

Revenons aux définitions par le genre et par la différence. Elles ne nous font pas connaître la nature des individus, nous venons de le voir ; elles ne nous montrent que ce qui caractérise les espèces.

On n'en doutera pas, dit M. de Laromiguière si l'on prend garde qu'à l'exception des propositions individuelles, qui n'appartiennent pas aux sciences, le sujet de toute proposition est une espèce par rapport à son attribut.

Le chêne est un arbre ou une espèce d'arbre.
L'air est un gaz ou une espèce de gaz.

Mais les simples propositions ne déterminent pas les espèces, au lieu que les définitions les détermi-nent. Quand on définit l'*homme un animal raison-nable,* on ne dit pas seulement qu'il est une espèce quelconque d'animal, il est l'espèce d'animal raisonnable. (t. 1, p. 299.)

Peut-on croire que de pareilles définitions soient bien capables de nous tirer de l'ignorance où nous sommes sur la nature des choses? Nous ne le pensons point. « Les meilleures, dit Condillac, supposent que la signification des mots est connue, ou si elles ne supposent rien, on ne les entend pas. » (Log., p. 147.) Et lors même que la signification des mots est connue, elle ne nous fait connaître que des natures *universelles*, comme s'exprimaient les anciens philosophes, et ces natures universelles sont toujours des espèces; et les définitions sont abusives toutes les fois que le genre et la différence ne sont pas connus avant l'espèce, ce qui est le cas le plus ordinaire.

Voilà pourquoi nos livres élémentaires ne sont propres qu'à rebuter les enfans, par l'obscurité et les difficultés nombreuses qui naissent des définitions qu'on y rencontre à chaque instant; encore est-ce là leur moindre défaut. « En accoutumant l'esprit à se « contenter de mots, qui ne sont pour lui que des « mots, elles le rendent bientôt incapable de toute « instruction réelle. De l'étude des mots on ne verra « jamais sortir que des mots : c'est aux idées qu'il « faut demander la connaissance des choses. » (Laromiguière, t. 1, p. 305.)

J'en citerai un seul exemple, et je le prendrai dans un livre qu'on regarde comme le plus élémentaire de tous les livres élémentaires, dans un livre qui est fait pour les enfans qui débutent dans l'étude des langues. *La grammaire est l'art de parler et d'é-*

crire correctement : n'est-ce pas se jouer de la faible raison d'un enfant, que de lui expliquer ce que c'est que la grammaire par ces mots : *art, parler, écrire,* qu'il est plus difficile de lui faire comprendre qu'on ne le pense ordinairement? Et d'ailleurs, quand il comprendrait ces mots, qu'on le force à se mettre dans la tête, croit-on pour cela qu'il saura ce que c'est que la grammaire ? Il ne le saura que lorsqu'il connaîtra toutes les règles qu'elle renferme. C'était bien la peine de le tourmenter pour qu'il surchargeât sa mémoire d'une définition inutile, et de perdre un temps précieux à lui expliquer ce qui est pour lui inexplicable.

M. David, professeur de rhétorique au collége de Tournon, a senti tout le ridicule, pour ne rien dire de plus, d'une pareille méthode. Dans un essai de grammaire élémentaire, il a cherché à montrer les choses avant de les définir ; en d'autres termes, il a commencé comme on devrait toujours le faire, par l'analyse. Il serait à souhaiter que son ouvrage fût un peu plus développé ; mais tel qu'il est c'est un bienfait pour la jeunesse, et les parens, jaloux d'épargner à leurs enfans beaucoup d'ennuis et de dégoûts, feront bien de l'adopter (1).

Est-ce à dire qu'il ne faille jamais se servir de définitions, et surtout qu'il ne faille jamais commencer par des définitions? Gardons-nous d'une opinion aussi

---

(1) Depuis que j'écrivis ceci, j'ai appris avec plaisir que la grammaire de M. David avait été adoptée par l'Université. Je crois qu'on me pardonnera cette petite digression, où j'ai été entraîné par le sentiment profond que j'ai du vice de nos méthodes.

exclusive, et ne blâmons pas indistinctement l'usage qu'on en fait. Toutes les fois que l'attribut de la proposition qu'on définit est suffisamment connu, soit parce qu'il ne renferme qu'une notion commune, une chose que personne n'ignore, ou qu'on saisisse à l'instant, soit parce que les explications dont on l'a fait précéder en ont donné une idée bien claire et bien distincte, nul doute, dans ce cas, qu'on ne puisse se servir des définitions; elles peuvent même alors être très-utiles, et on peut les considérer comme des formules propres à exprimer, d'une manière abrégée, les idées qu'on ne saurait autrement exposer que par une analyse minutieuse, dont les procédés entraînent toujours beaucoup de longueur et de redites.

Mais si le second membre de votre définition ne peut être connu que par des explications subséquentes, quelle nécessité de présenter d'abord à votre lecteur ce qu'il lui est impossible de comprendre? Pourquoi débuter par les ténèbres, pour donner ensuite le plaisir de jouir de la lumière? Une semblable méthode est anti-philosophique et essentiellement funeste à l'étude des sciences.

Je ne sais quelle fureur de définir s'est emparée de tous ceux qui font des livres. Ils ne s'aperçoivent pas qu'il est inutile de définir certaines idées, que beaucoup ne peuvent être définies, et que le plus souvent on est mal placé pour définir celles qui sont susceptibles de l'être.

J'ai dit qu'il était inutile de définir certaines idées. Pascal se moque de ces philosophes qui attachent une grande importance à la définition de l'homme, comme si nous ne savions pas tous ce que c'est qu'un

homme. Pourquoi chercher à définir ce qui n'a pas besoin d'être défini? Je ne puis m'empêcher de voir, dans une pareille prétention, quelque chose de puéril et de ridicule. J'ai dit encore que beaucoup d'idées ne sauraient être définies. En effet, définir c'est exprimer des idées composées au moyen d'idées simples ; on ne saurait donc définir les idées simples, puisqu'elles sont indécomposables, et qu'il n'est aucune idée antérieure qui puisse rendre raison de ces idées premières. « Mais quoiqu'elles ne puissent pas
« être définies, ajoute Condillac, l'analyse nous
« montrera toujours comment nous les avons ac-
« quises, parce qu'elle montrera d'où elles viennent,
« et comment elles nous viennent. » (Log., p. 147.)

Quant aux idées composées, sans partager tout-à-fait l'opinion de Condillac, je dirai que les définitions qu'on en donne seront toujours insuffisantes si on ne les fait précéder d'une analyse sévère, qui seule pourra nous faire connaître la nature de ces idées, en les décomposant, pour nous en montrer toutes les idées partielles. Ainsi, ce n'est pas toujours qu'on est bien placé pour définir les choses; on ne doit se hasarder à le faire que lorsque la définition a été suffisamment préparée.

Nous aurions bien d'autres choses à dire sur les définitions : un bon traité sur cette matière serait un ouvrage bien utile ; mais les bornes de ce manuel ne nous permettent pas de plus grands développemens, dont quelques uns néanmoins trouveront leur place à l'article de la méthode : seulement nous allons rappeler en peu de mots les règles de la définition, telles que les donnent les logiques ordinaires.

Règles de la définition.

On y trouve qu'une définition, pour être bonne, doit être courte, claire, réciproque, et qu'elle doit se faire par le genre prochain et la différence spécifique.

Nous ferons observer d'abord que l'on se trompe lorsqu'on nous dit qu'une définition doit être *courte*, c'est-à-dire qu'elle ne doit rien renfermer d'inutile et de surabondant. Une définition doit éclairer l'objet qu'on définit ; mais la brièveté dans l'expression, qui n'est que la concision, est voisine de l'obscurité. *Brevis esse laboro, obscurus fio*, dit Horace. C'était donc la précision qu'on devait nous recommander, et non la brièveté. Nous ajouterons qu'il n'est jamais permis de rien mettre d'inutile dans ses discours, et que par conséquent cette règle ne s'applique pas exclusivement aux définitions.

Nous en dirons autant de la seconde, parce qu'il n'est aucune circonstance où nous puissions nous dispenser d'être clairs : pourquoi parler si on ne veut pas se faire comprendre ? Sans la clarté, un discours, quel qu'il soit, perd toutes ses autres qualités.

Quant à la troisième règle, *la définition doit être réciproque*, c'est-à-dire qu'elle doit convenir à tout le défini, et au seul défini ; je pense qu'elle rentre dans la première, si par celle-ci on a voulu nous recommander, non la brièveté, qui peut être un défaut, mais la précision, qui consiste à dire tout ce qu'il faut, et rien que ce qu'il faut. Ainsi, soyez précis dans vos définitions, et elles seront réciproques ; car il est évident que si vous dites tout ce qu'il faut et rien que ce qu'il faut pour définir l'homme, par exemple, votre définition conviendra à tous les hommes et rien qu'aux hommes. Celle du triangle conviendra à tous les triangles et rien qu'aux triangles. D'ailleurs nous avons énoncé cette règle en d'autres termes, lorsque nous avons dit que, dans une définition, il n'y avait jamais que la même idée renfermée sous un seul mot dans le premier membre, et sous deux ou plusieurs mots dans le second membre.

Quant à la règle, qui veut que la définition se fasse par le genre et la différence, je ne pense pas qu'on puisse en retirer un grand avantage. Il vaut mieux définir par la génération des idées, et faire voir toujours les idées partielles qui composent l'idée qu'on définit. Si j'ai à définir l'eau, par exemple, j'en ferai mieux connaître la nature, en disant qu'elle est de l'hydrogène combinée dans telle proportion avec l'oxigène, que si, ayant recours au genre et à la différence, j'allais vous dire qu'*elle est un liquide inodore, incolore,* etc. De même, si je veux définir l'acier, je ne vous dirai point que c'est un *métal dur, élastique,* etc.; mais par tant d'autres idées que je suppose connues, je dirai que c'est *du fer combiné avec du carbone.*

« On serait convaincu que le moyen de connaître les
« choses est de les décomposer en leurs idées simples,
« c'est-à-dire de les analyser, si on avait remarqué
« que les meilleures définitions ne sont que des ana-
« lyses. Celle du triangle, par exemple, en est une;
« car pour dire qu'il est une surface terminée par
« trois lignes, il a fallu observer l'un après l'autre
« les côtés de cette figure, et les compter. » (Log.,
« p. 148.)

Il ne faut pas croire néanmoins que la vraie définition, la vraie détermination des idées, ne consiste que dans la décomposition. Il est des idées indécomposables, nous l'avons dit : celles-là, l'analyse nous les fait connaître en nous montrant comment nous les avons acquises, en nous montrant leur origine. En vain essaieriez-vous de les définir d'une autre manière, vous ne réussirez jamais à les faire connaître aux autres, si vous ne commencez par les placer dans les mêmes circonstances où vous étiez lorsque vous les avez acquises. Et le moyen de donner par des définitions les idées de couleur? Vous aurez beau torturer en tous sens l'idée d'écarlate, vous ne parviendrez pas à faire connaître cette couleur à un aveugle de naissance. Ainsi, quelles que soient nos idées, il n'appartient qu'à l'analyse de les déterminer d'une manière claire et précise, en nous les montrant ou dans leur origine, ou dans leurs élémens ; ce qui n'est pas la même chose, quoique souvent on puisse les confondre. Montrer les idées dans leur origine, c'est nous faire voir comment elles se forment ; les montrer dans leurs élémens, c'est nous dire de quoi elles se composent, c'est nous en faire connaître la nature.

« Toutefois il restera toujours des idées qu'on ne
« déterminera point, ou qu'au moins on ne pourra
« pas déterminer au gré de tout le monde : c'est que
« les hommes n'ayant pu s'accorder à les composer
« chacun de la même manière, elles sont nécessaire-
« ment indéterminées : telle est, par exemple, celle
« que nous désignons par le mot *esprit*. Mais, quoi-
« que l'analyse ne puisse pas déterminer ce que nous
« entendons par un mot, que nous n'entendons pas
« tous de la même manière, elle déterminera ce-
« pendant tout ce qu'il est possible d'entendre par

« ce mot, sans empêcher néanmoins que chacun « n'entende ce qu'il veut, comme cela arrive; c'est-« à-dire qu'il lui sera plus facile de corriger la langue « que de nous corriger nous-mêmes. » (Condillac, Log., p. 147.)

Voilà, pour le dire en passant, une des causes de nos erreurs, et de ces disputes interminables qui divisent si souvent les hommes : parce qu'ils se servent des mêmes mots, ils croient parler des mêmes choses, et cependant il n'en est rien. « Cet homme a « trop d'esprit pour faire des sottises, dira l'un; « mais c'est précisément parce qu'il est un homme « d'esprit, qu'il est capable d'en faire beaucoup, ré-« pondra un autre. » Il est évident que le mot *esprit* ne signifie pas la même chose pour chacun des interlocuteurs.

Il importe donc bien, lorsqu'on parle ou qu'on écrit, de déterminer le sens qu'on attache aux mots dont on se sert. C'est une précaution indispensable pour s'entendre soi-même, et pour être entendu des autres. Cette précaution est surtout nécessaire dans les sciences philosophiques, où tous les mots ayant des acceptions différentes, et quelquefois contraires, ne pourraient que nous entraîner dans des opinions vagues, incertaines, et même contradictoires, si nous n'avions le soin de bien faire notre langue.

A cette précaution, il faut en joindre une autre lorsque la matière que nous voulons traiter est trop compliquée : c'est de la diviser, afin que l'attention, moins partagée, puisse se porter successivement, avec plus de force, sur chaque objet en particulier. Nous allons dire deux mots de la division et de ses règles.

De la division. Nous avons dit que la proposition prenait des noms différens, suivant les divers usages qu'on en fait. Nous l'avons appelée *définition* lorsqu'elle définit les choses; si elle les divise, on la nomme *division;* exprime-t-elle une vérité non contestée? on l'appelle *axiome;* nous indique-t-elle l'existence de certaines propriétés à démontrer? elle prend le nom de *théorème*, et n'est guère employée qu'en mathématiques; nous fait-elle connaître une vérité qui peut se démontrer par d'autres vérités, qui ont avec la première une relation indiquée par l'énoncé? alors on l'appelle *problème;* enfin, si elle nous montre une vérité qui résulte immédiatement d'une autre proposition qu'on vient de démontrer, c'est un *corollaire.*

Nous avons parlé de la proposition qui définit. Les propositions *axiome*, *problème*, *théorème*, *corollaire* n'exigent qu'une définition. Nous allons nous occuper de la proposition qui divise.

Lorsqu'une proposition exprime le partage d'un tout en ses parties, ou d'un genre en ses espèces, elle prend un nom particulier, celui de division. La division, qui n'est qu'une espèce d'abstraction, trouve, comme elle, sa raison dans les bornes de notre esprit.

Utilité du langage pour la division. Elle nous fait considérer les choses séparément, pour nous en donner des idées plus claires et plus exactes; pour cela elle emploie des mots. Elle ne pourrait, en effet, sans signes, nous montrer séparément les diverses parties d'un objet que la nature nous montre réunies, ni les diverses espèces que l'esprit a rassemblées sous le nom qui désigne le genre. C'est ainsi que, dans toutes les opérations de l'esprit, le besoin des signes se fait sentir; sans eux nous ne pourrions déterminer nos idées, sans eux nous ne pourrions observer que des masses, et les détails nous échapperaient ; c'est cependant aux détails que nous devons toutes nos connaissances. Nous ne pouvons connaître un tout que par les idées partielles qui le composent ; nous ne pouvons connaître le genre que par les espèces que ce genre renferme, et les espèces ne seraient rien sans l'idée des individus qui leur appartiennent : tout nous ramène à l'analyse. La division est une analyse, la définition est une analyse, la simple proposition elle-même est une analyse. Le *sucre est doux*, voilà une simple proposition ; mais elle n'a pu se faire que par la décomposition de l'idée de sucre, et cette décomposition, nous n'aurions eu aucun moyen de la réaliser sans les mots *sucre* et *doux;* nous l'avions déjà observé pour les jugemens dont les propositions ne sont que la traduction, mais il nous a paru utile de le répéter.

Revenons à la division. Les logiciens nous en ont donné les règles, nous les réduirons à deux. La première, *c'est que la division soit exacte*, c'est-à-dire qu'elle embrasse le tout qu'on divise, sans quoi on ne pourrait plus dire que le tout a été divisé en toutes ses parties, ou qu'un genre a été distribué en toutes ses espèces.

<small>Règles de la division.</small>

« Cependant rien n'est moins judicieux que de
« multiplier les membres d'une division au-delà du
« besoin : c'était là le grand vice de la méthode des
« scolastiques. Par les divisions on veut éclairer les
« objets, en divisant trop on disperse les rayons de
« lumière ; on veut soulager l'esprit, on le surcharge,
« on l'accable : il y aurait moins d'inconvéniens à

« pécher par défaut que par excès. En divisant trop
« peu, nous ne voyons pas tout, il est vrai, mais du
« moins ce que nous avons sous les yeux, nous le
« voyons. En divisant trop, au contraire, tout échappe
« au regard, tout se perd dans la confusion. *Confu-*
« *sum est, quidquid in pulverem sectum est*, a dit
« Sénèque. » (Laromiguière, t. 2, p. 296.)

La seconde règle est *que les membres de la division soient opposés*, c'est-à-dire qu'un membre ne rentre pas dans l'autre et ne le rende pas inutile. Cette seconde règle, assez mal énoncée, sera observée si vous suivez, je ne ne dirai pas la gradation des idées, comme on s'exprime, mais leur génération, de sorte que chaque nouveau membre vous présente un nouveau point de vue de votre idée primitive. Ainsi l'art de composer les membres peut se diviser en *numération*, *addition*, *multiplication*, *puissanciation* ou élévation aux puissances. L'addition n'est qu'un point de vue de la numération, la multiplication n'est qu'un point de vue de l'addition, et la puissanciation n'est qu'un point de vue de la multiplication. J'ai dit que cette règle était assez mal énoncée : en effet, elle veut que tous les membres d'une division soient opposés, et ne rentrent pas l'un dans l'autre ; et l'exemple que je viens de citer nous prouve que cette opposition des membres n'est pas nécessaire, et qu'ils peuvent tous rentrer les uns dans les autres. Je dis bien plus, il est indispensable que l'identité de chaque membre, avec celui qui le précède ou qui le suit, se laisse apercevoir, sans quoi il n'y a plus de science, plus de système. Cette vérité se fait même sentir en littérature ; c'est par elle qu'Horace commence son

Art poétique, et nous la présente comme par une formule dans ce vers :

Deniquè sit quodvis simplex duntaxat et unum (1).

Or il n'y a point unité partout où il y a opposition. La division, nous venons de le voir, n'est que l'analyse; « mais l'analyse, dit M. de Laromiguière, doit être « considérée sous deux points de vue, suivant la na- « ture des rapports qu'elle établit, ou plutôt qu'elle « nous fait apercevoir entre les parties de l'objet com- « posé. Ces parties peuvent être liées entre elles par « des rapports de contiguïté, de simultanéité, de suc- « cession, de ressemblance; » mais, dans tout cela, je ne vois point de rapports d'opposition; nous n'en trouverons pas davantage sous l'autre point de vue de l'analyse.

« Ces parties peuvent encore, continue le même « philosophe, être liées par des rapports de cause, « par des rapports de génération. Ce sont ces derniers « rapports qui nous importent surtout ; nous leur de- « vons ce qui, plus que toute autre chose, nous dis- « tingue des animaux, le raisonnement. » (t. 2, p. 329.)

XIV.

Du raisonnement et des idées déduites.

« Un jugement que je prononce peut en renfermer « implicitement un autre que je ne prononce pas. Si

Qu'est-ce le raisonnement?

---

(1) En un mot, que l'unité règne toujours dans quelque ouvrage que ce soit. (Epit. aux Pisons., v. 23.)

« je dis qu'un corps est pesant, je dis implicitement
« que, si on ne le soutient pas, il tombera; or, lors-
« qu'un second jugement est ainsi renfermé dans un
« autre, on le peut prononcer comme une suite du
« premier, et, par cette raison, on dit qu'il en est
« la conséquence. On dira, par exemple, cette voûte
« est bien pesante, donc, si elle n'est pas assez sou-
« tenue, elle tombera; voilà ce qu'on entend par faire
« un raisonnement, ce n'est autre chose que pro-
« noncer deux jugemens de cette espèce (1). » (Condillac, Log., p. 63.)

Nous observons que le mot raisonnement se prend, comme tous les mots philosophiques, dans des acceptions différentes. Quelquefois il désigne une opération de l'esprit, *qui de la considération d'un ou de plusieurs rapports connus, nous conduit à la perception d'un rapport inconnu*. C'est sous ce point de vue que nous l'avons étudié dans la métaphysique, lorsque nous avons dit qu'il était une double comparaison, une des facultés de l'entendement.

D'autre fois il exprime le résultat de cette faculté, le produit de cette opération, et alors *il est là perception de l'identité entre plusieurs jugemens ou rapports*. Dans le premier cas, le raisonnement appartient au système de l'activité de l'esprit; dans le

---

(1) Tout raisonnement implique donc une proposition antérieure et une proposition déduite. Déduire et raisonner, c'est une seule et même chose. La proposition déduite s'appelle *conclusion*; la proposition ou l'ensemble des propositions antérieures d'où elle est déduite, *prémisses*. (Thomas Reid, *Essai sur les Facultés*, t. 5, p. 204.)

second, il appartient au système de l'intelligence. Le raisonnement faculté est au raisonnement produit de faculté, ce que la cause est à l'effet, ce que l'opération est au résultat.

Lorsqu'une proposition est évidente par elle-même, c'est-à-dire lorsque celui qui connaît la valeur des termes ne peut pas douter de ce qu'elle affirme, alors il n'est pas besoin de raisonner pour découvrir le rapport d'identité qui existe entre le sujet et l'attribut, il suffit d'un acte double d'attention ou de la simple comparaison, après quoi ce rapport se montre de lui-même. Mais il n'en est pas toujours ainsi, « et « quelquefois, dit Lock, il faut que l'esprit, par l'in- « tervention d'autres idées (d'une ou de plusieurs, « suivant le besoin), tâche de découvrir ce rapport « qui est l'objet de sa recherche. » Soit, par exemple, cette proposition : *Dieu est aimable*, il peut se faire qu'on ne voie pas dans les deux termes l'identité d'idées, alors cette proposition n'étant pas évidente par elle-même, il faudra la démontrer, et pour cela faire voir qu'elle est la conséquence évidente d'une proposition évidente ; ou en d'autres termes, qu'elle est identique avec une autre proposition dont un des termes est identique avec l'idée de Dieu.

Dieu nous comble de bienfaits : voilà une vérité que je suppose admise, sans quoi il faudrait la prouver. Dire que Dieu nous comble de bienfaits, c'est dire qu'il est bon ; dire qu'il est bon, c'est dire qu'il est aimable : l'identité entre l'idée de Dieu et d'amabilité est démontrée.

Mais pour faire cette démonstration, j'ai eu recours à une troisième idée, l'idée de bonté. Une première

Qu'entend-on par idées moyennes ?

comparaison m'a fait voir le rapport qu'il y avait entre l'idée de Dieu et l'idée de bonté. Une seconde comparaison m'a montré celui qu'il y avait entre cette dernière idée de bonté et celle d'amabilité, et dans ces deux rapports j'ai vu celui qu'il y avait entre l'idée de Dieu et d'amabilité.

1er *rapport.* Dieu est bon.
2e *rapport.* Ce qui est bon est aimable.
3e *rapport.* Dieu est aimable.

Liez ces trois rapports par des conjonctions, et vous aurez une forme de raisonnement qu'on appelle syllogisme.

Dieu est bon,
Or ce qui est bon est aimable,
Donc Dieu est aimable.

Or cette idée intermédiaire de bonté, à laquelle j'ai eu recours pour faire voir l'analogie qui liait l'idée de Dieu à celle d'amabilité, est ce qu'on appelle dans l'école une idée *moyenne*. Vous voyez que c'est une idée qui sert de terme de comparaison entre l'idée de Dieu et l'idée d'amabilité.

Où doit-on chercher les idées moyennes?

C'est ainsi que le raisonnement nous fait voir un rapport inconnu dans un rapport connu, et nous montre une proposition dans une autre proposition, d'où il est facile de comprendre que les idées moyennes, qui nous font franchir l'intervalle qui sépare l'inconnu du connu, ne peuvent nous être fournies que par un examen approfondi de tous les points de vue du principe que nous avons posé; car ce n'est que cet examen qui peut nous montrer ce que nous ignorons dans ce que nous savons, « et qui nous rend « possible le passage de l'un à l'autre. Tout inconnu

« n'est pas dans tout connu; une vérité inconnue est
« dans la vérité connue, dont elle est un point de
« vue immédiat : c'est là qu'il faut la chercher, sans
« quoi on ne la trouvera jamais, parce qu'on ne peut
« la trouver que là où elle est. » (Paradoxes de Condillac, p. 151.)

Il est bien vrai que celui qui sait bien la numération sait l'addition, et que celui qui sait bien l'addition sait la multiplication ; mais il ne faut pas conclure que celui qui sait la numération sait aussi la multiplication. « L'esprit humain, quand il raisonne, ne
« peut jamais franchir d'intervalles ; pour arriver
« d'une vérité à une vérité, il est obligé de parcourir
« successivement, et un à un, tous les degrés qui
« les séparent. » (*Ibid.*, p. 149.)

Or cette marche de l'esprit est celle de l'analyse, d'où il suit que le raisonnement n'est aussi que l'analyse ; et lorsqu'il sera démontré que les langues sont des méthodes analytiques, il sera par là même prouvé que tout l'art de raisonner se trouve dans l'artifice du langage. Une simple réflexion suffira pour le constater en ce moment ; c'est que le raisonnement n'est qu'un calcul, et que l'exactitude et la facilité du calcul dépend du plus ou du moins de perfection dans le système de signes qu'on emploie. Cette assertion, qui peut paraître paradoxale, M. de Laromiguière s'est chargé de la justifier. Tous les procédés employés dans le calcul se réduisent à trois : l'addition, la soustraction et la substitution ; et le raisonnement emprunte toujours quelqu'un de ces procédés.

Premier exemple : Pascal sait l'arithmétique, la géométrie et l'algèbre, donc il sait les mathématiques.

<small>Utilité du langage et des signes pour le raisonnement.</small>

Addition: On voit que le seul mot mathématiques équivaut à la réunion des trois mots : arithmétique, algèbre, géométrie ; il en est la *somme*.

Second exemple : Pascal sait les mathématiques, donc il sait l'arithmétique. *Soustraction*. Ici, d'une somme totale nous retranchons une somme partielle, ou, si vous l'aimez mieux, de l'idée composée, mathématiques, nous retranchons l'idée moins composée, *arithmétique*.

Troisième exemple : Pascal connaît la géométrie, donc il connaît cette science dont Euclide nous a enseigné le premier les élémens. *Substitution*. En effet, la science dont Euclide nous a enseigné le premier les élémens et la géométrie sont une seule et même chose.

De combien de manières peut-on considérer le raisonnement ?

On peut considérer le raisonnement dans l'esprit ou dans le discours.

Considéré dans l'esprit, il est, comme nous l'avons dit plus haut, ou *l'action de l'ame, qui de certains jugemens en dégage d'autres*, ou *la simple perception de l'identité entre plusieurs rapports*.

Considéré dans le discours, c'est-à-dire en tant qu'il est exprimé par des mots, le raisonnement qui ne diffère pas alors de l'argumentation, est « l'expression
« d'une suite de jugemens renfermés les uns dans
« les autres ; c'est la manifestation d'un rapport qui
« était caché dans un autre rapport ; c'est la substitu-
« tion de plusieurs mots à un moindre nombre de
« mots, à un seul mot, ou d'un seul mot à plu-
« sieurs ; c'est une composition qui appelle une dé-
« composition dont elle a besoin pour éclairer toutes
« les parties de son objet ; ou une décomposition

« qui à son tour appelle une composition pour sou-
« lager la mémoire et pour faciliter l'action de l'es-
« prit; c'est un enchaînement de vérités liées par la
« plus étroite analogie; c'est enfin une succession
« plus ou moins prolongée de propositions toutes
« *identiques.* » (Paradoxes de Condillac, p. 210.)

Une partie de ces définitions peuvent se justifier parce que nous avons dit que le raisonnement était un calcul. *Le raisonnement est une décomposition qui appelle une composition ;* première définition qui se justifie par le premier exemple :

Le raisonnement est une composition qui appelle une décomposition ; deuxième définition, dont l'exactitude se démontre par le second exemple.

Le raisonnement est la substitution d'un mot à plusieurs autres mots ; troisième définition, dont le troisième exemple nous montre encore l'exactitude.

Quant aux autres définitions que nous avons données, elles rentrent toutes dans celle-ci : *le raisonnement est une suite de propositions identiques;* un seul exemple suffira donc pour les justifier toutes. C'est encore à M. Laromiguière que je vais l'emprunter. La chaleur dilate tous les corps, et le froid les resserre; donc, conclut Lavoisier, il n'y a pas de contact dans la nature. En effet, dire que le froid de tout corps peut augmenter, c'est dire que tout corps peut diminuer de volume ; c'est dire que toutes les parties des corps peuvent se rapprocher les unes des autres; c'est dire que la distance qui sépare ces parties peut devenir moindre ; c'est dire qu'il y a une distance entre toutes ces parties; c'est dire qu'il n'y a point de contact. Voilà bien une suite de propositions toutes identiques : notre définition du raisonnement est donc exacte. (Paradoxes, p. 123.)

Quels sont les principes fondamentaux du raisonnement?

Maintenant il ne nous sera pas difficile de dire les principes sur lesquels repose tout raisonnement. Les logiques en donnent ordinairement deux; les voici :

1° Deux choses égales à une troisième sont égales entre elles.

2° Deux choses, dont une seule est égale à une troisième, ne sont pas égales entre elles.

On aurait pu se dispenser de nous donner le dernier de ces principes, car évidemment il rentre dans le premier. En effet, dire que deux choses sont égales entre elles parce qu'elles sont égales à une troisième, c'est dire qu'elles ne seront pas égales lorsqu'une seule égalera la troisième.

Pour nous, le raisonnement aura la même base; mais nous le dirons en d'autres termes, qui seront plus analogues aux développemens que nous avons donnés : *tout raisonnement porte sur l'identité des propositions;* et si l'on veut nous faire expliquer d'une manière plus catégorique, en sorte que notre principe renferme explicitement la base de tous les raisonnemens, soit affirmatifs, soit négatifs, nous dirons : tout raisonnement porte sur l'identité ou la *non identité* des propositions.

Je sais que plusieurs philosophes ont attaqué ce principe, mais on peut leur répondre qu'il ne diffère point de celui qu'ils admettent. En effet, deux choses qui, en tout point, seraient absolument égales, seraient par cela même identiques. C'est ce qui arrive dans les définitions où le sujet est la même chose que l'attribut, où les deux termes sont égaux, où ils sont identiques; c'est ce qui arrive dans les raisonnemens qui se font par la substitution, où toutes les propositions sont égales ou identiques.

Dira-t-on que souvent l'égalité n'est pas absolue? Nous répondrons que nous admettons une identité partielles; et si les termes impliquent contradiction pour nous, ils impliqueront contradiction pour nos adversaires.

Mais est-il bien vrai que l'identité partielle soit une contradiction dans les termes? Nous ne saurions l'admettre; autre chose est *une partie d'identité*, autre chose *une identité de partie*.

En vain ajouterait-on que si nous échappons à la contradiction, nous n'échapperons pas au reproche de frivolité. Quoi de plus frivole, en effet, qu'une suite de propositions identiques, c'est-à-dire de propositions qui toutes disent la même chose?

Une distinction essentielle fera voir toute l'injustice de ce reproche de frivolité. *Six* est *six*, est une proposition frivole, elle n'apprend rien; *six* est *la racine carrée de trente-six*, n'est point une proposition frivole, elle m'apprend une chose dont je puis avoir besoin. Ce n'est pas dans l'*identité des idées*, c'est dans l'identité des expressions que consiste la frivolité.

Nous dirons donc, sans craindre qu'on puisse nous accuser d'employer un langage contradictoire ou insignifiant, que tout l'artifice du raisonnement consiste dans cette manière de procéder, c'est-à-dire *de penser ou de s'exprimer, par laquelle on va de propositions identiques en propositions identiques*.

(Voir Paradoxes, p. 120, 121, 122, et Condillac, Art de Raisonner, p. 1 et suiv.)

Le raisonnement, quand on l'exprime, est inséparable de ses formes, quoiqu'il en diffère essentiellement. Les formes changent, le raisonnement est toujours un, toujours le même (Laromiguière, Discours préliminaire, p. 212.) Nous allons nous occuper des diverses formes qu'il affecte; sous ce point de vue, on le désigne, comme nous l'avons dit, sous le nom d'*argumentation*.

XV.

Du raisonnement considéré dans le discours, ou de l'argumentation.

Qu'est-ce que l'argumentation? — L'argumentation est une forme quelconque de raisonnement. Ce mot vient du latin *argumentum*, qui signifie moyen de preuve. Elle est au raisonnement ce que la proposition est au jugement, son énoncé, sa traduction.

Qu'est-ce qu'une proposition déduite? — Il y a donc dans l'argumentation, comme dans le raisonnement, deux propositions : l'une antérieure et une autre qui découle nécessairement de la première; on la nomme *proposition déduite*.

Quelles sont les différentes espèces d'argument? — Les principales espèces d'argumentation sont le *syllogisme*, l'*enthymème*, l'*épichérème*, le *sorite*, le *dilemme*, l'*exemple* et l'*induction*.

Du syllogisme. — Le syllogisme est composé de trois propositions, dont les deux premières, appelées prémisses, renferment la troisième, qu'on nomme conclusion.

Exemple: Toute vertu est louable,
  Or, la justice est une vertu,
  Donc la justice est louable.

On distingue trois termes dans le syllogisme : le *grand* et le *petit* extrêmes, et le moyen terme. Le grand extrême est l'attribut de la conclusion, le petit en est le sujet ; ils se trouvent aussi tous les deux dans les prémisses : celle qui renferme le grand, s'appelle *majeure ;* celle qui renferme le petit s'appelle *mineure ;* enfin le moyen terme se trouve dans la majeure et dans la mineure, et jamais dans la conclusion. C'est l'idée médiatrice qui sert à établir le rapport d'identité entre le petit et le grand extrême.

<small>Termes du syllogisme.</small>

La proposition qui se trouve dans la conclusion forme ce qu'on nomme le *conséquent*, et la *conséquence* n'est que la liaison qui existe entre cette proposition et le principe d'où on l'a déduite. Elle est exprimée par la conjonction *donc* ou par ses synonymes; il ne faut donc pas confondre dans l'argumentation le conséquent avec la conséquence : le conséquent peut être faux et la conséquence vraie.

<small>Du conséquent et de la conséquence.</small>

Exemple : Ce qui a des parties est divisible,
Or l'ame a des parties:
Donc l'ame est divisible.

Le conséquent peut être vrai et la conséquence fausse.

Exemple : Un être matériel pense,
Or l'ame est matérielle,
Donc l'ame pense.

De là on peut conclure qu'on peut être bon dialecticien sans être bon logicien, c'est-à-dire faire un argument inattaquable dans sa forme, et n'avancer que des erreurs. D'autres fois, on peut n'avancer que des vérités tout en fesant de forts mauvais raisonnemens.

J'ajouterai qu'on peut distinguer le conséquent, pour dégager les divers sens qu'il peut renfermer; mais on ne peut jamais distinguer la conséquence, qui est essentiellement une, et par là même ne saurait enfermer plusieurs sens. Je pense bien plus qu'on ne devrait jamais dire d'une conséquence qu'elle est vraie ou qu'elle est fausse; car la conséquence est la liaison qu'il y a entre deux propositions, ou mieux, c'est l'identité qui les unit; or cette identité existe ou n'existe pas; elle n'est pas vraie, elle n'est pas fausse.

Nous avons dit qu'on ne devait pas confondre la conséquence avec le conséquent; mais ces deux mots sont souvent pris l'un pour l'autre dans le discours. On dit tous les jours : Dieu est juste, *par conséquent* il punit les méchans. Ici conséquent est pris pour conséquence. Dieu est bon, la *conséquence* est que nous devons l'aimer. La conséquence est prise là pour le conséquent.

De l'enthymème.

L'enthymème est un syllogisme dans lequel on supprime une des prémisses.

Exemple : Vous voulez apprendre,
Donc vous devez écouter.

La première proposition prend le nom d'antécédent, la seconde s'appelle conséquent.

De l'épichérème.

L'épichérème est une argumentation, dont chaque proposition est immédiatement suivie de sa preuve.

Exemple : Celui qui est tourmenté par beaucoup d'inquiétudes et de soucis n'est pas heureux, *car la tranquillité de l'âme est nécessaire au bonheur.*

Or, l'homme qui se livre à ses passions est tourmenté par beaucoup d'inquiétudes et de soucis ; *soit*

LOGIQUE.

parce qu'il éprouve les remords de sa conscience, soit parce qu'il n'obtient pas toujours l'objet de ses désirs.

Donc celui qui se livre à ses passions n'est pas heureux.

Le dilemme consiste à diviser les moyens de son adversaire, et à opposer à chacun d'eux une raison qui doit être sans réplique. Ainsi, pour prouver que ceux qui ne remplissent pas avec zèle les devoirs de leur place sont coupables, on peut leur opposer ce dilemme. *Du dilemme.*

Ou vous êtes capables de remplir la charge que vous avez demandée, et alors vous êtes inexcusables de ne pas vous en occuper.

Ou vous êtes incapables, et alors vous êtes inexcusables de l'avoir acceptée.

C'est ce que disait saint Charles aux évêques à l'ouverture d'un de ses conciles provinciaux.

Le dilemme est défectueux quand il y a un milieu à prendre, ou que l'un des deux partis proposés peut être accepté sans inconvénient.

Le sorite, autrement appelé gradation, est la forme de raisonnement la plus naturelle et la plus conforme à la marche de l'esprit, qui consiste à s'avancer peu à peu, et comme par degrés, vers la vérité qu'on se propose d'établir ; il se compose de plusieurs propositions toutes identiques : la première avec la seconde, la seconde avec la troisième, et ainsi de suite. *Du sorite.*

Exemple : L'avare désire beaucoup de choses ;

Celui qui désire beaucoup de choses manque de beaucoup de choses.

Celui qui manque de beaucoup de choses est malheureux.

Donc l'avare est malheureux.

33.

Cet argument nous fait voir l'inconnu dans le connu : sa marche est lente mais sûre : c'est la marche de la nature ; il ne s'annonce pas avec l'orgueilleuse prétention du syllogisme ; il n'a point la vivacité de l'enthymème, ni la pressante énergie du dilemme ; mais modeste et prudent comme le vrai savoir, il assure tous ses pas, jalonne pour ainsi dire sa route ; il sait d'où il vient et où il va : aussi a-t-il été admis presque exclusivement dans les sciences appelées exactes, et les résultats que l'on en obtient sont les preuves de sa bonté.

Cet argument serait vicieux si toutes les propositions n'étaient pas identiques ; car alors il n'y aurait plus entre elles ni liaison ni conséquence, ce serait une chaîne dont un des anneaux serait brisé.

De l'exemple. L'exemple est un raisonnement dans lequel on déduit une proposition d'une autre, avec laquelle elle a un rapport de ressemblance, ou d'opposition, ou de supériorité. De là trois espèces d'exemples appelés : *à pari, à contrario, à fortiori.*

Exemples :
1° *A pari* : Dieu pardonna à David à cause de son repentir.
Donc Dieu vous pardonnera pareillement si vous vous repentez.
2° *A contrario* : Le vice est pour votre ame un principe de mort.
Donc, par la raison des contraires, la vertu est un principe vital.
3° *A fortiori* : Les infidèles pratiquent la vertu, donc, à plus forte raison, les chrétiens doivent la pratiquer.

De l'induction. L'induction est un argument dans lequel on déduit de plusieurs propositions singulières une proposition universelle qui les renferme toutes.

Exemple : La santé n'est que vanité ;
La vie n'est que vanité ;
La gloire n'est que vanité ;
Les grâces ne sont que vanité ;
Les plaisirs ne sont que vanité ;
Les richesses ne sont que vanité :
Donc tout n'est que vanité.

L'induction n'est un bon raisonnement qu'autant que l'énumération des parties est complète (1).

Toutes les différentes espèces d'argumentation peuvent se ramener au syllogisme, qu'on a regardé comme le raisonnement par excellence; toutes, en effet, supposent, dit-on, une idée moyenne, avec laquelle deux autres idées sont comparées; et comme la comparaison se fait dans le syllogisme d'une manière plus explicite que dans les autres formes d'argumentation, on a cru qu'il devait être le type de tous les raisonnemens; mais il nous a semblé plus logique de ramener toutes les espèces d'argumentation au sorite, qui est l'expression fidèle et simple du raisonnement dans toute sa pureté naturelle, si,

Toutes les formes d'argumentation peuvent-elles se ramener au syllogisme?

---

(1) Syllogisme, du grec συλλογισμός. R. συν et λογίζομαι, compter, calculer, penser.

Epichérème, de ἐπιχείρημα, attaque, argument ; de ἐπιχειρέω, attaquer. R. ἐπὶ et χεὶρ.

Enthymème, de ἐνθύμημα. Conception de l'esprit, de ἐνθυμέομαι, examiner, penser. R. ἐν, dans, et θυμός, âme, esprit.

Dilemme, de δίλημμα. R. δὶς, deux fois, et λαμβάνω, saisir, concevoir, convaincre.

Sorite, de σωρείτης, de σωρεύω, entasser, parce que les propositions sont nombreuses et accumulées dans ce raisonnement.

comme nous l'avons dit, l'esprit humain ne va jamais que du connu à l'inconnu, par une suite de propositions toutes identiques. Les autres modes d'argumentation n'en diffèrent que par des abréviations qui peuvent bien en changer le nom, mais non pas l'essence. Ces abréviations dans le raisonnement, peuvent quelquefois donner de l'éclat, de la rapidité, et même de l'énergie à nos discours, mais ils ne sauraient donner plus de clarté ni de solidité ; on doit s'en rapporter là-dessus aux mathématiciens.

<small>Quelles sont les principales règles du syllogisme ?</small>

Comme on croyait le syllogisme le raisonnement le plus parfait, il était naturel de lui donner des règles : ce fut le champion obligé de toute discussion philosophique ; il devait être en conséquence armé de toutes pièces, et la scolastique le hérissa de formules aussi inutiles que barbares : il se présenta dans la lice sous les figures de *celavent*, de *barulypton*, de *fresimorum*, de *barbara*, de *baroco*, et de beaucoup d'autres non moins grotesques. La dialectique l'avait adopté pour l'aîné de ses enfans ; les autres raisonnemens furent, pour ainsi dire, déshérités. Les règles qu'on lui donna lui servaient de titres pour prouver sa légitimité, et d'armes pour défendre ses droits ; mais ses frères puînés n'eurent quelque crédit qu'en se rangeant sous sa bannière, et toute leur valeur ne fut qu'une valeur d'emprunt : c'est ainsi que la philosophie eut aussi sa loi du droit d'aînesse.

La réforme philosophique l'a abolie en attaquant le mal dans sa racine ; elle a montré que ces règles, dont on a fait tant de bruit, ne portaient que sur la forme sans aller jusqu'au fond des choses, en nous enseignant que tout raisonnement consistait à voir l'inconnu dans le connu ; elle nous a dit qu'il n'y avait qu'une seule règle, savoir : *Que la proposition déduite doit être identique avec les propositions dont on la déduisait*, ou *du moins qu'elle devait en être un point de vue*. Et la raison de cette règle est qu'on ne peut déduire d'une proposition que ce qu'elle renferme.

Le moyen de la suivre est de n'employer jamais, pour faire cette déduction, que des mots dont le sens soit bien déterminé; en d'autres termes, de bien connaître sa langue si elle a été bien faite, et de la refaire si elle a été mal faite. Supposez un homme qui voudrait dégager d'un corps les élémens qu'il renferme; un chimiste, par exemple, qui ne connaîtrait pas la force des réactifs à employer, pensez-vous qu'il pût obtenir des résultats bien satisfaisans ? Telle est cependant la position de celui qui veut raisonner avec des mots dont il ne connaît pas la valeur, soit parce que ces mots n'ont pas été bien déterminés, soit parce qu'il ne s'est pas attaché à en connaître le vrai sens.

Utilité d'une langue bien faite pour bien raisonner.

Quant aux anciennes règles du syllogisme, nous ne les croyons pas aussi bonnes qu'on a bien voulu nous le dire, puisqu'on trouve des syllogismes qui ne pèchent contre aucune de ces règles, et qui cependant ne sont rien moins que concluans.

Remarque. Nous ne devons pas négliger de faire observer la différence qu'il y a entre l'induction telle que nous venons de la considérer, qui n'est qu'une forme de raisonnement, et l'induction méthode d'investigation. Comme forme de raisonnement, l'induction est la conclusion générale que l'on tire de plusieurs faits particuliers. Elle peut bien exprimer d'une

Deux espèces d'induction.

manière différente les mêmes faits, mais elle ne saurait nous conduire à de nouvelles vérités; ce n'est qu'une pure transformation, une substitution de signes utiles sans doute comme artifice du raisonnement, mais impuissante pour nous faire trouver des vérités inconnues.

L'induction, méthode d'investigation que Bacon a exposée dans le second livre du *Novum organum*, s'avance à la recherche des faits en ayant recours à des observations et à des expériences directes. C'est l'analyse qui interroge la nature, et la contraint à se révéler en s'efforçant de saisir, non les rapports accidentels, mais les rapports essentiels qui lient les phénomènes entre eux, et de parvenir ainsi, par les procédés variés de la méthode d'invention, à un fait supérieur constamment associé à un autre fait, de manière que nous puissions admettre l'un comme cause de l'autre, et envisager leur liaison comme une loi de la nature. C'est ainsi que la *méthode* inductive pose les principes des sciences, et ces principes une fois établis, elle s'en sert pour rendre raison des phénomènes. Après avoir recueilli par les voies de l'observation, de l'expérience, de l'analyse, des hypothèses mêmes, dont cependant elle n'use qu'avec les plus grandes précautions; après avoir recueilli, dis-je, le plus d'élémens possibles, elle les résume par une induction puissante, et les fait rentrer sous le joug de l'unité qui doit les dominer; puis descendant du sommet de cette échelle où elle est parvenue en assurant bien tous ses pas, elle applique par la synthèse les axiomes aux phénomènes, soit pour servir de vérification à l'analyse, soit pour y ramener les faits qui auraient pu lui échapper, soit pour expliquer un effet donné par une cause donnée. On voit que cette méthode renferme deux parties; une induction ascendante et une induction descendante. La première conserve le nom d'induction, la seconde peut être appelée déduction. (*Voir Encyc. mod., art. induction.*)

XVI.
De la Méthode.

Maintenant que nous connaissons les facultés de notre ame, les effets qu'elles peuvent produire, et les moyens que le langage nous offre de rendre leur marche plus facile et plus sûre, il nous sera aisé de dire en quoi consiste une bonne méthode. *[Qu'est-ce que la méthode?]*

Celle que nous devons suivre n'est pas arbitraire, elle est fondée sur les lois de notre existence. Elle doit être analogue aux facultés de l'entendement, puisqu'elle n'est faite que pour faciliter le jeu de ces mêmes facultés; elle doit être aussi analogue aux effets que nous voulons produire, puisque toute son utilité consiste dans la production de ces mêmes effets. Or, obtenir des idées exactes par l'attention, les rapprocher par la comparaison, les enchaîner par le raisonnement, voilà tout ce que nous pouvons faire pour acquérir la connaissance d'un objet; mais pour obtenir des idées exactes des choses, il faut les isoler, en étudier séparément toutes les parties, les décomposer en un mot, et sous ce point de vue la méthode doit être analytique, elle est l'*analyse*.

Pour comparer il faut aussi voir les choses séparément; on ne compare pas ce qui reste confondu.

Dans toute comparaison il y a nécessairement deux termes, et ces deux termes il faut les voir à part, il faut les séparer ; et ici la méthode n'est encore que l'analyse.

Enfin, le raisonnement n'étant lui-même qu'une double comparaison, il ne pourra s'exercer qu'au moyen de l'analyse.

Mais des idées éparses, séparées, comme l'attention aidée de l'analyse peut nous les montrer, ne seraient point la copie fidèle et exacte des objets dont toutes les parties n'existent pas séparément. Après donc que nous les avons divisées, désunies pour les mieux étudier, nous sommes forcés de recomposer ce que nous avons décomposé ; d'unir, c'est-à-dire de rendre un ce que nous avions rendu multiple, et ici la méthode devient synthétique, elle est la *synthèse*.

La comparaison n'offrirait non plus aucun résultat utile, si après qu'elle a considéré à part deux idées distinctes, qu'elle nous a montré le rapport qui les lie l'une à l'autre, nous ne pouvions les unir sans les confondre dans l'affirmation ; dans tout jugement l'analyse est donc suivie de la synthèse. Enfin le raisonnement ayant aussi pour résultat un jugement à prononcer, doit, comme la comparaison après avoir décomposé, unir de nouveau les idées qui doivent former la conclusion.

Analyser, synthétiser, décomposer, recomposer, telle est la marche de l'esprit humain, tels sont ses procédés. Voilà toute la méthode.

Combien y a-t-il de méthodes ? Il n'y a donc pas deux méthodes, il n'y en a qu'une seule ; elle se compose de l'analyse et de la synthèse.

Il serait absurde de s'imaginer que ces deux choses s'excluent, et qu'on pourrait raisonner en s'interdisant, à son choix, toute composition ou toute décomposition. Il n'est pas d'analyste si déterminé qui, après avoir observé à part toutes les parties de l'objet qu'il étudie, ne les réunisse pour ne plus diviser son attention, pour faciliter sa mémoire, pour abréger ses discours. Il n'est pas de philosophe si entiché de la synthèse, qui n'ait recours à l'analyse; rien ne le prouve mieux que ces divisions et subdivisions, dont nous accablaient les scolastiques, qui affectaient une marche toute synthétique.

Analyse, synthèse, ces deux mots ne seront plus pour nous le signe de deux méthodes opposées; car alors si l'une était bonne l'autre serait nécessairement mauvaise. Ils ne seront pas non plus le signe de deux méthodes différentes, mais le signe de deux élémens qui constituent la méthode; et sous ce dernier mot méthode, nous comprendrons toujours l'analyse et la synthèse, qui sont deux parties distinctes de la méthode, mais non deux méthodes; il n'y en a pas deux, il n'y en a qu'une seule.

Si donc on nous demande en quoi diffèrent, non ces deux méthodes, comme on le fait ordinairement, mais ces deux procédés de la méthode? nous dirons que l'une va du particulier au général, et l'autre du général au particulier. L'une du simple au composé, l'autre du composé au simple; l'une va des idées aux mots, l'autre va des mots aux idées; en un mot l'analyse commence toujours bien, la synthèse commence toujours mal : celle-là sans affecter l'ordre en a naturellement, parce qu'elle est la méthode de la

En quoi diffèrent-elles?

nature ; celle-ci, qui ne connaît pas l'ordre naturel, en affecte beaucoup pour fatiguer l'esprit sans l'éclairer.

En conclurons-nous qu'il ne faut jamais user de la synthèse. Non sans doute ; nous dirons seulement qu'il ne faut jamais commencer par la synthèse, à moins qu'il ne s'agisse de rappeler des connaissances déjà acquises. Dans tous les autres cas, nous croyons que l'usage qu'on en fait est contraire à la marche de l'esprit ; il est absurde de dire que l'on puisse composer avant d'avoir analysé : imitons les chimistes. On se rirait de celui qui, ne connaissant pas les élémens de l'eau, voudrait cependant la composer ; mais lorsque l'analyse lui aura fait découvrir ces élémens, on ne sera plus surpris de lui voir opérer la composition de ce liquide, et de vérifier par la synthèse l'exactitude de son analyse.

Usage de l'analyse et de la synthèse.

On a dit : l'analyse est une méthode d'invention, la synthèse une méthode de doctrine ; je ne sais pas sur quoi on a pu fonder cette distinction. Serait-il vrai qu'on ne puisse instruire les autres de la même manière que nous nous sommes instruits nous-mêmes ? Et qu'est-il besoin, après avoir découvert une route aisée et naturelle, d'aller chercher, pour amener les autres au même but, des sentiers longs, raboteux, hérissés d'épines, et qui après beaucoup de fatigues, ne nous font aboutir ordinairement qu'à l'erreur ?

On a supposé que le propre de l'analyse était de décomposer nos idées, et le propre de la synthèse de les composer, je le crois ; mais, pour raisonner, il faut nécessairement composer et décomposer tour à tour, parce qu'une suite de raisonnement n'est et ne peut être qu'une suite de compositions et de décompositions. La méthode renferme donc l'analyse et la synthèse, et toute la question se réduit à savoir s'il faut commencer par la composition ou la décomposition. Ramenée à cette simplicité, elle est facile à résoudre : pour composer une chose, il faut en connaître les élémens; pour en connaître les élémens, il faut analyser. La conclusion est facile à tirer.

On a demandé si la méthode du philosophe est la même que celle de l'orateur et du poète? Je serais tenté de répondre affirmativement. Mais comme dans la marche de l'esprit, toujours la même, il y a cependant une différence prise dans la nature de l'objet sur lequel on opère, les procédés du philosophe et de l'orateur peuvent offrir quelque variété dans la forme, quoiqu'au fond ils soient les mêmes. Ecoutons M. de Laromiguière, il nous fera saisir les nuances qui différencient la méthode du philosophe et celle du poète.

La méthode du philosophe est-elle la même que celle de l'orateur et du poète.

« Quand Boileau dit :

« Au pied du mont Adule, entre mille roseaux,
« Le Rhin, tranquille et fier du progrès de ses eaux,
« Appuyé d'une main sur son urne penchante,
« Dormait au bruit flatteur de son onde naissante.

« L'oreille attentive jouit de l'harmonie des sons
« qu'elle entend; l'imagination est arrêtée devant le
« tableau qu'on lui montre, tandis que la réflexion
« admire la savante méthode qui en a disposé les par-
« ties avec tant de goût.

« Cette méthode si belle et si pure n'est pas toute-

« fois la méthode philosophique. L'art qui décrit et
« qui peint se distingue de l'art qui prouve et qui dé-
« montre ; et ce n'est pas la langue du raisonnement
« que Boileau fait parler à la poésie, dans les beaux
« vers que vous venez d'entendre ; mais quand nous
« lisons dans son Art poétique :

« J'évite d'être long et je deviens obscur,

« on sent tout de suite la liaison des deux jugemens,
« on sent même leur identité ; car n'est-il pas évident
« qu'en ne disant pas tout ce qu'il faut dire pour être
« entendu, nous sommes nécessairement mal enten-
« dus, nous manquons de clarté ; en un mot, nous
« sommes obscurs ?

« Penser, parler, écrire, c'est aller, ou bien d'une
« idée à une idée différente, d'un objet à un autre
« objet ; ou bien s'arrêtant à un seul objet, à une seule
« idée, c'est considérer cet objet, cette idée sous dif-
« férens points de vue successifs, sans jamais se lais-
« ser distraire par rien qui leur soit étranger. Quand
« Boileau nous représente successivement des roseaux,
« un fleuve, une urne, il fait passer notre esprit par
« une suite d'images différentes ; mais quand après
« avoir dit qu'une pensée n'est pas suffisamment dé-
« veloppée, il ajoute qu'elle est obscure, il n'ajoute
« rien de nouveau que l'expression, puisque l'idée
« énoncée d'abord reparaît sous une forme nouvelle.
« Or cette dernière manière de procéder appartient
« à la *méthode philosophique*, et la précédente à la
« *méthode descriptive*. Celle-ci réunit en tableau
« des images empruntées aux divers objets de la na-
« ture ; celle-là, bornée à un seul objet, en montre

« successivement toutes les formes et les réunit en
« système. » (Discours d'ouverture.)

Maintenant il nous sera facile d'apprécier cette assertion qui ne peut surprendre que les esprits inattentifs. *Les langues sont des méthodes*, elles sont l'instrument nécessaire et unique du raisonnement ; elles seules et les organes des sens sont les instrumens de la comparaison et de l'attention; et comment, en l'absence des objets, pourrais-je m'en occuper, étudier leurs rapports, si je n'avais des mots pour aider la mémoire? Comment pourrais-je saisir le rapport qu'il y a entre la substance et le mode, si je n'avais des signes pour me représenter à part ces deux objets que la nature nous montre toujours réunis? Comment pourrais-je raisonner si je n'avais des idées générales, et comment pourrais-je avoir des idées générales sans le secours des langues? Si je veux analyser une idée, pour peu qu'elle soit complexe, n'aurai-je pas besoin de signes pour me représenter à part les idées partielles dont elle est composée? Si je veux former un tout de ces idées partielles, que j'ai observées dans un objet, n'aurai-je pas besoin d'un mot sous lequel je pourrai les toutes renfermer ? Observez ce qui arrive dans le discours : une suite d'idées s'y montre successivement, et il est impossible que cela soit autrement, parce qu'il est impossible d'articuler plusieurs sons à la fois. Mais une suite d'idées qui se présentent dans un ordre successif, au moyen du langage parlé, démontre que ce langage est analytique; je pourrais en dire autant du langage d'action.

D'autres fois un seul mot nous montre simultanément plusieurs idées réunies; et cela est nécessaire, nous l'avons dit plusieurs fois, pour abréger nos discours, pour soulager la mémoire, et rendre ainsi le mouvement de l'esprit plus prompt et plus facile. Ainsi, au lieu de dire ce qui est jaune, ce qui est pesant, ce qui est malléable, ce qui est dur, ce qui est élastique, ce qui est poreux, etc., etc., je prononcerai le seul mot *or;* je verrai à la fois une foule d'idées, qu'il m'aurait fallu parcourir péniblement pour exprimer ma pensée. Or cet avantage que nous offre la langue de réunir plusieurs idées en une seule nous prouve qu'elle est une méthode synthétique; et la vérité de notre assertion, que les langues sont des méthodes, est démontrée.

XVII.

Causes de nos erreurs.

Quelles sont les causes de nos erreurs?

« Les médecins, dit Thomas Reid, ont essayé d'é-
« numérer les maladies du corps et de les classer en
« système; c'est l'objet de cette partie de leur science
« qu'on appelle *nosologie* (1). Rien ne serait plus utile
« qu'une nosologie de l'esprit humain » (t. 5, pag. 182); car, dans le plus grand nombre de cas, il suffirait de voir la cause du mal pour en voir le remède: la philosophie doit donc remonter à l'origine de nos erreurs.

On peut les ramener à trois classes principales, savoir:

Les erreurs qui ont leur racine dans la constitution

---

(1) Νόσος, maladie, et λόγος, discours, traité.

générale de la nature humaine ; celles qui tiennent aux dispositions particulières des individus, et enfin celles qui dérivent de l'imperfection des instrumens de la pensée (1).

I. Les erreurs qui ont leur racine dans la constitution générale de la nature humaine sont :

1° Les erreurs qui naissent de l'autorité.

« En général les hommes sont enclins à accorder à l'autorité trop d'influence sur leurs opinions.

Première cause d'erreurs. L'autorité.

« L'autorité est notre seul guide durant les pre-
« mières années de la vie, et il est bon qu'il en soit
« ainsi. Sans cette disposition à croire implicitement
« ce qu'on nous enseigne, nous serions incapables
« d'instruction et de perfectionnement.

« Alors même que notre jugement est formé, il y

(1) Bacon distribue les causes de nos erreurs en quatre classes. Il donne le nom d'*idole* à toute disposition de l'esprit qui peut égarer le jugement; les causes d'erreurs sont comme autant de fausses divinités qui le séduisent : il appelle *idola tribus*, les préjugés puisés dans le sein de sa famille, de sa nation ; *idola fori*, les préjugés qu'on adopte dans le commerce de la vie, par l'imperfection des langues, qui fait attacher aux mêmes mots des valeurs différentes ; *idola specus*, les préjugés que les hommes reçoivent de leur éducation, de leur profession, et de la tournure particulière de leur esprit. « On sait que la forme des ombres projetées
« dans une caverne est modifiée par la conformation de cette
« caverne, et par la direction de la lumière ; il en sera de même
« de nos opinions, si on considère l'esprit de chaque individu
« comme une caverne qui a sa forme particulière, et qui reçoit
« la lumière sous un certain angle : on conçoit que les idées qui
« s'y introduisent, prennent des teintes et revêtent des formes
« particulières. » (Reid., t. 5, p. 195.) Enfin Bacon donne le nom de *idola theatri* aux préjugés de secte, de parti, dont les théories d'un jour sont comme les rôles qu'on joue sur la scène.

« a beaucoup de choses encore dont nous ne sommes
« point compétens. Rien de plus raisonnable que de
« nous en rapporter sur ces choses aux personnes
« qui nous paraissent à la fois éclairées et désinteres-
« sées..... Mais dans les questions qui sont à notre
« portée, c'est en définitive notre propre jugement
« qui doit prononcer; autrement nous ne jouerions
« pas le rôle d'un être raisonnable. L'autorité peut
« jeter son poids dans la balance, mais c'est nous
« qui la tenons et qui devons juger ce qu'il pèse. »
(Reid, t. 5, p. 184.)

Mais ce n'est pas toujours ainsi que nous agissons, et souvent, soit paresse, soit indifférence, nous laissons à d'autres le soin de chercher la vérité, et nous consentons à recevoir d'eux nos opinions toutes formées; nous admettons comme vrai ce qui est admis comme tel par les autres hommes, aimant mieux nous soumettre à l'autorité qu'à l'examen, et cette indifférence pour la vérité est plus commune qu'on ne le croit ordinairement : en ceci comme en toute autre chose nous obéissons à la mode. Nous admettons ce que les autres admettent, nous pensons ce qu'ils pensent; c'est l'opinion générale qui façonne notre croyance.

« Qui dispense la réputation? qui donne le respect
« et la vénération aux personnes, aux ouvrages, aux
« grands, sinon l'opinion? Combien toutes les choses
« de la terre sont-elles insuffisantes sans son consen-
« tement?

« L'opinion dispose de tout : elle fait la beauté, la
« justice et le bonheur, qui est le tout du monde. Je
« voudrais de bon cœur voir le livre italien, dont je

« ne connais que le titre, qui vaut lui seul bien des
« livres. : *della Opinione regina del mondo*, j'y
« souscris sans le connaître, sauf le mal, s'il y en a. »
(Pascal, pensée xxv, faiblesse de l'homme).

Pour nous délivrer des préjugés qui naissent de l'autorité, nous devons, toutes les fois que nous avons occasion de réfléchir sérieusement sur un sujet, commencer par reconnaître si les principes sur lesquels nous voulons raisonner, et que nous avions admis sans examen, sont l'expression de la vérité; et, dans les questions où il ne nous est pas permis d'approfondir les principes par nous-mêmes, nous devons nous rappeler : « qu'une autorité ne doit être infaillible « pour nous que quand nous avons constaté ses ti- « tres à ce beau privilège. Un prophète ne doit point « être admis à nous parler au nom du ciel, avant que « nous ayons vérifié ses lettres de créances. Ce droit « d'examen est inaliénable; c'est un crime de l'abdi- « quer. » Ces paroles, que nous empruntons à Reid, ne sont que le développement de ce passage de l'apôtre : *Rationabile obsequium vestrum*. (Ad Rom. 12, v. 1) (1).

Moyen d'éviter les erreurs qui naissent de l'autorité.

2° Les erreurs que nous devons au raisonnement par analogie.

Deuxième cause d'erreurs. L'analogie.

Tous les hommes ont généralement un penchant à juger ce qui leur est inconnu par ce qui leur est connu. Sans doute lorsqu'ils aperçoivent des analogies étroites entre les objets de leurs jugemens, ils peuvent les porter avec assurance sans crainte de se tromper; mais notre faible est souvent de juger sur

---

(1) Que votre soumission soit raisonnable.

des analogies trop légères : c'est ainsi que nous jugeons les autres d'après nous-mêmes, et le monde d'après le cercle étroit de nos connaissances. L'homme généreux croit sans peine à tous les nobles sentimens, l'avare ne comprend pas la bienfaisance, et le méchant ne voit qu'une chimère dans la vertu. « Voyez le « campagnard, il ne sait des hommes que ce qu'il a « vu dans son village; il juge par cet échantillon du « reste de l'humanité, et tombe dans tous les piéges « qu'on tend à son inexpérience. »

Moyen d'éviter les erreurs de l'analogie.

« On convient généralement que le commerce du « monde et des relations variées, avec des personnes « de rangs, de professions et de nations différentes, « sont à la fois le préservatif le plus sûr et le remède « le plus efficace contre ce genre de préjugés. »

Voyez ce que nous avons dit à l'article de l'analogie.

Troisième cause d'erreurs. L'imagination.

3° Les erreurs que produit l'imagination.

Mère de toutes les illusions, l'imagination dénature les objets. « Elle grossit souvent, dit Pas- « cal, les plus petits par une estimation fantastique, « jusqu'à en remplir notre ame; et par une insolence « téméraire, elle amoindrit les plus grands jusqu'à « notre mesure. » (Pensées, pag. 172.)

C'est à cette faculté, amie des rapports brillans plutôt que des rapports solides, que nous devons tant d'hypothèses hasardées, et de systèmes qui ne portent que sur les plus faibles conjectures.

L'ambition de saisir les secrets de la nature par une sorte d'anticipation, au lieu de remonter de cause en cause, l'échelle des phénomènes, par une laborieuse et patiente induction, a toujours caractérisé les hommes. On veut abréger la route, on n'aime point à se traîner sur les traces lentes mais sûres de l'expérience. La marche prudente mais pénible de l'analyse fait souffrir notre orgueil et sert mal notre impatience : on cherche d'un seul élan à saisir la vérité ; au lieu de recueillir des preuves, on y supplée par des conjectures ; l'on dicte fièrement des lois à l'univers, comme si on avait assisté à l'œuvre de la création ; « et tout cela a ses racines si vives en nous, « que toute notre raison ne nous en peut défendre. » (Pascal, *ibid.*, pag. 166.)

C'est ce penchant aux hypothèses qui nous montre l'explication de l'univers dans la matière et le mouvement ; c'est lui qui nous valut le système des tourbillons : système que le fait de la gravitation, environné par Newton de la plus éclatante lumière, ne put que très-difficilement déraciner des esprits. C'est encore ce même penchant qui peupla l'univers de tous les dieux du paganisme, et qui enfanta toutes les fausses religions.

Pour éviter les erreurs où peut nous entraîner l'imagination, souvenons-nous que cette faculté brillante doit régner exclusivement dans le champ vaste et inépuisable des fictions ; mais que, dans la recherche de la science, son rôle n'est que très-secondaire, pour ne pas dire nul ; et lorsque nous rencontrons un système, notre premier soin sera d'examiner si son auteur, fidèle à la méthode philosophique, s'est contenté de consulter la nature, sans ajouter à ses réponses ou sans y substituer les siennes.

Moyens d'éviter les erreurs de l'imagination.

« La connaissance de la nature doit être puisée tout
« entière dans l'observation de la nature ; tout ce

« que nous n'y trouvons pas est de nous, non de
« Dieu, et par conséquent n'appartient point à la
« science de ses œuvres. » (Reid., p. 194.)

Quatrième cause d'erreur. La crainte même de l'erreur.

4° Les erreurs qui naissent de la crainte même de l'erreur.

Tout le monde connaît ce vers de Boileau:

> Souvent la peur d'un mal nous conduit dans un pire.
> *Art Poétique.*

Les hommes ont coutume de n'éviter un extrême qu'en se jetant dans un extrême opposé.

C'est ainsi, comme nous l'avons déjà remarqué, que les erreurs du dogmatisme amenèrent celles du scepticisme; les sectes rivales de la philosophie, par leurs attaques réciproques, avaient mis à nu leur faiblesse mutuelle : l'abus qu'elles avaient fait de la raison fit croire à l'impuissance de l'esprit pour saisir la vérité, et toute connaissance fut déclarée incertaine.

Cependant le scepticisme, cette doctrine meurtrière de toute croyance, plaçait l'homme dans un état contre nature; pour en sortir, on se jeta dans les folies du mysticisme.

« Combien, dit Pascal, un avocat, bien payé par
« avance, trouve-t-il plus juste la cause qu'il plaide?
« mais,.... j'en sais qui, pour ne pas tomber dans
« cet amour-propre, ont été les plus injustes du
« monde à contre-biais. Le moyen sûr de perdre une
« affaire toute juste, était de la leur faire recom-
« mander par leurs proches parens. » (Pensées, cxxv, p. 172.)

« Les sauvages, dit l'abbé Raynal, mettent une

« ame partout où ils aperçoivent un mouvement qu'ils
« ne peuvent expliquer. » Quand la science a redressé cette méprise, nous sommes enclins à tomber dans une autre, et à considérer tout mouvement comme l'effet d'un mouvement antérieur. Nous sommes tentés de croire que le monde lui-même peut s'accommoder de cette explication, et se passer d'un souverain moteur qui le gouverne.

Pour tenir un juste milieu, et ne pas tomber d'un extrême dans l'autre, le moyen le plus sûr est de penser qu'une erreur accréditée n'est jamais sans quelque mélange de vérité. L'esprit humain n'est jamais assez faussé pour qu'il ne s'attache qu'à des chimères. Il ne les adoptera que lorsqu'elles se présenteront à lui avec le cortége de quelques réalités. Lorsque nous entendrons soutenir une opinion qui nous paraîtra fausse, gardons-nous donc de la blâmer sans restriction; un ton aussi tranchant ne convient qu'à l'ignorance ou à la passion, et l'ignorance et la passion sont de fort mauvais juges en fait de vérité.

II. Les erreurs qui tiennent aux dispositions particulières des individus sont :

1° Celles qui naissent des passions (1).

« Les choses, dit Pascal, paraissent vraies ou

---

(1) On pourrait me demander pourquoi je rapporte les erreurs des passions à la classe de celles qui tiennent aux dispositions particulières des individus. Ma réponse serait que la passion de tel individu n'est pas la passion de tel autre ; et que par conséquent ceci tient plus aux dispositions particulières des hommes qu'à la constitution générale de l'humanité. Du reste, c'est une question purement de nomenclature.

« fausses, selon la face par où on les regarde. La
« volonté qui se plait à l'une plus qu'à l'autre, dé-
« tourne l'esprit de considérer les qualités de celle
« qu'elle n'aime pas; et ainsi l'esprit marchant d'une
« pièce avec la volonté, s'arrête à regarder la face
« qu'elle aime, et en jugeant par ce qu'il y voit, il
« règle insensiblement sa créance suivant l'inclina-
« tion de sa volonté. » (Pensées, cxxv.)

Si nous sommes affectés pour ou contre un objet, il est bien difficile que nous soyons en état d'en juger sainement. L'affection ou la haine changent la justice, et notre propre intérêt est un merveilleux instrument pour nous crever agréablement les yeux. (Duclos, Consid. sur les Mœurs, cxiv.—Pascal, *ibid.*)

Tenons-nous donc toujours en garde contre nos sentimens et nos passions, nos jugemens pourraient en être pervertis. Toutes les grandes pensées nous viennent du cœur, a dit un philosophe. Je le crois; mais le cœur est aussi la source de la plupart de nos erreurs; et ces erreurs sont d'autant plus difficiles à éviter, que la passion est on ne peut plus ingénieuse pour découvrir mille raisons, toutes plus capables les unes que les autres d'égarer l'entendement, et que nous sommes toujours disposés à croire de préférence ce que nous aimons davantage.

2° Les erreurs qui viennent du caractère ou de l'éducation.

On remarque dans les opinions des hommes une diversité qui ne peut être attribuée qu'à leurs inclinations particulières. « Délibère-t-on sur une affaire,
« dit s'Gravesande, les moyens les plus violens sont
« du goût de ceux qui ont du penchant à la colère.

« Les timides, au contraire, approuvent les moyens
« les plus doux; et si leur caractère est porté à la
« lenteur, ils cherchent à renvoyer leur détermina-
« tion à un autre temps. »

« Aussi, continue-t-il, chacun doit examiner ses *Moyen de*
« propres inclinations, et faire attention, dans l'exa- *s'en préserver.*
« men des choses, si ce n'est pas quelque inclination
« naturelle qui le détermine, plutôt que la force des
« argumens. »

On pourrait ajouter beaucoup d'autres choses sur les dispositions que la nature a données aux divers esprits, mais ces détails ne peuvent trouver leur place dans un ouvrage élémentaire; nous ajouterons deux mots seulement sur l'influence que l'éducation exerce sur nos jugemens.

C'est un fait constant que nous nous laissons entraîner par les exemples, que nous contractons les goûts et les habitudes des personnes avec lesquelles nous vivons. La tournure de notre esprit se façonne insensiblement sur leur manière de voir les choses. Le simple habitant de la campagne croit fermement à l'existence des sorciers, des magiciens, des revenans dont il a entendu faire mille contes pendant les longues soirées d'hiver.

Le savant dont les réflexions habituelles se portent sur des sujets sérieux ne comprend rien aux exercices brillans de l'imagination; on sait comment Pascal tournait en ridicule le *fatal laurier*, les *prairies émaillées de fleurs* des poètes. Un autre philosophe, qui venait d'entendre déclamer une belle pièce de vers, dit, avec une impassibilité vraiment comique : *Qu'est-ce que cela prouve?* D'Aguesseau raconte que Malebranche, qui fut son maître, le surprit un jour lisant l'histoire, et le tança vertement de ce qu'il ne s'occupait pas exclusivement de la science par excellence, la philosophie.

C'est ainsi que ces hommes, très-judicieux du reste, obéissaient sans s'en douter à un préjugé de l'éducation, comme si dans la poésie on ne trouvait rien autre chose que *fatal laurier*, et comme si l'histoire ne renfermait pas des leçons de philosophie, elle dont Bossuet a dit : qu'il n'y a pas de meilleur moyen de découvrir ce que peuvent les passions et les intérêts, les temps et les conjonctures.

« C'est encore par un préjugé de l'éducation que
« quelques personnes, dit Reid, professent pour
« l'antiquité une admiration exagérée, qui leur fait
« prendre en mépris tout ce qui appartient aux
« siècles modernes ; que d'autres ont la manie oppo-
« sée. Ordinairement les unes n'estiment tant l'anti-
« quité que parce qu'elles sont fières de la connaître,
« et les autres ne la méprisent si fort que parce
« qu'elles sont honteuses de l'ignorer. » (T. v,
p. 197.)

3° Les préjugés qui nous viennent des systèmes que nous avons adoptés, des partis ou des sectes au sein desquelles nous avons été élevés, et des pays où nous avons pris naissance.

Il n'est rien d'aussi exclusif que l'esprit systématique, et par conséquent rien qui soit plus sujet à l'erreur. Une opinion dont nous sommes engoués est pour nous le lit de Procuste : tout ce qui n'est pas à sa dimension, nous le torturons, nous le mutilons pour l'y ramener ; et lorsque nous ne pouvons y réussir, nous le rejetons sans songer qu'il n'est rien d'absolument erroné, et que le système même le plus extravagant n'est jamais sans quelque mélange de vérité.

C'est aussi le même esprit qui fait que la plupart des hommes se préoccupent des dogmes de leur secte et des opinions de leur parti, et qu'ils repoussent avec une incroyable obstination tout ce qui n'est pas en harmonie avec la tendance de ces dogmes et de ces opinions.

Les préjugés des pays qui nous ont vu naître sont de même une source abondante d'erreurs. « On ne « voit presque rien de juste ou d'injuste qui ne « change de qualité en changeant de climat. Trois « degrés d'élévation du pôle, renverse toute la juris- « prudence. Un méridien décide de la vérité..... « Plaisante justice, qu'une rivière ou une montagne « borne! Vérité en deçà des Pyrénées, erreur au « delà. » (Pascal, Pensées, cxxv.)

Pour nous soustraire à l'influence de ces préjugés, examinons les opinions des autres, en nous dépouillant de toute prévention, et surtout gardons-nous d'être exclusifs en rien.

Moyen d'échapper à ces préjugés.

III. Les erreurs qui dérivent de l'imperfection des instrumens de la pensée.

Les vices du langage, et encore plus l'abus qu'on en fait, sont la source de nombreuses erreurs. Comme il n'est pas toujours aisé de donner aux mots une acception bien déterminée, il s'ensuit que ceux qui s'en servent n'ayant pas toujours des idées bien fixes des objets dont ils parlent, ne peuvent pas en raisonner pertinemment; car il est impossible que la confusion dans le langage ne produise pas la même confusion dans l'esprit. Nous avons signalé les résultats funestes des langues mal faites, lorsque nous nous sommes occupés du langage, et lorsque nous avons traité de la méthode.

Pour ne point donner dans d'inutiles répétitions, nous nous contenterons d'observer que le plus grand nombre des erreurs qui naissent de l'imperfection et de l'abus du langage retombent sur les idées relatives et sur les idées abstraites.

Les premières ne nous représentent rien hors de nous. Elles sont le produit de la comparaison de deux autres idées : ainsi nous tombons dans l'erreur toutes les fois que nous envisageons une pareille idée, comme si elle nous offrait quelque chose de réellement existant hors de nous. Par exemple, si vous mettez une réalité sous le mot *grandeur*, si vous cherchez à déterminer ce qu'est la grandeur, vous ne pouvez manquer de vous égarer. La grandeur, prise d'une manière absolue, n'est rien; elle n'existe pas. Lorsque vous dites d'un arbre qu'il est grand, la grandeur que vous lui attribuez n'est qu'une relation; et le mot grandeur ne signifie autre chose, si ce n'est que l'arbre dont il s'agit est grand par rapport aux arbres ordinaires.

Quant aux idées abstraites, nous l'avons déjà observé, on en compte de deux espèces. Les idées abstraites individuelles et les idées abstraites générales; les idées abstraites individuelles ne représentent que des qualités qui n'existent jamais hors d'un sujet. Au moyen des mots, des signes que nous nous sommes faits, nous pouvons bien nous représenter à part la qualité séparée de son sujet; mais dans la nature, dans la réalité, la qualité est toujours inhérente au sujet; et si nous nous la figurons comme un être isolé et indépendant, nous tombons dans une erreur grossière.

Il en serait de même si, sous les mots qui sont les signes de nos idées générales, nous venions à supposer qu'il y a quelque réalité. Rien n'existe en général. La nature ne nous offre que des individus, et par conséquent les idées générales n'auront aucune réalité objective que lorsque nous nous les individualiserons. La blancheur en général, par exemple, n'est pas un être réellement existant, et je ne saurais lui trouver quelque réalité que lorsque je la considérerai dans un individu, dans un lys, dans une boule de neige, dans un morceau d'ivoire.

Moyen d'éviter les erreurs qui naissent des idées relatives et abstraites.

Pour ne point tomber dans les erreurs qui naissent des idées relatives et des idées abstraites, il ne faut point parler de ces idées comme si elles avaient une réalité objective absolue. Sans doute la température d'une bonne cave ne varie pas, mais cependant elle vous paraît chaude en hiver et froide en été. Si vous regardez cette chaleur en hiver et cette fraîcheur pendant l'été, comme deux propriétés absolues, vous tomberez dans un préjugé que vous auriez évité facilement en pensant que ce double phénomène n'est qu'une relation avec la température extérieure.

On demandait un jour si la raison pouvait exister sans la folie. Oui, disaient quelques jeunes gens; non, répondaient les autres, et l'on entassait les argumens pour faire prévaloir l'une et l'autre de ces deux opinions, sans faire attention qu'on parlait de la raison et de la folie comme de deux êtres réellement existans. Autant vaudrait demander si le travail peut exister sans le repos. Vous êtes raisonnable lorsque vous faites un bon usage de vos facultés ; vous êtes fou lorsque vous en faites un mauvais. Or, le bon usage et le mauvais usage de nos facultés sont deux choses contraires, deux choses qui s'excluent, et par conséquent lorsque l'un existe, l'autre n'existe pas ; sous ce point de vue la raison peut exister sans la folie.

Mais le bon usage de nos facultés suppose la possibilité du mauvais, et sous ce nouveau point de vue, la raison ne peut exister sans la folie.

On peut, avec Duclos, ramener toutes les causes d'erreur que nous avons énumérées à deux principales.

Car dans ce triste catalogue de nos erreurs, il y en a qui sont purement intellectuelles et logiques, et les autres, qui touchent à nos intérêts, peuvent s'appeler erreurs morales.

« Dans les choses purement intellectuelles, nous
« ne ferions jamais de faux jugemens si nous avions
« présentes toutes les idées qui regardent le sujet
« que nous voulons juger. » (Consid. sur les Mœurs, ch. xiv.) Or si les mots qui expriment les objets qui sont les deux termes de la comparaison étaient bien déterminés, toutes les idées nous en seraient présentes. « L'esprit, continue Duclos, n'est jamais
« faux que parce qu'il n'est pas assez étendu, au
« moins sur le sujet dont il s'agit, quelque étendue
« qu'il pût avoir d'ailleurs sur d'autres matières ;
« mais dans celles où nous avons intérêt, les idées
« bien déterminées ne suffisent pas à la justesse

« de nos jugemens. La justesse de l'esprit dépend
« alors de la droiture du cœur, et du calme des pas-
« sions; car je doute qu'une démonstration mathé-
« matique parût une vérité à quelqu'un dont elle
« combattrait une passion forte; il y supposerait du
« paralogisme. » (*Ibid.*)

XVIII.

Des sophismes ou paralogismes.

Après nous être occupés des causes de nos erreurs, il ne sera pas inutile de parler des faux argumens aux moyens desquels on peut prêter à l'erreur les couleurs de la vérité.

Ces raisonnemens vicieux prennent le nom de *paralogismes* quand ils sont employés par ignorance et sans mauvaise foi; mais lorsqu'on les emploie dans le dessein d'en imposer à la crédulité ou à l'ignorance, ils prennent le nom de *sophismes*.

On distingue deux classes de sophismes ou paralogismes : la première contient tous ceux qui tiennent à l'abus des mots;

La seconde renferme tous ceux qui résultent de rapports faussement conçus entre les objets.

On appelle les premiers sophismes de grammaire, les seconds sont appelés sophismes de logique. *Fallaciæ grammaticales et fallaciæ logicæ*, comme s'exprimait l'école.

§ I.

Sophismes qui tiennent à l'abus des mots.

Il nous serait impossible d'énumérer tous les sophismes qui tiennent à l'abus des mots; nous nous

<small>Sophismes de grammaire.</small>

contenterons de faire remarquer que l'ambiguité des expressions dont nous nous servons est la principale cause des mauvais raisonnemens que nous faisons. Quelques exemples suffiront pour nous en convaincre.

1ᵉʳ Exemple: Un rat mange les livres;
Or un rat est une syllabe:
Donc une syllabe mange les livres.

Le défaut de ce raisonnement est tout entier dans l'ambiguité des expressions. Le mot rat est une syllabe, mais l'animal rat n'en est pas une. On passe ici de la chose signifiée par le mot à la fonction grammaticale de ce même mot.

2ᵉ *Exemple* : L'homme pense;
Or l'homme est corps et ame:
Donc le corps et l'ame pensent.

Ici l'ambiguité résulte de ce que le même mot est pris tantôt dans un sens distributif, et tantôt dans un sens collectif. L'homme ne pense que dans le sens distributif, en tant qu'il est ame.

3ᵉ *Exemple* : Le péché donne la mort à l'ame :
Donc l'ame n'est pas immortelle.

Ici l'on passe du sens figuré au sens propre. Rien n'est plus facile que la réfutation de ces sortes de sophismes; il suffit de distinguer les divers sens que nous offrent les mots, et de prévenir ainsi toute espèce d'équivoque.

§ II.

Sophismes qui résultent de rapports faussement conçus.

Sophismes de logique.

Les principaux sophismes de logique sont :

1° *L'ignorance ou l'oubli de la question* (1). Ce sophisme consiste à prouver toute autre chose que ce qui est en question.

Exemple : On prétend qu'une mesure proposée est contraire à la loi, vous la défendez en montrant les avantages qu'elle peut produire, vous n'êtes plus dans la question, et vos preuves ne démontrent rien contre l'assertion que vous combattez.

2° La *pétition de principe* et le *cercle vicieux* (2). Ce sophisme a lieu quand le fondement de notre raisonnement est précisément ce qu'il s'agit de prouver ; ou bien quand, après avoir prouvé une première proposition par une seconde que l'on suppose, on prouve cette seconde à son tour par la première.

Exemple : Vous voulez prouver que le soleil est immobile, et vous donnez pour preuve le mouvement de la terre, sans faire attention que toute la difficulté est de savoir si c'est la terre qui tourne.

La plupart des raisonnemens basés sur des définitions ne sont que des cercles vicieux. Nous en avons rencontré un exemple en traitant de la liberté.

« Toutes les définitions qu'on donne ordinaire-
« ment de l'espace, de la matière ou substance, du
« temps, du mouvement, etc., renferment des
« cercles vicieux. » (Reynaud, Phys. élém.)

3° La *fausse cause* (3). Ce sophisme a lieu toutes les fois qu'on impute un effet à des circonstances qui n'en sont point la cause.

---

(1) *Ignorantia elenchi* (ἔλεγχος, argument, question).
(2) *Petitio principii, circulus vitiosus.*
(3) *Non causa pro causâ.*

Ceux qui attribuent aux comètes de l'influence sur ce qui arrive parmi les hommes tombent dans cette erreur.

4° L'*énumération imparfaite* (1). C'est une division imparfaite de laquelle on tire une conséquence générale. Les anciens qui, sans avoir assez observé, se sont hâtés de généraliser leurs observations, sont tombés dans cette erreur.

Si, parce que les hommes de toutes les nations de l'Europe sont blancs, quelqu'un s'avisait de conclure que tous les hommes le sont pareillement, il tomberait évidemment dans le sophisme de l'énumération imparfaite.

5° Le *sophisme de l'accident* (2). On y tombe en attribuant absolument à une chose ce qui ne lui convient que par accident. Ce vice de raisonnement a fait dire : Le vaccin a été funeste à quelques enfans, donc la vaccine est dangereuse.

6° Le *sophisme qui nous fait passer de ce qui est vrai à quelque égard, à ce qui est vrai simplement, et réciproquement*. Ce sophisme rentre dans le précédent.

<small>Confusion des genres.</small>

7° *La confusion d'un genre dans un autre* (3). Ce sophisme a lieu toutes les fois qu'on applique à un ordre de choses ce qui ne convient qu'à un autre ordre. C'est en raisonnant ainsi qu'après avoir démontré qu'une chose est contraire aux lois de

---

(1) *Enumeratio imperfecta.*
(2) *Fallacia accidentis.*
(3) *Transitus à genere ad genus.*

la nature, on conclut qu'elle n'a pu se faire par un miracle.

Les philosophes ont distingué encore beaucoup d'autres sophismes, mais ils rentrent tous dans ceux que nous venons d'énumérer; c'est ce qui nous engage à ne pas donner plus d'étendue à cette liste, déjà trop longue, des aberrations dans lesquelles peut être entraîné l'esprit humain lorsqu'il raisonne sur de fausses analogies, sur des indications peu exactes, sur des principes erronés ou mal déterminés, et qu'il emploie une langue mal faite. Faire voir d'où et comment naissent tous ces paralogismes, c'est enseigner le moyen de les déraciner du champ de l'intelligence.

XIX.

Si, revenant sur nos pas, nous jetons un regard sur les questions que nous avons traitées, nous en remarquerons trois principales, autour desquelles viennent se grouper toutes les autres. Notre intelligence, considérée dans ses rapports avec sa cause, se compose de trois classes d'idées : des idées absolues, des idées relatives, et des idées déduites. Or, dans cette partie de la philosophie qu'on nomme logique, nous avons montré comment, *au moyen du langage,* l'entendement produisait ces trois sortes d'idées; les langues sont donc l'instrument de la pensée. Plus elles seront perfectionnées, plus le jeu de la pensée sera facile et sûr. C'est ce qui faisait dire à Duclos que « le soin de polir, de perfectionner la langue n'a d'autre objet que de rendre l'esprit exact et précis. » (Discours, p. 318.)

Définition de la logique.

D'où il résulte que l'art de penser se réduit à une langue bien faite ; ce qui ne veut pas dire que la logique et la grammaire ne sont qu'un même art, qu'une seule et même science. La grammaire nous montre l'origine des diverses langues, leurs règles et leurs analogies, et la logique nous fait voir l'unique manière dont on doit parler pour bien penser, et l'ordre dans lequel nos idées doivent se succéder pour satisfaire la raison. *Conduire son esprit, régler l'action de nos facultés, au moyen du langage, voilà toute la logique.*

Cette définition est conforme à l'étymologie ; car le mot λόγος, d'où dérive évidemment le mot logique, signifiait, dans la langue grecque, tout à la fois, *le discours et la raison*, comme pour nous montrer le rapport étroit qui existe entre la langue et le bon usage de nos facultés.

La logique, ou les facultés de l'ame considérées dans leurs moyens.

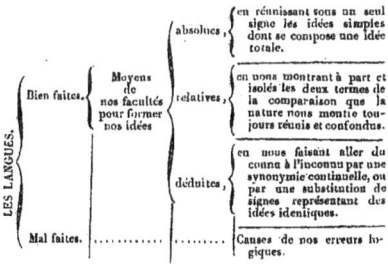

XX.
CONCLUSION.

Maintenant nous ne devons plus être embarrassés pour répondre à cette question : Qu'est-ce que la philosophie? La philosophie, distinguée de toutes les autres sciences, considérée dans son caractère propre, ou du moins la philosophie telle que nous l'avons envisagée, se compose de quatre parties : de la psycologie, de l'ontologie, de la morale et de la logique. Or, dans la psycologie, nous avons étudié les propriétés de l'ame humaine, et particulièrement la nature de ses facultés ; dans l'ontologie et dans la morale, nous avons cherché à constater les produits de ces mêmes facultés, et dans la logique nous avons essayé de montrer que les langues étaient les moyens uniques d'en régler l'exercice. De sorte que la philosophie, d'après nous, ou plutôt d'après M. de Laromiguière, n'est *qu'un traité des facultés de l'ame considérées dans leur nature, dans leurs effets et dans leurs moyens.* Les philosophes ont coutume de désigner par un seul mot ce que nous avons appelé la psycologie et l'ontologie ; rien n'empêche de nous conformer à l'usage, et nous allons résumer ainsi, dans le tableau suivant, tout notre cours de philosophie.

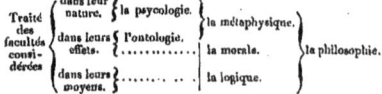

Quant à l'étymologie, on fait venir communément

le mot philosophe de deux mots grecs φίλος, ami, et σοφία, sagesse (ami de la sagesse); mais quelques philosophes allemands lui donnent une origine plus ancienne, témoin le dialogue entre Kant et M. Hasse (1), que nous avons extrait du Globe, 23 février 1830.

----

(1) KANT avait parlé à ses connaissances de la peine extrême qu'il avait éprouvée à déterminer avec précision l'idée propre de la philosophie.
— M. HASSE. Les philosophes ne sont donc pas d'accord sur ce qu'est proprement la philosophie?
— KANT. Comment le seraient-ils? ils disputent encore s'il y a une philosophie.
— Mais puisque les mots de philosophie et de philosophes existent, ils doivent renfermer quelque idée. Assurément les Grecs devaient attacher une certaine idée à ces mots : *sofos* et *sofia*, et c'est cette idée qu'il faudrait chercher, d'autant plus que les anciens exprimaient ou pensaient exprimer avec des mots l'essence des choses.
— Mais ici l'étymologie ne sert pas à grand'chose, et tout finit à σοφός. Σοφός, est le *sapiens* des latins, *philosophia est studium sapientiæ*, comme dit Cicéron, et voilà tout.
— Pardon, *sapiens* est la traduction du grec σοφός, et non de σοφός, et il reste à savoir ce que *sofos* veut dire. Nous autres Allemands, nous ayons appelé philosophe (*weisser*) celui qui sait beaucoup (*der viel weiss*). C'est bien là le savant, mais non pas le philosophe dans le sens grec; et quand Cicéron explique la *sapientia*, il fait une définition de chose, comme il le dit lui-même, définition qui ne rend pas compte du mot *sapientia*.
— Eh bien, avez-vous mieux?
— Permettez-moi : les Grecs n'étaient pas des génies inventeurs; ils n'avaient pas inventé la philosophie : ils l'avaient reçue et développée. Il faut donc chercher à quelle nation ils avaient emprunté la chose, et par conséquent le mot, et quel est dans cette nation le sens primitif de ce mot.

Les hommes qui s'occupent de science éprouvent toujours le besoin de se rendre compte à eux-mêmes des acquisitions qu'ils ont faites dans le champ des connaissances; mais, pour se rendre compte, il faut réfléchir, et la philosophie n'est autre chose que la réflexion méthodique : c'est une méthode. « Il n'y a « peut-être, dit M. Cousin, aucune vérité qui lui « appartienne exclusivement; mais elles lui appar- « tiennent toutes, à ce titre qu'elle peut seule en

Rapports de la philosophie avec les autres sciences.

— Ce ne pouvaient être que les Egyptiens et les Phéniciens.

— En cophte et en égyptien, philosophie n'est pas un mot primitif. Sa racine est phénicienne et hébraïque.

— Alors il faut qu'il ait été porté là par les Grecs; car les Phéniciens et les Hébreux n'étaient pas philosophes.

— Cependant ils ont le mot: et pensez, je vous prie, que ce n'est pas des contrées voisines, que ce n'est pas de l'Egypte qu'est venue la connaissance de l'idée de Dieu, connaissance qui..... témoigne certainement d'une culture philosophique très-élevée; ensuite la chronologie s'oppose à ce que le mot σοφός, soit venu de la Grèce dans l'Orient; car les Hébreux appelaient leurs prophètes des philosophes (*sofihm*), à une époque où les Grecs cultivaient à peine les sciences : et Sanchoniaton parle de *sofah semin*, c'est-à-dire de philosophes célestes, dans un temps où les Grecs n'avaient pas encore d'existence nationale, et mangeaient le chêne autocthone.

— Et que signifie ce mot hébreux?

— En hébreux le verbe *sofah* signifie *speculari*, spéculer. L'adjectif *sofeh*, le σοφός, des Grecs, un spéculateur, et le substantif *sofiah*, spéculation.

— Cette étymologie rend très-bien compte de l'idée fondamentale de la philosophie : ne voulez-vous pas développer cela, et le donner au monde savant ?

— Je craindrais qu'on n'y vît que des subtilités et des minuties verbales.

— Je ne regarde point de pareilles recherches comme inutiles.

« rendre compte, et leur imposer l'épreuve de l'exa-
« men et de l'analyse. » (Introd. à l'hist. de la Phil.)

Sans doute il est des connaissances qui précèdent la philosophie; mais les connaissances systématiques qui forment un corps complet de vérités, dépendantes toutes d'un premier principe, et liées étroitement les unes aux autres, de manière que la multiplicité des objets vienne se résoudre à l'unité, les connaissances en un mot qui méritent seules le nom de science sont du domaine de la philosophie, et s'y rattachent par les liens les plus intimes.

Mais il serait bon de distinguer, avec M. Portalis, l'esprit philosophique de la philosophie proprement dite. « L'esprit philosophique, suivant ce judicieux
« écrivain, est un esprit de liberté, de recherche
« et de lumière, qui veut tout voir et ne rien suppo-
« ser; qui se produit avec méthode, qui opère avec
« discernement, qui apprécie chaque chose, par les
« principes propres à chaque chose, independam-
« ment de l'opinion et de la coutume; qui ne s'arrête
« point aux effets, qui remonte aux causes; qui,
« dans chaque matière, approfondit tous les rapports
« pour découvrir les résultats, combine et lie toutes
« les parties pour en former un tout; enfin, qui
« marque le but, l'étendue et les limites des diffé-
« rentes connaissances humaines, et qui seul peut
« les porter au plus haut degré d'utilité, de dignité
« et de perfection. » (De l'usage et de l'abus de l'Esprit phil., t. 1, p. 2.)

Tandis que la philosophie proprement dite est limitée à un ordre d'objets déterminés, l'esprit philosophique est évidemment l'ame de toutes les sciences et c'est de lui que M. Cousin veut parler, lorsqu'il nous dit que la philosophie peut seule rendre compte de nos connaissances, et leur imposer l'épreuve de l'examen et de l'analyse; mais pour cela la philosophie proprement dite ne leur est pas étrangère; en effet, elle leur élève une base dans la métaphysique, qui n'est que la science des premiers principes; et, de plus, toutes ont besoin des règles de la logique ou de la morale, en sorte que toutes ont avec la philosophie des rapports indispensables.

Cela seul suffirait pour nous faire comprendre combien la philosophie est une science utile; mais son utilité se fait encore bien mieux sentir dans le but qu'elle se propose. Perfectionner le jeu de nos facultés, porter dans l'esprit des hommes le flambeau de la vérité, développer dans leur cœur le germe de toutes les vertus, détruire tous les préjugés des passions ou de l'intelligence, et nous conduire ainsi au bonheur : telle est la fin à laquelle elle aspire, tels sont ses titres à la prééminence sur toutes les autres sciences, et voilà ce qui doit nous remplir d'ardeur pour une étude aussi sublime.

Du but et de l'utilité de la philosophie.

FIN.

TABLE DES MATIÈRES.

	Pages.
Avis aux lecteurs.	I
Observations sur la marche de la raison philosophique.	III
Introduction à la philosophie.	9
Tableau synoptique de l'histoire de la Philosophie, divisée en cinq périodes.	68
Questions préliminaires.	69
De la Psycologie, ou des propriétés de l'ame humaine.	76
De l'Ontologie, ou de quelques idées qui sont la base de toute l'intelligence.	132
De la Morale.	275
La Logique, ou l'art de régler les facultés de l'entendement.	404

FIN DE LA TABLE.

www.ingramcontent.com/pod-product-compliance
Lightning Source LLC
Chambersburg PA
CBHW070332240426
43665CB00045B/1445